北京四中人理科教育经典丛书

赵老师讲平面几何（上）

——学习的钥匙和怎样运用基本图

赵惠民　著　　张　波　编写

北京工业大学出版社

内 容 提 要

这是一本全面、系统地介绍平面几何解题思路和方法的书。作者为北京四中的老教师赵惠民，他把自己多年的平面几何教学经验荟萃于此书中。在本书中，他强调基本图，讲思路，讲训练，并结合重要内容选配了练习题，以便读者能掌握一套行之有效的学习和解题方法。他告诉读者，只要从成千上万的题目中总结出几十个基本图，就可以以不变应万变，获得解决疑难问题的方法；只要把千变万化的思路方法总结为十几套归类训练法，就可以做到举一反三、触类旁通，使自己的灵活应变能力大为提高。以少克多、以简克繁是贯穿全书的指导思想。可以说，本书为读者打开平面几何之门提供了一把万能钥匙，是全国广大中学生尤其是初中生的良师益友。

图书在版编目（CIP）数据

赵老师讲平面几何. 上，学习的钥匙和怎样运用基本图/赵惠民著；张波编写. —北京：北京工业大学出版社，2020.5（2021.8 重印）

（北京四中人理科教育经典丛书）

ISBN 978-7-5639-6224-2

Ⅰ. ①赵… Ⅱ. ①赵… ②张… Ⅲ. ①几何课-中学-教学参考资料 Ⅳ. ①G634.633

中国版本图书馆 CIP 数据核字（2020）第 041879 号

赵老师讲平面几何（上）——学习的钥匙和怎样运用基本图

ZHAO LAOSHI JIANG PINGMIAN JIHE（SHANG）

著　　者：赵惠民
编　　写：张　波
责任编辑：李　涵
封面设计：李　娜
出版发行：北京工业大学出版社
（北京市朝阳区平乐园 100 号 邮编：100124）
010-67391722（传真）bgdcbs@sina.com
经销单位：全国各地新华书店
承印单位：保定市嘉图印刷有限公司
开　　本：710 毫米×1000 毫米　1/16
印　　张：20.75
字　　数：395 千字
版　　次：2020 年 10 月第 1 版
印　　次：2021 年 8 月第 2 次印刷
标准书号：ISBN 978-7-5639-6224-2
定　　价：68.00 元

致读者

众所周知，平面几何的知识与方法起源于古希腊，至今已有几千年的历史，不过无论数学如何发展，也无论时代如何变迁，这门古老的数学分支倡导的公理化思想和演绎精神始终不曾改变。中外历史上的几何学名著不胜枚举，无论是阿达玛的《初等几何教程》还是梁绍鸿的《初等数学复习及研究》，无论是希尔伯特的《几何基础》还是傅种孙的《几何基础研究》，都偏于学术味道。而从几何教学的角度，我曾说过："教几何，教师教得高兴，学生才能学得高兴，教师不能只知道一二三，还要知道四五六甚至七八九的高观点。"这里说的"四五六、七八九"指的就是平面几何体现的公理化思想和演绎精神。本套书就是很好地能反映上述思想和精神，又能帮助学生们学好几何、帮助老师们教好几何的思路训练专著。

这是一本讲基本图的书，从平面几何的知识和训练中抽出 28 个常见的重要的图形作为基本图，希望读者下功夫熟悉它们，证题时先把基本图挑出来，从这里下手研究。若是没有基本图，可以根据题目的条件制造基本图，按照这些图形的性质证题。有时一道复杂的题目，拆开来看，也是由几个基本图组合而成的。所以这本书强调研究基本图，但这些基本图之间无前后、因果关系。图形编号，只为叙述方便，读者若能记住图号，当然最好。否则，将全部基本图另画在一张纸上，对照研究，也很方便。

这是一本讲思路、讲训练的书。任何一本教材都有自己的体系，尽管定理有证明，例题有过程，但详细地、有计划地讲怎样分析问题，按部就班地安排训练要求，是顾不过来的，而缺少解题思路的基本训练，缺乏对问题的分析能力，学几何是有困难的。所以有的学生说，"简单题不用分析，复杂题不会分析""学了定理，也不会证题"，就是缺少这一环。作为课本的辅助材料，本书仍依课本体系重点讲思路、讲训练要求。除了开头概括地讲了学习几何的方法外，具体的思路、训练都穿插在题目的分析和提示中。有时借助题目，把有关这一类的知识概括和训练要求一起讲了，以便读者研究，能达到“研究一个题，学会一类题”的效果。书中经常使用相同的数学语言，为的是加深印象。希望读者能够逐渐掌握一整套方法，知识到手，训练落实，就可以比较顺利地分析几何题了。

这本书按照基本图分档配题，以便读者选用。但一个题目往往不止用到一个基本图，例如同时用到基本图二和基本图二十二，可能将题目排在基本图二之后，同时注明请参阅基本图二十二。一个学生要熟悉几何定理，特别是要使用几何定理，不证题是不行的。做了题才能发现薄弱环节，补漏洞，提高水平。一位教师要落实训练要求，指导各类不同水平的学生，没有一系列不同阶段、不同程度、不同训练意图的题目是不行的。本书按基本图分类，安排了例题和练习，其中，类型相近、难易程度相同的题供反复练习使用，适当综合的题供研究提高使用。读者可根据自己的情况，选用不同程度、不同内容的题进行研究和练习。做题一定不要贪多，要以课本为主，以课堂学习为主，发现自己学习中的弱点后，有目的地选一些题补充练习，然后进一步总结和提高。千万不要每题必做，这既加重负担，也不必要，选做一些，能有收获就好。

这本书原书于20世纪80年代出版，我们删去了一些与当今国内平面几何教学内容不太相关的题目，并加入了最近几年北京市中考数学的真题或模拟题，就是为了让大家看到，历久弥新才能博采众长，我们总结出的思路和方法并没有随着时间的推移而过时，反而显示出永久的魅力。衷心希望这套书的重新出版能更好地指导老师们教授平面几何，帮助学生们学习平面几何，特别是可以帮助青年数学教师成长。若如此，我们将倍感欣慰！

最后要特别感谢北京四中校友促进教育基金会对本书出版的大力支持！

赵惠民　张波

2019.12

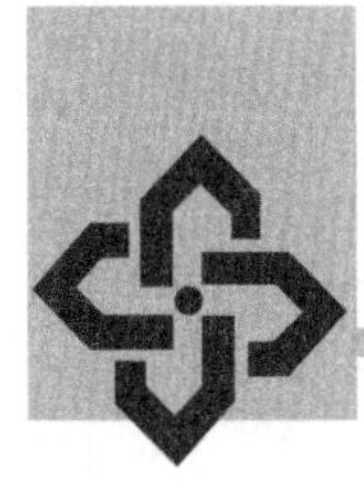

目　录

第一部分

第二部分

第一部分

一、几何是怎样入门的

几何是研究图形性质的学科。研究图的性质，既不能单凭观察，也不能光靠度量。那么靠什么呢？靠判断、推理。要做到这一点，首先，要学好概念，这样才能了解题目的具体内容；其次，要学好公理、定理，这是判断、推理的依据。所有这些，既是学好几何的准备，又是几何入门的开始。

1. 几何是研究什么的

几何是研究图形性质的学科。在平面几何中重点研究对象是三角形、四边形和圆。

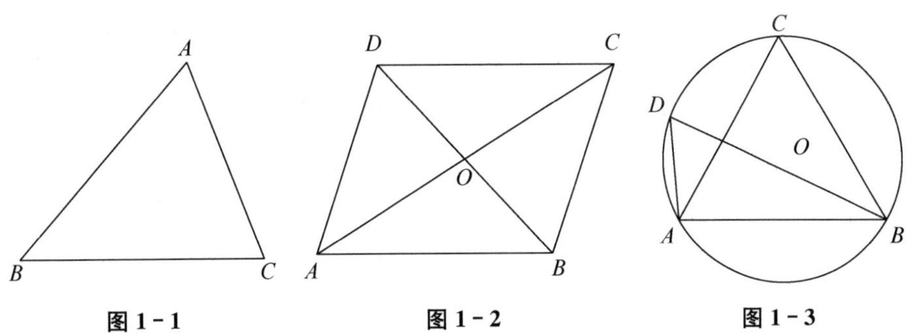

图 1－1　　图 1－2　　图 1－3

比如对于图 1－1 中已知的$\triangle ABC$，用刻度尺量一量每一边的长度，或者用量角器量一量每一个内角的大小，这当然是几何课的内容。但是，几何课主要的内容不是这些，而是研究图形的一般性质。例如三角形有三个内角，每一个内角有多少度是不一定的，可是三个内角合起来一定是 180°，无论任何人画任何一个三角形都会得出相同的结论。

有了什么条件，必然得到什么结果，这就是规律性的认识。如对于图 1－1 中$\triangle ABC$，若是给了“AB 边大于AC 边”这个条件，就一定能得出“AB 边所对的$\angle C$，一定大于 AC 边所对的$\angle B$”这个结论。

在图 1－2 中，已知$\square ABCD$ 的对角线相交于O，根据平行四边形的定义不但能判断 AB 边等于CD 边，而且可以判断$\triangle AOB$ 与$\triangle COD$ 是能够重合的。这里，既不用度量，也不用把$\triangle AOB$、$\triangle COD$ 剪下来真的重合在一起。这就是平行四边形一定有的特点，是它们的共性，是人们研究平行四边形得到的规律性认识。

这些都是图形的性质。

在图 1－3 中，已知 A、B、C、D 都是$\odot O$ 上的点，可以判断$\angle ADB$ 一定等于$\angle ACB$。这样判断不是单凭观察就能得到的，因为只凭眼看是看不准的；也不是靠度量，因为即使能量准，也不能得到一般性结论（一个圆有这个性质，也不能对所有圆下结论）。

所以，几何要研究的图形性质，是某一种图形的一般性质，即这一种图形一定有的性质，包括形状、大小和相互位置关系。

练　习

1. 已知：$\angle AOB=\alpha$，$\angle AOC=\beta$，且$\alpha>\beta$。用α、β 表示$\angle BOC$。

提示：原题是不给图的。由已知条件可知 O 是这两个角的公共顶点，OA 是这两个角的公共边，但是 OB、OC 的位置并没说明，OC 与 OB 若是分在 OA 的两旁，就成为图 1－4 的形状，有$\angle BOC=\angle AOB+\angle AOC=\alpha+\beta$；$OC$ 与 OB 若是同在 OA 的一旁，如图 1－5 的形状，就有$\angle BOC=\angle AOB-\angle AOC=\alpha-\beta$。只有这样考虑才算全面，才能反映出满足已知条件的角的一般性质。

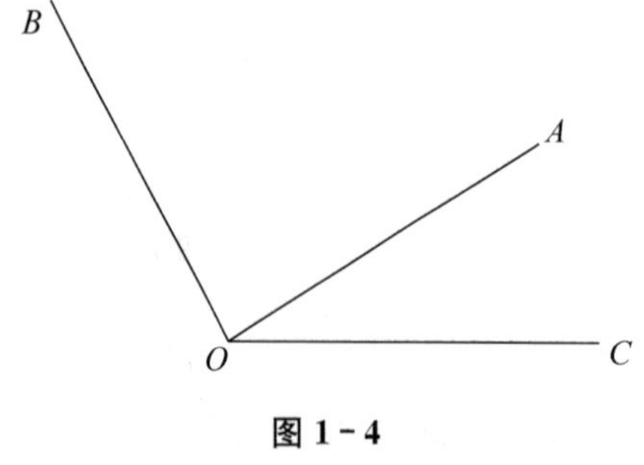

图 1－4

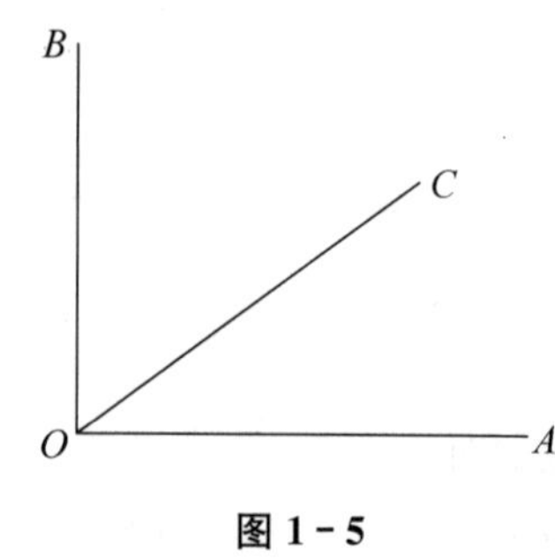

图 1－5

2. 画一个四边形 $ABCD$，使 $AB/\!/CD$，并且 $AD=BC$。

提示：题目没有限定四边形的边的长度，只提出 AB、CD 的位置是平行的，AD、BC 的大小是相等的。可能有的读者画出来的是一个平行四边形，有的读者画出来是一个等腰梯形。如果同时画出两种图形，就最好了。学过平行四边形判定的读者知道，一组对边平行，另一组对边相等，是不能判定这个图形是平行四边形的。

2. 不懂概念寸步难行

研究图形性质，既不能单凭观察也不能靠度量，那么靠什么呢？靠判断、推理。

要学判断、推理，首先得学概念。

比如学几何必须先明白什么是直线，然后才能分清两直线相交还是不相交，接下去才懂什么叫平行线、什么叫平行四边形。这样研究平行四边形的性质才有了起点。

像直线、平行线、平行四边形这些名称，相交、平行这些术语，都是概念。学习几何必须准确、牢固地掌握概念，才可能动手研究，才可能研究出正确的结论。不懂概念是寸步难行的。

在图 1－6 中，已知 $AB/\!/CD$，直线 EF 和 AB、CD 都相交，交点分别是 E、F，$\angle BEF$ 的平分线与 $\angle EFD$ 的平分线相交于 H，求证：$EH\perp FH$。

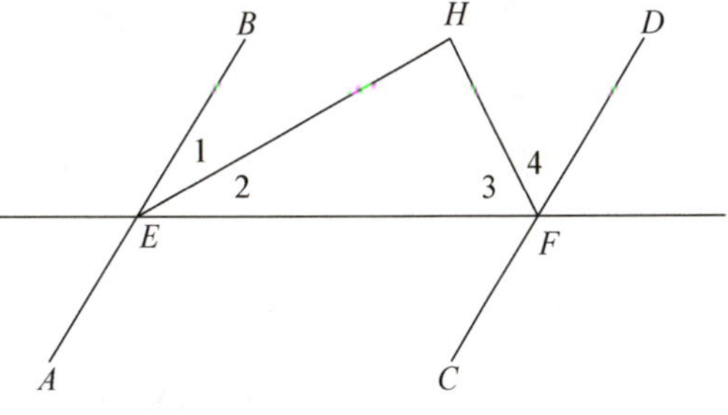

图 1－6

这样一个题目，包含多少概念呢？AB、CD 是平行线，EF 是直线，它们相交构成角，而且 $\angle BEF$ 与 $\angle EFD$ 是同旁内角（懂得三线八角中，用两条直线分内、外，第三条直线分两旁，才能迅速、准确地找到内错角、同旁内角），平行线的同旁内角是互补的，由角平分线的定义得到 $\angle 1=\angle 2$，$\angle 3=\angle 4$，然后推出 $\angle 2$、$\angle 3$ 是互余的。由三角形内角和 180°算出 $\angle H=90°$，再根据两条直线互相垂直的概念，判断 $EH\perp FH$。

这当中平行线、直线、角、同旁内角、角平分线、三角形、内角都是名称，而相交、互补、互余、互相垂直是术语。这个问题的解决共计用了十一个概念。无论哪一个概念不明确，都将导致错误。

再如三角形的高是一个重要概念，不能一般对待，要格外认真地学。大家知道：三角形一个顶点到它的对边所在直线的垂线段叫作三角形的高。

学习这一概念的时候，必须一字一句对照图形认真研究。如图 1－7，在△ABC 中∠ABC 是钝角，现在我们想从 A 点向它的对边画垂线，或者说想画出 BC 边上的高。这时，A 是“三角形一个顶点”，而“它的对边”是线段 BC，“它的对边所在直线”是直线 BC。既然是直线，那么 BC 可以向两端无限延伸。自直线 BC 外一点 A 用基本作图的方法（或用三角板推）画出垂线 AD 来。A 点到垂足 D 之间的线段（即线段 AD），才是要作的高。

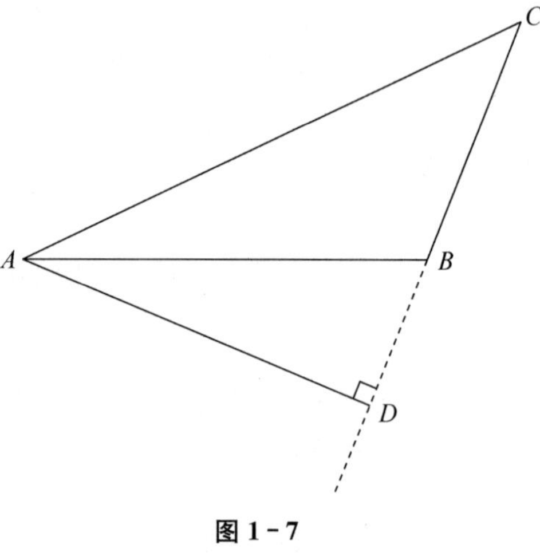

图 1－7

这道题能否解答正确，就看你对三角形的高的概念是否清楚。具体地说，这里用到了三角形、顶点、对边、所在直线、互相垂直、直角、垂线、垂线段等概念。

我们经常用概念指导画图或作图，用概念指导计算，用概念指导推理。所以说，只有掌握好概念，才能形成正确的思路。

练　习

1. 什么叫钝角？
2. 什么叫垂线？
3. 两点间的距离、点到直线的距离各是什么意思？
4. 什么叫三角形的外角？三角形外角和指的是什么？
5. 一条直线上有 A、B、C 三个点，图中有几条射线？这个题目和射线概念有什么关系？
6. 两个角既互余又相等，这两个角各是多少度？既互补又相等呢？
7. 一个角是它余角的 5 倍，求这个角的补角是多少度？
8. 画出钝角三角形的三条高。

3. 怎样记概念学概念

一开始学几何，就遇到了许多概念。初学的同学一下子把这么多的概念都记住是有困难的。怎么办？请你把最重要又常用的概念记牢，比如，射线、线段，特别是角的概念，包括各种单称、并称、互称的角都必须学会。对于其他概念可以先读读，做作业用到哪个概念就读哪个概念，逐渐对这些概念就会熟悉了。个别概念暂时用不着，只要知道就行了，比如画、体等概念，以后用到的时候再认真学。分散难点，集中精力，为的是把重要概念学好。

到底怎样才能把几何概念学好呢？

首先，我们应该把概念多念几遍，直到念顺了嘴为止。一个新概念，说都说不利落，怎么能理解、运用呢？比如，点到直线的距离的定义是："从直线外一点到这条直线的垂线段的长度，叫作点到直线的距离。"只有反复念以后，才能在全面了解这个概念的基础上，抓住"垂线段""长度"这几个要点。

其次，我们应该结合图形，理解记忆。几何是研究图形性质的学科，几何概念应该结合图形去理解记忆。比如图 1-8 中任意四边形 $ABCD$ 内有一点 P，问 P 点到各边的距离是多少厘米，要求用刻度尺去量，精确到 0.1 cm。

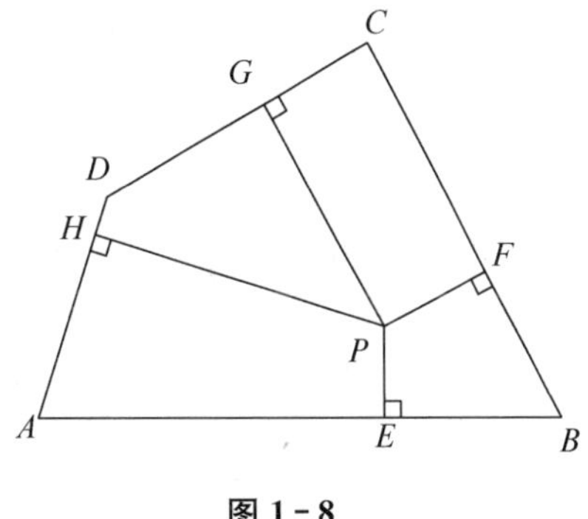

图 1-8

根据点到直线的距离这个概念，应当先画出 P 点到 AB 的垂线 PE，这里垂足为 E，所以垂线段 PE 的长就是 P 点到 AB 的距离。同样，可以画出 P 点到 BC 的垂线段 PF，P 点到 DC 的垂线段 PG，P 点到 AD 的垂线段 PH，再用刻度尺去量就可以了。这样边想概念边画图，就能懂得快、记得牢。

再就是运用概念解题。几何证明题、几何计算题、几何作图题都离不开几何概念。学过等腰三角形的性质以后，有这样一道证明题：求证"等腰三角形底边中点到两腰的距离相等"。

在图 1-9 中，已知 $AB=AC$，D 是 BC 中点。有的同学说，因为 $DB=DC$，所以 D 到两腰距离相等。这就是错把 D 到 B、C 点的距离，当作 D 到 AB、AC 的距离了。应该首先看清题目，是"底边中点"即 D 点，到"两腰"即 AB、AC 的"距离"，是指点到直线的距离，不是点到点的距离。然后复习点到直线的距离的概念，画出 D 到 AB、AC 的垂线段。就这样，运用概念解决了问题。

值得一提的是，有些概念应该格外注意。例如，平角是用“射线绕端点旋转，始边终边成一条直线”定义的，而不是用180°角定义的；钝角概念的理解、叙述都要完整；互余、互补概念不要混淆……

下面看两个例题。

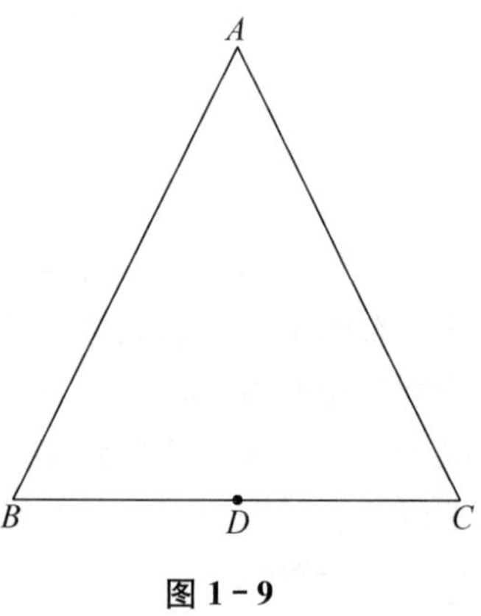

图 1－9

例 1　一个角是它的余角的$\frac{1}{3}$，求这个角的补角。

分析：设这个角为α，则它的余角为$90°-\alpha$，它的补角为$180°-\alpha$。这就是用互余、互补的概念来表示这些角。再根据另外的大小关系列方程，即$\alpha=\frac{1}{3}(90°-\alpha)$，可得$\alpha=22.5°$，它的补角$180°-\alpha=157.5°$。

若是用$\frac{1}{3}$的关系设未知数，即设这个角的余角为α，则这个角为$\frac{1}{3}\alpha$，然后用互余概念列方程$\alpha+\frac{1}{3}\alpha=90°$，可得$\alpha=67.5°$。因为一个角的补角比它的余角大90°，所以这个角的补角为157.5°。这又是根据互余、互补的概念作出的判断。

例 2　求证：三角形一边的两个端点到这边上的中线距离相等。

分析：如图1－10，这个题涉及的概念中，“三角形”“边”“端点”都不难懂，就需要明确三角形的“中线”是“连接三角形一个顶点和它的对边中点的线段”，尤其值得注意的是这个“距离”是点到直线的距离，所以要从B点和C点分别向AD及其延长线引垂线段。

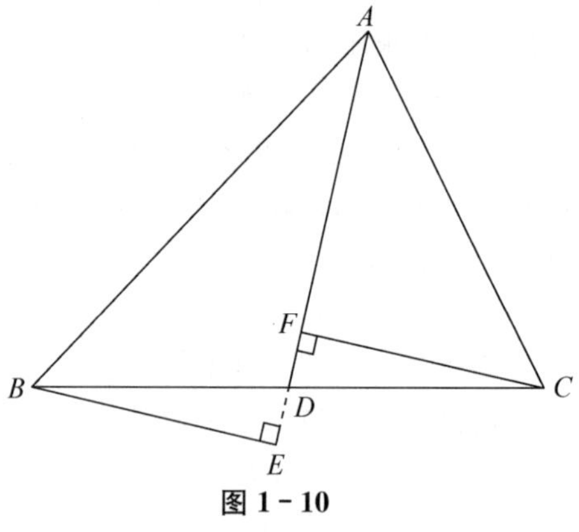

图 1－10

在平面几何中，有三种不同的距离概念：两点的距离；点到直线的距离；两条平行线之间的距离。只有把它们归在一起，对比着念，才能分得清，记得住。

概念清楚，证明就容易了。这个题只要用“角角边”证$\triangle BDE\cong\triangle CDF$，就可以得到$BE=CF$了。

练　习

1. 在图1－11中，已知$AD/\!/BC$，就说$\angle1=\angle2$对不对？在图1－12中，

已知 $AB//CD$，就说$\angle DEG=\angle BFH$ 对不对？

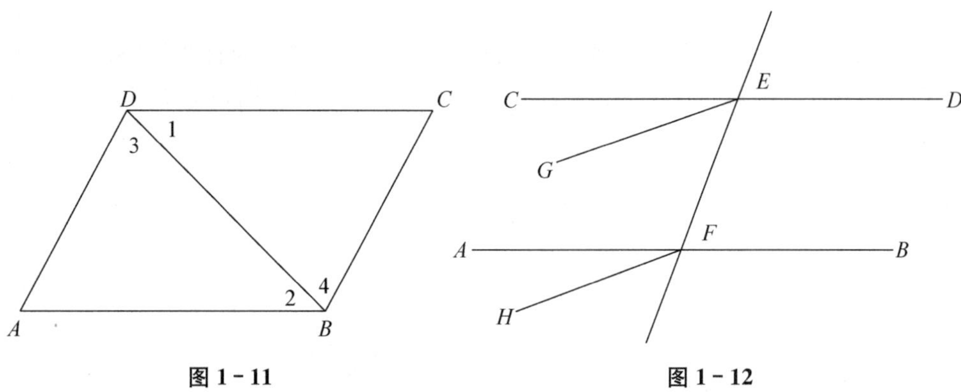

图 1-11　　　　图 1-12

提示：应着重研究三线八角中内错角与同位角概念。在图 1-11 中，两条平行线 AD、BC 被 DB 所截，内错角$\angle 3=\angle 4$ 是正确的，$\angle 1$、$\angle 2$ 与这一组三线八角无关。若说$\angle 1$、$\angle 2$ 也是内错角，那指的是两条直线 AB、CD 被 DB 所截，但是 AB、CD 是否平行还不知道，所以不能说$\angle 1=\angle 2$。在图 1-12 中，两条平行线 AB、CD 被 EF 所截有四组同位角，其中没有$\angle DEG$ 与$\angle BFH$，这两个角的边是 ED、EG、FB、FH 已经是四条直线了，怎么会是同位角呢？用三线八角的概念认真检查一下就明白了。

2. 在图 1-13 中，问 E 到 CD 的距离，就画出垂线段 EF，然后量 EF 的长对不对？

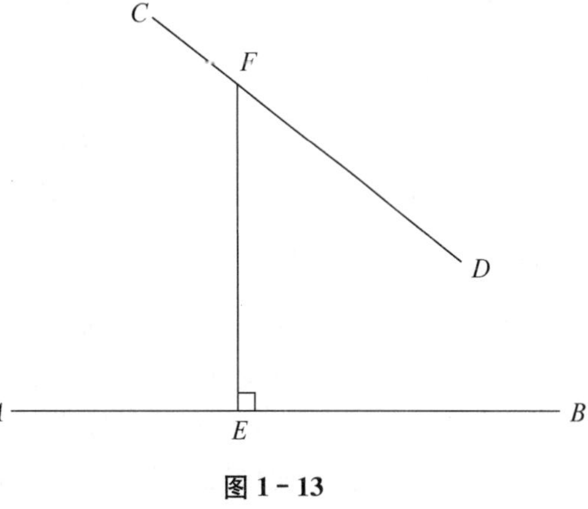

图 1-13

提示：点到直线的距离是用垂线段的长定义的，而垂直是用两条直线相交成直角定义的。既然是 E 到 CD 的距离，当然 CD 是一条直线，再就是所作的垂线 EF 是一条直线。下面，我们再看一看 CD 与 EF 所成的四个角中是不是有一个角是直角呢？没有。所以量 EF 的长是错误的。因为它不是从 E 点到 CD 所作的垂线，应该自 E 点作 CD 的垂线，然后再量垂线段的长。

3. 把钝角三角形的三条高，画成图 1-14 的样子，对不对？

提示：AD 是$\triangle ABC$ 的高是对的，DE、DF 虽然也是垂线段，但是与三角形的高的概念“三角形一个顶点到它的对边所在直线的垂线段”不符合，所以这两条垂线段不是高。我们应该从 C 点向 BA 的延长线引垂线，从 B 点向 CA 的延长线引垂线。

4. 如图 1－15，AB 是直线 l 的垂线，垂足为 B，AC 为直线的斜线，斜足为 C，$CD\perp CA$，就说 $\angle 1$ 与 $\angle 2$ 互余、$\angle 1$ 与 $\angle 3$ 互余，所以 $\angle 2$ 与 $\angle 3$ 互余，对不对？

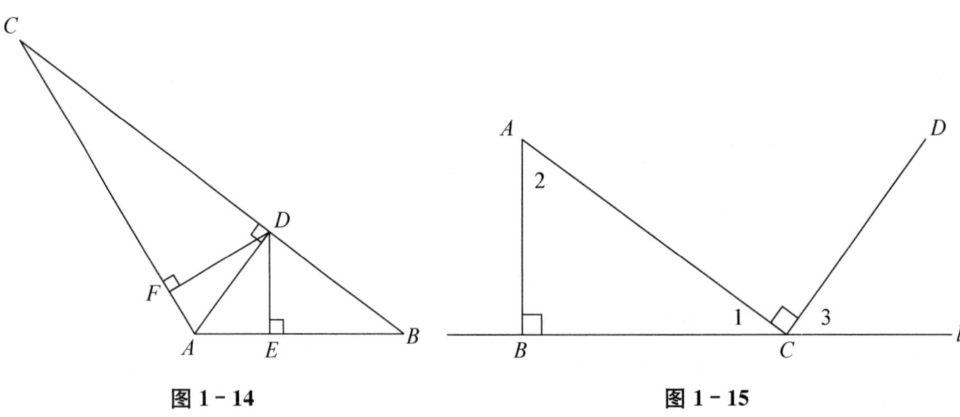

图 1－14　　图 1－15

提示：根据互余的概念，写出表达式 $\angle 1+\angle 2=90°$，$\angle 1+\angle 3=90°$。这两个等式经过移项后，可改写成 $\angle 2=90°-\angle 1$，$\angle 3=90°-\angle 1$。显然，$\angle 2=\angle 3$，不是 $\angle 2$ 与 $\angle 3$ 互余。一般地说，由 $\alpha+\beta=90°$，$\gamma+\beta=90°$，是判断不出 $\alpha+\gamma=90°$ 的，应该得出 $\alpha=\gamma$。除非 α、β、γ 都是 45°。

5. 如图 1－16，已知在 $\triangle ABC$ 中，D 是 AB 中点，E 是 AC 中点，N 是 BC 上一点，AN 交 DE 于 M。根据三角形中位线定理，就说 DM 等于 $\frac{1}{2}BN$，对不对？

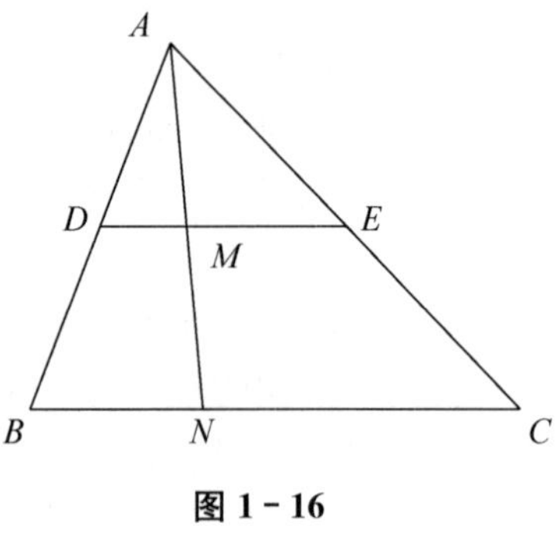

图 1－16

提示：在应用三角形中位线定理的时候，必须注意符合三角形中位线的概念。在 $\triangle ABN$ 中，已知 D 是 AB 中点，可是，M 是不是 AN 中点，却还没证明。应该先证 $DE/\!/BC$，再用平行线等分线段定理的推论，判断 $AM=MN$，才能得出“$\triangle ABN$ 两边中点连线 DM 平行于 BN 且等于 $\frac{1}{2}BN$”这个结论。

6. 如图 1－17，在正方形 $ABCD$ 中，E、O、F 分别是 AB、BD、AD 的中点，根据三角形中位线定理，有 $OE=\frac{1}{2}AD$、$OF=\frac{1}{2}AB$。因为 $AD=AB$，所

以 $OE=OF$。又 $AE=AF$，$\angle A=90^\circ$，所以四边形 $AEOF$ 是正方形。这样说对不对？

提示：这个题中，论据摆了不少，但是对照正方形定义“有一个角是直角并且有一组邻边相等的平行四边形叫正方形”，还是少了一个条件，即没有证明这个四边形是平行四边形。如果说先以两组对边分别相等证出平行四边形，即 $OE=\frac{1}{2}AD=AF$，$OF=\frac{1}{2}AB=AE$，再有 $\angle A=90^\circ$，$AE=AF$，这样证明就对了。

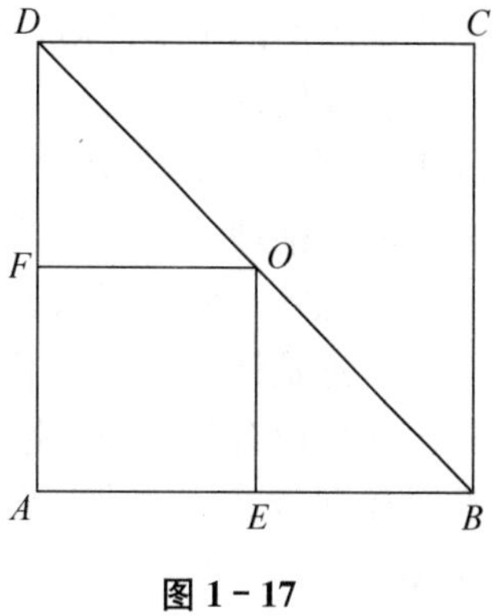

图 1-17

4. 判断、推理的依据

判断、推理是研究图形性质的主要方法，判断、推理的依据又是什么呢？是几何的概念、公理和定理。概念问题，前两节已经讲过。下面，我们着重谈谈公理和定理的作用。

让我们通过一道几何证明题，看看几何公理、定理的应用，以及公理、定理间的联系。

如图 1-18，已知 $\triangle ABC$。求证：$\angle A+\angle B+\angle C=180^\circ$。

证明： 过 A 点作 $DE\parallel BC$，得到 $\angle 1=\angle B$，$\angle 2=\angle C$。这就用到学过的定理：两直线平行，内错角相等。由于 $\angle 1+\angle BAC+\angle 2=180^\circ$，经等量代换，可以得到 $\angle B+\angle BAC+\angle C=180^\circ$。

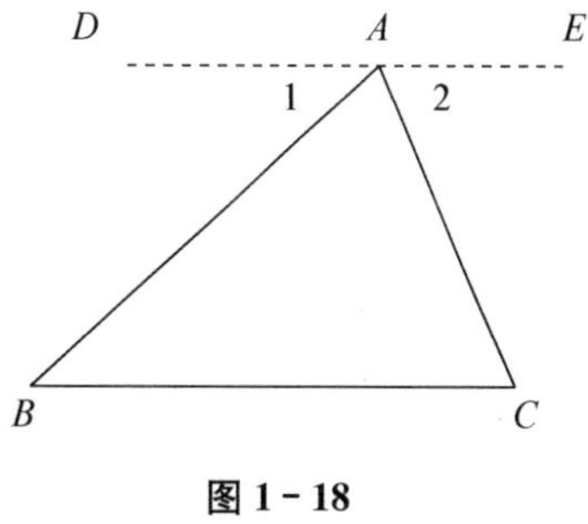

图 1-18

从表面上看这个证明过程只用了一个定理“两直线平行，内错角相等”，可是这定理是在学了“两直线平行，同位角相等”和“对顶角相等”这两个定理之后得到的。因此，这个问题的解决，需要三个定理。再进一步说，学习另外两个定理时，又需要先学另外的公理、定理，还需要应用反证法的知识和基本作图的技能。

看起来一道几何题的证明，就是研究一个图形的性质的过程，而这个研究过程用的是判断、推理的方法。几何学要求每一步的判断都要有根据，这些根据就是前面讲过的公理或定理。前面定理又要它前面学过的定理作依据，照这样总要向前面要根据，最前面的怎么办呢？这就是公理。几何公理是人们从实践中总结出来的图形的基本性质，它已为大家所承认，可以作为说明其他问题的根据。

在几何课里学公理、定理，如同在代数课里学法则、公式一样，就靠这些内容来解题。研究图形性质，就要根据题目条件，选用一条或几条几何公理、定理来判断、推理，最终得到需要的结论。所以，大家一定要像熟悉代数法则、公式一样地念熟几何公理和定理。

推论是证明定理时附带得出的几何图形性质，也可以把它看作定理。只不过推论往往没有单独证明过。尽管如此，有时候一个定理的推论，比定理本身应用的时候还要多。例如，三角形内角和定理的推论，圆周角定理的推论，都是这样。

练　习

1. 将上面证明“三角形内角和等于180°”的过程中用到的定理，都追问一个为什么，并且加以证明。

2. 证明下列定理，认真写出已知、求证、证明过程，以及每一步骤的依据：

（1）同角的余角相等；

（2）同角的补角相等；

（3）等角的余角相等；

（4）等角的补角相等。

二、思路是怎样打开的

思路随着推理过程而展开。为了打开思路，必须会推理。

首先，要弄懂弄通某些局部知识的推理特点。比如，平行线部分的推理特点是分清判定定理和性质定理；全等三角形部分的推理特点是有选择地挑出三个元素对应相等；平行四边形是平行线与全等三角形的综合，必然兼有以上两部分知识的推理特点。

其次，要认真钻研某些知识的纵向联系，真正做到举一反三，触类旁通。比如，下面将要看到的：从研究相似形开始，引入了基本图的思想；从研究圆开始，提出了十套知识归类训练法。

思路打开以后，千万要注意一个容易被人们忽视的问题：当添设辅助线的时候，一定别忘了添线的合理性和可能性。

1. 推理从这里开始

如果把概念、公理、定理都学会了，判断、推理就有了基础。这时就要进行一些训练，比如，从具体到抽象的训练。

下面，我们先从两个角互余的关系出发，研究一下推理是如何展开的。

若α为$40°$，则它的余角β为$50°$。互余是两角之间的大小关系，只要知道其中一个角的大小，就可以求出另一个角的大小。

若α为$40°$，画出它的余角γ，则γ为$50°$；再画出α的另一个余角θ，则θ亦为$50°$。结论是：凡是$40°$角的余角，无论画出多少个，都是$50°$，也就是相等。

若α不是$40°$，则它的余角当然不是$50°$，但总可以用$90°-\alpha$来表示。结论是：凡是α角的余角，无论画出多少个，都可以用$90°-\alpha$表示。所以，凡是α

角的余角都是相等的。

以上道理虽然简单，但是已经离开了具体数字的计算，开始上升到抽象推理。这时，从研究图形性质的角度看，我们已经从计算一个角（或几个角）的大小（度、分、秒），过渡到判断两个角大小相等，虽然这时并不知道这两个角各自是多少度。

与此相类似，若是 α 角等于 β 角，则 α 角的余角必等于 β 角的余角。

两角互补的关系也是一样，下面写出推理的具体思路看一看。

例 1 已知：如图 2－1，$\angle\alpha$ 是 $\angle\beta$ 的补角，$\angle\gamma$ 也是 $\angle\beta$ 的补角。求证：$\angle\alpha=\angle\gamma$。

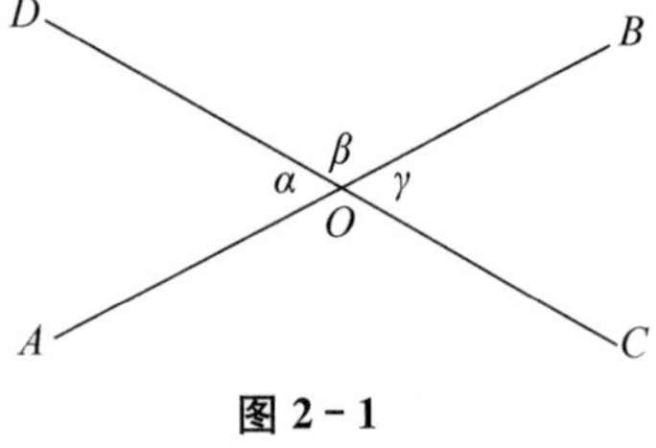

图 2－1

分析：既然 $\angle\alpha$、$\angle\beta$ 是互补的角，就用式子把它们的关系表示出来，写成 $\angle\alpha+\angle\beta=180°$，再进一步，$\angle\alpha$ 等于什么呢？$\angle\alpha=180°-\angle\beta$；同样的想法写出 $\angle\gamma=180°-\angle\beta$。到这里，可以看出，$\angle\alpha$ 与 $\angle\gamma$ 都等于 $180°-\angle\beta$，所以 $\angle\alpha=\angle\gamma$。

证明：∵ $\angle\alpha+\angle\beta=180°$（补角定义），

又∵ $\angle\gamma+\angle\beta=180°$（补角定义），

∴ $\angle\alpha=180°-\angle\beta$（等式性质），

$\angle\gamma=180°-\angle\beta$（等式性质），

∴ $\angle\alpha=\angle\gamma$（等量代换）。

同样是图 2－1，可以把已知条件改作 $\angle\alpha$ 与 $\angle\gamma$ 是对顶角，求证 $\angle\alpha=\angle\gamma$。证明开始时，先说 OB、OC 分别是 OA、OD 的反向延长线，根据是对顶角定义；再说 $\angle AOB$ 与 $\angle COD$ 都是平角，根据是平角定义；接着说 $\angle\alpha+\angle\beta=180°$，$\angle\gamma+\angle\beta=180°$，根据是互补定义。到了这时就可以直接得出结论，$\angle\alpha=\angle\gamma$，根据是同角的补角相等。

通过上述推理过程可以看出，从已知条件出发，每一步骤就是一次判断，把一次又一次的判断连接起来就构成了推理。判断的依据不是概念，就是公理、定理，也包括等式性质。开始学某一部分知识的时候，一般用概念进行判断较多，逐渐地，定理学多了，用定理作为推理依据就多了。

练　习

1. 已知：$\angle AOC$ 和 $\angle BOC$ 互为邻补角，OD 平分 $\angle AOC$，OE 平分 $\angle BOC$。求证：$OD\perp OE$。

2. 已知：$AB\perp MN$ 于 B，$CD\perp MN$ 于 D。求证：$AB/\!/CD$。

2. 泾渭分明的平行线问题

从研究“同角的余角相等”这个结论开始，我们已经走进了推理论证的大门。判断、推理伴随着学习几何的全过程，但是各阶段的推理也有它自己的特点。平行线这一部分推理的特点，是必须分清判定和性质。即已知平行用性质定理，求证平行用判定定理。

用角的关系来判断两直线平行，是一种常用的方法。因为平行线虽然有定义，但是不好运用“不相交”这个概念，所以不便用定义，需要另设判定方法。

这里有一项准备工作必须做好，就是弄清三线八角中的同位角、内错角和同旁内角。这些角是因位置不同而得名的并称的角，并不说明两个角的大小关系，即同位角有的相等，有的不相等；内错角也是有的相等，有的不相等；同旁内角有的是互补的，有的不是互补的。

学习平行线判定定理，千万不要过早地简化定理，应该要求自己能完完整整、一字不错地将定理全文背下来，明确这是用同位角的大小关系判断两直线平行或是不平行。若知道（已知或已证）同位角相等，就可以判断两直线平行，若不知道同位角相等还是不相等，就不能判断两直线平行。

平行线性质定理，必须已知或已证两直线平行才能用，学习时也要全文背诵下来。若是过早地简化，往往容易忽视“如果”“那么”的关系，造成“凡同位角就相等”的错误印象。

有关平行线问题的推理，重要的事情就是分清性质和判定，每次证一个题目，对其中每一个推理步骤，都要问自己一次：是已知平行还是求证平行？是用性质定理还是用判定定理？

例 1 图 2-2 中，已知：$AB /\!/ CD$，EG、FH 分别是$\angle AEF$ 和$\angle EFD$ 的平分线。求证：$EG /\!/ FH$。

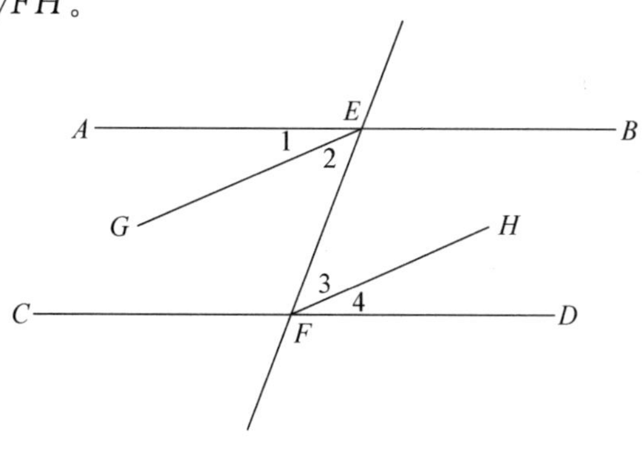

图 2-2

证明：∵ $AB // CD$（已知），

∴ $\angle AEF = \angle EFD$（两直线平行，内错角相等）。

∵ $\angle 1 = \angle 2$，$\angle 3 = \angle 4$（角平分线定义），

∴ $\angle 2 = \angle 3$（等式性质），

∴ $EG // FH$（内错角相等，两直线平行）。

值得注意的是$\angle 2$与$\angle 3$确实是内错角，但是之所以能说$\angle 2 = \angle 3$，并不是因为这两个角由它们的位置来看是内错角（因为内错角不见得相等），而是因为$\angle 2$是$\angle AEF$的一半，$\angle 3$是$\angle EFD$的一半，$\angle AEF$与$\angle EFD$是相等的，$\angle 2$、$\angle 3$是等量的一半，所以相等。

练　习

1. 如图 2 - 3，已知：直线 MN 分别交 AB、CD、EF 三直线于 P、Q、R，且 $AB // CD$，$\angle 1 = \angle 2$。求证：$AB // EF$。

提示：证明 AB、EF 的位置关系时，可以用有关的角，也可以用平行公理的推论。

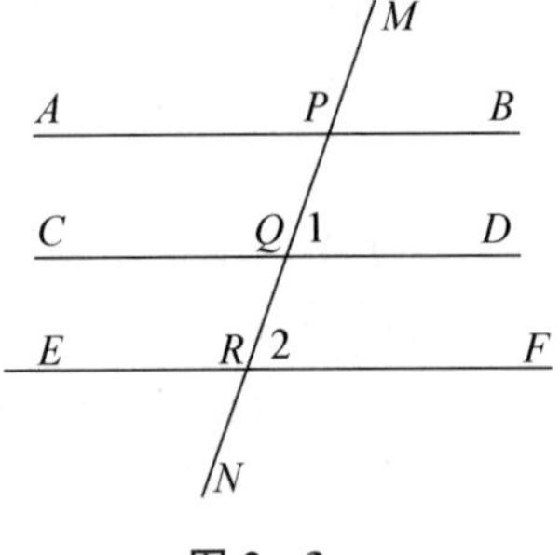

图 2 - 3

2. 如图 2 - 4，已知：$\angle 1 + \angle 2 = 180°$，$\angle 3 = 61°$。求$\angle 4$的度数。

3. 如图 2 - 5，已知：$AB // CD$，且$\angle 1 = \angle 2$。求证：$BE // DF$。

4. 如图 2 - 6，已知：$AB // CD$，AG、CF 分别是$\angle BAC$与$\angle DCE$的平分线。求证：$AG // CF$。

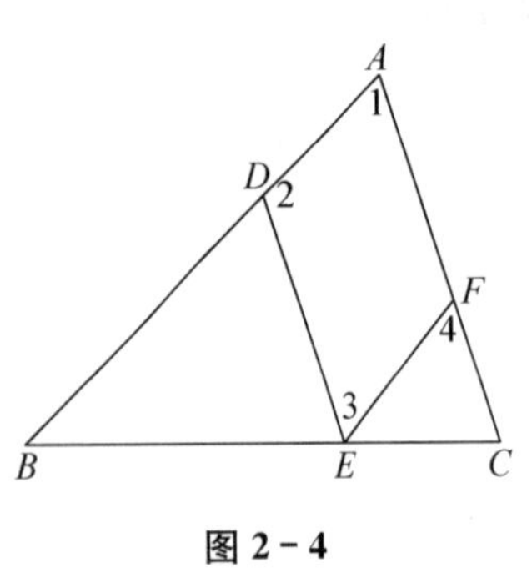

图 2 - 4

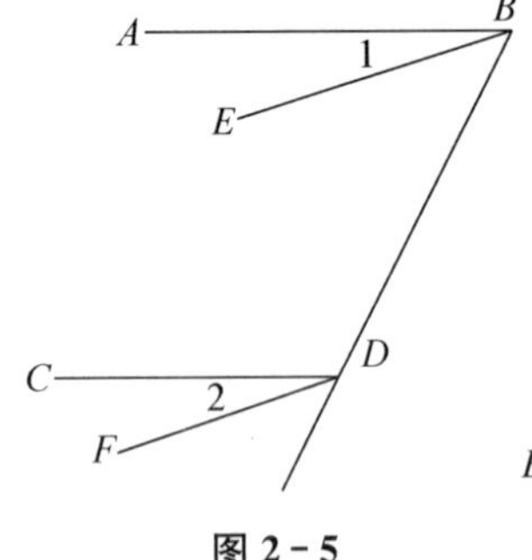

图 2 - 5

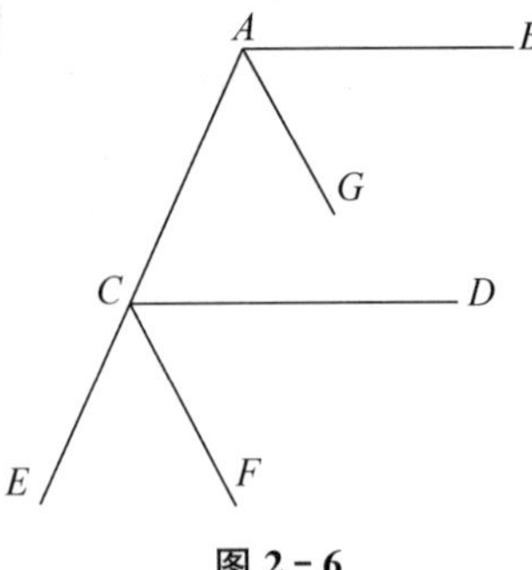

图 2 - 6

3. 规规矩矩证全等三角形

每一个三角形都有三条边、三个内角。如果两个三角形这六个元素一一对应相等，这两个三角形必然能重合。

如果两个三角形能重合，那么这两个三角形就叫作全等三角形。实际上，在判定两个三角形全等的时候，不需要六个元素对应相等，只要有经过选择的三个元素对应相等就够了。这就是课本上明确的五个判定定理。

但是一道几何题是不会给足三个条件的，至少要缺一个条件，让学生从其他条件中再推出一个条件。

如图 2－7，已知：$\triangle ABC$ 与$\triangle ADE$ 都是等边三角形。求证：$\triangle ABD\cong\triangle ACE$。

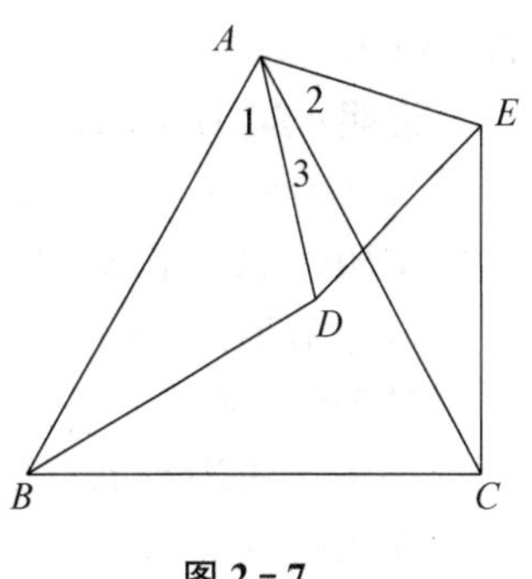

图 2－7

每见到一个图形，就应当立刻想想它有什么性质，这是推理的具体准备。比如，已知条件说$\triangle ABC$ 与$\triangle ADE$ 都是等边三角形，我们就会立刻想到 $AB=BC=AC$，$\angle CAB=\angle ABC=\angle BCA=60°$；$AD=DE=AE$，$\angle EAD=\angle ADE=\angle DEA=60°$。这些不一定都写出来，只是做好准备，证明时用什么写什么。

再看看求证的两个三角形，已经有两对边分别相等了，下面或是能证明夹角相等，满足“边、角、边”定理，或是能证明第三边相等，满足“边、边、边”定理。结合上面推出的条件，$\angle 1=\angle BAC-\angle 3$，$\angle 2=\angle DAE-\angle 3$，所以$\angle 1=\angle 2$。可以证明$\triangle ABD\cong\triangle ACE$。

开始学习三角形全等，主要是证这类题，所缺条件经常靠下述关系补足：公共边、公共角、对顶角、平行线的内错角（或同位角）、同角（或等角）的余角相等、同角（或等角）的补角相等、等式性质。

上面说的是“怎样想”。全等三角形与相似三角形是平面几何两大中心问题，大部分知识环绕着这两个内容来展开，所以从已知的条件及求证的要求产生证三角形全等的意识是很有用的。

证全等三角形不但要会想，而且要会写，要讲究证题格式。以前的证明格式是在纸上画一条竖线，左边写过程，右边写根据。后来就用“∵”“∴”的形式，一步步往下推理，将主要根据注在括弧内。无论哪一种格式都要求有条有理、有根有据。讲究解题格式，最重要的理由是保证推理无误，也使人能看清楚。出题的人不能把证全等的三个条件给全，这就要求做题的人能根据已知条件有根有据地推出新的相等元素（边或角）。新的相等元素的论证过程，未必都很简单，因此，有条有理、清清楚楚地写出证明过程，就显得十分重要了。

讲究格式对培养自己思维的条理性、全面性也是非常有益的。一道题的前半部分是将需要的内容都证出来，准备好，再审查一遍，看合不合要求，到底是"角、边、角"，还是"角、角、边"，最后再用"≌"符号把要证的两个三角形连接起来，在后面注明理由。

如果做到上述要求，就不至于丢三落四了。

请大家看看下面例题的证明格式。

例 1 如图 2－8，已知：$AB/\!/CD$，$BE\perp AC$ 于 E，$DF\perp AC$ 于 F，且 $AF=CE$。求证 $AB=CD$。

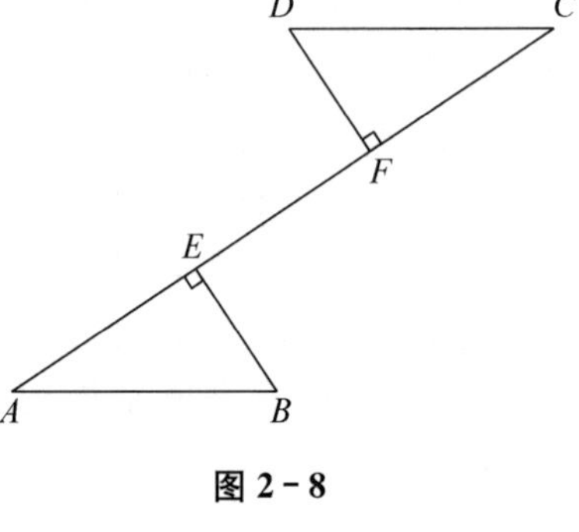

图 2－8

证明：$\because AB/\!/CD$，

$\therefore \angle A=\angle C$（两直线平行，内错角相等）。

$\because BE\perp AC$ 于 E，$DF\perp AC$ 于 F，

$\therefore \angle AEB=\angle CFD=90^\circ$（垂直定义）。

$\because AF=CE$，

$\therefore AF-EF=CE-EF$，

即 $AE=CF$。

$\therefore \triangle ABE\cong\triangle CDF$（角、边、角），

$\therefore AB=CD$。

刚刚开始学习三角形全等的同学，有必要将已经推出的三个条件重写一遍。

证两个三角形全等，往往不是目的，而是通过证明两个三角形全等得到对应边相等或对应角相等。

有时证了一套三角形全等以后，还要再去证第二套甚至第三套三角形全等。这样，题目加深了，内容复杂了，步骤多了，产生错误的可能性就更大了。所以，我们说要规规矩矩证全等，只有找准三个条件，才能依照判定定理证全等。一般的题目是这样，难度大的题目更是这样。

例 2 如图 2－9，已知：等边$\triangle ABC$，延长 BC 到 D，再延长 BA 到 E，使 $AE=BD$，连接 EC、ED。求证：$EC=ED$。

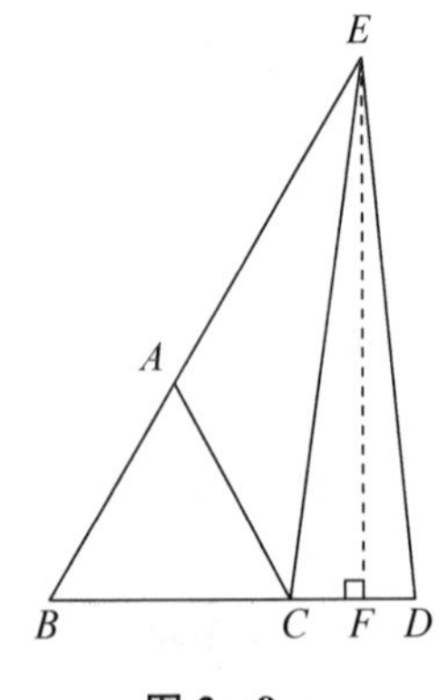

图 2－9

这个题有几种不同的解法，应该怎么想呢？从等边$\triangle ABC$ 着眼，想到 $AB=BC=AC$，$\angle B=\angle BAC=$

$\angle ACB=60°$。为了能说清这些线段之间的关系，不妨设 $BC=a$，$CD=b$，则 $AB=a$，由 $AE=BD=BC+CD$ 想到 $AE=a+b$，$BE=2a+b$；由 BE 的长度可以用 a、b 表示，$\angle B$ 又是 $60°$ 角，想到若是作 $EF\perp BD$ 于 F，则 $\triangle BEF$ 为直角三角形，$\angle BEF$ 为 $30°$，$30°$ 角所对边 BF 当为斜边 BE 的一半，即 $BF=\frac{1}{2}BE=\frac{1}{2}(2a+b)=a+\frac{1}{2}b$。但是 $BF=BC+CF=a+CF$，所以 $CF=\frac{1}{2}b$。又 $CD=b$，所以 $FD=\frac{1}{2}b$，即 $CF=FD$。这时，再证 $\triangle ECF\cong\triangle EDF$ 就不困难了，易得 $EC=ED$。

这个题目与前面一些题目比较，显得难了一些，训练要求也高了一些。要求除了必须熟悉等边三角形性质以外，还必须弄清这几条线段间的位置关系与大小关系，才能按照需要运算、推理。

最后，欲证 $\triangle ECD$ 是等腰三角形，作出辅助线 $EF\perp CD$ 于 F，制造全等三角形的想法是比较自然的。与此同时制造了直角 $\triangle EBF$，这个一举两得的结果对解这个题是十分关键的。

练　习

1. 如图 2-10，已知：$AB=AC$，$AD=AE$。求证：

(1) $\triangle ABE\cong\triangle ACD$；(2) $\triangle BOD\cong\triangle COE$；

(3) $\triangle AOD\cong\triangle AOE$；(4) $\triangle AOB\cong\triangle AOC$。

2. 已知条件如上题。求证：$\angle BAO=\angle CAO$。

3. 如图 2-11，已知：D 是 $\triangle ABC$ 的 BC 边的中点，E 是 AC 边上一点，$DF\perp DE$ 交 AB 于 F，以 E 为圆心 EF 长为半径作弧交 FD 的延长线于 G，连接 CG。求证：$BF=CG$。

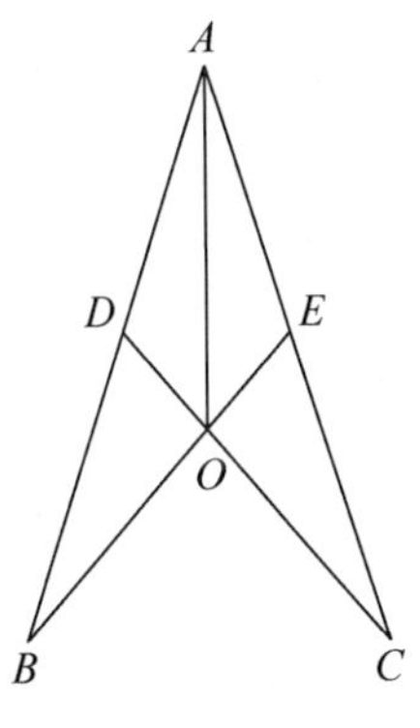

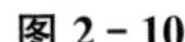

图 2-10

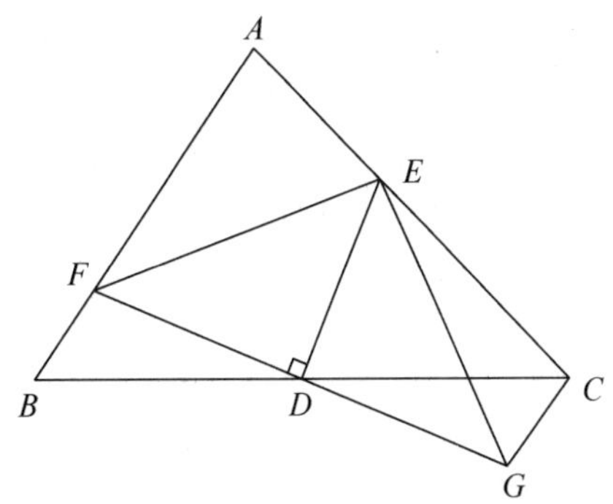

图 2-11

4. 如图 2－12，已知：C 是 AB 上一点，$CD=AB$，且 $BE/\!/CD$，取 $BE=AC$。求证：$AE=AD$。

5. 已知：如图 2－13，在$\triangle ABC$ 中，$\angle ACB=90^{\circ}$，$CD\perp AB$ 于点 D，点 E 在 AC 上，$CE=BC$，过 E 点作 AC 的垂线，交 CD 的延长线于点 F 。求证：$AB=FC$。

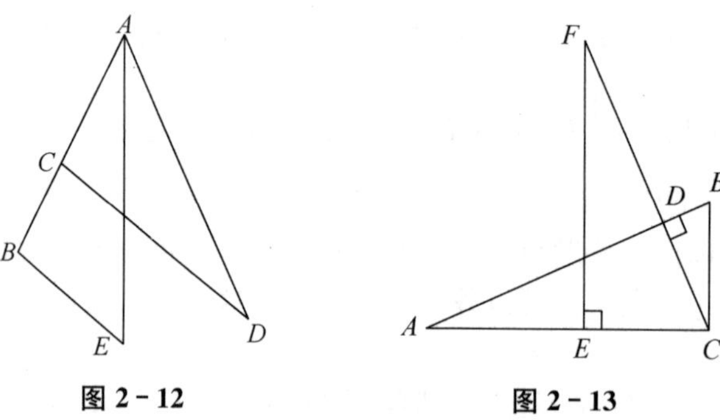

图 2－12　　**图 2－13**

6. 已知：如图 2－14，点 A、B、C、D 在同一条直线上，$EA\perp AD$，$FD\perp AD$，$AE=DF$，$AB=DC$。求证：$\angle ACE=\angle DBF$。

7. 已知：如图 2－15，点 A、B、C、D 在同一条直线上，$BE/\!/DF$，$\angle A=\angle F$，$AB=FD$。求证：$AE=FC$。

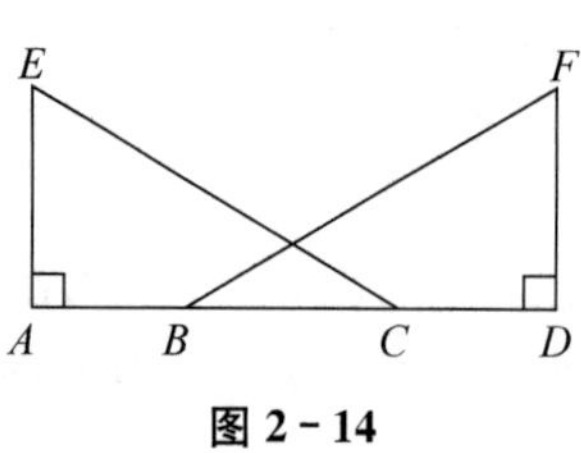

图 2－14

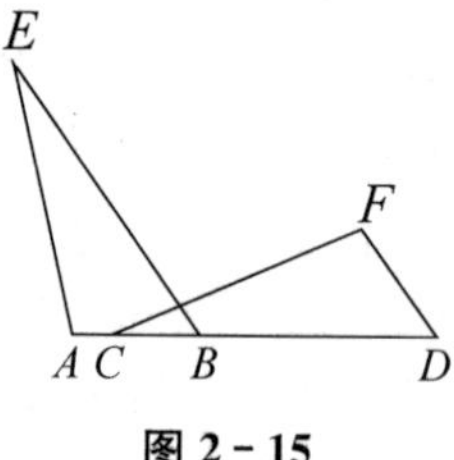

图 2－15

8. 已知：如图 2－16，点 E、A、C 在同一直线上，$AB/\!/CD$，$AB=CE$，$AC=CD$。求证：$BC=ED$。

9. 已知：如图 2－17，D 是 AC 上一点，$AB=DA$，$DE/\!/AB$，$\angle B=\angle DAE$。求证：$BC=AE$。

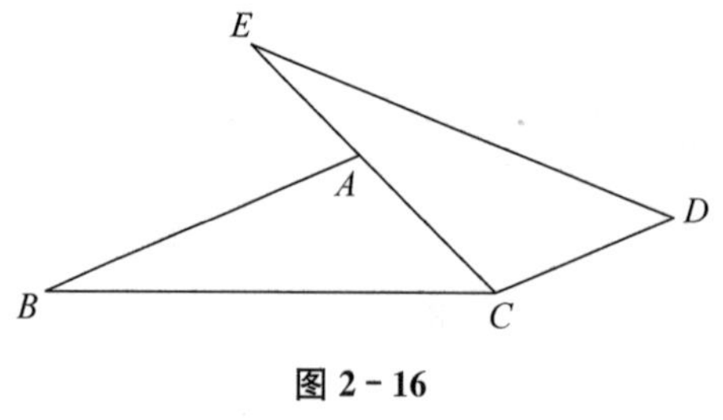

图 2－16

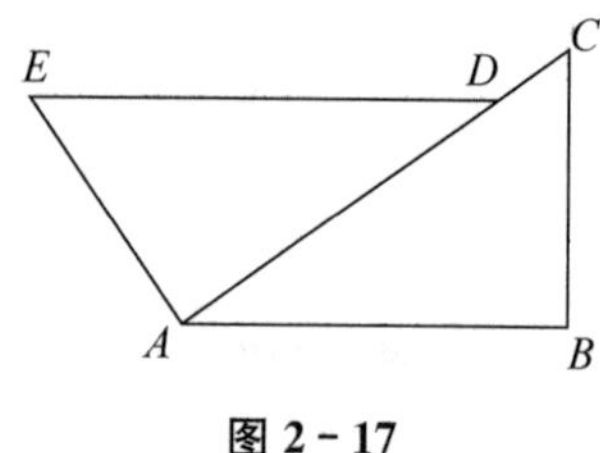

图 2－17

10. 已知：如图 2－18，点 B 在线段 AD 上，$BC /\!/ DE$，$AB=ED$，$BC=DB$。求证：$\angle A=\angle E$。

11. 已知：如图 2－19，在 $\triangle ABC$ 中，$AB=AC$，AD 是 BC 边上的中线，$BE \perp AC$ 于点 E。求证：$\angle CBE=\angle BAD$。

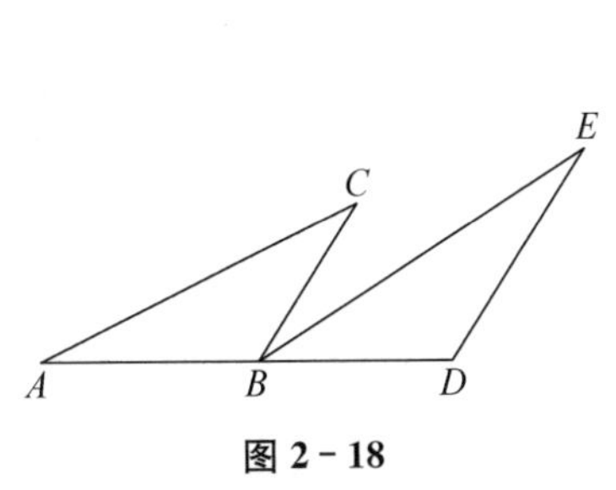

图 2－18

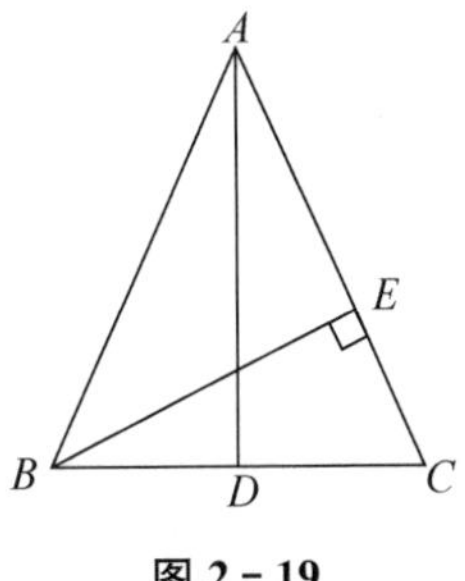

图 2－19

4. 综合性强的平行四边形

平行四边形本身就是平行线与全等三角形的综合，因此，解题的时候必然要兼顾上述两个方面。值得注意的是，对于“见到图形想到性质”的训练，在这里要求更高些。从已知条件向后推理，到底从哪个条件开始，这个选择是十分重要的，关系到能不能顺利地进行推理。“已知”告诉我们的是“有什么”，“求证”告诉我们的是“要什么”，这就要求我们能按照题目的需要选择有关的图形性质。

例 1 如图 2－20，已知：在四边形 $ABCD$ 中，$AB /\!/ CD$，$\angle A=\angle C$。求证：四边形 $ABCD$ 是平行四边形。

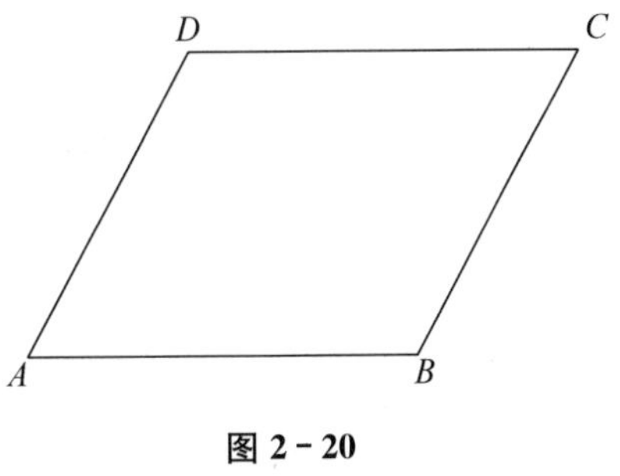

图 2－20

这道题目虽然简单，但是证题的思路要清楚。若利用边的关系来证，则可以用定义，也可以用“一组对边平行且相等”或“有两组对边分别相等”。这时，千万不要忙着连接对角线，证三角形全等。首先应当看看本题的条件与哪条定理接近，显然，用平行四边形定义来证是可以的。现在，已经有一组对边平行了，因而可以得出 $\angle A+\angle D=180°$，换成 $\angle C+\angle D=180°$，就能证出另一组对边 $AD /\!/ BC$。其次应当再想一想，因为没有“对边相等”的条件，所以就不考虑后两种办法了。若用角证，则靠“等角的补角相等”也能证出另一组对角也相等。因为图中没有对角线，就不考虑用对角线判定了。

例 2 如图 2-21，已知▱$ABCD$ 中，$DE\perp AB$ 于 E，交 AC 于 F，且 $FC=2AD$。求证：$\angle DAC=2\angle CAB$。

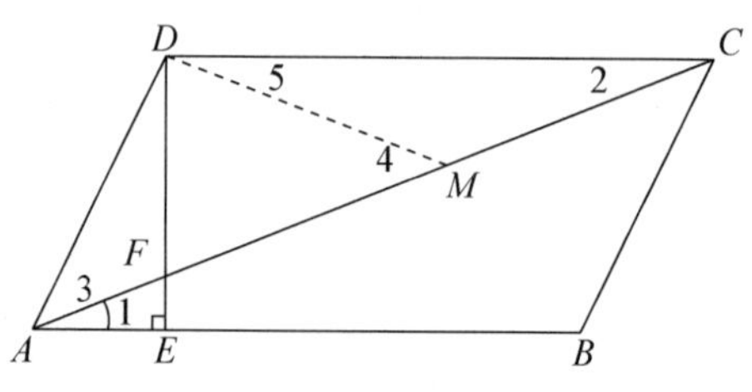

图 2-21

如果一时没有头绪，不妨根据平行四边形的性质，进行推理，扩大可知的条件。由于有平行线，于是有$\angle 1$、$\angle 2$ 相等，同时有$\angle CDF=90°$，这样，图中共有三个直角三角形：$\triangle ADE$、$\triangle AFE$、$\triangle DFC$，显而易见进一步该考虑直角三角形的性质了。我们学过直角三角形的性质，如在直角三角形中，锐角互余，斜边中线等于斜边的一半，30°角所对边是斜边的一半，等等。这里，锐角互余暂时派不上用场，也没有 30°角可用。那么，只好考虑“斜边中线等于斜边的一半”这一条了。已知 $FC=2AD$，可改写成 $AD=\frac{1}{2}FC$，这一改写使我们得到启发，若看直角$\triangle DFC$，斜边就是 FC，AD 就是这条斜边的一半。取 FC 中点 M，连接 DM，DM 就是斜边中线，应该等于斜边的一半，于是有 $DM=\frac{1}{2}FC$，经等量代换，得到 $AD=DM$，$\angle 3=\angle 4$。而 $DM=MC$，$\angle 2=\angle 5$，$\angle 4$ 是$\triangle DMC$ 的外角，$\angle 4=\angle 2+\angle 5=2\angle 2$，再换成$\angle 3=2\angle 1$。

例 3 再如图 2-22，已知，▱$ABCD$ 的对角线相交于 O，引 $OE\perp AB$ 于 E，$OF\perp CD$ 于 F。求证：$OE=OF$。

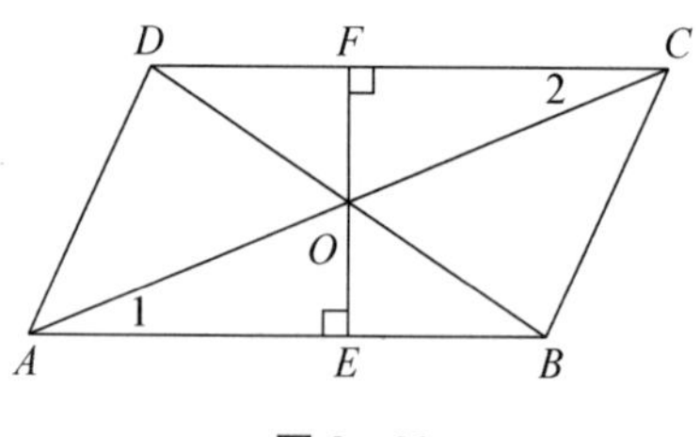

图 2-22

前面那个题的思考方法，主要是从前到后，先看有什么，是从已知向后推理，属于综合法。这一次求证两线段相等，自然想到要证三角形全等，使它们当对应边，这种想法主要是从后向前，先看要什么，希望证出什么，属于分析法。

要证 $OE=OF$，看看它们所在的三角形，希望证出$\triangle AOE\cong\triangle COF$，或是$\triangle DOF\cong\triangle BOE$。这两个三角形全等的条件够不够呢？有 $OA=OC$，根据是原平行四边形对角线互相平分，有$\angle AEO=\angle CFO=90^\circ$，还有$\angle 1=\angle 2$，满足角、角、边，可以了。从而得到 $OE=OF$。如果没好好想一想，随便说 $OA=OC$，$\angle AEO=\angle CFO=90^\circ$，还有$\angle AOE=\angle COF$ 是对顶角相等，也满足角、角、边，不是也能证$\triangle AOE\cong\triangle COF$ 吗？这就错了。因为已知条件给的是分别从 O 点向 AB、CD 引垂线，E、O、F 三点在不在一条直线上还没证明。在肯定 EOF 是直线以前，说$\angle AOE$ 与$\angle COF$ 是对顶角是不行的。其实，要证三点共线并不难，这个题只要用三角形内角和为 180°，就能证出$\angle AOE=\angle COF$，而 AOC 是直线，即$\angle AOF+\angle COF=180^\circ$，经等量代换，可以得到$\angle AOF+\angle AOE=180^\circ$，则$\angle EOF=180^\circ$，据平角定义，$EOF$ 当然是直线了。即使不证三点共线，也能证明 $OE=OF$，那么何必自讨苦吃呢？所以，遇到共线问题，能躲开还是躲开的好，这是一般的想法。

练　习

1. 如图 2-23，已知：四边形 $ABCD$ 是正方形，直线 MN 过C 点，$BE\perp MN$ 于E，$DF\perp MN$ 于F。求证：$DF-BE=EF$。

2. 如图 2-24，已知：E、F 分别是$\triangle ABC$ 的边AB、BC 的中点，G、H 是AC 边上的点，且 $AG=GH=HC$，EG 和 FH 两线段的延长线相交于D。求证：四边形 $ABCD$ 是平行四边形。

提示：连接 BH，则 EG 为$\triangle ABH$ 的中位线。连接 BG，则 FH 为$\triangle BCG$ 的中位线。可证四边形 $BHDG$ 为平行四边形。连接 BD，交 AC 于O，因为 $OG=OH$，易证 $OA=OC$，$OB=OD$。这个图形中有对角线的关系，所以用对角线判定平行四边形比较方便。

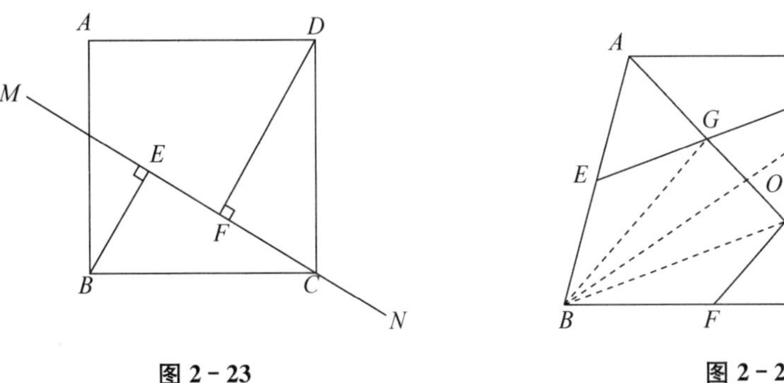

图 2-23　　　　图 2-24

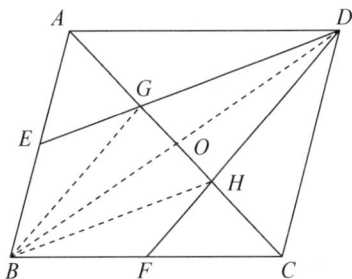

3. 如图 2-25，已知：$\triangle ABC$ 中，$\angle ACB=90^\circ$，$CD\perp AB$ 于D，$\angle A$ 的

平分线 AE 交 CD 于 F，$FH /\!/ AB$ 交 BC 于 H，再引 $EG \perp AB$ 于 G，连接 FG。求证：四边形 $CFGE$ 是菱形，四边形 $FGBH$ 是平行四边形。

提示：分别找出 $\angle 1$、$\angle 2$ 的余角，可证 $CF=CE$。易证 $\triangle AEC \cong \triangle AEG$，有 $CE=EG$。

4. 如图 2－26，已知：$\square ABCD$，且 $\triangle ABE$、$\triangle CDF$、$\triangle BCG$ 都是等边三角形。求证：$EG=AC$。

提示：由于 $EB=AB$，$BG=BC$，$\angle EBG=60°+\angle ABG=\angle ABC$，所以 $\triangle EBG \cong \triangle ABC$。

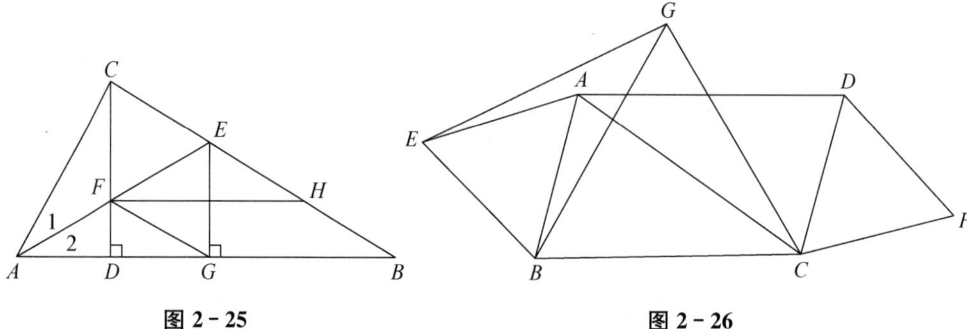

图 2－25　　图 2－26

5. 已知：如图 2－27，在 $\square ABCD$ 中，AE 平分 $\angle BAD$，交 BC 于点 E，BF 平分 $\angle ABC$，交 AD 于点 F，AE 与 BF 交于点 P，连接 EF、PD。

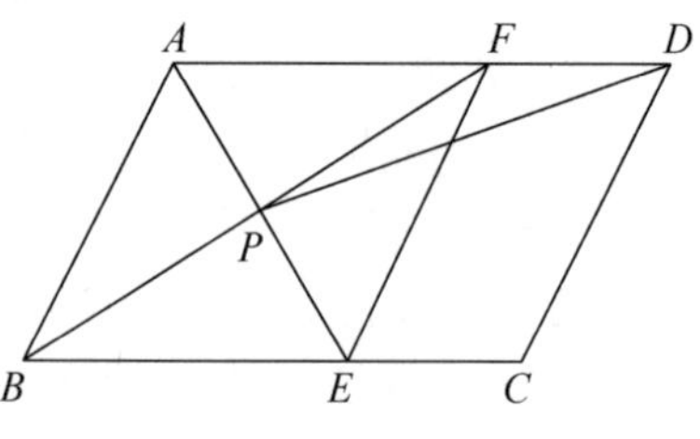

图 2－27

(1) 求证：四边形 $ABEF$ 是菱形；

(2) 若 $AB=4$，$AD=6$，$\angle ABC=60°$，求 $\tan\angle ADP$ 的值。

提示：(1) 易证：$AF=AB=BE$，$\therefore$ 四边形 $ABEF$ 为平行四边形且 $AB=BE$，$\therefore$ 四边形 $ABEF$ 为菱形。(2) 作 PH 垂直 AD 于 H，则 $PH=\sqrt{3}$，$DH=5$，$\therefore \tan\angle ADP=\dfrac{\sqrt{3}}{5}$。

6. 在图 2－28 中，过点 D 作 $DE \perp AB$ 于点 E，点 F 在边 CD 上，$DF=BE$，连接 AF、BF。

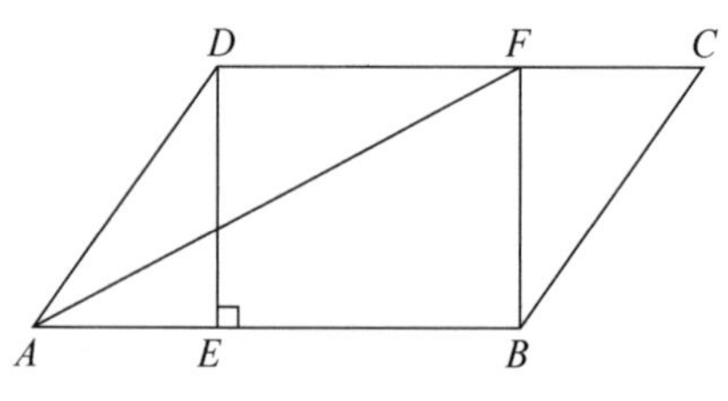

图 2－28

(1) 求证：四边形 $BFDE$ 是矩形；

(2) 若 $CF=3$，$BF=4$，$DF=5$，求证：AF 平分 $\angle DAB$。

提示：(1) 先证四边形 $DEBF$ 为平行四边形；(2) 由勾股定理可得到 $BC=5$，$\therefore AD=BC=DF=5$，$\therefore \angle DAF=\angle DFA=\angle FAB$，即 AF 平分 $\angle DAB$。

7. 已知：如图 2－29，在四边形 $ABCD$ 中，BD 为一条对角线，$AD \parallel BC$，$AD=2BC$，$\angle ABD=90°$，E 为 AD 的中点，连接 BE。

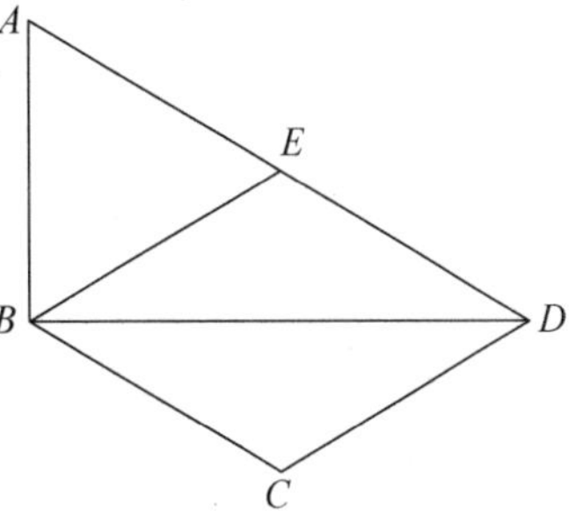

图 2－29

(1) 求证：四边形 $BCDE$ 为菱形；

(2) 连接 AC，若 AC 平分 $\angle BAD$，$BC=1$，求 AC 的长。

答案：(1) 证明：$\because E$ 为 AD 中点，$AD=2BC$，$\therefore BC=ED$，$\because AD \parallel BC$，$\therefore$ 四边形 $ABCD$ 是平行四边形，$\because AD=2BE$，$\angle ABD=90°$，$AE=DE$，$\therefore BE=ED$，$\therefore$ 四边形 $ABCD$ 是菱形。

(2) $\because AD \parallel BC$，AC 平分 $\angle BAD$，$\therefore \angle BAC=\angle DAC=\angle BCA$，$\therefore BA=BC=1$，$\because AD=2BC=2$，$\therefore \sin\angle ADB=\dfrac{1}{2}$，$\angle ADB=30°$，$\therefore \angle DAC=30°$，$\angle ADC=60°$，在 $\mathrm{Rt}\triangle ACD$ 中，$AD=2$，$CD=1$，$AC=\sqrt{3}$。

8. 已知：如图 2－30，在四边形 $ABCD$ 中，$AB \parallel DC$，$AB=AD$，对角线 AC、BD 交于点 O，AC 平分 $\angle BAD$，过点 C 作 $CE \perp AB$ 交 AB 的延长线于点 E，连接 OE。

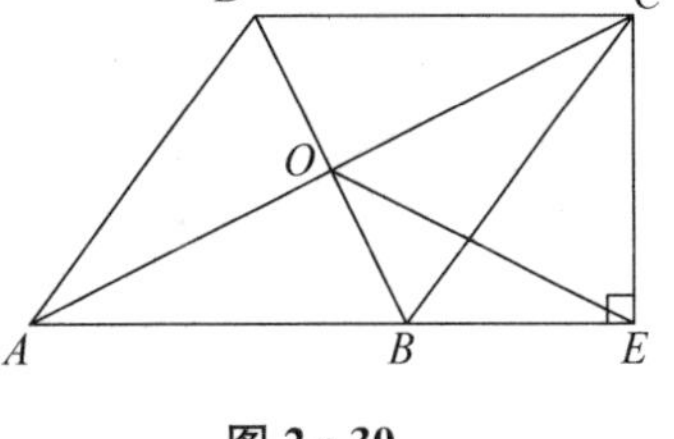

图 2－30

(1) 求证：四边形 $ABCD$ 是菱形；

(2) 若 $AB=\sqrt{5}$，$BD=2$，求 OE 的长。

提示：(1) 先利用角相等证出 $CD=AD=AB$，再证出四边形 $ABCD$ 为平行四边形；(2) 在直角三角形 AOB 中运用勾股定理。

9. 已知：如图 2－31，在菱形 $ABCD$ 中，AC 为对角线，点 E、F 分别在 AB、AD 上，$BE=DF$，连接 EF。

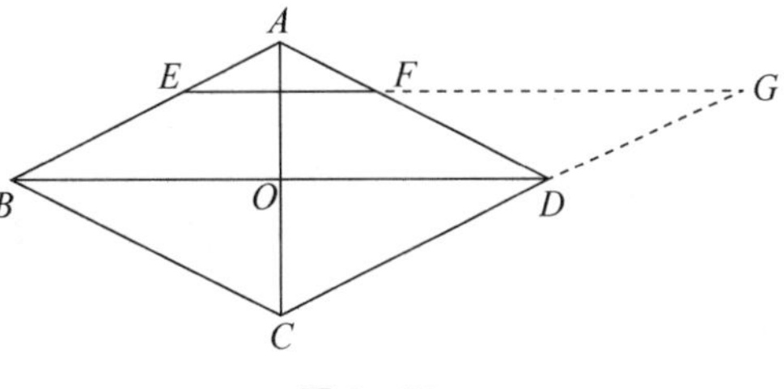

图 2－31

(1) 求证：$AC \perp EF$；

(2) 延长 EF 交 CD 的延长线于点 G，连接 BD 交 AC 于点 O，若 $BD=4$，$\tan\angle G=\dfrac{1}{2}$，求 AO 的长。

答案：(1) 证明：∵四边形 $ABCD$ 为菱形，∴$AB=AD$，AC 平分$\angle BAD$，∵$BE=DF$，∴$AB-BE=AD-DF$，∴$AE=AF$，∴$\triangle AEF$ 是等腰三角形，∵AC 平分$\angle BAD$，∴$AC\perp EF$；(2) $AO=1$。

5. 从相似形谈到研究基本图

学习相似三角形，主要是研究比例线段。这是因为证四条线段成比例，在平面几何里是一个重要的内容。

根据图形性质判断四条线段成比例，共有三部分定理：平行线分线段成比例定理，角平分线定理，相似三角形对应边成比例。其中，用得较多的是第三部分定理。我们知道，相似三角形判定定理有五个，但是用得比较多的还是下面两个：平行于三角形一边的直线和其他两边（或两边的延长线）相交，截得的三角形与原三角形相似；一个三角形的两个角和另一个三角形的两个角对应相等，则这两个三角形相似。在直线形中的比例线段问题，多用前一个定理，在圆中的比例线段问题多用后一个定理。

下面，我们重点谈谈基本图。什么是基本图呢？就是在成千上万的几何题中，反复出现、重复使用的简单图形。

图 2－32 和图 2－33 是比例线段问题中常用的、重要的基本图。

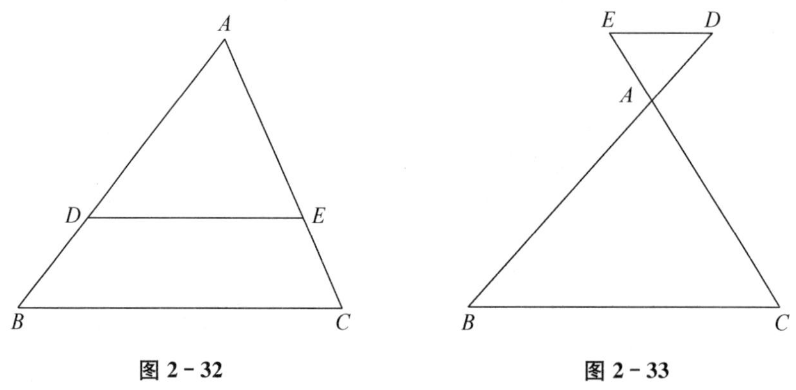

图 2－32　　**图 2－33**

如图 2－32，D、E 分别是 AB、AC 边上的点，且 $DE/\!/BC$。这里一方面可用平行线分线段成比例定理，即$\dfrac{AD}{DB}=\dfrac{AE}{EC}$。这四条线段是连续的，$DB$ 在 AD 的延长线上，EC 和 AE 也是这样。另外，用合比、反比，也可以得到$\dfrac{AB}{DB}=\dfrac{AC}{EC}$和$\dfrac{AB}{AD}=\dfrac{AC}{AE}$。另一方面用相似三角形可以得到$\dfrac{AD}{AB}=\dfrac{AE}{AC}=\dfrac{DE}{BC}$。如图 2－33，

$ED /\!/ BC$，可以得到$\frac{AD}{AB}=\frac{AE}{AC}=\frac{DE}{BC}$。

下面，让我们通过两个例题，说明这两个基本图在证明题中的应用。

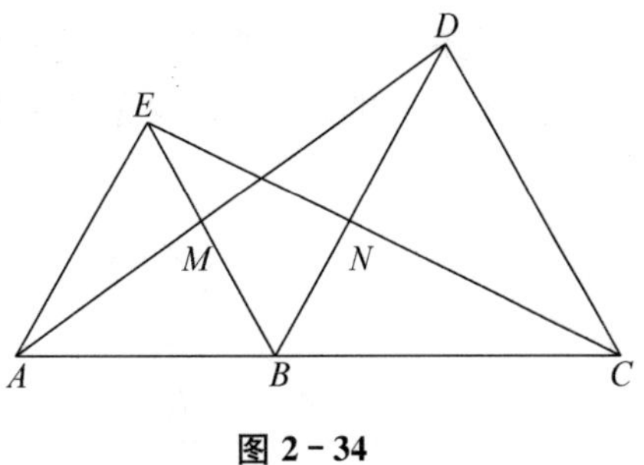

图 2-34

例 1　如图 2-34，已知：B 是线段 AC 上的一点，$\triangle ABE$ 和$\triangle BCD$ 都是等边三角形，AD 交 BE 于 M，CE 交 BD 于 N。求证：$BM=BN$。

我们注意到，在图 2-34 中，$\triangle ACD$ 内有 $BM /\!/ CD$，符合图 2-32 的条件，于是有$\frac{BM}{CD}=\frac{AB}{AC}$，即 $BM=\frac{AB \cdot CD}{AC}$，同样，在$\triangle ACE$ 内有 $BN /\!/ AE$，得到$\frac{BN}{AE}=\frac{BC}{AC}$，即 $BN=\frac{AE \cdot BC}{AC}$，等量代换后，有 $BM=BN$。

例 2　如图 2-35，已知：在$\triangle ABC$ 中，D 是 BC 上的一点，E 是 AD 的中点，BE 的延长线交 AC 于 F。求证：$\frac{AF}{FC}=\frac{BD}{BC}$。

若是记住基本图，那么无论是从图 2-32 考虑，还是从图 2-33 考虑，都需要添平行线制造相似三角形。如图 2-35，作 $DG /\!/ AC$ 交 BF 于 G，易证$\triangle GED \cong \triangle FEA$，同时有$\frac{BD}{BC}=\frac{GD}{FC}$，换成$\frac{BD}{BC}=\frac{AF}{FC}$。或者如图 2-36，作 $CG /\!/ AD$，有$\frac{AF}{FC}=\frac{AE}{GC}=\frac{ED}{GC}=\frac{BD}{BC}$也可以。

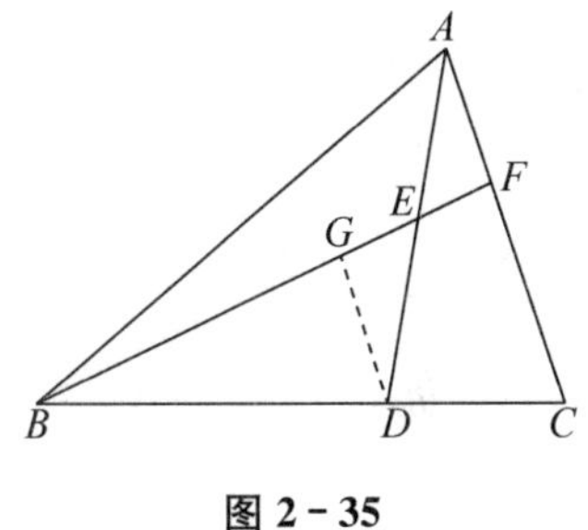

图 2-35

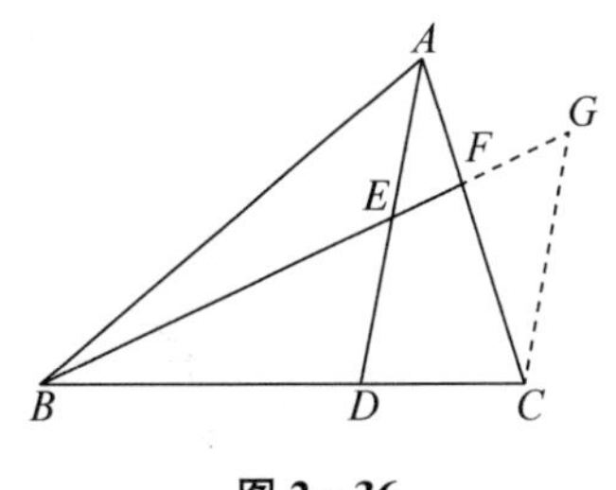

图 2-36

很明显，由于头脑中有了基本图的印象，所以在添设辅助线的时候就有了更强的目的性。

有了制造基本图（即想办法让图中出现图 2-32、图 2-33）的思想，证题就方便得多了。

上面这道题目，已知的点共六个：A、B、C、D、E、F，应该从哪一点引平行线呢？作哪条线的平行线呢？通过这样的研究思考，就会产生一题多解的结果，同时还能达到熟悉这一类题的目的。

图 2－37 和图 2－38 又是两个基本图。

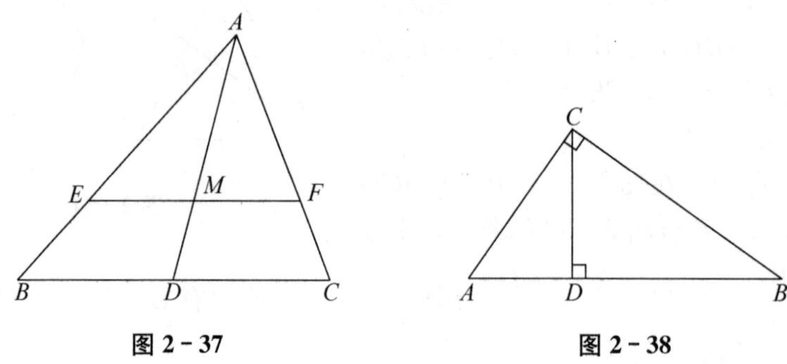

图 2－37　　　　图 2－38

在图 2－37 中，$EF/\!/BC$。这个图实际上是两个图 2－32 合并在一起的情况。如果再有 $BD=DC$ 这个条件，就可以证出 $EM=MF$。

在图 2－38 中，有直角三角形斜边上的高。这里，有互余的角、相等的角，有相似三角形，还有射影定理。

下面一个例题，只要应用 2－37 这个基本图，就能很快地找到解题的思路。

例 3　如图 2－39，已知：在$\triangle ABC$ 中，$\angle ACB=90^\circ$，$CD\perp AB$ 于 D，E 是CD 中点，BE 的延长线交 AC 于 F，引 $FM\perp AB$ 于 M。求证：$FM^2=CF\cdot AF$。

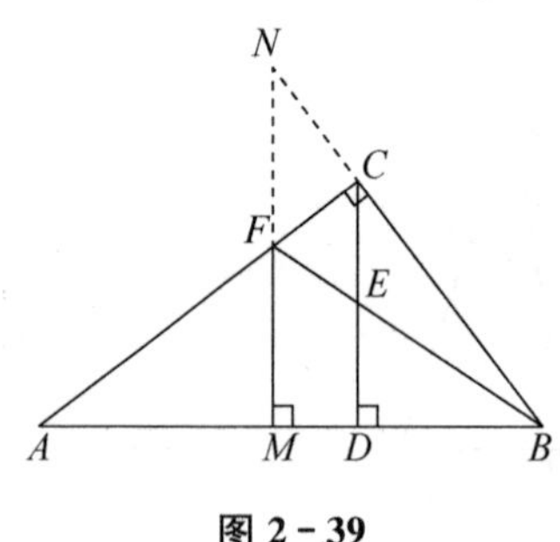

图 2－39

经过细心的观察，会发现"E 是 CD 中点"这个条件不易使用。如果这时，能灵活地运用图 2－32，想到由它所派生的图 2－37，那么问题就迎刃而解了。具体做法如下：

延长 MF 和 BC 相交于 N 点，用图 2－37 的思路，由 $MN/\!/CD$，$CE=ED$，

即可证出 $NF=FM$。欲证 $FM^2=CF\cdot AF$，即可先证 $NF\cdot FM=CF\cdot AF$，希望先证$\frac{NF}{CF}=\frac{AF}{FM}$。从而，只要证明$\triangle NFC\backsim\triangle AFM$就可以了。

可以这么说，有关直线形的比例线段问题，用得最多的还是图 2－32、图 2－37 和图 2－38。无论是简单题，还是复杂题，凡是有这三个图出现时，可以立刻用它们的性质写出比例线段。没有这三个图出现时，可以添辅助线制造这三个图，然后用它们的性质写出比例线段。只要掌握了这三个基本图形，这一部分的知识就基本上掌握了。

相似形这一部分可以选出基本图，其他部分是否也有基本图呢？有。

在角平分线这部分知识中，和它有关的三个图形都可以看作基本图。

图 2－40 的条件是在$\triangle ABC$ 中，$AB>AC$，$\angle 1=\angle 2$，如果延长 AC 到E，使 $AE=AB$，则$\triangle AED\cong\triangle ABD$（当然在 AB 上截取$AF=AC$，也能收到相同的效果）。图 2－41 的条件是 AP 是$\angle BAC$ 的平分线，$PD\perp AB$ 于D，$PE\perp AC$ 于E，则$\triangle APD\cong\triangle APE$。图 2－42 的条件是 AD 是$\triangle ABC$ 中$\angle BAC$ 的角平分线，且垂直于对边 BC，则$\triangle ADB\cong\triangle ADC$。

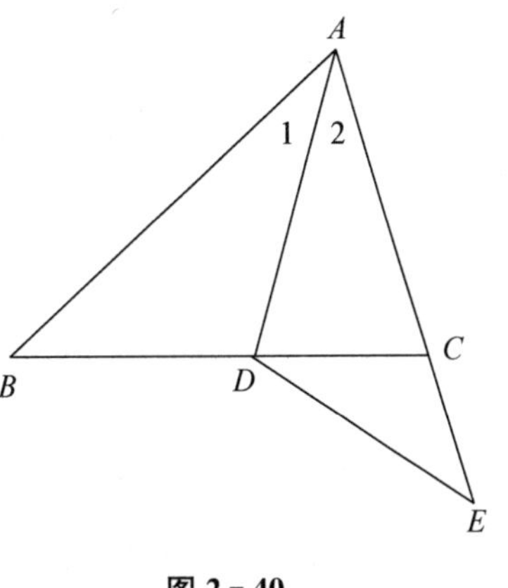

图 2－40

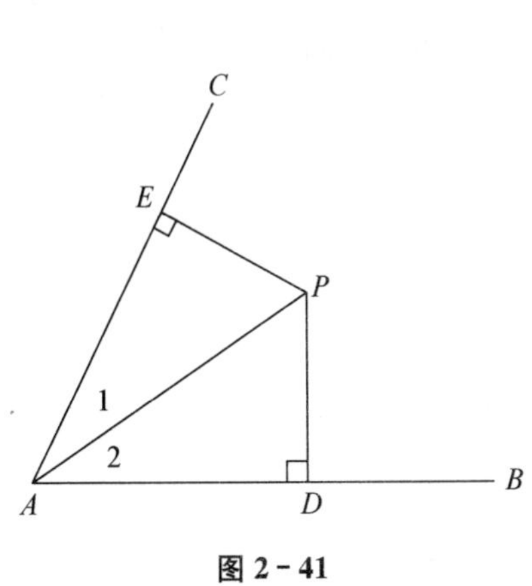

图 2－41

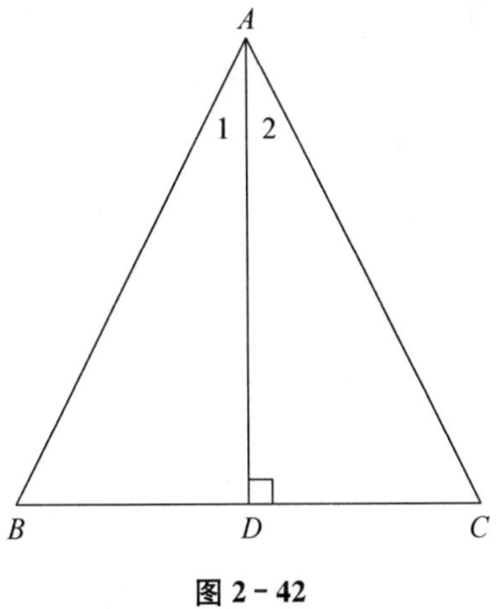

图 2－42

在三角线、中线这部分知识中，延长三角形中线，使延长线等于它本身，也是一套常用的思路，可以得出全等三角形，得出平行四边形，还可以移动线段、角的位置（其实是等量代换），因此，这个图形也可以算作一个基本图。

比如，已知两边以及第三边上的中线作三角形。怎么作呢？

如果单单用学过的公法、基本作图、三角形基本作图，那就无法直接作出合乎条件的三角形来。这时就用到上述基本图的思路了。在图 2－43 中延长中线 AD 到 E，使 $DE=AD$，有 $AC=b$，$EC=AB=c$，$AE=2AD=2m$。知道三边作三角形是可以的。先按条件作$\triangle AEC$，然后取 AE 中点 D，连接 CD，延长 CD 到 B，使 $DB=CD$，再连接 AB，则$\triangle ABC$ 即为所求。

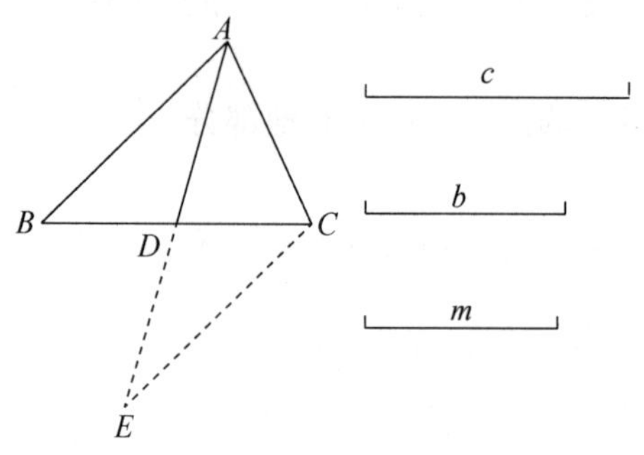

图 2－43

在与三角形中位线有关知识中，基本图有两个：一个是$\triangle ABC$ 中已有两边中点，比如 D 是 AB 中点，E 是 AC 中点，则 $DE \underline{\underline{/\!/}} \frac{1}{2}BC$；另一个是在$\triangle ABC$ 中，D 是 AB 中点，$DE/\!/BC$ 交 AC 于 E。在已知条件中，并没有两个中点，还不能说 DE 是$\triangle ABC$ 的中位线，必须先用平行线等分线段定理的推论，确定另一个点为中点。这时，才凑够三角形中位线的条件。有时一个题目，可以先用后面的方法确定另一个中点，再用前面的中位线性质。下面举个典型的例题。

例 4　如图 2－44，已知：在$\triangle ABC$ 中，AD 是中线，E 是 AD 的中点，BE 的延长线交 AC 于 F。求证：$AF=\frac{1}{2}FC$，$EF=\frac{1}{3}BE$。

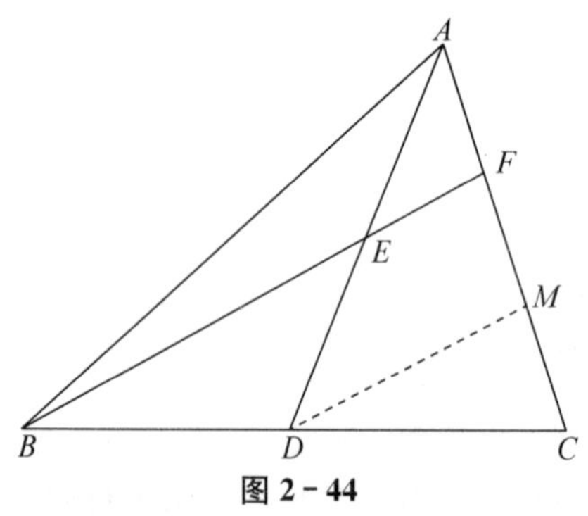

图 2－44

因为求证里有$\frac{1}{2}FC$，所以需要图中出现$\frac{1}{2}FC$，我们不妨取FC的中点M，希望证明$AF=FM$，这就得到$DM /\!/ EF$。换一个角度看，在$\triangle BCF$中，D、M是BC、FC的中点，当然可用中位线定理，得到$DM \mathrel{\underline{\mathrel{/\!/}}} \frac{1}{2}BF$。于是，在$\triangle ADM$中，显然$F$是$AM$的中点，再用$EF \mathrel{\underline{\mathrel{/\!/}}} \frac{1}{2}DM$，问题就解决了。

此外，某些特殊图形由于给出了某些特殊关系，也可以看作基本图。如图2-45，就是一个常用的基本图。这个图告诉我们。如何通过互余证角相等。

图2-45中，已知：过正方形$ABCD$的顶点A引一条直线EF，作$DE\perp EF$，$BF\perp EF$。请注意，在这个图中，$\angle 2$与$\angle 3$互余往往为初学者所忽略。知道了$\angle 1$与$\angle 2$互余，又知道了直角两侧的两个角$\angle 2$和$\angle 3$互余，就可以得出$\angle 1=\angle 3$，就可以证$\triangle DAE\cong\triangle ABF$。下面举几个典型例子。

例5 在图2-46中，已知：正方形$ABCD$，延长AB、BC、CD、DA分别到B'、C'、D'、A'，且$BB'=CC'=DD'=AA'$。求证：四边形$A'B'C'D'$是正方形。

在我们用三角形全等证出$A'B'=B'C'=C'D'=A'D'$以后，还需要一个直角。这时，必须先列出一个等于90°角的式子：$\angle 1+\angle 2=90°$。由于$\angle 3=\angle 1$，所以可以换成$\angle 3+\angle 2=90°$。应该说，这个题目的证明是很容易的。

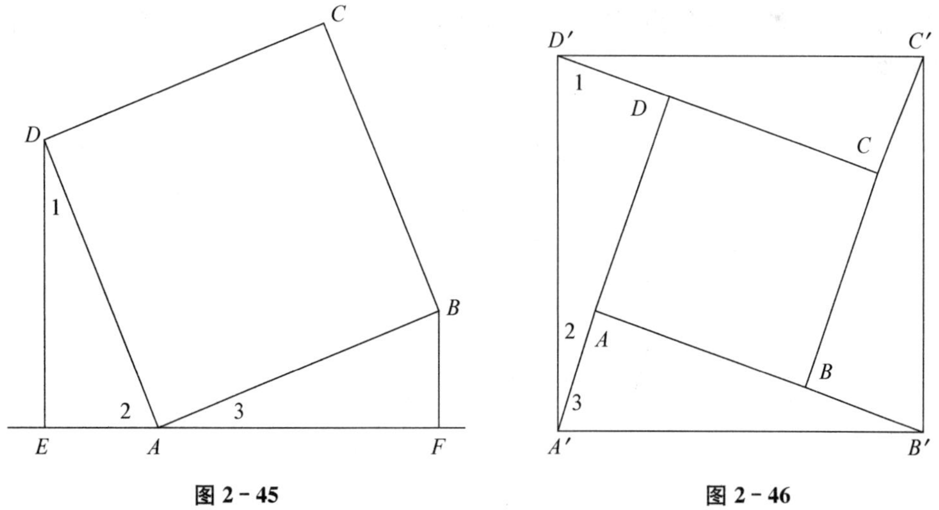

图2-45　　**图2-46**

例6 在图2-47中，已知：正方形$ABCD$中，分别在AB、BC、CD、DA边上截取$AA'=BB'=CC'=D'D'$。求证：四边形$A'B'C'D'$是正方形。

同样，在我们用三角形全等证出$A'B'=B'C'=C'D'=D'A'$以后，也是需要一个直角。这个题的证明比上一个题要困难一些。如果熟悉图 2-45 这个基本图，并能逆过来用，就会由$\angle 1+\angle 2=90°$，换成$\angle 2+\angle 3=90°$，剩下$\angle C'D'A'=90°$，问题就解决了。

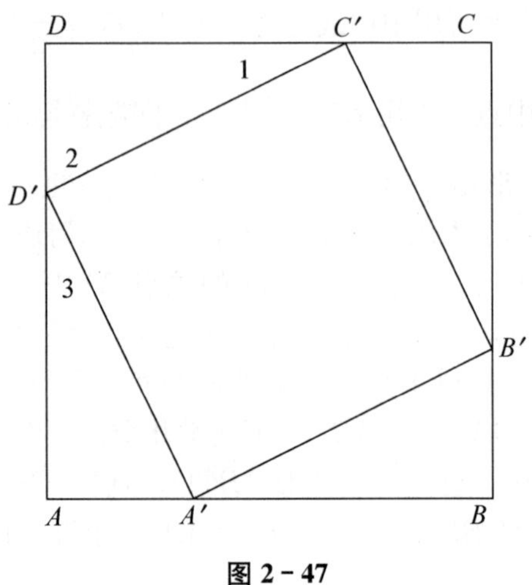

图 2-47

例 7 在图 2-48 中，已知：AB、CD 都是$\odot O$ 的弦，且 $AB\perp CD$ 于 E，M 是 BC 中点，ME 的延长线交 AD 于 N。求证：$MN\perp AD$。

这个题要比上面两个题难得多，如果直接用图 2-45 这个基本图，就可以得出$\angle 1+\angle 2=90°$。又因为$\angle 1=\angle B=\angle D$，所以$\angle D+\angle 2=90°$，$MN\perp AD$ 得到证明。

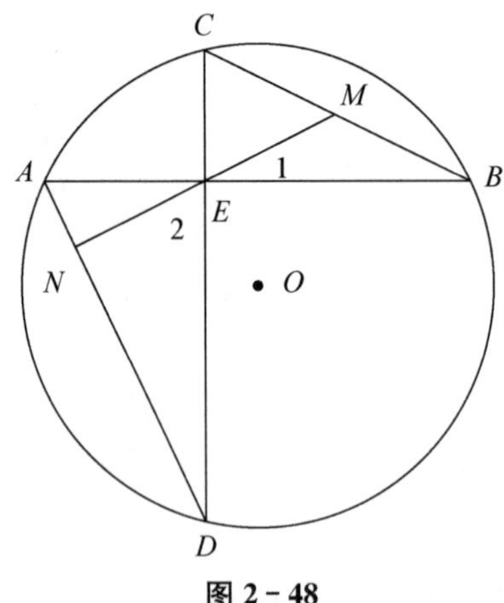

图 2-48

如果把上面这个题目的已知换成 $EN\perp AD$ 于 N，NE 的延长线交 BC 于 M，其余条件不变。那么这个题目要求就可以变为“M 为 BC 中心”。读者不妨自己证一证。

有关平行四边形性质、判定的综合题可以举出不少，但是按照它们的特点，一般多与以下两个基本图（图 2－49、图 2－51）有关。

如图 2－49，已知：在▱*ABCD* 中，*E*、*F* 分别是 *AB*、*CD* 的中点。求证：四边形 *AECF* 是平行四边形。这是一个基本图。这个简单证明题，是以一组对边平行且相等（$AE \underline{\parallel} CF$），证明某个图形是平行四边形的。今后，凡是遇到这种图形，就立即判断出哪个图形是平行四边形，然后，再根据题目的要求利用它的性质。下面，举一个例子。

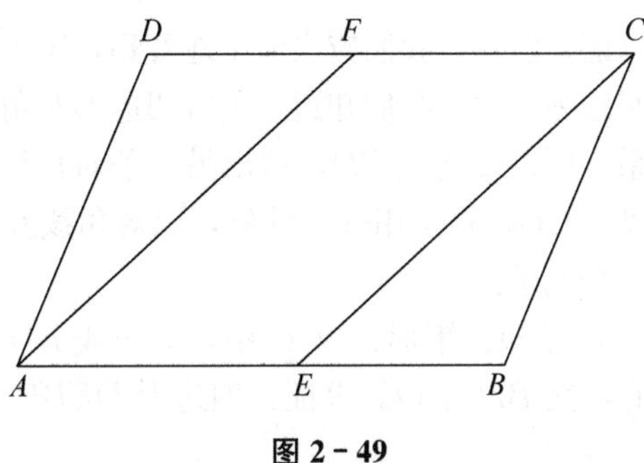

图 2－49

例 8 如图 2－50，已知：在▱*ABCD* 中，*E*、*F* 分别是 *AB*、*CD* 边上的点，且 $AE=CF$，*DE*、*AF* 相交于 *M*，*BF*、*CE* 相交于 *N*。求证：四边形 *MENF* 是平行四边形。

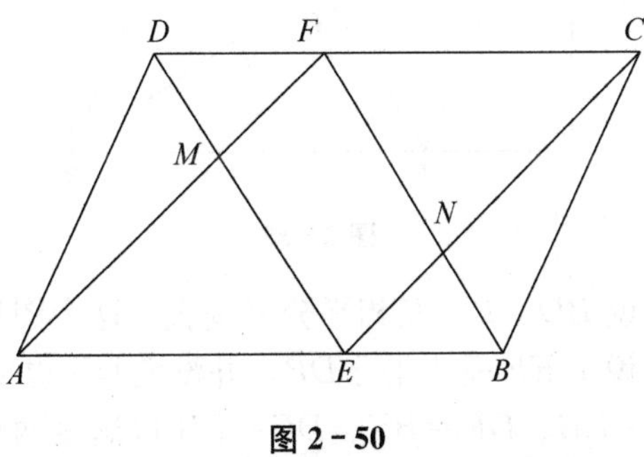

图 2－50

根据基本图的思路，由 $AE \underline{\parallel} FC$，得四边形 *AECF* 是平行四边形，有 $AF/\!/CE$，由 $EB \underline{\parallel} DF$，得四边形 *DEBF* 是平行四边形，有 $DE/\!/BF$。这样，就可以用定义判断四边形 *MENF* 为平行四边形了。

例 9 如图 2－51，已知：在▱*ABCD* 中，*E*、*F* 都是对角线 *AC* 上的点，且 $AE=CF$。求证：四边形 *DEBF* 是平行四边形。

这又是一个基本图。这个题属于在对角线上做文章的题目，无论用定义或是任

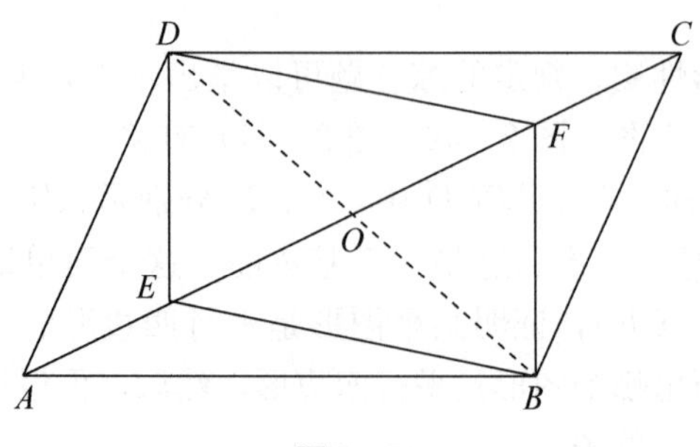

图 2-51

何一种判定定理都可以证。但是，我们应当清楚地看到，这类题涉及对角线，因而用对角线这个条件证明较为简便。我们知道，平行四边形对角线互相平分。这里说的是两对角线间的关系，所以要连接 BD，造出另一条对角线，这样 BD 与 AC 相交于 O，$OA=OC$，$OB=OD$，再运用等式性质，以对角线互相平分，可证出平行四边形。下面，再举一个例子。

例 10 如图 2-52，已知：矩形 $ABCD$ 中，对角线 BD 的垂直平分线 EF 交 AB 于 E，交 CD 于 F，交 BD 于 O。求证：四边形 $DEBF$ 是菱形。

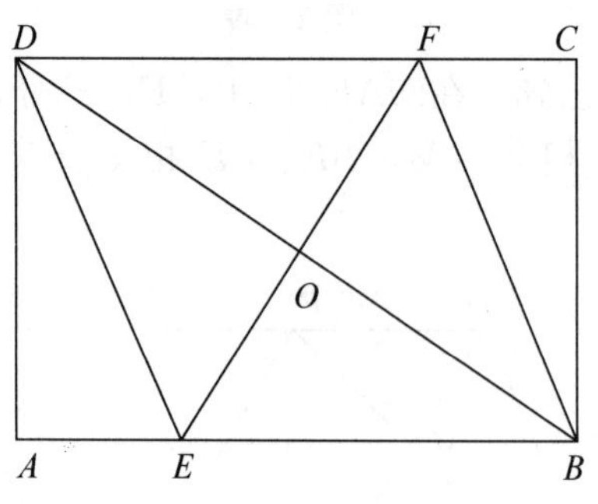

图 2-52

如果粗心大意，说 BD、EF 互相平分又垂直，这个图形当然是菱形，那是不对的。因为题中只说了 EF 垂直平分 DB，并没说 DB 也平分 EF。如果用几套全等三角形证明 $DF=EB$、$DE=BF$、$DF=FB$ 以满足两组对边分别相等，且邻边又相等，这种证法太过烦琐。本题证菱形用“对角线互相平分且垂直”为最简便。显然，题目中有 EF 平分 BD，有 $EF\perp BD$，只差 $EO=OF$。所以只要证出 $\triangle EOB\cong\triangle FOD$，问题就解决了。

和圆有关的角有四个基本图最常用。

图 2-53 是⊙O 内有相交弦，顺次连接圆上各点，出现圆内接四边形，同时出现八个圆周角，其中 $\angle 1=\angle 2$，$\angle 3=\angle 4$，$\angle 5=\angle 6$，$\angle 7=\angle 8$。这个知识，不但要懂，而且要会用。从训练角度看，对这个简单图形必须非常熟悉，否则遇

到综合题中有这种图形，也往往想不起来。图 2 - 54 是圆内接四边形外角等于内对角的简单图示，其中$\angle CBE=\angle CDA$。对这两个图形的运用，要求同学们达到非常熟练的程度。还有一个原因，就是判断四点共圆的题目，往往会用这两个图。不过，一般证明四点共圆常常不画出圆来，这对同学们看图的要求就更高了。图 2 - 55 这个图要求见到直径，就能想到直角，即直径上的圆周角是直角。特别是需要添加辅助线制造这个基本图的时候，能及时作出来。图 2 - 56 这个图要求见到弦切角以后，能有意识地找到夹弧对的圆周角，从而证它们相等。

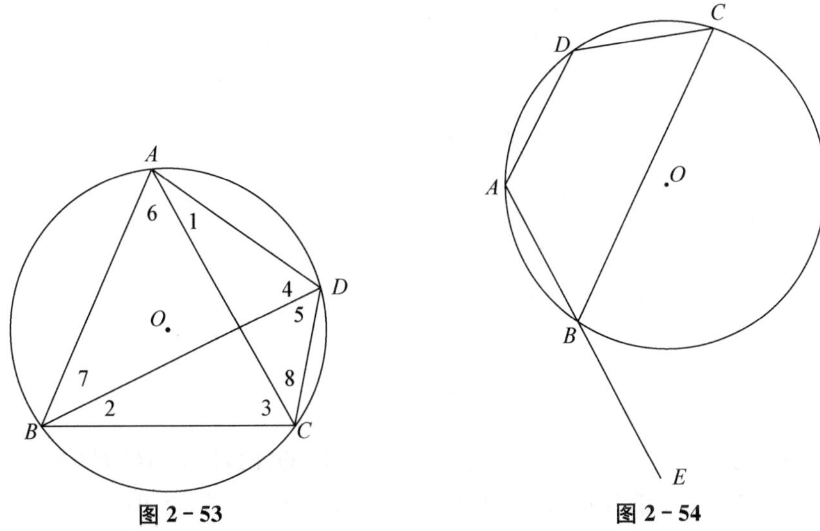

图 2 - 53　　**图 2 - 54**

图 2 - 53 在和圆有关的角的题目中用得很多，其中也往往用到图 2 - 54。图 2 - 55 和图 2 - 56 用处也很多，我们通过下面两个题目让读者体会它们的应用。

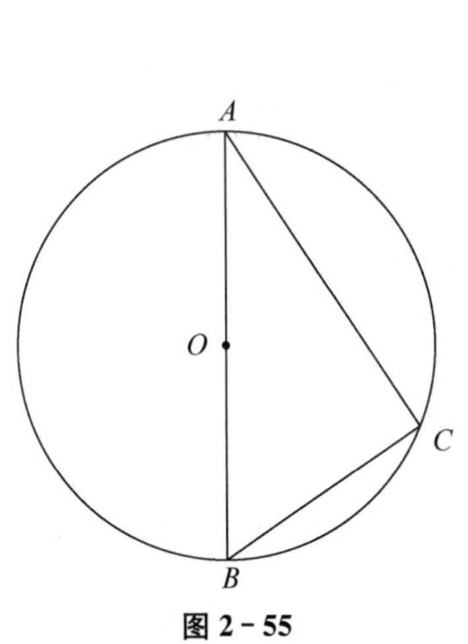

图 2 - 55

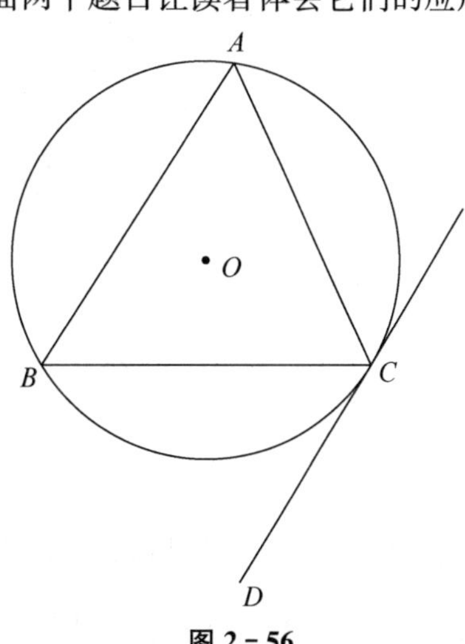

图 2 - 56

例 11 在图 2-57 中，已知：AB 是⊙O 的直径，BF 是⊙O 的切线，弦 AC 的延长线交 BF 于 D，弦 AE 的延长线交 BF 于 F。求证：$AC \cdot AD = AE \cdot AF$。

在这个题的几种证法中，有一种是直接从直径得到启发，连接 BE 和 BC，在 Rt△AFB 中用射影定理，有 $AB^2 = AE \cdot AF$，在 Rt△ADB 中，再用射影定理，有 $AB^2 = AC \cdot AD$，于是 $AE \cdot AF = AC \cdot AD$。

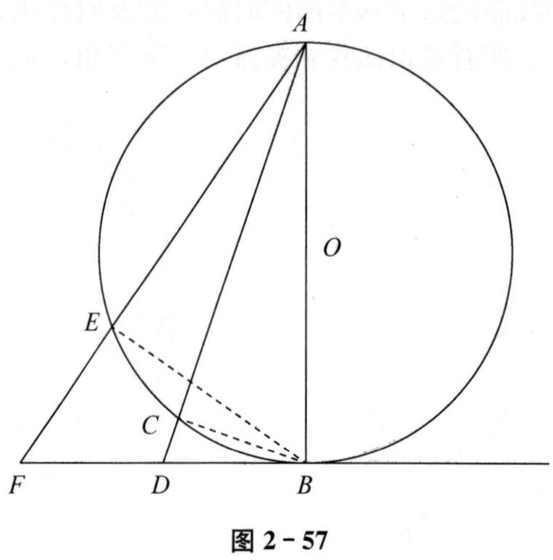

图 2-57

例 12 在图 2-58 中，已知：⊙O 是△ABC 的外接圆，AD 是⊙O 的直径，$CE \perp AD$ 于 E，CE 的延长线交 AB 于 F。求证：$AC^2 = AF \cdot AB$。

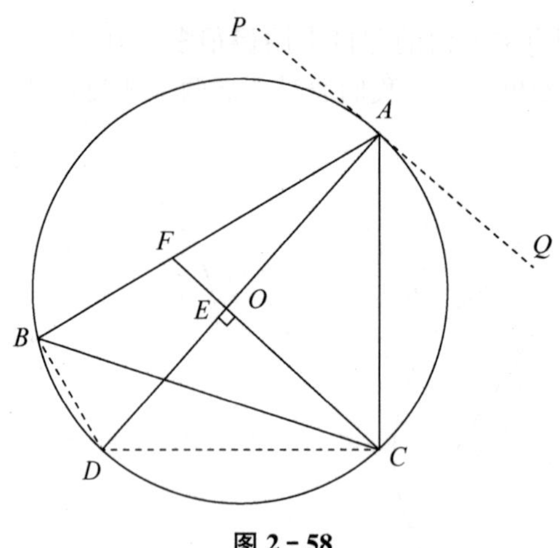

图 2-58

我们很容易从直径得到启发，连接 BD，则 $\angle ABD = 90°$，又 $\angle AEF = 90°$，且 $\angle FAE = \angle DAB$，因而△AFE ∽ △ADB，有 $\dfrac{AF}{AD} = \dfrac{AE}{AB}$，改为乘积形式，即

$AF \cdot AB = AE \cdot AD$，再连接 CD，则$\angle ACD = 90^{\circ}$，出现射影定理的图形，有 $AC^2 = AE \cdot AD$，经等量代换，可以满足求证的要求。

对于这个题，因为图中有直角三角形斜高这个条件，所以很容易想到这是一个基本图形，可以用它的结论，即射影定理。由于有熟路可走，所以证题的时候，就会想得快、想得好。

在这一节里，我们总共介绍了十七个基本图，那么整个平面几何一共有多少基本图？粗粗算了一下，充其量不过几十个。每个人可以根据自己证题的体会，记住自己认为重要的、常用的图形，这对学好几何是一个捷径。一般地说，这些很简单的图形常常是复杂题目的组成部分。如果在证题的时候，能从这些简单的、基本的图形想起，并能利用这些图形的性质，和自己的推理联系起来，那么对于形成解题思路将是十分有益的。

练　习

请读者自己选十个基本图（包括上面说过的），再统计一下，这些图形在你做过的题里反复出现多少次？对于推理所起的作用如何？

6. 从圆谈到知识归类训练法

要想提高自己的解题能力，必须系统地进行思维训练。这里所说的归类训练，是指把某一类知识综合归纳在一起，从而使自己能够根据所学的知识形成几套现成的想问题的方法。这样，就会使零散的知识集中起来，为你想问题、解问题服务。这是提高解题能力的一条捷径。

由于圆这一部分知识放在三角形、四边形、相似形之后，带有一定的综合性，所以这时着手知识归类、训练配套的工作是适宜的。

下面从圆开始把知识归类训练法总结为十套。这十套方法实际上也是几何中应用较为广泛的思路方法。

第一套："同弧上的圆周角相等；同弧上的圆周角和弦切角相等；直径上的圆周角是直角；圆内接四边形外角等于内对角。"

如果想学好圆这一章、想学会证圆的题目，那么最有用的东西就是上面的四句话。这就要求大家，第一要把它们背熟；第二在图中要把它们看熟。

和圆有关的角是圆这一章的重点。这部分的定理讲的是角和弧之间的关系，其中主要是研究顶点在圆上的角（圆周角和弦切角）和弧之间的关系，以上列举的四句话是推论，是用来直接说明角与角的关系的。这些推论中有三个是证角相等的，有一个是证直角的。

第二套："切线性质、切线长、弦切角、圆幂定理。"

圆的切线是圆这一章中另一个重点。涉及圆的切线的题目很多，应该怎样考虑呢？其实不外乎上述四个方面。为了好记，这里只列了个目录，详细的内容，比如切线性质指的是"切线和过切点的半径垂直"等等，课本上说得很清楚，这里就不详写了。另外，弦切角定理在第一套训练中已经提到，这里重复提出，是从训练的角度考虑的。目的是看见图中有切线，就要往这四方面想。还有，在圆幂定理中，只有切割线定理与切线有关，两割线定理、相交弦定理与切线无关，这里一并提出，是为了多记住一点知识，有时会用到。

第三套："圆的直径、圆的切线、多边形的高以及其他垂直关系都会出现直角；通过互余证角相等，通过四点共圆证角相等，角的位置合适可以证平行。"

前面是说什么情况会出现直角，后面是说垂直关系多了有什么用处。这一套思路贯彻全书各章的始终。这中间必然涉及辅助线的添法，比如直线 BC 切$\odot O$于A，那么连接 OA 就可以得到 $OA\perp BC$。再如 AB 是$\odot O$ 的直径，BC 是弦，那么连接 AC 就可以得到$\angle ACB=90°$。凡是题目中遇有上述条件，就可以往有关的方面去想，再结合其他条件，看看思路有没有进展。

第四套："有直角，就会有直角三角形。有直角三角形，就要研究它的性质。从边上看，有射影定理、勾股定量、斜边中线；从角上看，有锐角互余；从边角之间上看，有锐角三角函数。"

很多图形中有直角三角形，见到直角三角形，自然要研究它的性质。这里切记，对于这些性质，不要想起什么算什么，要系统、全面地想起来，根据题目条件，选择应用。

勾股定理表示的是直角三角形三边间的关系，它的形式是通过线段平方来表示的，而且有和、差两种写法，比如，$a^2+b^2=c^2$，$c^2-a^2=b^2$。射影定理是采取乘积形式。所以，在这两个定理都可以用的时候，一般地说，射影定理较勾股定理容易变化（例如约分）。锐角互余大家已经熟悉了，这里就不说了。锐角三角函数的应用，应该说是值得提倡的。

第五套："要有乘积式，就要列比例式；要列比例式，就要证相似三角形；证相似，就要证两组角相等；证角相等，靠四个推论。"如果这还不行，就得"换比、换积、换线段"。

这一套讲的是圆中的比例线段以及和圆有关的比例线段问题。这里面有很多是以乘积相等的形式出现的，实际上所应用的知识就是第一套讲的四个推论。至于说证哪两个三角形相似？一般地说，从求证的比例式中就可以找到。比如求证$\dfrac{AB}{AD}=\dfrac{AE}{AC}$，这里 AB、AD、AE、AC 都是三角形的边，它们中间有对应成比例的关系，那么这个三角形必定是$\triangle ABD$与$\triangle AEC$，或是$\triangle ABE$与$\triangle ADC$。如果靠这个办法证不出要求的比例线段，那就不是一套相似三角形能解决的问题，还得换比、换积、换线段。

如果说圆这部分内容有许多知识、训练可以配套，便于记忆、使用，那么以前的知识、训练是否也可以归成类，配成套呢？当然可以。下面就来讲讲。

第六套："选全等，造全等；选相似，造相似。"

把整个平面几何说成是始终环绕着全等三角形与相似三角形也并不算过分。证三角形全等与相似往往不是目的，而是手段。通过这两种手段来证明线段相等、角相等或证四条线段成比例。在证题的时候，应该根据已知条件进行分析，如果发现有全等三角形、相似三角形，就及时把它们挑选出来，以便应用；如果没有现成的全等三角形、相似三角形，就要添加辅助线，制造全等三角形与相似三角形。

那么，怎样添加辅助线呢？下面将举例说明。例如，三角形两边不等的时候，可以在长边上截取或把短边延长（这是指有这两边夹角平分线时的情况）。再如，延长中线使之等于它本身。这些动作的目的都是为了制造全等三角形。另外，制造相似三角形常常以添加平行线为主。还有，在有关圆的问题中常常采用连接圆上两点的方法，用以适应三角形全等或相似的需要。

第七套："在三角形中，时常是先定中点，后用中点。"

这是针对用三角形中位线推理时不严密而说的。比如，在梯形$ABCD$中，$AB/\!/CD$，EF是梯形中位线，AC交EF于G，若$CD=2$ cm，求EG的长。这个题就不能随便答出EG为1 cm。首先，要说清在$\triangle ACD$中，E是AD中点，易证$EG/\!/DC$。然后，再根据平行线等分线段定理的推论，证出$AG=GC$。这时，才能说EG是$\triangle ACD$的中位线，EG等于1 cm。这点值得重视，不要疏忽。

第八套："要证边不等，有在一个三角形中，大角对大边，两边和大于第三边；要证角不等，有在一个三角形中，大边对大角，三角形的外角大于和它不相邻的内角。"

第九套："三角形面积公式要记四个：底乘高的一半；两边乘积乘上夹角正弦的一半；海伦公式；内切圆半径与周长乘积的一半。"

上述面积公式都可以用，但是要注意具体问题具体分析。

第十套："通过比例线段证两线段相等，一般是首先证两个比相等，然后作出判断：若前项相等则后项等，若后项相等则前项等。"

思路通常是指思考问题的途径。证几何题的思路本不必拘泥于成法，应该根据题目的条件，产生自己的想法，探索、创造形成自己的思路。但是，在培养思维能力的过程中，并不应排斥学习、运用一些现成的思路，特别是在初学的阶段，每个人都有一个模仿的过程。同一类问题总有些共性。上面整理出的十套思路方法，仅供同学们参考。

这十套思路方法，在什么时候应用呢？

第一套是证圆中两角相等（或证直角）的时候用。

第二套是题目条件中有切线的时候，应该往这四个方面想。

第三套是什么时候会产生直角，直角多了有什么用。

第四套是有直角就可能有直角三角形，要想到直角三角形几方面的性质。

第五套是圆中比例线段问题的特点。

第六套是要有选全等三角形、造全等三角形、选相似三角形、造相似三角形的意识。

第七套是关于三角形中点问题的思路。

第八套是三角形不等问题学过哪些定理，需要用的时候，应该往哪儿想。

第九套是全面掌握三角形面积公式，用到时不要只想“底乘高的一半”。

第十套是通过比例线段证线段相等的思路。

为了便于记忆，上述十套知识归类训练法中部分说得过于简单。不过，只要读者能懂、能用，能帮助读者记忆就好。

每套训练后面都要记两个题，目的是通过具体的题目，记住具体的用法，形成自己的思路，从单纯模仿到学会推理论证的方法。

练　习

你用上面思路，证过多少题？每套能举出一至三个题吗？

1. 如图 2-59，已知：AB 是⊙O 的直径，C 是⊙O 上一点，$CD\perp AB$ 于 D，CE 是⊙O 的切线。求证：$\angle DCB=\angle BCE$。

2. 如图 2-60，已知：⊙O 的内接四边形外角$\angle ADF$ 的平分线交⊙O 于E。求证：$\angle CBE=\angle ABE$。

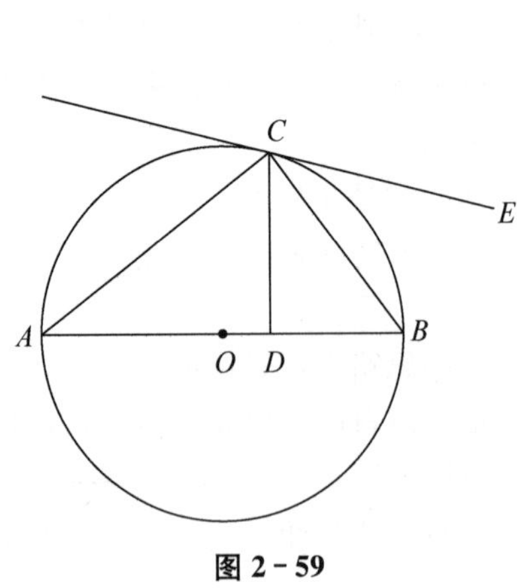

图 2-59

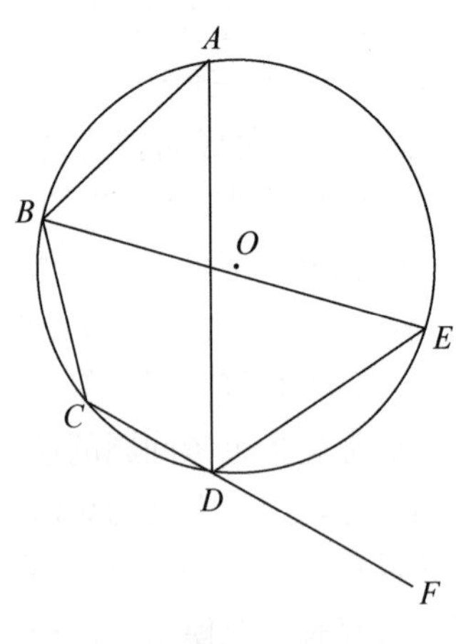

图 2-60

3. 如图 2 - 61，已知：AB 是⊙O 的弦，$OD\perp OA$，交 AB 于 C，BD 是⊙O 的切线，交 OD 于 D。求证 $CD=BD$。

提示：用切线性质、切线长、弦切角都可以。

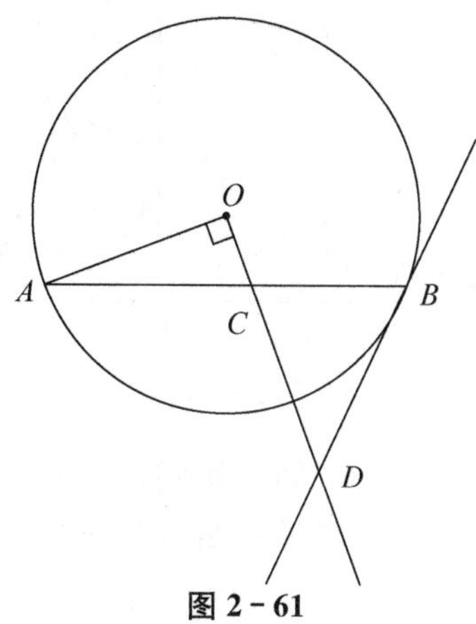

图 2 - 61

4. 如图 2 - 62，已知：PC 切⊙O 于 C，PBA 交⊙O 于 B、A，若 $PB=4$，$AB=9$。求：PC 的长。

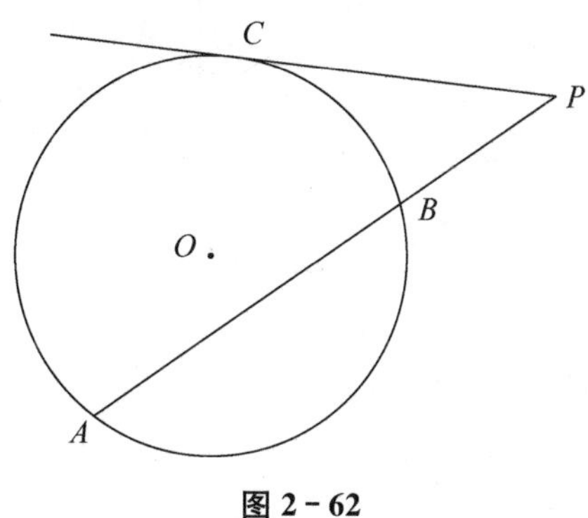

图 2 - 62

5. 如图 2 - 63，已知，AD、BE 都是△ABC 的高，AD、BE 相交于 H。求证：△CED∽△CBA。

提示：这里有三角形的高，可以考虑用四点共圆来证，我们希望 A、B、D、E 共圆，这样就能得到∠3＝∠ABC，从而证明△CED 与△CBA 有两组角相等。但是，怎样证四点共圆呢？于是，又想到∠1 和∠2 都是∠C 的余角，能证∠1＝∠2，问题就解决了。如果考虑 H 是垂心，作出高 CF，易证 H、D、C、E 四点共圆，有∠3＝∠4；由 F、B、D、H 四点共圆，有∠4＝∠ABC 也可以。

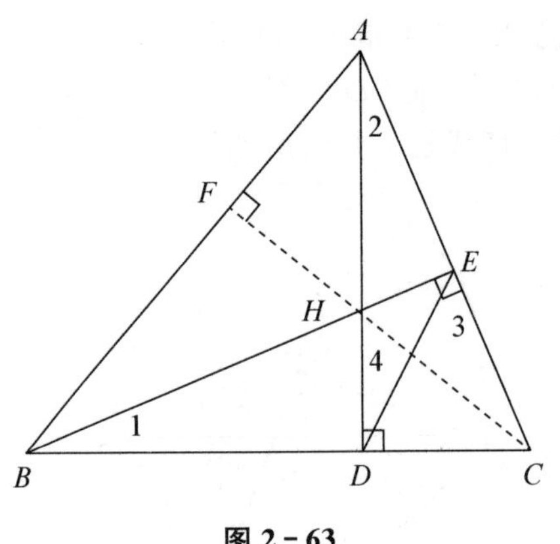

图 2－63

6. 如图 2－64，⊙O 是△ABC 的外接圆，AD、BE 都是△ABC 的高，它们相交于 H，CF 是⊙O 的直径。求证：四边形 $FBHA$ 是平行四边形。

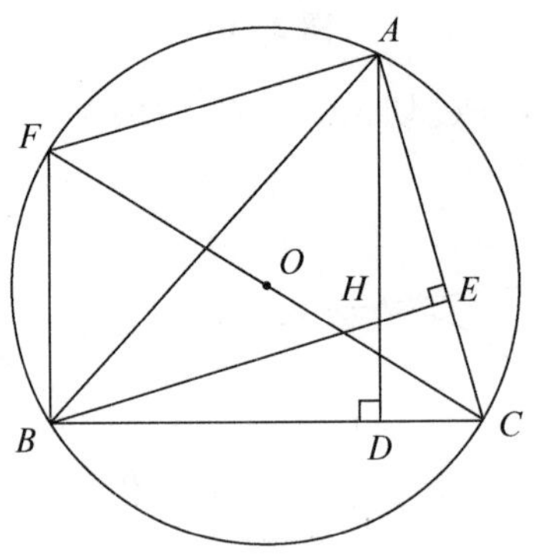

图 2－64

7. 已知：D 是△ABC 的 BC 边上一点，E 是 AC 中点，且 $AE=DE=EC$，F 是 AB 中点。求证：$DF=\frac{1}{2}AB$。

8. 如图 2－65，已知；在 Rt△ABC 中，$\angle ACB=90°$，$CD\perp AB$ 于 D，AE 是$\angle A$ 的平分线，交 CD 于 F，$FG/\!/AB$，交 BC 于 G。求证：$CE=BG$。

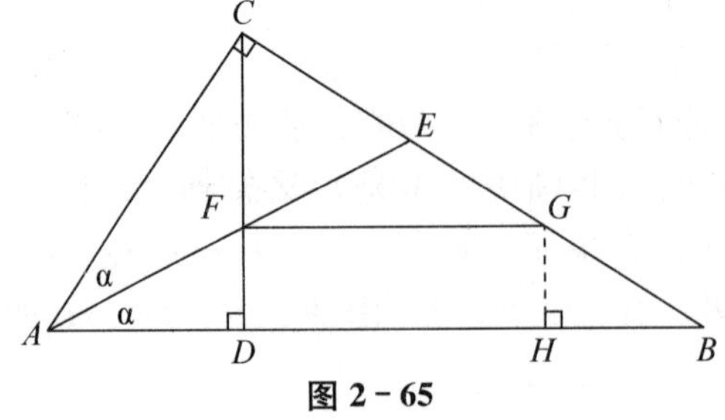

图 2－65

提示：作$GH \perp AB$于H，设$\angle CAE=\angle EAB=\alpha$，易证$\angle BGH=2\alpha$。用锐角三角函数，有$CE=AC \cdot \tan\alpha=AD \cdot \dfrac{1}{\cos 2\alpha} \cdot \tan\alpha=FD \cdot \cot\alpha \cdot \dfrac{1}{\cos 2\alpha} \cdot \tan\alpha=GH \cdot \dfrac{1}{\cos 2\alpha}=GB \cdot \cos 2\alpha \cdot \dfrac{1}{\cos 2\alpha}=GB$。

9. 已知：$\odot O$是$\triangle ABC$的外接圆，AD是$\triangle ABC$的高，AE是$\odot O$的直径。求证：$AB \cdot AC=AD \cdot AE$。

10. 已知：在$\triangle ABC$中，$AB=AC$，$\odot O$是$\triangle ABC$的外接圆，弦AE交BC于D。求证：$AB^2=AD \cdot AE$。

11. 已知：$\odot O$的内接四边形$ABCD$，作$AE /\!/ DB$交CB的延长线于E。求证：$EB \cdot DC=AB \cdot AD$。

12. 已知：AB是$\odot O$的直径，C是AB上一点，过C点的AB的垂线和半圆相交于D，CD的延长线上有一点E，连接BE交$\odot O$于F，连接AF交CD于G。求证：$CD^2=CE \cdot CG$。

13. 已知：$\odot O$是$\triangle ABC$的外接圆，AD是$\triangle ABC$的高，过A点引$\odot O$的切线MN，$BE \perp MN$于E，$CF \perp MN$于F。求证：$AD^2=BE \cdot CF$。

14. 已知：A是$\odot O$上一点，$\odot A$交$\odot O$于B、C，D是$\odot A$上一点，DA的延长线交BC于E，和$\odot O$的另一个交点是F。求证：$AD^2=AE \cdot AF$。

15. 如图2-66，已知：C是线段AB上一点，$\triangle DAC$、$\triangle ECB$都是等边三角形，AE交DC于M，DB交EC于N。求证：$CM=CN$。

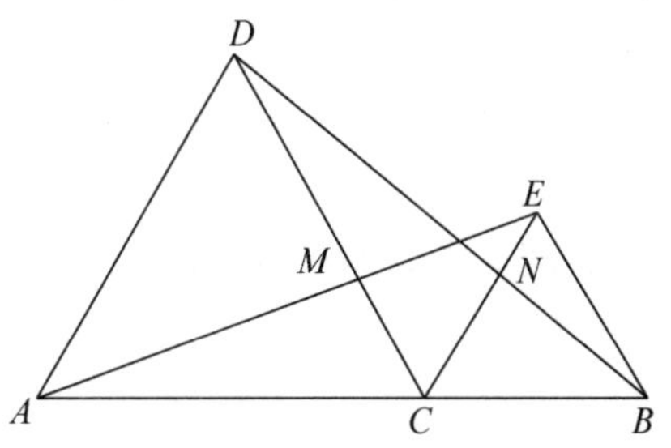

图2-66

提示：如果考虑选全等三角形，则包括CM的有$\triangle CMA$、$\triangle CME$，包括CN的有$\triangle CND$、$\triangle CNB$。如果考虑选相似三角形，证出平行线来以后，有$\triangle DCN$和$\triangle BEN$、$\triangle ADM$和$\triangle ECM$、$\triangle ABD$和$\triangle CBN$、$\triangle ABE$和$\triangle ACM$可供选择。

16. 如图2-67，已知：$AM /\!/ BN$，$\angle MAB$的平分线与$\angle NBA$的平分线相交于C，过C任作一直线交AM于D，交BN于E。求证：$AD+BE=AB$。

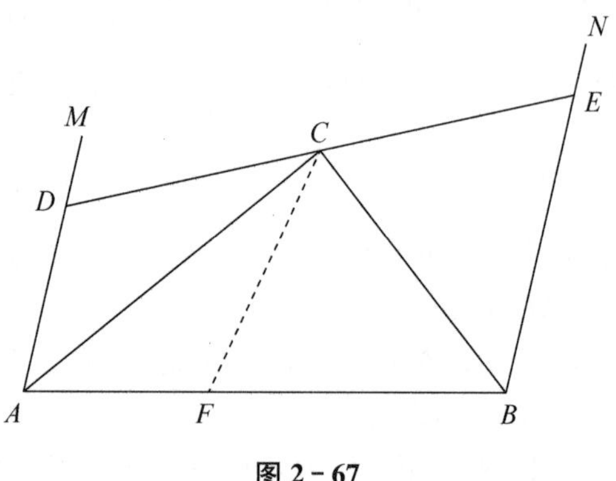

图 2－67

提示：在 AB 上截取 $AF=AD$，制造$\triangle CAF\cong\triangle CAD$，再证$\triangle CBF\cong\triangle CBE$。

17. 已知：在$\triangle ABC$ 中，D 是 BC 中点，DF 交 AC 于 E，交 BA 的延长线于 F。求证：$\dfrac{AE}{EC}=\dfrac{FA}{FB}$。

提示：试从 A 点引 BC 的平行线或 DF 的平行线，或从 B 点引 AC 或 DF 的平行线，还可以从 C 点引 AB 或 DF 的平行线。这样可以得到六种不同的解法。

18. 已知：在$\triangle ABC$ 中，D 是 BC 中点，E 是 AD 中点，BE 延长线交 AC 于 F。求证：$EF=\dfrac{1}{3}BE$。

19. 已知：在$\triangle ABC$ 中，D、E 都是 BC 边上的点，且 $BD=DE=EC$，F 是 AC 中点，BF 交 AD 于 M，交 AE 于 N。求 $BM:MN:NF$。

20. 已知：在四边形 $ABCD$ 中，$\angle A=\angle C=90°$，四条边中 AD 最小。求证：$AB>BC$。

21. 已知：在$\triangle ABC$ 内有一个点 D。求证：(1) $\angle BDC>\angle A$；(2) $BD+DC<AB+AC$。

22. 已知：在$\triangle ABC$ 中，$\angle A=60°$，$a+b+c=20$ cm，$S_{\triangle ABC}=10\sqrt{3}$ cm^2。求：三边 a、b、c 的长。

提示：由 $S_{\triangle ABC}=\dfrac{1}{2}bc\cdot\sin A$，求得 $bc=40$；由海伦公式，求得 $(10-a)(10-b)(10-c)=30$；还有 $a+b+c=20$。解方程组，求得 $a=7$ cm，$b=5$ cm，$c=8$ cm。

23. 已知：在等腰$\triangle ABC$ 中，$AB=BC=13$ cm，$AC=10$ cm。求：内切圆半径 r 的长。

提示：由 $S_{\triangle ABC}=\dfrac{1}{2}bh_b$，同时 $S_{\triangle ABC}=\dfrac{1}{2}r(a+b+c)$，求得 $r=\dfrac{10}{3}$ cm。

24. 已知：在$\triangle ABC$中AD是中线，E、F分别是AB、AC上的点，且$EF /\!/ BC$交AD于G。求证：$EG=GF$。

25. 已知：AB是$\odot O$的直径，AE、BF都是$\odot O$的切线，半圆上有一点C，过C点的$\odot O$的切线和AE交于E，和BF交于F，引$CD \perp AB$于D，BE交CD于M。求证：$DM=MC$。

提示：可以通过$\frac{MD}{AE}=\frac{BD}{BA}=\frac{FC}{FE}=\frac{FB}{FE}=\frac{CM}{CE}$，由$AE=CE$，得出$MD=CM$。

7. 辅助线与基本作图的关系

辅助线在较为复杂的题目中是十分重要的。添加辅助线必须是合理的、可能的。

比如说，两条平行直线分别切$\odot O$于A、B两点，若写作“连接AB，使AB经过O点”，就是不对的。因为A、B是两个已知点，可以把它们连接起来，但是不能附加其他条件（即不能附加一条：使AB经过O点）。

那么，初学者不知道什么样的辅助线是合理的、可能的，什么样的辅助线不对，怎么办呢？

应该说，凡是添加辅助线，都必须以公法、基本作图为依据。

这里说的公法，是指最简单的，仅仅用圆规、直尺作图的动作。

比如，已知两边和夹角，要求作一个三角形。第一步作什么呢？作一个角等于已知角。作法怎样写呢？可以写“作$\angle EAF=d$”（d是已知角）。若问作一个角等于已知角怎么作，作法怎样写呢？可以先写“作射线AF”，若问射线AF怎么作，作法怎样写呢？就不好回答了，因为它是最简单、最基本的作图动作。

像这类作图暂且沿用老名字，叫作公法。

通常公法指的是：

（1）连接已知两点或过任意两点作直线；

（2）把已知线段延长到任意长；

（3）在一条已知直线上截取一条线段使它等于定长；

（4）在已知点为圆心，已知长为半径作圆（或者作弧）。

基本作图指的是：

（1）作一个角等于已知角；

（2）平分已知角；

（3）经过已知直线上的一点作这条直线的垂线；

（4）经过已知直线外的一点作这条直线的垂线；

(5) 作线段的垂直平分线；

(6) 经过已知直线外的一点作这条直线的平行线。

此外还有几个作图法，在添加辅助线的时候，有时要用：

(1) 任意等分一条线段；

(2) 作点 A 关于直线 a 的对称点 A'；

(3) 作点 A 关于中心 O 的对称点 A'；

(4) 过不在一条直线上的三个已知点作圆；

(5) 过⊙O 外在一点 P，作⊙O 的切线：

(6) 作两圆的内、外公切线。

下面举两个例题研究一下。

例 1 求证：梯形两条对角线中点的连线平行于两底并且等于两底差的一半。

分析：先以图 2-68 为例。如果具体作法是“连接 AE，并延长 AE 交 BC 于 M”，当然可以，因为这是公法。由于梯形两底 $AD/\!/BC$，E 是 BD 中点，证 $\triangle AED\cong\triangle MEB$ 很容易，得到 E 是 AM 中点，本来 F 就是 AC 中点，所以 EF 是 MC 的一半，而 MC 是 BC 与 AD 的差，证明是正确的。如果具体作法是“在 BC 上截取 $BM=AD$，连接 AM”，这也是公法，没什么不可以，但是 AM 是否经过 E 点，就需要证明了。如果具体作法是“在 BC 上截取 $BM=AD$，连接 AM，使 AM 经过 E 点”，这就不对了，因为公法和基本作图都没有这个内容。事实上，若有两个已知点，把它们连接起来的时候，还要求经过第三个点，那怎么可能呢？所以没有此项作图法。连接就是连接，至于 E 点在不在 AM 上，需要证三点共线。

再以图 2-69 为例。如果具体作法是“作 $AN/\!/DC$，交 BC 于 N”，那么由于四边形 $ABCD$ 是梯形，有 $AD/\!/BC$，又 $AD<BD$，可见上述的截取和这里 N 点的位置都是有根据的，并且得到一个平行四边形 $ANCD$。平移腰是梯形常用的辅助线。此时还可以得到 BN 是两底差。继续往下证又遇到了前面提到的问题。

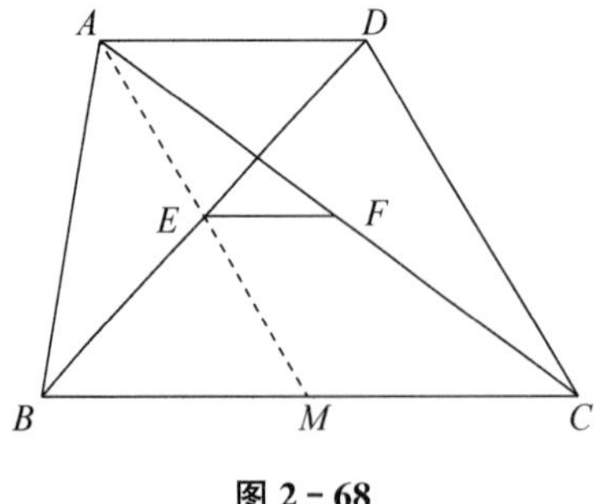

图 2-68

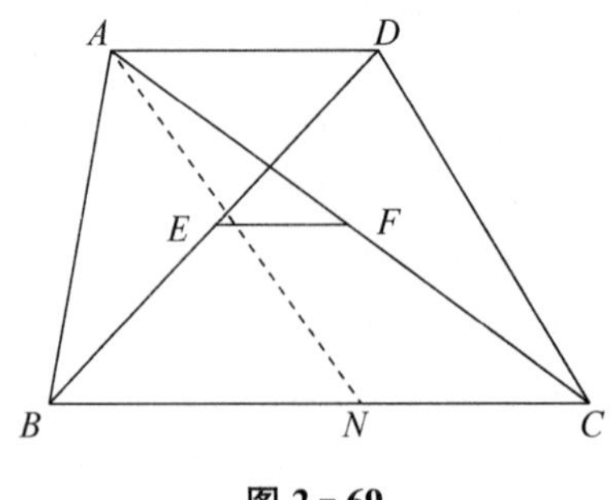

图 2-69

这时，只能连接 DN，因为四边形 $ANCD$ 是平行四边形，对角线应该互相平分，即对角线 DN 与 AC 的交点应该是 AC 的中点 F，所以 F 在 DN 上，或者说 DN 与 AC 相交于 F'（不管 F' 与 F 有什么关系），易证 F' 应为 AC 中点，而 AC 只有一个中点，所以 F' 与 F 重合。如果开头辅助线是"作 $AN /\!/ DC$，使 AN 和 BC 的交点 N 在 DF 的延长线上"，这就不行了，公法和基本作图是没有这个内容的。

例 2 如图 2－70，已知：在⊙O 的内接四边形 $ABCD$ 中，AB、DC 的延长线相交于 E，AD、BC 的延长线相交于 F，EM 切⊙O 于 M，FN 切⊙O 于 N。求证：$EM^2+FN^2=EF^2$。

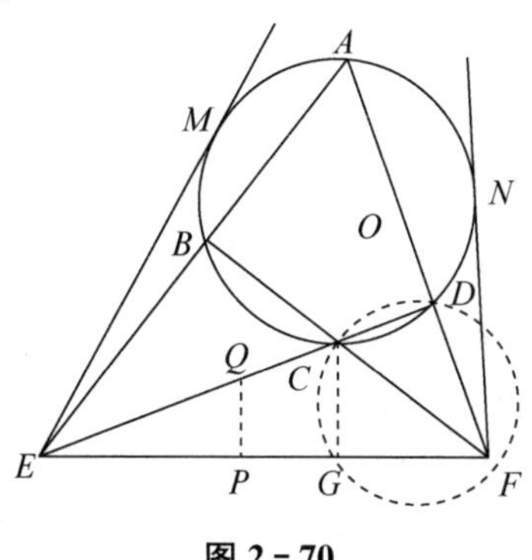

图 2－70

分析： 由于求证中有线段平方，所以结合圆的性质，很容易想到切割线定理，得出 $EM^2=EB\cdot EA=EC\cdot ED$；$FN^2=FD\cdot FA=FC\cdot FB$。再左右分别相加。后面的乘积式相加还看不出是否等于 EF^2。这时就只能用割线定理换比了。我们可以过 C、D、F 三点作辅助圆，交 EF 于 G，或者作 $\angle CGF=\angle ADC$，证 C、D、F、G 四点共圆。但是，后一种方法，由于 G 点位置没有确定，所以 $\angle CGF$ 是不能作的。怎么办呢？我们不妨在 EF 上任取一点 P，作 $\angle FPQ=\angle ADC$，PQ 交 EC 于 Q，然后作 $CG /\!/ QP$ 交 EF 于 G。这两项都是基本作图，当然是可以的。于是有 $EC\cdot ED=EG\cdot EF$。

接下去，千万不能照样过 C、B、E 三点作圆。因为这个圆是否经过 G 点，作图时不能保证。前面已经提到，除公法和基本作图以外，还有几个作图法都是课本上学过的。但是，没有"过不在同一直线上三点作圆，附带还得经过另一点"的作图，所以不成。正确的方法是通过 $\angle CGE=\angle FDC=\angle ABC$，证 B、E、G、C 四点共圆，得 $FC\cdot FB=FG\cdot FE$。合并起来，有 $EM^2+FN^2=EC\cdot ED+FC\cdot FB=EG\cdot EF+FG\cdot FE=EF(EG+FG)=EF^2$。

练　习

1. 求证：两条对角线相等的梯形是等腰梯形。

提示：设梯形 $ABCD$，其中 $AD//BC$，$AD<BC$，且 $AC=BD$。辅助线可以作 $DE//AC$ 交 BC 的延长线于 E，这是基本作图与公法的应用，没有问题。如果延长 BC 到 E，使 $CE=AD$，以一组对边平行且相等制造平行四边形是可以的。若是作 $DE \mathrel{\underline{\parallel}} AC$ 就不好，因为 B、C、E 是否共线需要证明。

2. 已知：$\odot O$ 的外切等腰梯形 $ABCD$，其中 $AB//CD$，$AB=a$，$CD=b$，且 $a>b$、$\angle B=\alpha$。求 $\odot O$ 的直径。

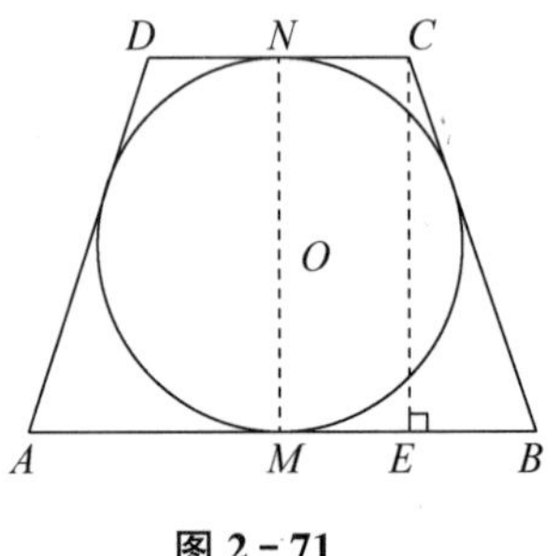

图 2－71

提示：如图 2－71，易证 $AD+BC=AB+CD=a+b$，所以 $BC=\frac{1}{2}(a+b)$。作 $CE\perp AB$ 于 E，求得 $CE=\frac{1}{2}(a+b)\sin\alpha$。这时，你一定想说 $\odot O$ 的直径等于 CE，不过，绝不能想当然，要看有没有根据。设 AB 切 $\odot O$ 于 M，辅助线可以这样作：连接 OM，延长 MO 交 CD 于 N。这种作法保证了 M、O、N 共线。由于 $OM\perp AB$，$AB//CD$，所以 $ON\perp DC$，这就证明了 MN、CE 同是这一组平行线间的距离，因而 $MN=CE$。再用“过圆心而垂直于切线的直线必过切点”证明 MN 是 $\odot O$ 的直径。若是忽略了上面讲的这一层，在明确了 M、N 是切点以后，就连接 MN，说 MN 是 $\odot O$ 的直径，这是不可以的。若说连接 MN，使 MN 经过 O 点，就更不对了，这样做仍是犯了前面提到的错误。

3. 已知：在 $\triangle ABC$ 中，F、E 分别是 AB、AC 的中点，P、Q 分别是 BE、CF 的中点。求证：$PQ=\frac{1}{4}BC$。

提示：若取 BC 的中点 D，连接 DF，这时不要管过不过 P 点，连接 DE，同样不要管过不过 Q 点，再连接 EF。用平行四边形对角线互相平分，证明 P 在 DF 上且为 DF 中点，Q 在 DE 上且为 DE 中点。

4. 已知：$\odot O$ 和 $\odot O'$ 外切于点 A，过 A 点的直线和 $\odot O$ 相交于 B，和 $\odot O'$ 相交于 C，过 B、C 分别作 $\odot O$、$\odot O'$ 的切线 MN、PQ。求证：$MN//PQ$。

提示：若连接 OB、$O'C$，则必须明确 O、A、O' 共线。这是定理，应该先说一下。

5. 如图 2－72，已知：有锐角 $\triangle ABC$，$\odot O$ 是以 BC 为直径的圆，$\odot O$ 交 AB 于 D，交 AC 于 E，过 D、E 的 $\odot O$ 的两条切线相交于 F，若 BE、CD 相交于 H。求证：直线 AF 经过 H 点。

提示：若是作出$\triangle ABC$的高AG，则连同垂足G在内，A、F、H、G共有四点共线，所以辅助线不能这样作。由于BC是$\odot O$的直径，易证$\angle BDC=\angle BEC=90^\circ$，从而确定$BE$、$CD$都是$\triangle ABC$的高，它们的交点$H$是垂心，然后连接$AH$，延长$AH$交$BC$于$G$，$AG$必是$\triangle ABC$的另一条高。设过$D$点的$\odot O$的切线交$AG$于$F'$，$\angle F'DC$即$\angle 1$为弦切角，$\angle 1=\angle ABC$，又$D$、$B$、$G$、$H$四点共圆，$\angle 2=\angle ABC$，所以$\angle 1=\angle 2$。在$\mathrm{Rt}\triangle ADH$中，易证$F'$是$AH$的中点。同理，设过$E$点的切线交$AG$于$F''$，$F''$也应是$AH$的中点，而$AH$只有一个中点，即$F'$与$F''$重合为一个点。这个点是上述三线的公共点，当然也就是两切线的交点，即原题中的F点，所以A、F、H共线。

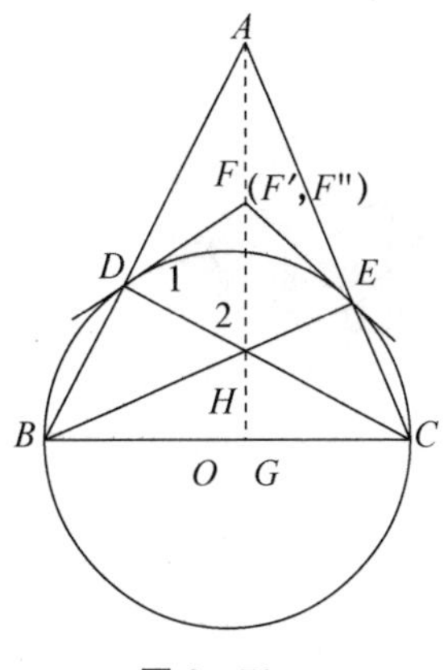

图 2-72

6. 已知：$\odot O$的半径为r，它的外切等腰梯形$ABCD$的面积等于以$\odot O$的直径为一边的正方形面积的两倍。求梯形各边的长。

提示：设梯形上底为$2x$，下底为$2y$，依前面说过的方法，说明梯形高为$2r$，所以梯形面积为$\frac{1}{2}(2x+2y)\cdot 2r$。而正方形面积为$(2r)^2$。这时可以列出方程。另外，若作出梯形的一条高，出现了直角三角形，则可以设法用x、y、r表示这直角三角形的三条边，用勾股定理列出第二个方程。最后，解这个方程组，得到梯形上底为$2(2-\sqrt{3})r$，下底为$2(2+\sqrt{3})r$，腰长为$4r$。

三、困难是怎样克服的

每个人学习几何都会遇到不少困难。本书仅就多数人共同的主要困难问题进行讲解。比如，注意“看题”和“看图”的问题，弄清“有什么”和“要什么”的问题，知道做什么题和怎样做题的问题，学会做过的题怎样小结的问题。本书中特别对改头换面的几何证明题和各种各样的几何计算题进行了认真的探讨。

1. 注意“看清题”和“看清图”

有的时候，一道题证错了，或者证不出来，并非思路不对头，而是根本没有看懂题。或是没看清题目，弄不清到底给了什么条件，或是没看清图形，找不到图形之间的关系。

随着对几何知识的研究不断加深，题目的形式也有所变化。有的几何题既没有字母，也没有图。例如，证明：有两个角及其中一个角的平分线相等的两个三角形全等。有的几何题有字母，却没有图。例如，已知：在$\triangle ABC$中高h_a与其外角平分线AD的夹角为$60°$。求：$\angle B$与$\angle C$之差。还有的几何题虽然有图，但是线段和角多一些，看着比较乱。这就更要学会怎样看题，怎样看图了。

到底如何看题呢？我们不妨以上面的第二个题为例。

首先，我们要从概念入手，不放过题中的每个细节。比如，在$\triangle ABC$中，高h_a是指a边上的高，也就是说，它是BC边上的高，是从A点向BC边所引的垂线段。外角平分线AD，指的是从A点引出的射线，它不但是$\angle A$邻补角的平分线，而且必须与h_a成$60°$角。

其次，要依题意画图，力求作图准确、清晰。画完图后，要反复核实一下，看看是否体现了原题的意思。

最后，要按照题意去思考，不要出现“没看见”“没注意”等丢失条件的情况。特别是证不出来的时候，一定要重新看题。如图 3－1，在$\triangle ABC$中，AE是高，AE与AD的夹角是60°。可以在$\angle EAD$的顶点附近，画一段圆弧，作出一个记号，记住这个角是60°。接着，得到$\angle D=30^\circ$。再说，AD是$\angle BAF$的平分线，于是可以用$\angle 1$、$\angle 2$表示出两个代数式。我们不妨设$\angle 1=\angle 2=\alpha$，则$\angle ABC$可以用$\alpha+30^\circ$表示，同理，$\angle FAD$等于$\angle C+\angle D$，所以$\angle C=\alpha-30^\circ$，所以$\angle B-\angle C=(\alpha+30^\circ)-(\alpha-30^\circ)=60^\circ$。

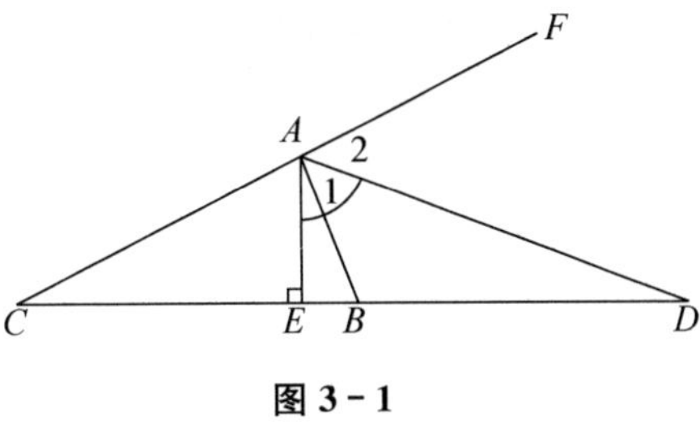

图 3－1

到底如何看图呢？下面通过三个例子加以说明。

首先，要学会一部分一部分地看图。就说前面说的第一个例题吧。这道题是以命题形式出现的，需要把它们具体化。如图 3－2，“有两个角”指的是$\angle B$、$\angle C$；“其中一个角的平分线”指的是CD；既然是“相等的两个三角形”，必然还有一个三角形，这个三角形同样具备上述条件，并与$\angle B$、$\angle C$、CD对应相等。依题意画出图来以后，先看$\triangle ABC$与$\triangle A'B'C'$，在这两个三角形的六个元素（三条边、三个角）中，只有$\angle B=\angle B'$、$\angle C=\angle C'$，不足以证全等。再看$\triangle BCD$与$\triangle B'C'D'$，有$\angle B=\angle B'$，又可证$\angle BCD=\angle B'C'D'$（根据等式的性质），再加上$CD=C'D'$，符合“角、角、边”，能证$\triangle BCD\cong\triangle B'C'D'$，得到$BC=B'C'$。于是，用“角、边、角”证$\triangle ABC\cong\triangle A'B'C'$就够条件了。

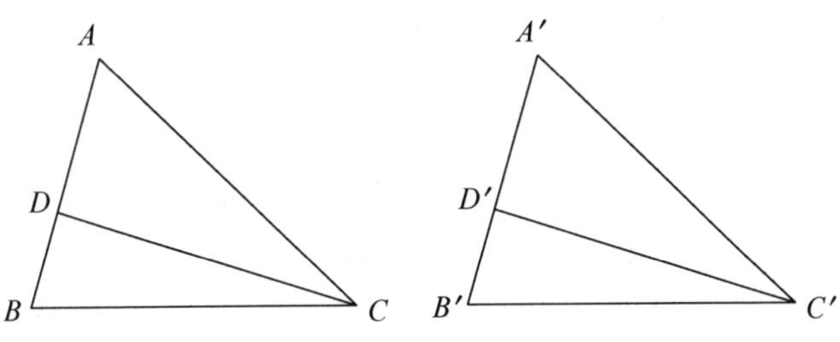

图 3－2

以后遇到复杂图形，就应该采取“想看什么，就看什么，别的只当看不见”的办法，这对看图能力的培养，是有用的。

其次，要善于把可以用简称的地方，尽量用简称。如图 3－3，已知：$\angle FAC=\angle ECB=\angle DBA$。求证$\angle EDF=\angle BAC$，$\angle DEF=\angle ABC$，$\angle EFD=$

$\angle BCA$。由于这个题的角都用全称，所以审题的时候应该格外仔细，一不看错，二不写错。然而最好还是把它们用简称表示。如图 3-3，可标出$\angle 1$、$\angle 2$……这样一来，各种关系就好表示得多了。根据外角性质，得$\angle 4=\angle 7+\angle 3$，再根据等式的性质，得$\angle 4=\angle 7+\angle 1$，所以$\angle EDF=\angle BAC$。

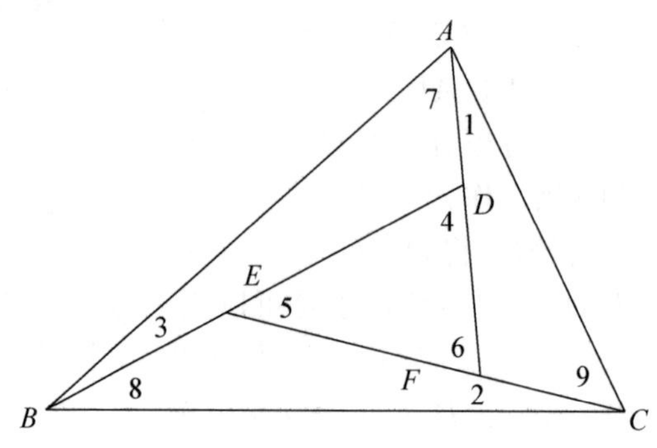

图 3-3

最后，一定要认真研究图形结构。下面再举一个例子。如图 3-4，已知：在等腰 Rt$\triangle ABC$ 中，$\angle C=90°$，AD 是 BC 边上的中线，$CE\perp AD$ 于 E，CE 的延长线交 AB 于 F，连接 DF。求证：$\angle 1=\angle 2$。对这个题怎样研究它的图形结构呢？在$\triangle ABC$ 中，$\angle C=90°$，$\angle A$、$\angle B$ 一定是锐角，AB 必是斜边，AC、BC 必是相等的两腰，还可以推出$\angle A=\angle B=45°$。此外，如果一部分一部分地看，还有许多图形如$\triangle BDF$、$\triangle BDA$、Rt$\triangle ADC$，围绕着 E 点还有 Rt$\triangle AEF$、Rt$\triangle AEC$、Rt$\triangle FED$、Rt$\triangle CED$。这些三角形都有它自己的结构。这时，我们就要仔细看看它们是由带有什么特点、什么条件的边和角所组成的。现在要证$\angle 1=\angle 2$，所以我们应该先看包含$\angle 1$ 的$\triangle BDF$。其中，$\angle B=45°$，$\angle 1$ 是求证的角，$BD=\frac{1}{2}BC$。再看$\triangle ADC$，它是一个直角三角形，其中$\angle DCA=90°$，$\angle 2$ 是求证的角，易知$\angle 2$ 与$\angle 3$ 互余，从而推出$\angle 3=\angle 4$，还知道 $DC=\frac{1}{2}BC=\frac{1}{2}AC$（$BC$、$AC$ 都是原等腰三角形的腰）。这里，$BC=AC$ 格外重要，它既是概念，又是性质，还是思路。由此，很容易产生制造全等三角形的几种设想。因为要证$\angle 1$、$\angle 2$ 相等，先证三角形全等，这是常用的方法。

如果开始就想利用 $BC=AC$ 制造全等三角形，似乎不大容易。这时，就要换一个角度认真考虑 $CE\perp AD$ 这个条件。因而问题就变为用$\angle 3=\angle 4$ 造全等三角形的问题了。不难发现，包含$\angle 4$ 的三角形有$\triangle EDC$ 与$\triangle FBC$，但都不好用。怎么办呢？只有延长 CF 与过 B 点的 BC 的垂线相交于 G 才是办法。

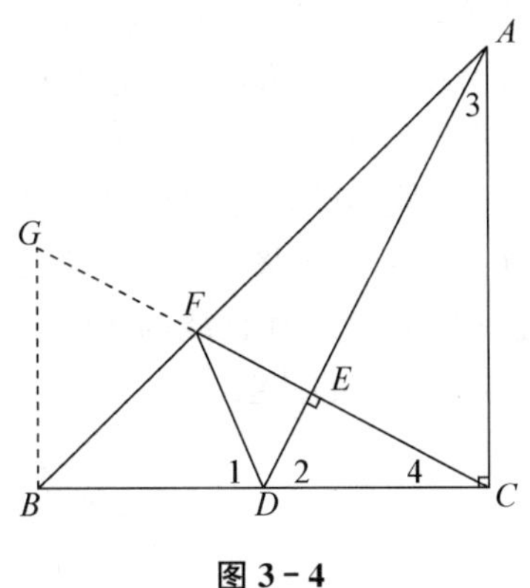

图 3－4

用“角、边、角”证出 Rt△CGB≌Rt△ADC 以后，得到 $GB=DC=BD$，不要忘记∠B 是 $45°$角，这样证△GBF≌△DBF 就不困难了，于是∠1＝∠G＝∠2 就成功了。

总之，只有会看题、会看图，才能从已知条件出发，根据图形性质进行推理判断。这种一环扣一环的联想，就是人们常说的思维能力，所以看题、看图能力的培养，实在是思维训练不可或缺的重要内容。

有了上述准备，再来看下面例题。

例 1　证明：三角形的外心是连接三边中点所成的三角形的垂心。

分析：如图 3－5，设 O 为△ABC 外接圆的圆心，D、E、F 分别是 BC、AC、AB 边中点。这时，AB、BC、AC 都是⊙O 的弦。连接 OE、OF，则 $OE\perp AC$、$OF\perp AB$。延长 FO 交 DE 于 N，延长 EO 交 FD 于 M。由三角形中位线性质，得 $DE/\!/AB$、$FD/\!/AC$，于是 $FN\perp DE$、$EM\perp FD$，O 是△DEF 的垂心。

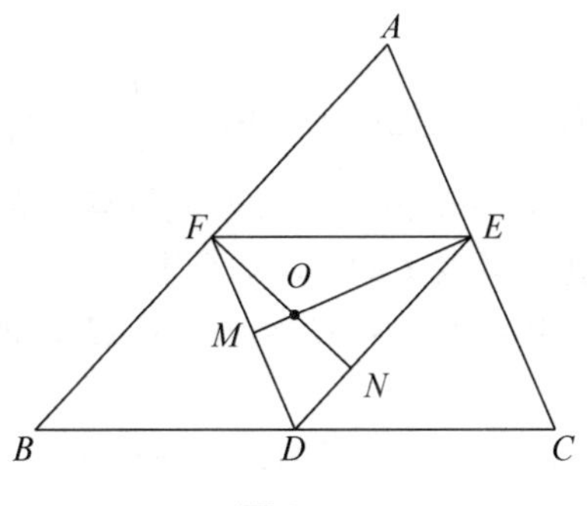

图 3－5

例 2　已知：MN 是⊙O 的直径，P、C 为⊙O 上两点，引 $CA\perp MN$ 于 A，直线 AC 交直线 PM 于 B、交直线 PN 于 D。求证：$AC^2=AB\cdot AD$。

分析：看题时注意到 AC、PM，PN 都说的是“直线”，这就包含着线段向两方延伸的意思。由于原题没给图，又没具体地说明 P、C 两点的位置，所以需要考虑 P、C 两点在 MN 同旁或分在 MN 两旁这两种情况。第一种情况又有两种可能：线段 AC 与弦 PN 相交于 D，而线段 AC 的延长线与弦 PM 的反方向延长线相交于 B（如图 3－6）；线段 AC 与弦 PM 相交于 B，而线段 AC 的延长线与弦 PN 的反方向延长线相交于 D（如图 3－7）。第二种情况也有两种可能，如图 3－8 与图 3－9，无非是线段 CA 的延长线与⊙O 有另一个交点 E，这时对原题所说“直线”，就应该有了进一步的体会。

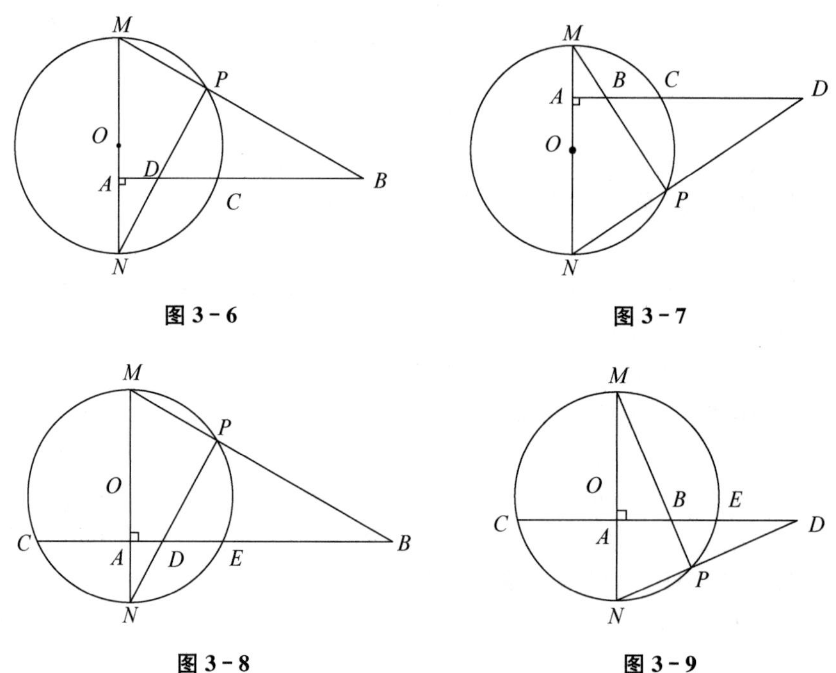

图 3－6

图 3－7

图 3－8

图 3－9

要证 $AC^2=AB\cdot AD$，希望先证出比例式 $\frac{AB}{AC}=\frac{AC}{AD}$。因为 A、B、C、D 四点在一条直线上，所以不是一套相似三角形能够解决的。这时，如果看图能力强，由直径 MN 可以看出，连接 CM、CN 会出现直角三角形，用射影定理可以把 AC^2 换成 $MA\cdot AN$，再证 $MA\cdot AN=AB\cdot AD$，即证 $\triangle MBA\backsim\triangle DNA$ 就可以了。

这里所说的看图能力，是依条件看图、按条件选图、进一步研究图形性质的能力。

练　习

1. 证明：三角形的高平分垂足三角形的内角。

提示：这里垂直关系很多，要考虑通过四点共圆证角相等、通过互余证角相等。

2. 已知：如图 3－10，A、B、C、D 是一直线上顺次四点。求证：$AB \cdot CD+AD \cdot BC=AC \cdot BD$。

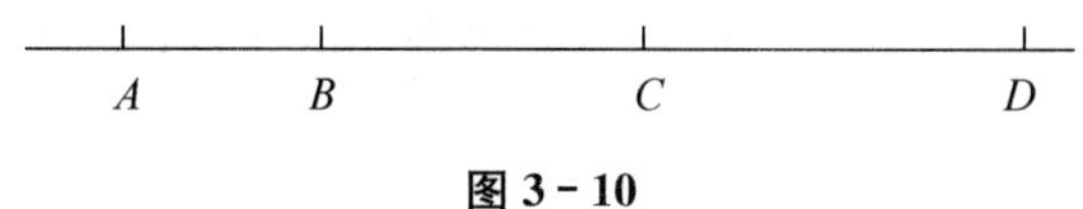

图 3－10

提示：这类题主要靠看图分析，尽量把等式左边的线段经过代换，全部换成 AC、BD，即 $AB \cdot CD+AD \cdot BC=(AC-BC)(BD-BC)+AD \cdot BC=AC \cdot BD+BC^2-AC \cdot BC-BD \cdot BC+AD \cdot BC=AC \cdot BD-(AC+BD-BC) \cdot BC+AD \cdot BC=AC \cdot BD-AD \cdot BC+AD \cdot BC=AC \cdot BD$。

3. 如图 3－11，在任意四边形 $ABCD$ 中，$\angle D>\angle B$，AF 平分$\angle A$，BE 平分$\angle B$，CG 平分$\angle C$ 交 AB 于 G，AF 交 CG 于 F，交 BE 于 E。求证：

（1）$\angle AEB=\frac{1}{2}\angle D+\frac{1}{2}\angle C$；

（2）$\angle AFG=\frac{1}{2}\angle D-\frac{1}{2}\angle B$。

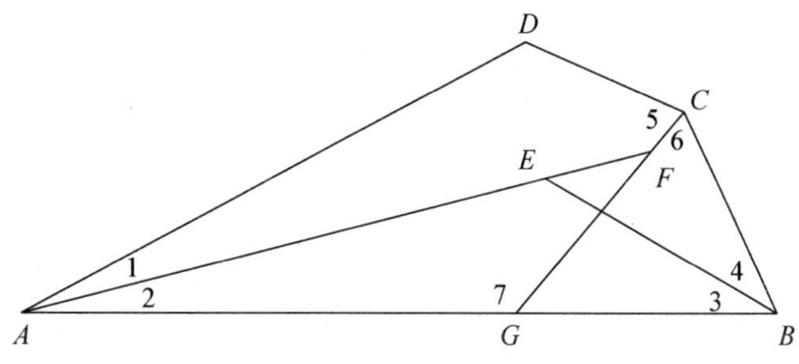

图 3－11

提示：找到包含$\angle AEB$ 的$\triangle ABE$，有$\angle AEB=180°-\angle 2-\angle 3=180°-\frac{1}{2}\angle A-\frac{1}{2}\angle B=180°-\frac{1}{2}(\angle A+\angle B)$，把$\angle A+\angle B$ 换成 $360°-\angle C-\angle D$。同样，$\angle AFG=180°-\angle 2-\angle 7=180°-\frac{1}{2}\angle A-(\frac{1}{2}\angle C+\angle B)$，把$\angle A+\angle C$ 换成 $360°-\angle B-\angle D$。

4. 已知：AD 是$\triangle AEF$ 的角平分线，交$\triangle AEF$ 的外接圆$\odot O$ 于 D 点，过 D 点作$\odot O$ 的切线交 AE 的延长线于 B、交 AF 延长线于 C。

求证：（1）$EF /\!/ BC$；（2）$\frac{BD}{DC}=\frac{AE}{AF}$。

提示：看到角平分线这个条件，一方面要考虑圆周角与所对弧之间的关系，另一方面要考虑角平分线与比例线段的关系。

5. 已知：在 Rt$\triangle ABC$ 中，$\angle C=90°$，$AC=8$ cm，$BC=15$ cm，D 是 AB 上的一点，并且 $CD=AC$。求：AD 的长。

提示：看题后想到勾股定理，看图后想到$\triangle ADC$ 为等腰三角形，作出底边上的高 CE，用射影定理求得 $AE=\frac{64}{17}$ cm，则 $AD=\frac{128}{17}$ cm。

6. 已知：$\odot O$ 和$\odot O'$内切于P，过 P 作直线AB 交$\odot O'$于A、交$\odot O$ 于B，过 B 作$\odot O$ 的弦 BE，过 A 作$\odot O'$的弦 AC，AC 的延长线交 BE 于 D。求证：P、C、D、E 四点共圆。

提示：过 P 作两圆公切线，连接 PC、PE。只要证明$\angle ACP=\angle E$，问题就解决了。这里要求一部分一部分地看图，先看$\odot O'$，找到与$\angle ACP$ 有关的弦切角，再看$\odot O$，找到与$\angle E$ 有关的弦切角。

2. 弄清“有什么”和“要什么”

如果题目看懂了，图形也会看了，就可以按照自己的思路，进行推理论证了。

这一节重点研究如何培养自己分析问题、解决问题的能力。那么，从哪里入手呢？通俗地说，当拿到一个题目的时候，重要的是要看看这个题目有什么条件，要什么结果。确切地说，看一道几何题给了什么已知条件，就是“有什么”；题目的求证，也就是命题的结果，就是“要什么”。每一道题都得这样研究。

先说“有什么”。若把范围扩大一点，“有什么”包括一个题目有什么已知条件、这个图形有什么性质、这类知识有什么训练要求、证这类题目有什么经验。总之，会说什么说什么，能想什么想什么。比如，已知一个直角三角形，条件中当然要有一个直角，写出来就是，已知：在 Rt$\triangle ABC$ 中，$\angle C=90°$。它有什么性质呢？两锐角互余就是一条，勾股定理也是一条。照这样，想一想自己都学过什么性质。这类题有什么训练要求呢？像“见到图形，想到性质”，就是最基本的训练要求。直角三角形的元素有边、角。研究边有射影定理、勾股定理、斜边中线等于斜边一半。研究角有两锐角互余，通过互余可以证角相等。边、角之间的关系还有锐角三角函数可用。训练内容就是泛指这一类题的知识。具体到一个题时，这些内容可能用到，又不是每一条都有用，可能只与其中一些内容有关，而与其余内容无关。这种取舍选择，与求证要求相关联。中间种种判断，很多时候要靠证这一类题的经验。

再说“要什么”。从表面看来，“要什么”就是求证的要求。重要的是从这项要求中得到什么启发。比如求证两条线段相等，可以先看这两条线段的位置，若在同一个三角形里，就要证等腰三角形；若在两个三角形里，就要证全等三角形。而要证明上述内容，就先要证两个角相等，或找到判断全等的三个条件。这样，一步一步地向前“要”，直到满足要求为止。

对于一道简单题来说，无论是从“有什么”向后推理，还是从“要什么”向前提要求，往往只从一头下手就能证出来了。遇到较为复杂的题目，就应该考虑：前面有的，得是后面要的，才有用；后面要的，得是前面有的，才可能。这样双管齐下，中间汇合，题目才能证出来。有的题目，即使这样做了，仍然联系不起来，这就需要利用辅助线搭一搭桥了。

值得一提的是，有些特殊类型的题目，往往不是普通方法所能概括得了的。这就要求见多识广了。平时总会做过一些有特点的题，心中有了典型，就能触类旁通。即使如此，这一类题的分析过程也还要看“有什么”和“要什么”，不过方法巧一些或特殊些，并非一时人人都能想得起来而已。对于一个中学生来说，没有凡是几何题都得会做的要求，只是对于大纲、教材要求会做的题会了就行。所以，不必为此增加不必要的精神负担。

下面举两个例子，例题中的思路，读者可以当作参考。

例 1 如图 3-12，在 Rt$\triangle ABC$ 中，$\angle ACB=90°$，CD 是$\angle ACB$ 的平分线，M 是 AB 的中点，$ME\perp AB$ 交 CD 的延长线于 E。求证：$CM=ME$。

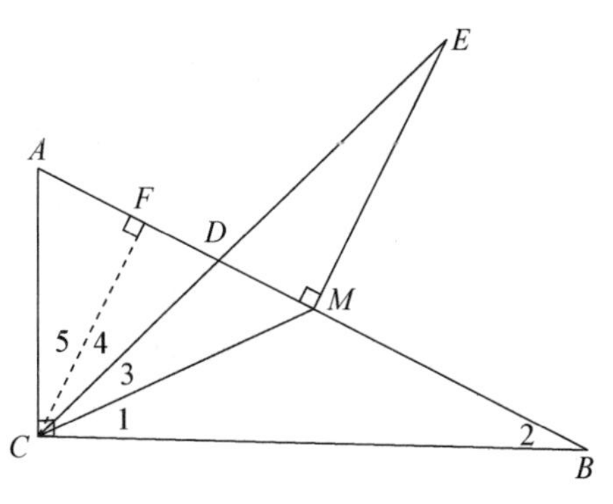

图 3-12

分析：从“有什么”入手，如前面说过的，直角三角形中有斜边中线等于斜边一半。于是，有 $CM=MB$，有$\angle 1=\angle 2$，还有$\angle 1+\angle 3=45°$，$\angle 2+\angle A=90°$，至此仍与 ME 无关。再看“要什么”，要 $CM=ME$，就是要$\angle 3=\angle E$。既然不能直接证明$\angle 3$ 与$\angle E$ 相等，就要设法找等量来代换。想到 EM 是 AB 的垂线，若是再作一条 AB 的垂线，必与 EM 平行，这样就会有内错角或同位角可以代换。于是引 $CF\perp AB$ 于 F，易证$\angle 4=\angle E$。现在只要$\angle 3=\angle 4$ 就行了。已经知道$\angle 1+\angle 3=\angle 4+\angle 5=45°$，要证$\angle 3$ 与$\angle 4$ 相等，只要先证$\angle 1$ 与$\angle 5$ 相等

就可以了。其实，作出斜高 CF 以后，对这个图形熟悉的同学，就已经发现它是表示射影定理的那个图了，$\angle 2$、$\angle 5$ 都是 $\angle A$ 的余角，当然相等，于是有 $\angle 1=\angle 2=\angle 5$。

例 2 如图 3 - 13。在 $\odot O$ 中，$\overset{\frown}{AB}=\overset{\frown}{AD}$，过 B 点的 $\odot O$ 的切线交 DA 的延长线于 C，引 $CE\perp AB$ 于 E。求证：$BE=\frac{1}{2}DC$。

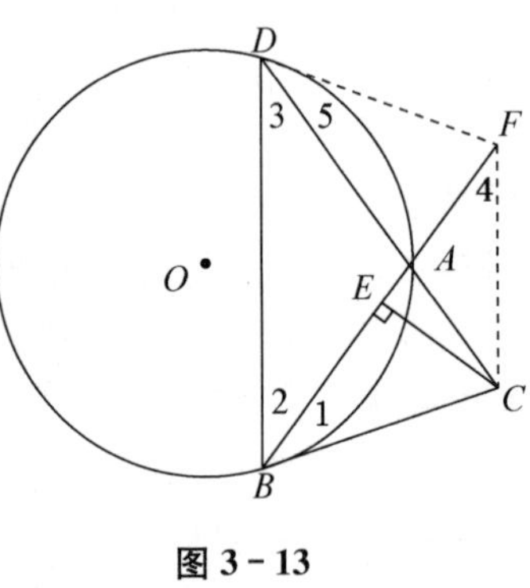

图 3 - 13

分析：由求证看，这个题属于倍分问题，所以我们想从这里入手。延长 BA 到 F，使 $BF=2BE$，也可以说使 $EF=BE$，这样 $BE=\frac{1}{2}BF$，只要 $BF=DC$ 就好了。从思路上讲，如果把求证 $BE=\frac{1}{2}DC$，改写为 $2BE=DC$，另找 BE 的二倍 BF，就将线段倍分问题转化为证线段相等问题了。

看到 DC 与切线 BC 同在 $\triangle DBC$ 中，想利用弦切角、圆周角证等角，通过全等三角形证 DC 与 BF 相等。这样的想法行不行呢？怎样制造全等三角形呢？

看看“有什么”。有 $\overset{\frown}{AB}=\overset{\frown}{AD}$，于是有 $\angle 1=\angle 2=\angle 3$。既然有 $EF=BE$，连接 CF，不难证明 $CF=CB$，有 $\angle 4=\angle 1$。连接 DF，有 B、C、F、D 共圆，有 $\angle 1=\angle 5$，有 $\angle 1+\angle 2=\angle 3+\angle 5$，有 $\triangle DBC\cong\triangle BDF$，得到 $DC=BF$。

练 习

1. 如图 3 - 14，M、N 分别是 $\triangle ABC$ 的 AB、AC 边上的点，且 $MN/\!/BC$。D 是 CA 的延长线上一点，$NE/\!/BD$ 交 BA 的延长线于 E。求证：$CE/\!/MD$。

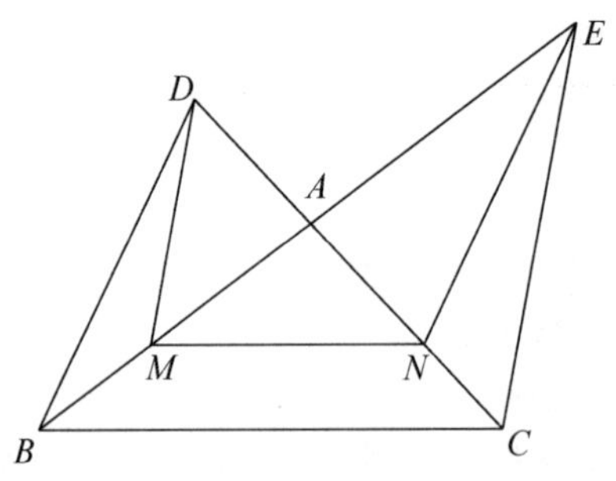

图 3 - 14

提示：这个题目已知有两组平行线，求证仍是求平行线。回忆所学知识，由平行线带来的图形性质有两类：一类是有关的角，包括同位角相等、内错角相等、同旁内角互补；另一类是比例线段，包括平行线分线段成比例定理和相似三角形对应边成比例。这些都算是“有什么”，初步判断可以用比例线段试一试。

因为 $MN /\!/ BC$，有 $\frac{AM}{AB}=\frac{AN}{AC}$，也可以写成另一种形式，即经过更比后的 $\frac{AM}{AN}=\frac{AB}{AC}$。有了这种准备，再换比就方便了。又因为 $NE /\!/ BD$，有 $\frac{AN}{AD}=\frac{AE}{AB}$。观察这两组比例式，看到 AN 的位置，再看到 AB 的位置，这时容易想到，若把等式的两边分别相乘，AN、AB 都能约掉，会出现新的比例式 $\frac{AM}{AD}=\frac{AE}{AC}$。再加上一组对顶角相等，可以证明 $\triangle DAM \backsim \triangle CAE$，从而得到 $\angle MDA=\angle ECA$，证出 $DM /\!/ EC$。也可以用更换比得到 $\frac{AM}{AE}=\frac{AD}{AC}$，用平行线分线段成比例定理的逆定理证明 $DM /\!/ EC$。

2. 如图 3－15，已知：在 $\triangle ABC$ 中，$\angle ABC=90°$，四边形 $ABDE$ 和四边形 $ACFG$ 都是正方形，BA 的延长线交 EG 于 H。求证：$BC=2AH$。

提示：从“要什么”看，AH 与 BC 离得远，看不出有什么关系，恐怕还得借助于第三条线段。倍分问题有直接倍、间接倍。所谓间接倍就是应用图形性质找出某个图形的二倍来，比如，这个题中利用三角形中位线定理就可以制造新的三角形，如果 AH 成为中位线，则第三边是它的二倍。

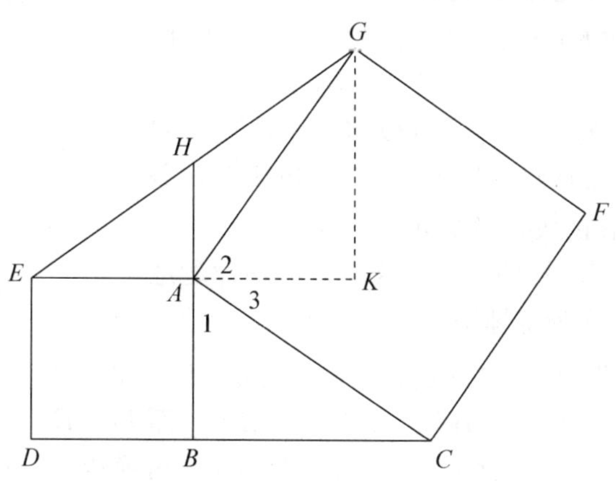

图 3－15

从“有什么”看，这里面有直角三角形，有正方形，它们都有许多性质可用。结合上述想法，延长 EA 到 K，使 $AK=EA$，则 A 为 EK 中点。这时，还要看 H 是否为 EG 中点。在图形中，有直角，有互余，易证 $\angle 1=\angle 2$，又有 $AC=AG$，$AB=AE=AK$，可证 $\triangle ABC \cong \triangle AKG$。于是，有 $\angle K=90°$，有

$AH // KG$，有 $EH = HG$。根据平行线等分线段定理的推论，于是有 $AH = \frac{1}{2}GK$。而 GK 与 BC 是全等三角形的对应边，于是有 $GK = BC$，得到 $AH = \frac{1}{2}BC$。

3. 已知：在△ABC 中，BC 边上有 D、E 两点且 $BD = DE = EC$。求证：$AB + AC > AD + AE$。

提示：画出图形如图 3－16，观察图中 AB、AC、AD、AE 四条线段所处的位置，发现用学过的定理难于判断。这时，容易想到制造全等三角形，通过等量代换，达到移动线段位置的目的。

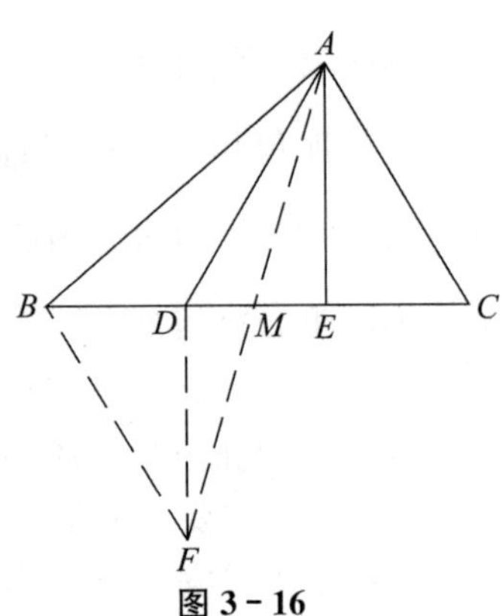

图 3－16

取 BC 中点 M，连接 AM，延长 AM 到 F，使 $MF = AM$，易证△BFM≌△ACM，有 $BF = AC$。连接 DF，易证△DMF≌△EMA，有 $DF = AE$。这里充分发挥了公用中线的长处。至于要证 $AB + BF > AD + DF$，可以延长 FD 交 AB 于 N，用"三角形两边和大于第三边"去推导。

4. 如图 3－17，已知：在⊙O 中，弦 $AD // BC$，弦 $BE // AC$，过⊙O 上 C 点的直线 $FC // DE$。求证：FC 是⊙O 的切线。

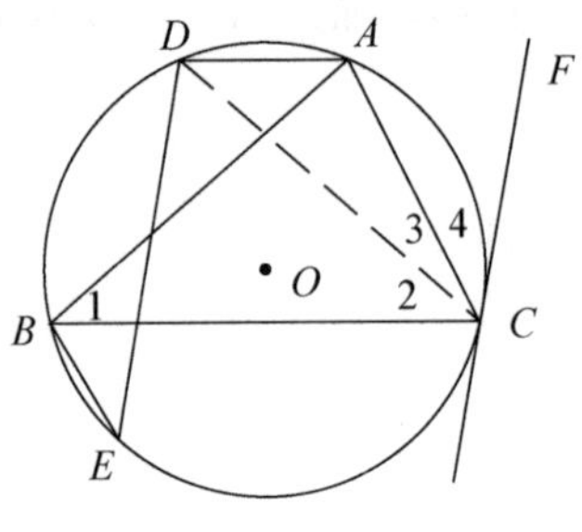

图 3－17

提示：已知圆的切线的题目较多，一般比较熟悉；求证圆的切线的题目量少，一般比较生疏。普通的证法是看这条直线是否满足"过半径外端，并且和这条半径垂直"。另外，切割线定理的逆命题经证明正确，也可以作为定理用。

先看"有什么"，由于平行弦截等弧，所以 $\overset{\frown}{BD} = \overset{\frown}{AC}$，有∠1＝∠2＝∠$E$；又 $BE // AC$，连接 CD，有∠ACB＝∠EBC＝∠EDC；而 $FC // DE$，∠EDC＝∠DCF。这就是说∠2＋∠3＝∠3＋∠4，于是有∠2＝∠4，可换成∠1＝∠4。这时 FC 是不是⊙O 的切线呢？如果说是，就等于承认了切割线定理的逆命题是正确的。

下面，我们把这个逆命题证明一下。在图 3－18 中，若∠ACF＝∠B，CF 是不是⊙O 的切线呢？作⊙O 的直径 CM，连接 BM，有∠2＝∠3。已证∠1＝∠4，而∠3＋∠4＝90°，所以∠1＋∠2＝90°，满足切线判定定理，所以 CF 是⊙O 的切线。

5. 如图 3－19，已知：AC 是⊙O 的直径，AD 交⊙O 于 G，CD 交⊙O 于

F，AF、CG 相交于 B，E 是 BD 的中点。求证：EF 是⊙O 的切线。

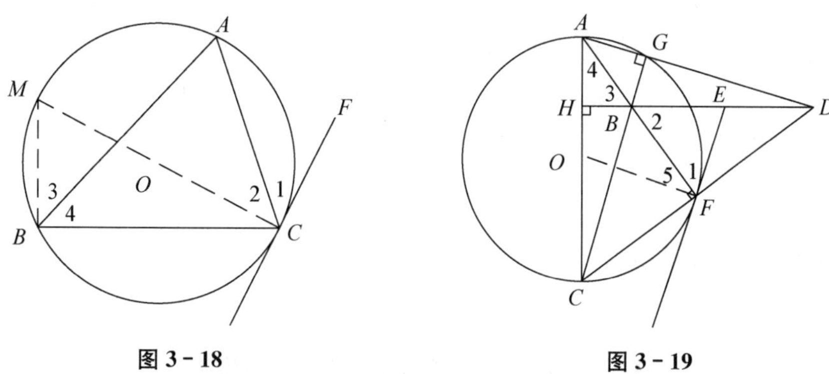

图 3－18　　图 3－19

提示：先看"有什么"，有直径，就有直角，就有三角形的高，就有三角形的垂心。延长 DB 交 AC 于 H，必是另一条高。还有在 Rt△BFD 中，斜边中线等于斜边一半，有∠1＝∠2，又∠2＝∠3，∠4＝∠5。因为∠3＋∠4＝90°，所以∠1＋∠5＝90°，所以 EF 是⊙O 的切线。

6. 如图 3－20，已知：PD 切⊙O 于 C，PB 交⊙O 于 A、B，BD 过 O 点。求证：$\frac{BD^2}{CD^2}=\frac{PB}{PA}$。

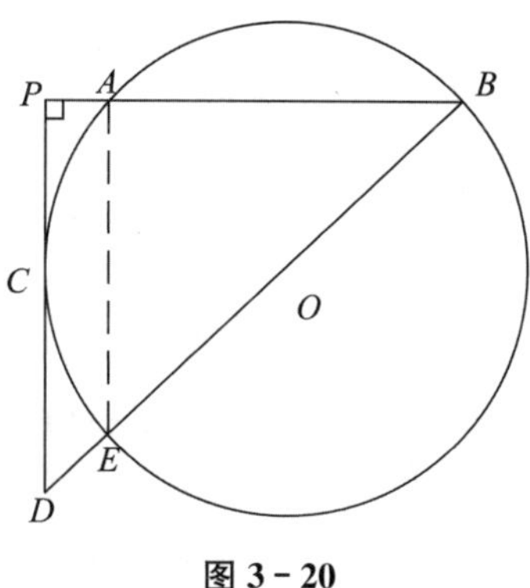

图 3－20

提示：由于求证很特别，先从"要什么"考虑，一般的做法是设法把繁杂的变为简单的，所以应从等式的左边入手。回顾所学知识，涉及线段平方的有切割线定理、射影定理、勾股定理、余弦定理，这样思考就有了范围。未经选定用哪个定理之前，可结合其他条件试探、摸索，看哪方面希望大，就向哪方面前进。比如，有 $CD^2=DE\cdot DB$（原题没有 E 点，BD 过 O 点，直径的另一个端点写作 E）。连接 AE，有∠EAB＝90°，有 $AE/\!/PD$，有 $\frac{DB}{DE}=\frac{PB}{PA}$，于是有 $\frac{BD^2}{CD^2}=$

$\frac{BD^2}{DE \cdot DB}=\frac{BD}{DE}=\frac{PB}{PA}$。

这里选的题目，多数比较难，层次多，步骤多，目的是想说明分析题目中的“有什么”和“要什么”是一种重要的数学思想。掌握了这种数学思想对提高分析问题、解决问题的能力是十分有益的。

练　习

请读者自己选十个题，照这样分析一下。

3. 知道做什么题，怎样做题

平面几何课本里的题目已经不少了，但从教师的角度来说，或者感到一个题做过了，学生该学到的东西并没有完全学到；或者认为某种类型的题目还没涉及，需要补充几个；或者觉得根据训练的要求还得加些垫脚的题，才能综合、提高。所以，常常在课本题之外，还要加些补充练习。

从学生的角度来说，总觉得心里没底，有的题会，有的题不会，总想找点题练练。

这就提出了问题：做什么题，怎样做题。

首先，最重要的还是先用好课本里的题。课本里的题大体可分为以下两种：第一种是简单实践题和模仿题。学习了新的知识以后，练习中先安排一些题，让学生看一看、想一想、画一画、算一算，简单实践一下，或者按照例题样式做模仿题。如果做起来不困难，这就说明对于所学的知识弄懂了，初步会用了；第二种是从不同角度、不同用法编制的题。定理讲过以后，虽然有例题，但是数量有限。特别是从不同侧面、不同角度出的题中，定理的用法就不一样。

其次，按照训练的要求或者某一学习阶段的要求，将一些题目分类集中，或者适当做一些补充题，对提高学习水平，包括思维训练的水平也是必要的。下面谈谈，在做书上的练习或复习题的时候，应当选做哪些补充题。

第一，把垫脚题与综合题分类集中。

例 1　如图 3－21，已知：$\odot O$ 是$\triangle ABC$ 的外接圆，且 $AB=AC$。求证：$AB \cdot AC=AD \cdot AE$。

不难证明$\triangle ABD \backsim \triangle AEB$，有$\frac{AB}{AE}=\frac{AD}{AB}$，改写成为 $AB^2=AD \cdot AE$，这个问题就解决了。同是这个图还可以变更为另一个题，由于 $AB=AC$，有 $\overset{\frown}{AB}=$

$\overset{\frown}{AC}$，得$\angle 1=\angle 2$，不难证明$\triangle BED\backsim\triangle AEC$，有$\frac{BE}{AE}=\frac{EC}{EC}$，改写成$BE\cdot EC=AE\cdot ED$。

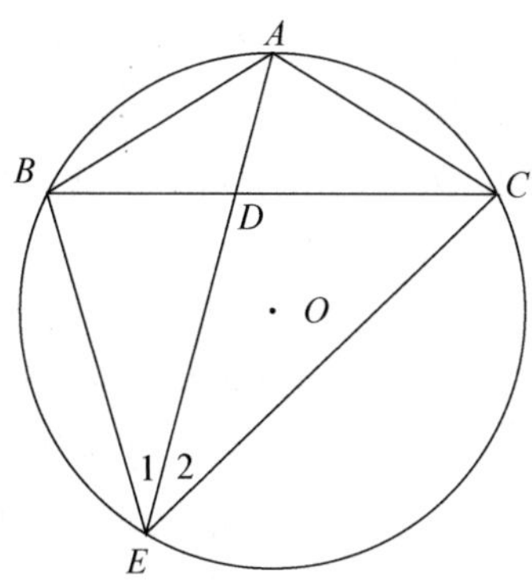

图 3-21

如果另出一个题，已知条件如上不变，求证$AE^2=AB^2+BE\cdot EC$，或者求证$ED^2=BE\cdot EC-BD\cdot DC$，甚至将圆去掉，变为已知：在$\triangle BEC$中，$ED$是角平分线。求证：$ED^2=BE\cdot EC-BD\cdot DC$。对于这些题来说，前面的题就可以看作垫脚的题。有了这些准备工作，再做后面的题就简便多了。比如，有了$BE\cdot EC=AE\cdot ED$，可换成$BE\cdot EC=AE\cdot(AE-AD)=AE^2-AE\cdot AD$，前面已经证过$AB^2=AD\cdot AE$，代入后移项得$AE^2=AB^2+BE\cdot EC$。

例 2　再如图 3-22，已知：$\odot O$的弦$AB\perp CD$，垂足为F，过F引直线分别与AD、BC相交于E、G。求证：(1) 若G是BC中点，则$GE\perp AD$；(2) 若$EG\perp AD$，则$CG=GB$。

证过这两个小题以后再证综合题，它们将起垫脚的作用。

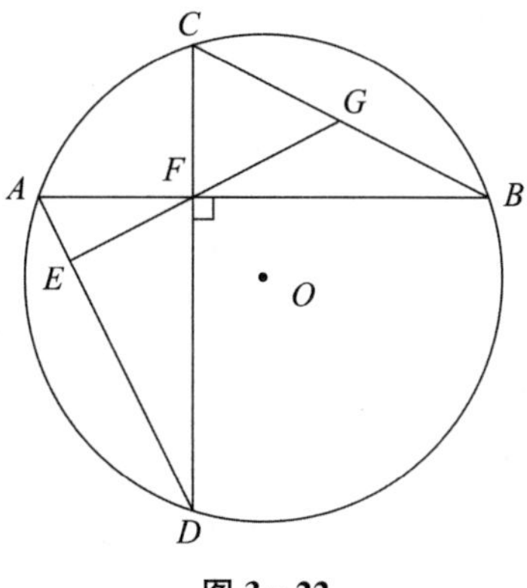

图 3-22

仍是上图，已知：$\odot O$ 的弦 $AB \perp CD$ 于 F，G 是 BC 的中点，$OH \perp AD$ 于 H。求证：四边形 $FHOG$ 是平行四边形。

所谓综合题，常常是几个基本题（或者说小题，有些就是所谓垫脚题）的综合。把这些小题（局部）弄清楚了，综合题（全部）的思路也就清楚了。

第二，把代表一个类型的题相对集中，这类题目很值得下功夫研究。比如，有关角平分线的三角形全等问题中，由于角平分线位置居中，两侧有相等的角，制造全等三角形很容易。把这一类型题目集中研究一下，在以后用到的时候，就会感到极为方便了。直线形中的比例线段问题，圆中的比例线段问题等，都属于这一类，具体内容前面已经谈过，这里就不再重复了。

有关四边形中点问题，也有一串题：顺次连接任意四边形、平行四边形、矩形、菱形、正方形、等腰梯形各边中点，将得到一个什么图形？不妨把图形都画出来，一一分析思路，找到它们的区别、联系，得出结论。通过观察，可以看出，它们的边都是通过三角形中位线定理与原四边形对角线建立联系的，原四边形对角线的位置、大小，会直接影响到新四边形对边、邻边的关系，从而确定新四边形是一个什么图形。这么一做，这一类题就能掌握了。

第三，不排除做一些特殊类型的题目，这样可以增长见识，把它记住，以后证题，可能受到启发。比如图 3－23 中，已知：$\odot O_1$ 与 $\odot O_2$ 相交于 A、B，两圆的公切线分别切两圆于 C、D。求证：过 A、C、D 的圆的直径是 $\odot O_1$ 和 $\odot O_2$ 的直径的比例中项。

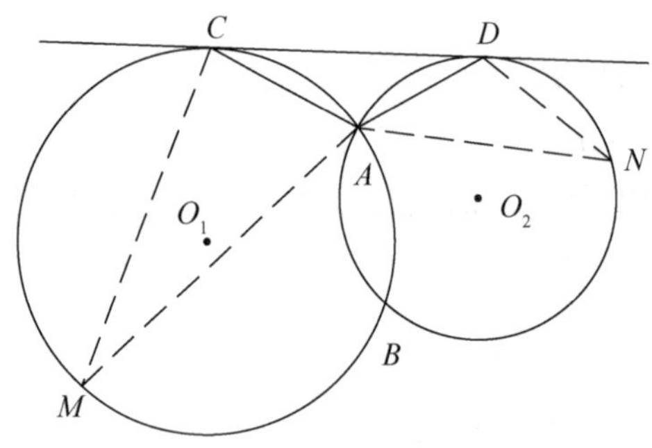

图 3－23

我们所学的定理中，除直接画出直径、半径以外，90°的圆周角也可以带来直径，但是，都与本题无直接关联。这时，应当想到正弦定理。正弦定理与直径有关，讲的是一边与所对角的正弦的比。由于$\angle DCA$、$\angle CDA$ 都是弦切角，在$\odot O_1$ 上取一点 M，连接 CM、AM，得到$\angle CMA = \angle DCA$，并且设它们等于α；在$\odot O_2$ 上取一点 N，连接 DN、AN，又得到$\angle DNA = \angle CDA$，设它们等于β。再设$\odot CAD$ 的直径为 $2R$，$\odot O_1$ 的直径为 $2R_1$，$\odot O_2$ 的直径为

$2R_2$，于是有$\frac{CA}{\sin\alpha}=2R_1$，$\frac{CA}{\sin\beta}=2R$，$\frac{AD}{\sin\alpha}=2R$，$\frac{AD}{\sin\beta}=2R_2$。由此可以证明$(2R)^2=2R_1\cdot 2R_2$。

事实说明，对于常见类型有一定经验，对某些特殊类型又有一些积累，这样证起题来会顺利得多。

第四，应当研究一些多解的题、灵活的题。有些题可能有几种解法，或添加不同的辅助线，或用不同的定理，解题的思路也就不同。这种题对于熟悉图形性质、锻炼思维能力有好处。但是，不必一味求多，多几种、少几种关系不大。只要定理用得灵活，想问题的方法灵活就很好了。

除一题多解以外，还有一题多变。所谓一题多变就是稍微改变一下原题的条件，这个题就会成为另一个题。这样做了以后，再看能不能解，结论如何。这也是很有益处的。

例如，已知：在$\mathrm{Rt}\triangle AOB$中，$\angle O=90°$，以O为圆心，OA为半径作一个圆，交AB于C，交OB于D。若$\angle B=31°$，求$\overset{\frown}{AC}$和$\overset{\frown}{CD}$的度数。请你看看这个题能有多少种解法。

又如，已知：AB是$\odot O$的直径，C是半圆上的一点，过C点作$\odot O$的切线，从A、B两点分别作这条切线的垂线，垂足为E、F，从C点再作AB的垂线，垂足为D。求证：$AE\cdot BF=AD\cdot DB=CD^2$。请你想想能有几种证法。另外，若把$AB$是$\odot O$的直径这个条件变为$AB$是$\odot O$的弦（即除直径以外的任意一条弦），结论将有什么变化，证法又有什么不同？

再如，等腰三角形底边上任意一点到两腰距离之和为定值。可是，对于等边三角形来说，条件就不必限为底边上任意一点，可以是图形内任意一点到三边距离为定值。有了这个思路，在学习立体几何的时候，证明正四面体内任意一点到四个面的距离之和为定值，就很方便了。

最后，做题还要考虑知识的覆盖面。不要只做自己会做的题、自己爱做的题。只环绕“重点知识”做题也是不够的。应该考虑学过的知识到底会多少，不能置一些知识于不顾。

近年来，各种考试中常有些“小题”，如填空、选择等，这类题的知识覆盖面大。这就要求平日练习认真细致，不草率从事。从第一次接触它，就应该认真推导、计算，得出结论。比如，正三角形边长为a，中心为O。那么，正三角形的高是多少？而O到边的中点距离是多少？O到顶点的距离是多少？正三角形面积是多少？做过以后，记准结论，随时可用。另外，正式答卷的时候，绝不因是小题而稍稍一想立即作答，而应当记住，几何题一定要画草图，并且力求画准，避免直观带来的错觉，再标出条件，认真计算，最后，做出判断，写清答案，否则极易发生错误。

总之，任何时候都要记住，绝不应该抛开课本上的题，仅仅按照上述题目类别去另找补充题。而应该先以课本题目为主，看看各章习题中，题目安排意图是什么，做过以后自己体会是什么，它们属于哪一类题，应该怎样对待，今后怎样使用。然后从中选一些题，作为自己研究、掌握的具体内容。最后，再看这样做了以后，还缺什么，需要补充一些什么内容。

练　习

从做过的练习、习题或考试题中，找到某一简单题为另一综合题“垫脚”的例子。再选一个有关比例线段的题，说明它在思路上有什么代表性。

4. 学会做过题后做小结

所谓小结就是总结、积累经验的过程，这也是避免盲目地、无休止地做题的好办法。那么，怎样做小结呢？

一般地说，有教训、有经验都要做小结。有时候，把问题想得太难了，实际上是自己为难自己，其实没那么复杂；有时候，把道路走岔了，实际上不该往那边去，可偏往那边去。走了这样一段弯路之后，想一想，记住点什么，这就是很好的小结。

其实，也不一定只对缺点、错误进行小结，证一类题目的体会、经验也可以小结。比如，在直线形中，证比例线段就可以小结一下，这部分内容常用哪些定理，常添什么样的辅助线，什么时候用平行截割定理，什么时候用平行线截得的相似三角形，在图中证比例线段情况怎样。下面结合两个例题，谈谈怎样结合一个例题进行小结。

例 1　如图 3-24，已知：PA、PB 分别切⊙O 于 A、B，AB、PO 相交于 C，BD 是⊙O 的直径。求证：$\frac{1}{2}PA \cdot AD = BO \cdot AC$。

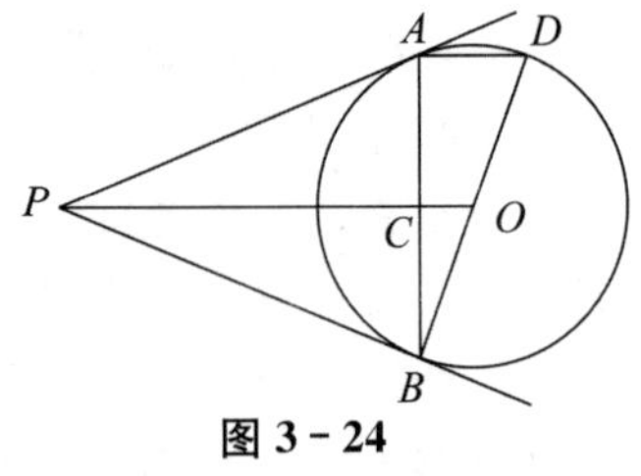

图 3-24

分析：证过此题以后，回过头来，再看一看这个题目有什么特点。假如曾为求证中的“$\frac{1}{2}$”踌躇了一阵，就该记住这$\frac{1}{2}$不是抽象的数字，而是一条线段的一半。如果把这条线段

看成是 PA，那么$\frac{1}{2}PA$ 就是 PA 的一半。如果把这条线段看成是 AD，那么$\frac{1}{2}AD$ 就是 AD 的一半。这时，倘若能灵活点，还会把求证变为 $PA\cdot AD=2BO\cdot AC$；如果把 $2BO$ 放在一起，就是 BD；如果把 $2AC$ 放在一起，就是 AB。

以上四种情况，除$\frac{1}{2}PA$ 没有直观的相应线段外，其他三种情况都有直观的相应线段。因此，本题有三种思路：将$\frac{1}{2}AD$ 换成 CO，希望证出 $PA\cdot CO=BO\cdot AC$，证$\triangle PAC\backsim\triangle AOC$ 可以解决；将等式两边同乘以 2，希望证 $PA\cdot AD=2BO\cdot AC$，而 $2BO$ 是 BD，可证$\triangle PAC\backsim\triangle BDA$；若想证 $PA\cdot AD=BO\cdot 2AC$，而 $2AC$ 是 AB，再将 PA 换成 PB，可证$\triangle POB\backsim\triangle BDA$。

这时，索性把这些相似三角形好好研究一下，这里 Rt$\triangle AOC$ 算是最小的一种，Rt$\triangle BOC$ 与它全等，对应元素可以代换；Rt$\triangle PAC$ 算是另一种，Rt$\triangle PBC$ 与它全等，对应元素可以代换；Rt$\triangle POA$ 算是一种，Rt$\triangle POB$ 与它全等，对应元素可以代换；再就是 Rt$\triangle BDA$。它们两两相似可以组成六组相似三角形，勾，股、弦各自相比，可以写出下面六组相等的比：$\frac{OC}{AC}=\frac{AC}{PC}=\frac{OA}{PA}$，$\frac{OC}{OA}=\frac{AC}{PA}=\frac{OA}{PO}$，$\frac{AC}{OA}=\frac{PC}{PA}=\frac{PA}{PO}$，$\frac{OC}{AD}=\frac{BC}{AB}=\frac{OB}{BD}$，$\frac{AD}{AC}=\frac{AB}{PC}=\frac{BD}{PA}$，$\frac{AD}{AO}=\frac{AB}{PA}=\frac{BD}{PO}$。有了这么深刻、这么广泛的认识，再见到这个图形或类似的题目，自然就会胸有成竹。这就是研究一个题，学会一类题的意思。

例 2 已知：在$\triangle ABC$ 中，$BC=a$，$AC=b$，$AB=c$，且 $s=\frac{1}{2}(a+b+c)$。求证：

$S_{\triangle ABC}=\sqrt{s(s-a)(s-b)(s-c)}$。

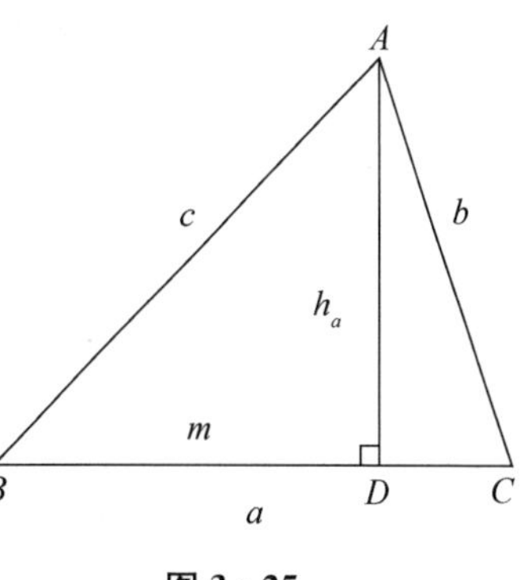

图 3－25

分析；海伦公式的证明过程复杂，很难记住，为此，不妨把这个公式的推导过程分解一下，写出每一个步骤的内容，也可以算作自己的一种小结。在图中，作出 BC 边上的高 AD，用 h_a 表示。AB 在 BC 边上的射影 BD 用 m 表示。步骤如下：

先用余弦定理有 $b^2=a^2+c^2-2ac\cdot\cos B$；

由 $m=c\cdot\cos B$，上式可改写成 $b^2=a^2+c^2-2am$；

求射影，得 $m=\frac{a^2+c^2-b^2}{2a}$；

用勾股定理求 h_a，有 $h_a^2=c^2-m^2$；

把 m 的值代入，$h_a^2=c^2-\left(\frac{a^2+c^2-b^2}{2a}\right)^2$；

分子分母都平方，$h_a^2=c^2-\frac{(a^2+c^2-b^2)^2}{(2a)^2}$；

通分，$h_a^2=\frac{4a^2c^2-(a^2+c^2-b^2)^2}{4a^2}$；

用公式，$h_a^2=\frac{(2ac+a^2+c^2-b^2)(2ac-a^2-c^2+b^2)}{4a^2}$；

再用公式，$h_a^2=\frac{[(a+c)^2-b^2][b^2-(a-c)^2]}{4a^2}$；

还用公式，$h_a^2=\frac{(a+c+b)(a+c-b)(b+a-c)(b-a+c)}{4a^2}$。

将 s 换进去，$h_a^2=\frac{2s(2s-2b)(2s-2c)(2s-2a)}{4a^2}$

$=\frac{4s(s-a)(s-b)(s-c)}{a^2}$；

开方 $h_a=\frac{2}{a}\cdot\sqrt{s(s-a)(s-b)(s-c)}$；

求面积，$S_{\triangle ABC}=\frac{1}{2}\cdot a\cdot h_a=\sqrt{s(s-a)(s-b)(s-c)}$。

练　习

1. 如图 3－26，已知：E、G 分别是平行四边形 $ABCD$ 中 AD、DC 边上的点，且 $EG/\!/AC$，$BF\perp AD$ 于 F，$BM\perp DC$ 于 M。求证：$AE\cdot BF=CG\cdot BM$。

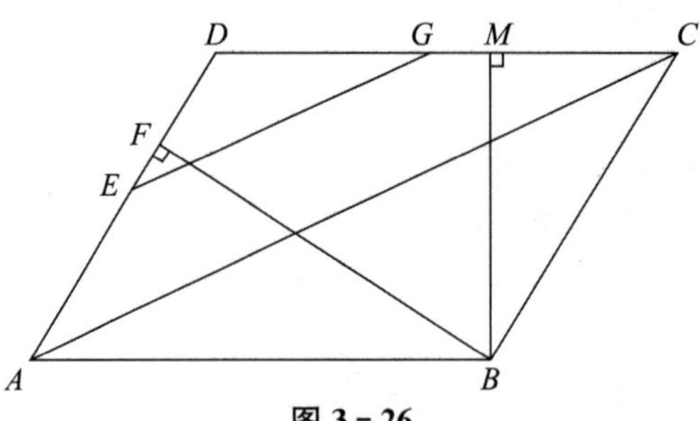

图 3－26

2. 已知：H 是 $\triangle ABC$ 的垂心。求证：H 把每一条高分为两部分的乘积为常数（在图 3－27 中，$AH\cdot HD$、$BH\cdot HE$、$CH\cdot HF$ 应为常数）。

3. 如图 3－28，已知：在 $\triangle ABC$ 中，D 是 AB 上一点，F 是 AC 延长线上一点，连接 DF，$\angle ADF$ 的平分线与 $\angle B$ 的平分线相交于 N，$\angle AFD$ 的平分线与 $\angle ACB$ 的平分线相交于 M。求证：$\angle BND=\angle CMF$。

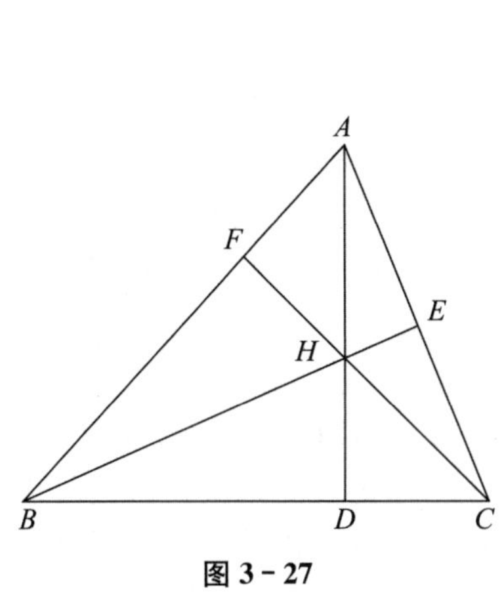

图 3-27

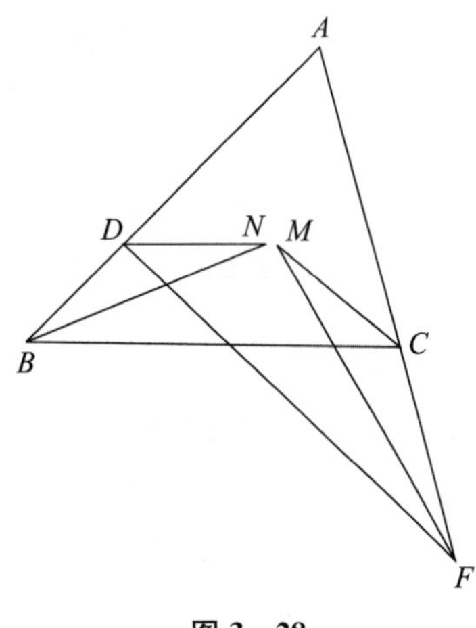

图 3-28

4. 如图 3-29，已知：直线 MN 和⊙O 相离，自 O 点引 MN 的垂线 OA，垂足为 A，割线 AC 交⊙O 于 B、C，割线 AE 交⊙O 于 D、E，CE 的延长线交 MN 于 F，DB 的延长线交⊙O 于 G。求证：$AF=AG$。

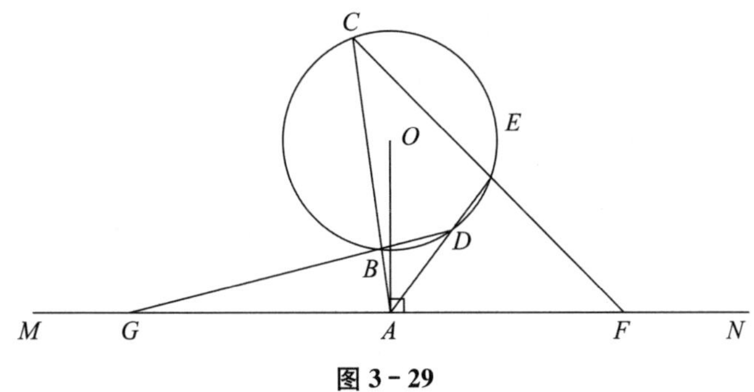

图 3-29

5. 已知：在 Rt△ABC 中，$\angle B=90°$，AD 是$\angle A$ 的平分线，$BE\perp AD$ 于 E，BE 的延长线交 AC 于 F，引 $EG/\!/BC$ 交 AC 于 G。求证：$\frac{AB^2}{AD^2}=\frac{BC}{2CD}$。

6. 已知：在梯形 $ABCD$ 中，$AB/\!/CD$，AC、BD 相交于 E，若 $S_{\triangle EAB}=p^2$，$S_{\triangle ECD}=q^2$。求证：$S_{梯形ABCD}=(p+q)^2$。

5. 初步了解改头换面的几何证明题

几何这一门学科，年代相当久远了，题目自然很多。为了考试编一道新题，并不是很容易的，所以，出题人时常把题目改头换面，稍加变化作为考题。比如，把一个几何命题换成它的逆命题，证明过程自然就不同了；把圆的直径换成一般的弦，结论也可能会随之而变；一点在某一线段上，换成在这线段的延长线上，结果有时大不一样；把图形转换方向，或换成从纸的背面去看的图形，甚至只是把锐角三角形改为钝角三角形……从表面看来，好像仅仅图形不一样了，其实会带来一系列的变化。下面，举三个例题。

例 1 如图 3－30，已知：BC 是⊙O 的直径，EF 切⊙O 于 A，$BE\perp$直线 EF 于 E，$CF\perp$直线 EF 于 F，$AD\perp BC$ 于 D。求证：$AD^2=BE\cdot CF$。

这道题通过射影定理与三角形全等，便可得出结论。若把“BC 是⊙O 的直径”这一条去掉，成为图 3－31 的样子，靠 $\triangle ADC\backsim\triangle BEA$，$\triangle ABD\cong\triangle CAF$，也可以得出结论。这就是说条件变了，结论没变。我们甚至可以用图 3－31 的证法去证图 3－30，这是因为直径 BC 是弦 BC 的特例，直径是最大的弦。但是，图 3－30 可以得到的其他结论，例如可以求证$\angle EDF=90°$，在图 3－31 就办不到了。这是变化以后的不同之处。

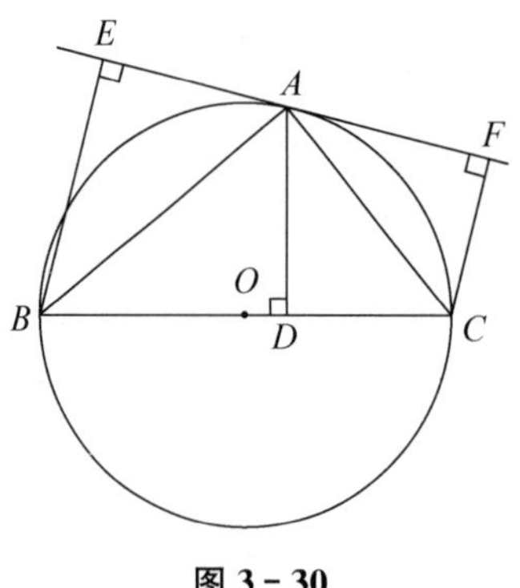

图 3－30

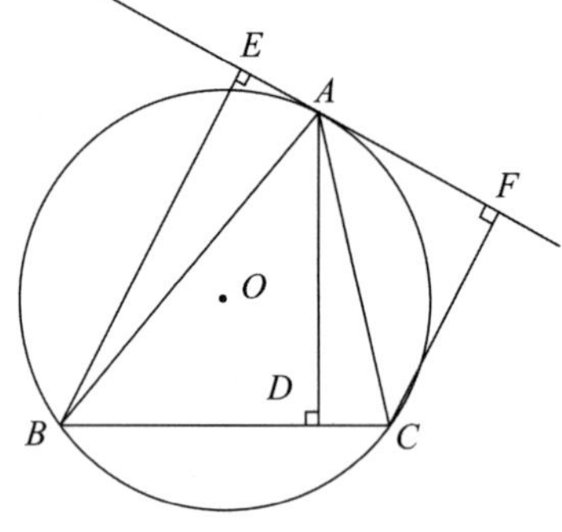

图 3－31

例 2 如图 3－32，已知：在▱$ABCD$ 中，$BC=2AB$，$CE\perp AB$ 于 E，M 是 AD 的中点。求证：$\angle EMD=3\angle AEM$。

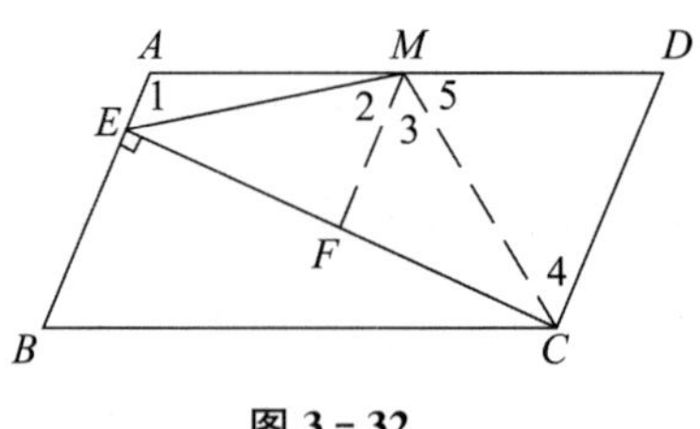

图 3－32

四边形 $AECD$ 为直角梯形，引中位线 MF，据平行线等分线段定理，得 $EF=FC$，用平行线证明$\angle 1=\angle 2$，用三角形全等证明$\angle 2=\angle 3$，而$\angle 3$、$\angle 4$ 是平行线的内错角，$\angle 4$、$\angle 5$ 是等腰三角形的两底角，问题就解决了。

若是把条件化为“$CE\perp AB$ 的延长线于 E”，如图 3－33，思路一致，题目就不是完全相同了。

例 3 如图 3－34，已知：在四边形 $ABCD$ 中，$AB=CD$，M、N 分别是

AD、BC 的中点，BA 的延长线交直线 MN 于 E，CD 的延长线交直线 MN 于 F。求证：$\angle AEM=\angle DFN$。

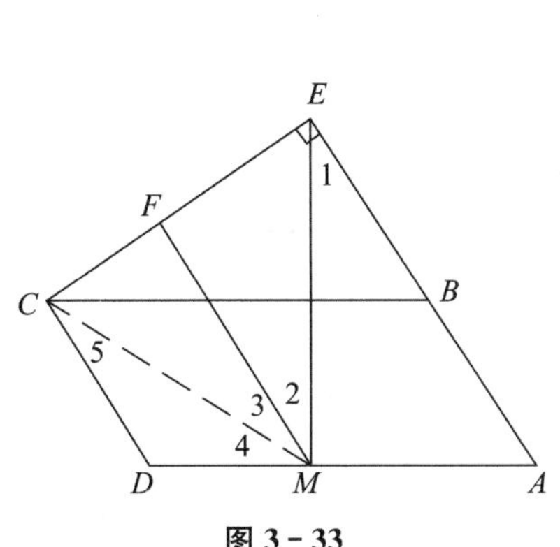

图 3－33

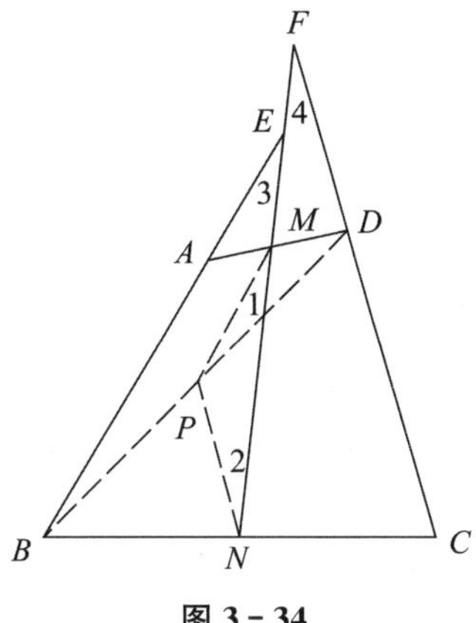

图 3－34

关于任意四边形的问题除了内角和为 360°以外，没有其他性质可用。这种题目一般都是用边接对角线，把四边形化为三角形来解决的。连接 BD，取 BD 中点 P，再分别连接 PM、PN。这是三角形中点问题的一般处理方法，目的是靠三角形中位线性质，一方面得到 $PM=PN$，从而$\angle 1=\angle 2$；另一方面同时得到$\angle 1=\angle 3$，$\angle 2=\angle 4$。如果不是这样，而是把 AD、DC 两边接成一直线，如图 3－35，那么有了证图 3－34 的经验，就会联想到这里也是两个中点，也是三条延长线，如法炮制，同样可以得到求证的结果。

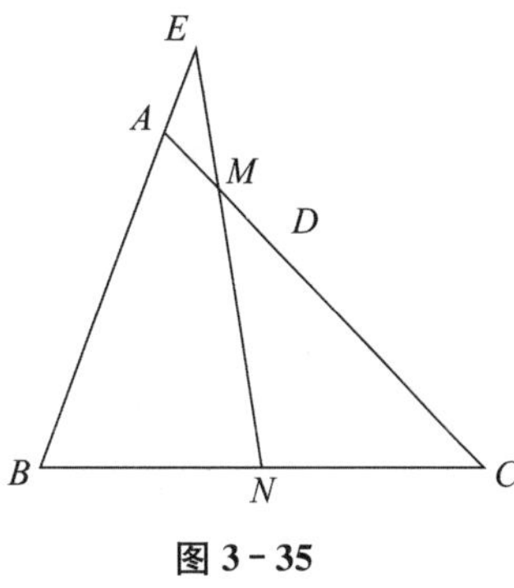

图 3－35

这就是说，出题的人可以考虑变化，证题的人也可以考虑题目是怎样变化来的。以研究证题思路为主，再以观察研究图形变化为辅，是很有用处的。

以上三个例题仅仅有两个变化，下面看看两个以上变化的情况。

先看看命题不变、图形位置改变的情况。比如，同是“自平行四边形各顶点向直线 l 引垂线”这样一句话，可以得到如下几种不同的情况中不同的图形：

在图 3－36 中，直线 l 与▱$ABCD$ 无交点；在图 3－37 中，直线 l 过▱$ABCD$ 的一个顶点；在图 3－38 中，直线 l 过▱$ABCD$ 相邻两顶点，与一边重合；在图 3－39 中，直线 l 过▱$ABCD$ 相对两顶点、与对角线重合；在图 3－40 中，直线 l 与▱$ABCD$ 一组对边相交；在图 3－41 中，直线 l 与▱$ABCD$ 一组邻边相交。

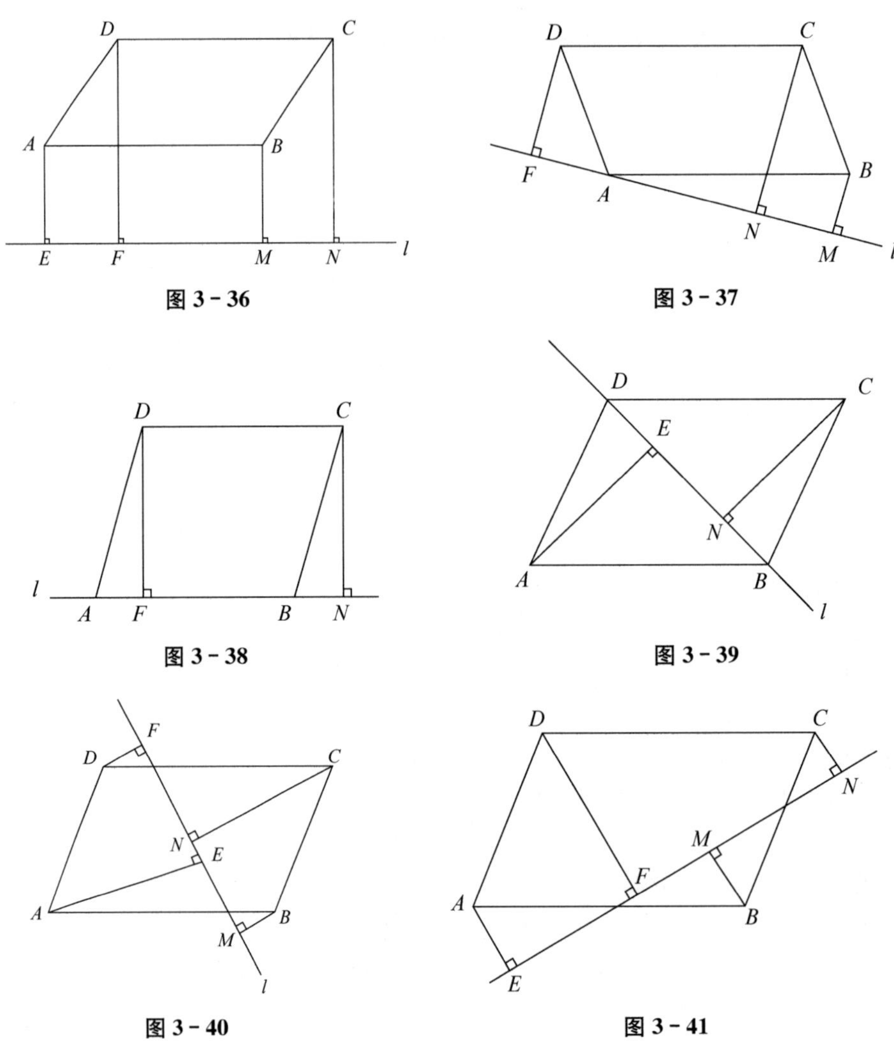

图 3－36　图 3－37　图 3－38　图 3－39　图 3－40　图 3－41

尽管题的已知条件相同，但是由于图中直线和平行四边形的位置改变了，所以求证和证明相应就发生了变化。

再看看命题稍做调整，图形略有改变的情况。

例 4　如图 3－42，已知：分别以$\triangle ABC$的AB、AC为一边向外作正方形$ABEF$、正方形$ACGH$，引$AD\perp BC$于D，延长DA交FH于M。求证：$FM=MH$。

作$FP\perp$直线PM于P，$HQ\perp$直线DM于Q以后，证明$\triangle ADC\cong\triangle HQA$，$\triangle ADB\cong\triangle FPA$，再证$\triangle FPM\cong\triangle HQM$就可以了。

若是把直线DM变化一下，改为“作$AD\perp FH$于D，延长DA交BC于

M，求证：$BM=MC$”。这时，情况又将如何呢？

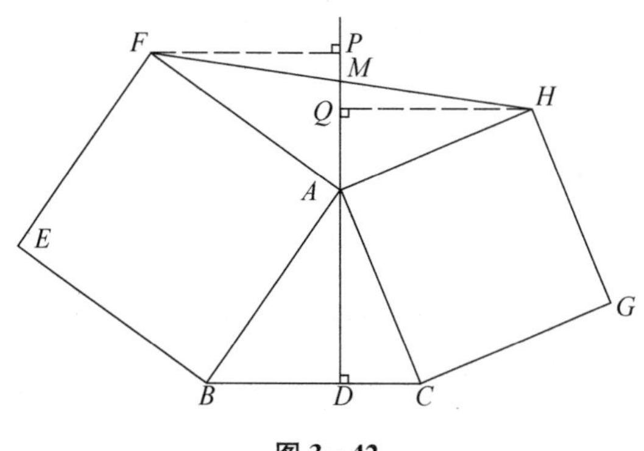

图 3-42

在图 3-43 中，延长 DM 与过 B 点而平行于 AC 的直线相交于 N（由于不是已知 $BM=MC$，而是待证 M 是 BC 中点，所以辅助线与$\triangle ABC$ 中线 AD 的作法不同，不能延长 AM 到 N，使 $MN=AM$，那样不易直接证明$\triangle BMN\cong\triangle CMA$。此时，不如作 $BN/\!/AC$，与 AM 的延长线相交，这样既避免了证三点共线的问题，又有平行线的内错角可用），$\angle 2$、$\angle 3$ 同是$\angle 1$ 的余角，所以$\angle 2=\angle 3$，同理$\angle 5=\angle 6$。而$\angle 6=\angle 7$，又有 $AF=AB$，不难证明$\triangle FAH\cong\triangle ABN$，得到 $BN=AH=AC$，证明$\triangle BMN\cong\triangle CMA$ 就容易了。

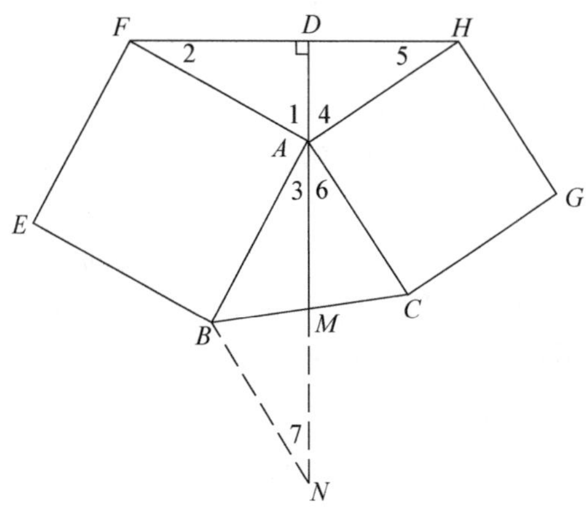

图 3-43

上述两题都是从三角形的两边向外作正方形，若是改为向外作矩形又将有什么变化呢？

如图 3-44，这里求证的是 $BM:MC=\frac{AB}{AG}:\frac{AC}{AE}$。由于矩形一边的长度定了，而另一边的长度没定，因而，命题的结论必与这长、宽之比有交。先制造相似三角形。作 $CH\perp$ 直线 GE 于 P，与 BA 的延长线相交于 H。因为 $\angle 1$、$\angle 2$ 同是 $\angle NAE$ 的余角，所以 $\angle 1=\angle 2$，用平行线定理证出 $\angle 2=\angle 3$，又 $\angle GAE=\angle HAC$，可证 $\triangle AHC\backsim\triangle AGE$，得到 $AH:AG=AC:AE$，即 $AH=\dfrac{AG\cdot AC}{AE}$；另在 $\triangle BCH$ 中，由于 $AM\parallel HC$，有 $BM:MC=BA:AH$，代入上项结果，有 $BM:MC=AB:\dfrac{AG\cdot AC}{AE}=\dfrac{AB}{AG}:\dfrac{AC}{AE}$。

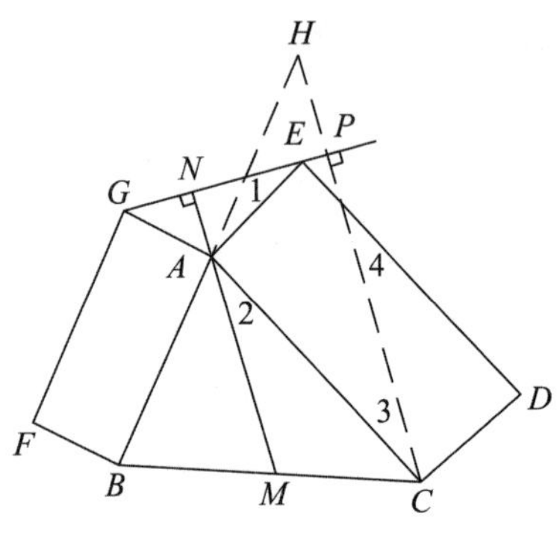

图 3－44

最后，把上面两种情况结合起来，既有命题不变，图形位置改变的情况，又有命题稍做调整，图形略有改变的情况。这样一来，一个题目的变化就更大了。

例 5 如图 3－45，已知：直线 l 与 $\odot O$ 相离，作 $OA\perp l$ 于 A，引 $\odot O$ 的割线 AC 交 $\odot O$ 于 B、C，过 B 点作 $\odot O$ 的切线交直线 l 于 D，过 C 点作 $\odot O$ 的切线交直线 l 于 E。求证：$AD=AE$。

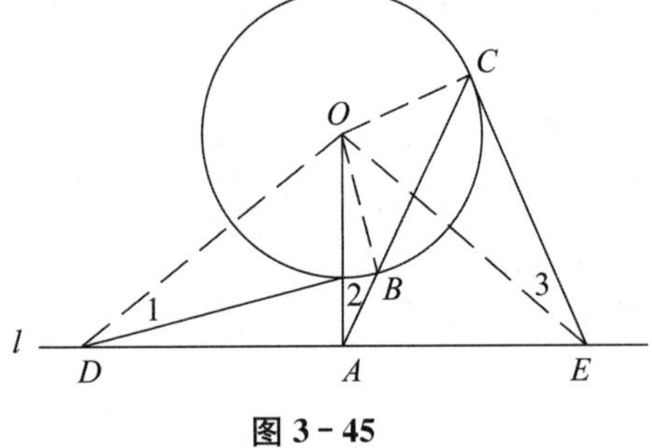

图 3－45

此题连接 OB、OC、OD、OE，分别证明 O、D、A、B 与 O、A、E、C 四点共圆以后，不难证明 $\angle 1=\angle 2=\angle 3$，$\triangle ODB\cong\triangle OEC$，得到等腰 $\triangle ODE$。这样问题就能解决了。

若直线 l 与 $\odot O$ 相交，情况又如何呢？

如图 3－46，直线 l 被截在 $\odot O$ 内部的部分就成为 $\odot O$ 的弦。作此弦的弦心距 OA，且过 A 的直线交 $\odot O$ 于 B、C，A 点在 B、C 之间。下面与证明四点共圆，同前面类似，$\angle 1=\angle 2$ 似是同弧上的圆周角相等，$\angle 2=\angle ODB$ 是因为圆内接四边形外角等于内对角。最后仍然可以通过全等三角形与等腰三角形证出 $AD=AE$。

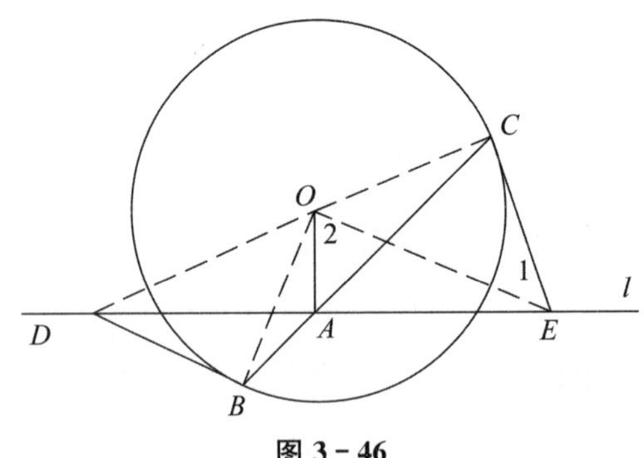

图 3－46

如果把图中的 CE、DB 延长相交于 P，那么题目可以换一个出法。如图 3-47，已知：PB、PC 分别切⊙O 于 B、C，一直线 l 交 BC 于 A，交⊙O 于 M、N，交射线 PB 于 D，交 PC 于 E，且 $AM=AN$。求证：$DB=CE$。

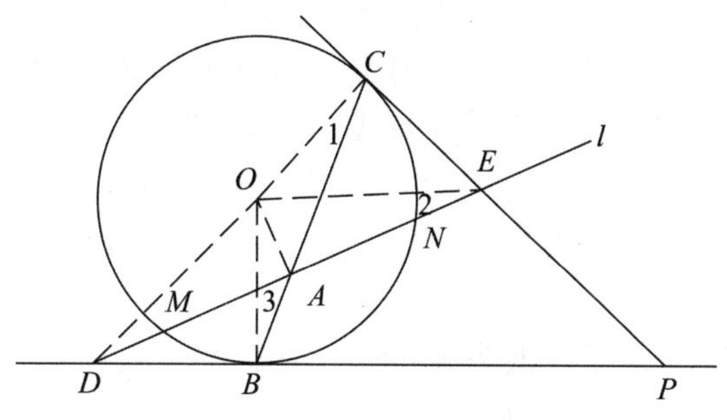

图 3-47

连接 OA，因为 $MA=AN$，可证 $OA\perp l$，四点共圆证法如前，有 $\angle 1=\angle 2$，$\angle 3=\angle 4$，而且 $\angle 1$ 和 $\angle 3$ 为等腰 $\triangle OBC$ 的两个底角，所以能证 $OD=OE$。以斜边、直角边对应相等，证明 $\triangle ODB\cong\triangle OEC$。

如果在图中，过 A 点作两条割线情况又如何呢？

如图 3-48，直线 l 与⊙O 相交于 M、N，引 $OA\perp l$ 于 A，过 A 引⊙O 的两条割线，分别交⊙O 于 B、C 和 F、G，连接 BG 交 MN 于 D，连接 CF 交 MN 于 E。求证：$AD=AE$。

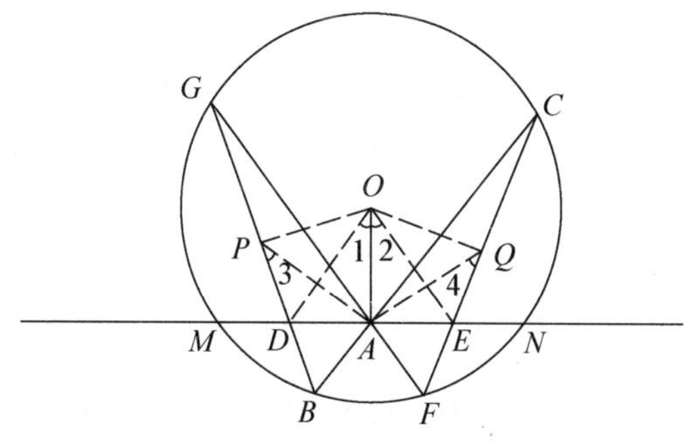

图 3-48

连接 OD、OE 以后，希望证 $\angle 1=\angle 2$，以便证明 $\triangle ODA\cong\triangle OEA$。作出 BG 弦和 CF 弦的弦心距 OP、OQ，分别得到 O、P、D、A 与 O、A、E、Q 四点共圆，因而 $\angle 1=\angle 3$，$\angle 2=\angle 4$。由 $\triangle GBA\backsim\triangle CFA$，得到 $\dfrac{AB}{AF}=\dfrac{BG}{FC}=\dfrac{\frac{1}{2}BG}{\frac{1}{2}FC}=$

$\dfrac{BP}{FQ}$。以一组角相等，夹边成比例，证明$\triangle PBA\backsim\triangle QFA$，从而$\angle 3=\angle 4$，达到用$\angle 1=\angle 2$证$\triangle ODA\cong\triangle OEA$的目的。

继续研究变化，画直线l与$\odot O$相离，引$OA\perp l$于A，如图3-49，设OA交$\odot O$于M，画出$\odot O$的直径MN，另引$\odot O$的割线AC，交$\odot O$于B、C两点，射线CM交直线l于D，射线NB交直线l于E。求证：$AD=AE$。

既然MN是$\odot O$的直径，事情就好办了。连接NC，则$\angle NCM=90°$，从而N、C、A、D四点共圆，有$\angle 1=\angle 2$，而$\angle 2=\angle 3$，证明$\triangle NDA\cong\triangle NEA$就不困难了。

若是没有直径这个条件，改为画$\odot O$的两条割线呢？

在图3-50中，已知：直线l与$\odot O$相离，引$OA\perp l$于A，作$\odot O$的割线AC与AG，分别交$\odot O$于B、C与F、G，射线GB交直线l于D，射线CF交直线l于E。求证：$AD=AE$。

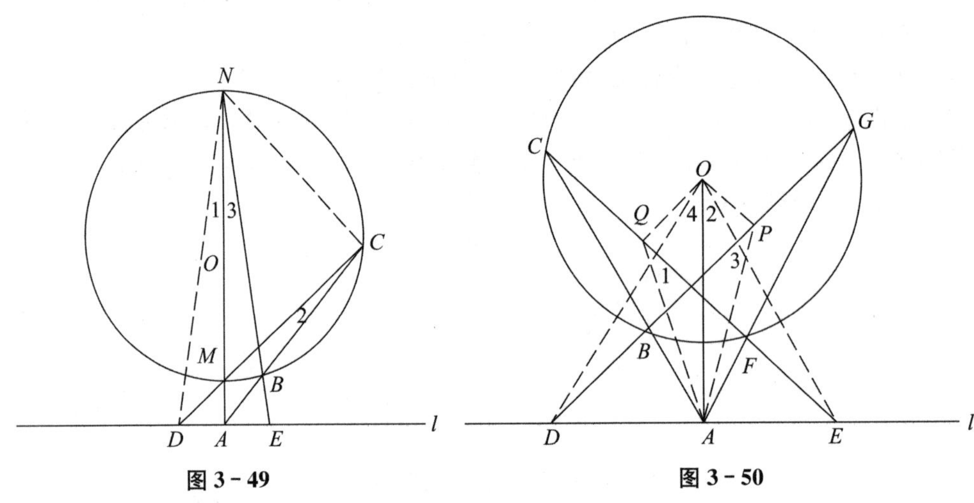

图3-49　　图3-50

仍作弦BG、CF的弦心距OP、OQ，分别得O、Q、A、E与O、D、A、P四点共圆，与图3-48的思路是一样的。这时有$\angle 1=\angle 2$，$\angle 3=\angle 4$，只要证明$\angle 1=\angle 3$，就有办法了。由$\triangle ABG\backsim\triangle AFC$，得到$\dfrac{AB}{AF}=\dfrac{BG}{FC}=\dfrac{\frac{1}{2}BG}{\frac{1}{2}FC}=\dfrac{BP}{FQ}$，仍以一组角相等、夹边成比例证明$\triangle ABP\backsim\triangle AFQ$，得到$\angle 1=\angle 3$。不过，这一次$\angle ABG$与$\angle AFC$为什么相等，得借助于$\angle A$为公用、$\angle G=\angle C$，用三角形内角和为180°来证明。有了$\angle 1=\angle 3$，换成$\angle 2=\angle 4$，再证$\triangle ODA\cong\triangle OEA$

就容易了。

练　习

读者能找一个例子，说明某一个题目是由另一个题目经过什么变化来的吗?多观察一些题，看看还有没有类似的情况。

6. 认真做好各种各样的几何计算题

几何计算一般指的是角度和弧度的计算、线段长度和弧的长度的计算、面积的计算。因为这种题是几何题，所以一定要以几何图形的性质为依据；又因为这种题是计算题，所以算术、代数上学过的知识都可以用。那么怎样才能学好几何计算呢?

首先，要弄清几何图形的性质。几何图形的性质有的用于证，有的用于算。我们可以把用于算的几何图形性质分成两大类：

一类是可以直接用于计算的性质。这多表现为公式或几何关系式，例如，多边形内角和公式、弧长公式、圆面积公式。另外，像射影定理、勾股定理、正弦定理、余弦定理、切割线定理，也可以直接将题目的已知量代入，然后计算求值。

另一类是间接与计算有关的定理。例如，相似三角形判定、圆的直径与圆的切线，通过它们得到比例线段，或得到直角三角形之后，才能开始进行计算。

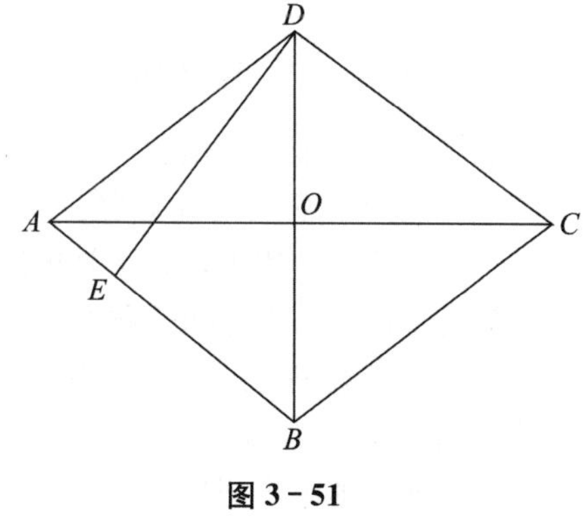

图 3-51

比如，已知菱形两对角线之比为 3∶4，周长 40 cm，求菱形的面积和高。

在图 3-51 中，“菱形 $ABCD$ 的对角线 AC、BD 相交于 O，AC 与 BD 互相垂直平分”这个性质，虽未直接参加计算，却是计算中不可或缺的重要内容。由此可有 Rt$\triangle DOC$，用勾股定理，得出$\frac{OD}{OC}=\frac{BD}{AC}=\frac{3}{4}$。设 $OD=3x$，$OC=4x$。因菱形四边相等，求出 $DC=10$ cm，所以 $OD=6$ cm，$OC=8$ cm，$BD=12$ cm，$AC=16$ cm，代入菱形面积公式，$S=\frac{1}{2}\times 12\times 16=96$ cm^2。作出菱形的高 DE，由 $10DE=96$ cm，求得 $DE=9.6$ cm。

其次，要注意代数知识的运用。几何、代数都是数学的一个分支，前者偏重于形，后者偏重于数。形和数是一个统一的整体，研究的时候不妨分开，应用的时候不忘结合。几何中用到的代数知识，往往是一些浅近的、基本的内容，并不很难。

比如，菱形周长为 $2p$，两条对角线的和为 m，求菱形面积。

在这一问题中，设菱形为 $ABCD$，对角线 AC、BD 相交于 O，OC 为 x，OD 为 y。依题意，有

$$\begin{cases} x^2+y^2=\left(\dfrac{p}{2}\right)^2 & (1)\\ 2x+2y=m & (2)\end{cases}$$

由（1），得 $x^2+y^2=\dfrac{p^2}{4}$，

配方，得 $(x+y)^2-2xy=\dfrac{p^2}{4}$ （3）

由（2），得 $x+y=\dfrac{m}{2}$ （4）

将（4）代入（3），得 $\left(\dfrac{m}{2}\right)^2-2xy=\dfrac{p^2}{4}$，

即 $2xy=\dfrac{m^2}{4}-\dfrac{p^2}{4}$。

而 $S_{菱形ABCD}=\dfrac{1}{2}AC\cdot BD=\dfrac{1}{2}\cdot 2x\cdot 2y=2xy=\dfrac{m^2-p^2}{4}$。

值得一提的是，这里运用代数知识，不是为了列方程、解方程、求出未知数的值，而是为了解几何计算题。另外，在代数法作图中，也有类似的情况。例如，黄金分割的应用中，并不是求出 x 的值才算完，而是到了能作图就算完。

最后，还要认真地研究题意，认真地画图，认真地检验。许多几何计算题是以命题的形式出现的，这时，需要认真地研究题意，同时看符合题意的情况是否只有一种，并依题意认真地画出图来。

比如，等腰三角形一腰上的高与另一腰的夹角是 18°，求这个等腰三角形各内角的度数。

题目中没说顶角是锐角还是钝角，依题意就应画出两个图：如图 3－52，当$\angle A$ 为锐角时，高 BD 在形内，由 $\angle ABD=18°$，算出 $\angle A=72°$，$\angle ABC=\angle C=54°$；如图 3－53，

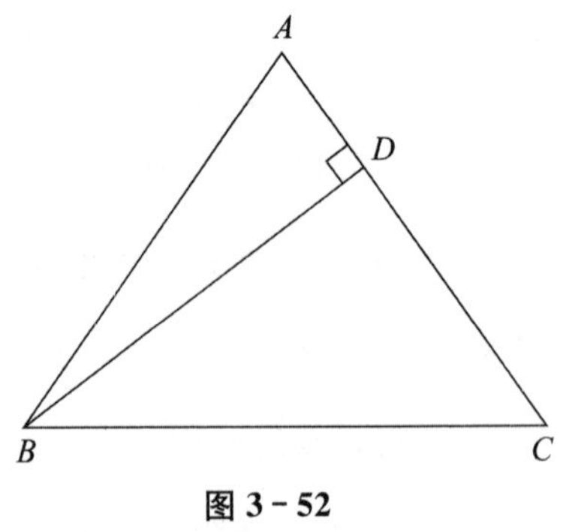

图 3－52

当$\angle BAC$为钝角时，高BD在形外，由$\angle ABD=18°$，$\angle BAC=108°$，算出$\angle ABC=\angle C=36°$。

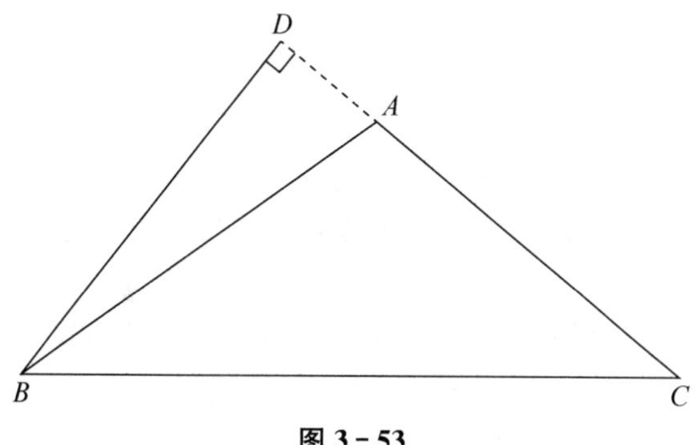

图 3-53

再如，$\odot O$的两条平行弦AB和CD，距离22 cm，$AB=40$ cm，$CD=48$ cm，求$\odot O$半径的长。

题目中没说AB和CD是分在O点的两侧，还是同在O点的一侧，应该两种情况都考虑到。经计算可知，若AB和CD分在O点的两侧，则求得$\odot O$半径等于25 cm；若AB和CD分在O的同侧，则求得弦心距为负值，不合题意，所以AB和CD应分在O点的两侧。

题目解过以后，最后一定要认真地检验，看推理有没有根据、计算有没有错误、结果是否符合题意。

下面，看两个例题。

例1 如图3-54，已知$\odot O$和$\odot O'$相交于B、C，$\odot O$的直径$CF=2$，$\odot O$的切线FA与CB的延长线相交于A，$\odot O'$的割线AD交$\odot O'$于E、D，$ED=2$，$BC=\sqrt{3}$。求AB、AE的长。

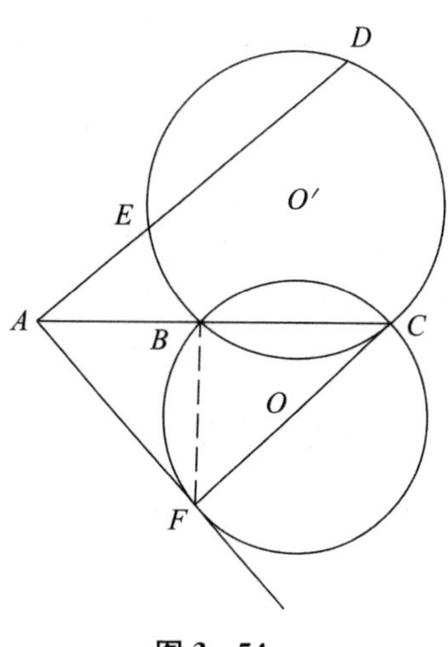

图 3-54

分析：看过题目以后，对圆的切线、割线、直径留有印象，产生联想：可能切线的性质（切线和过切点半径垂直、弦切角等于两边所夹弧上的圆周角、切割线定理）可用。直径能产生直角，出现直角三角形，尤其是把2和$\sqrt{3}$这两个数字和勾股定理或锐角三角函数联系起来，就会想到，它们可能与特殊角有关。有了这一段构思过程以后，就可以着手解题了。连接BF，有$\text{Rt}\triangle CFB$，据勾股定理求得$BF=1$，则$\angle BCF=30°$，$\angle AFB=30°$。设AB为x，则$AF=2x$，仍用勾股定理，可求$AB=\frac{\sqrt{3}}{3}$。在

$\odot O'$中，有 $AE \cdot AD = AB \cdot AC$，把已知量代入，得 $AE(AE+2)=\frac{\sqrt{3}}{3}\left(\sqrt{3}+\frac{\sqrt{3}}{3}\right)$，化简为 $AE^2+2AE-\frac{4}{3}=0$，用一元二次方程求根公式，可得 $AE=\frac{\sqrt{21}}{3}-1$。

在解题过程中，有时会有几个几何定理可供选用，比如前面求 AB 的长时，既可以用射影定理，也可以用锐角三角函数。这时，还是选择那些你自己认为简便的方法好。

例 2 如图 3-55，已知 D、E 分别是$\triangle ABC$ 的 AB、AC 边上的点，且 $DE /\!/ BC$，$AB=10$。若 $S_{\triangle ADE}=2S_{\triangle BCD}$，求 $S_{\triangle ADE} : S_{\triangle ABC}$。

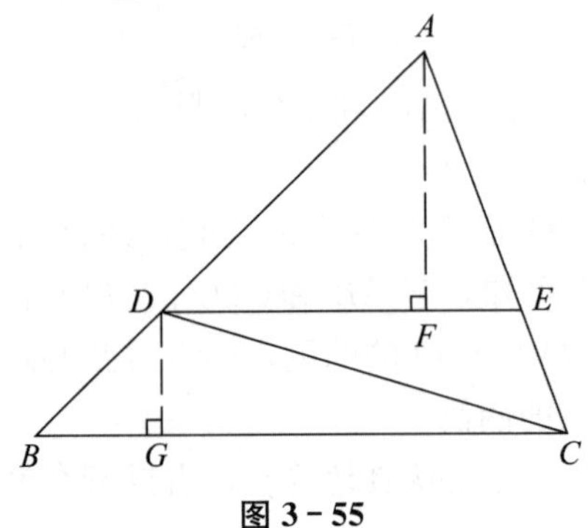

图 3-55

分析：若想用三角形面积公式来表示 $S_{\triangle BCD}$，可作出$\triangle BCD$ 的高 DG，则 $S_{\triangle BCD}=\frac{1}{2}\cdot BC \cdot DG$。由 $DE /\!/ BC$，$\triangle ADE \backsim \triangle ABC$，有 $\frac{AD}{AB}=\frac{DE}{BC}$，$BC=\frac{AB \cdot DE}{AD}$。易证$\triangle DBG \backsim \triangle ADF$，有 $\frac{DG}{AF}=\frac{DB}{AD}$，$DG=\frac{AF \cdot DB}{AD}$。所以，$S_{\triangle BCD}=\frac{1}{2}\cdot\frac{AB \cdot DE}{AD}\cdot\frac{AF \cdot DB}{AD}$。

依题意列方程，$\frac{1}{2}DE \cdot AF = 2\times\frac{1}{2}\cdot\frac{AB \cdot DE \cdot AF \cdot DB}{AD^2}$，化简为 $AD^2=2AB \cdot DB$，把已知量代入，经整理得 $AD^2+20-AD-200=0$，求得 $AD=-10+10\sqrt{3}$。

所以，$\frac{S_{\triangle ADE}}{S_{\triangle ABC}}=\frac{AD^2}{AB^2}=\frac{(-10+10\sqrt{3})^2}{100}=\frac{4-2\sqrt{3}}{1}$，即 $S_{\triangle ADE} : S_{\triangle ABC}=4-2\sqrt{3}$。

练　习

1. 如图 3-56，已知在梯形 $ABCD$ 中，$AB /\!/ CD$，AC、BD 要相交于 O，过 O 引 $EF /\!/ AB$ 交 AD 于 E，交 BC 于 F，若 $DC=9$，$AB=12$，求 EF 的长。

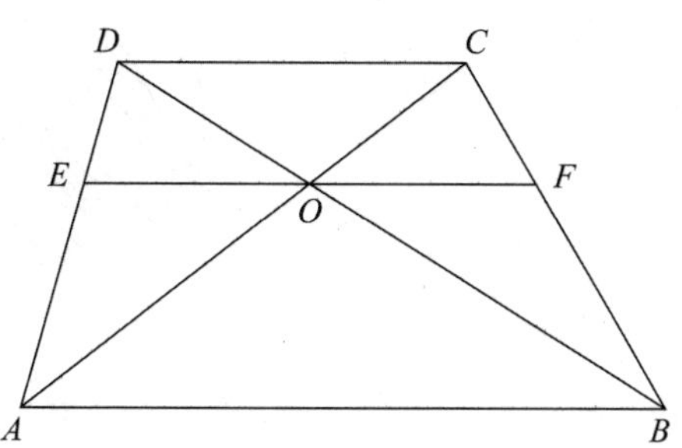

图 3-56

提示：易证 $AB /\!/ EF /\!/ CD$，这样就有五组相似三角形可用，即$\triangle DEO \backsim \triangle DAB$、$\triangle COF \backsim \triangle CAB$、$\triangle AOE \backsim \triangle ACD$、$\triangle BOF \backsim \triangle BDC$、$\triangle DOC \backsim \triangle BOA$。这种研究图形性质的方法，正是几何课里思维训练的重要内容。这时，可证 $EO=OF$。设 $EO=OF=x$，于是有$\frac{12}{x}=\frac{AC}{CO}$，用分比定理，得$\frac{12-x}{x}=\frac{AO}{CO}$。另选，$\frac{BD}{BO}=\frac{9}{x}$，用分比定理，得$\frac{DO}{BO}=\frac{9-x}{x}$，用反比定理，得$\frac{BO}{DO}=\frac{x}{9-x}$，所以$\frac{12-x}{x}=\frac{x}{9-x}$，化简后，$21x=108$，$x=\frac{36}{7}$，$EF=2x=\frac{72}{7}$。

2. 已知在$\triangle ABC$ 中，$AB=14$，$BC=15$，$AC=13$，求 BC 边上的高 AD 的长。

提示：考虑到$\triangle ABC$ 是不等边三角形，知三边长可用余弦定理求出 BD 的长为 8.4，再用勾股定理求得 AD 的长为 11.2。另外，还可以用高线公式直接求，也是一样。另外 $a=37$，$b=30$，$c=13$，求 h_b。请你再练习一次。

3. 如图 3-57，已知$\odot O$ 的两条弦 AC、BD 相交于 M，$\overset{\frown}{AB}$ 圆心角为 $120°$，$\overset{\frown}{CD}$ 圆心角为 $90°$。若 $S_{\triangle AMB}$ 与 $S_{\triangle CMD}$ 的和为 $100\ \text{cm}^2$，求这两个三角形的面积各多少？

提示：由已知 $\overset{\frown}{AB}$、$\overset{\frown}{CD}$ 的度数，求得$\angle ADB=60°$，$\angle DAC=45°$，用正弦定理，得$\frac{DM}{\sin 45°}=\frac{AM}{\sin 60°}$，即$\frac{DM}{AM}=\frac{\sqrt{2}}{\sqrt{3}}$，那么$\frac{S_{\triangle DMC}}{S_{\triangle AMB}}=\frac{2}{3}$，可以求出两个三角形面积：$S_{\triangle DMC}=40\ \text{cm}^2$，$S_{\triangle AMB}=60\ \text{cm}^2$。

4. 如图 3-58，已知 O 是等边$\triangle ABC$ 的中心，以 O 为圆心作一个圆交 AB 于 M、N，交 BC 于 E、F，交 AC 于 G、H，且 $\overset{\frown}{MN}=\overset{\frown}{EF}=\overset{\frown}{GH}=90°$。若此等

边三角形边长为 a，求图中阴影部分的面积。

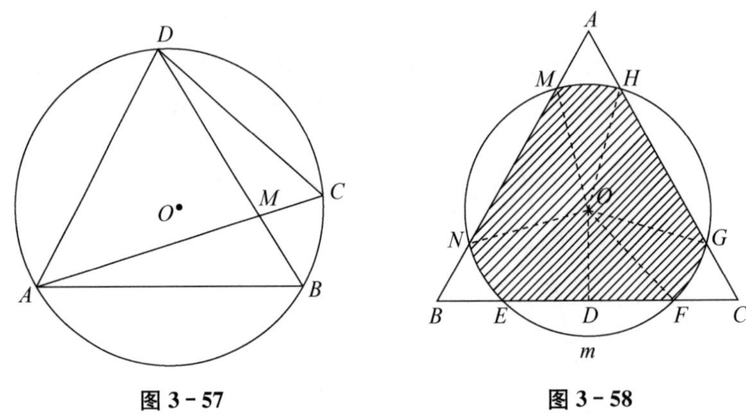

图 3－57　　图 3－58

提示：考虑到 O 是等边$\triangle ABC$ 的中心，即$\triangle ABC$ 的垂心和重心，易证 O 到 BC 所引垂线 OD 必是高线 AD 的一部分，即中线 AD 的$\frac{1}{3}$，等边三角形边长为 a，则中线长为$\frac{\sqrt{3}}{2}a$，OD 的长为$\frac{\sqrt{3}}{6}a$；OD 又是 EF 弦的弦心距，必平分 EF 弦，且平分 $\overset{\frown}{EF}$；已知 $\overset{\frown}{EF}$ 含有 90°，所以$\angle EOF=90°$，则$\angle EOD=45°$，$OE=\sqrt{2}OD=\frac{\sqrt{6}}{6}a$。所以，$S_{扇形OEF}=\frac{\pi OE^2}{4}=\frac{\pi a^2}{24}$，$S_{\triangle EOF}=\frac{a^2}{12}$，得到 $S_{弓形EmF}=\frac{\pi a^2}{24}-\frac{a^2}{12}$，求得 $S_{阴影}=\pi\cdot\frac{a^2}{6}-3\times\left(\frac{\pi a^2}{24}-\frac{a^2}{12}\right)=\frac{\pi a^2}{6}-\frac{\pi a^2}{8}+\frac{3a^2}{12}=\frac{4\pi a^2-3\pi a^2+6a^2}{24}=\frac{(\pi+6)\ a^2}{24}$。

5. 如图 3－59，已知半圆的直径 AB 长为 578 cm，另一个直径为 196 cm 的$\odot O'$切 AB 于 C，同时和这个半圆内切，过 C 点的 AB 的垂线交半圆于 D。求 CD 的长。

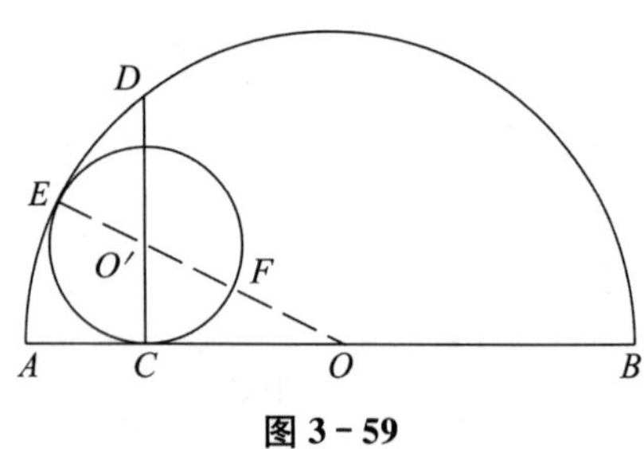

图 3－59

提示：从思维训练上讲，见到题目的条件以后，先考虑两圆内切，切点在连心线上，即 O、O'、E 共线，接着要考虑过切点而垂直于切线的直线必过圆心，

即 C、O'、D 共线。设 OE 和$\odot O'$的另一个交点为 F，根据切割线定理，有 $OC^2=OF\cdot OE$，求得 $OC=17\sqrt{93}$ cm。另外，根据射影定理，有 $CD^2=AC\cdot CB$，把已知量代入，有 $CD^2=(289-17\sqrt{93})\cdot(289+17\sqrt{93})$，求得 $CD=238$ cm。

6. 已知正方形 $ABCD$，BC 边上有一点 P，CD 边上有一点 Q，且$\triangle APQ$ 为一等边三角形。若此正方形边长为 5，求 BP、AP 的长。

答案：$BP=10-5\sqrt{3}$；$AP=5\sqrt{6}-5\sqrt{2}$。

第二部分

四、怎样学习平面几何

平面几何是研究平面内几何图形性质的学科。什么是性质呢？即平面图形的形状、大小和位置关系。怎么研究呢？主要是应用推理论证的方法。比如要判断两线段相等，单凭观察不行，靠度量也不行，必须用推理论证的方法来研究图形性质。也就是说，从题设出发，根据已经学过的定义、公理和已经证明过的定理推导出结论才行。学习平面几何，即是研究图形性质，那首先就要求你“见到图形，想到性质”。

下面举例来说明。

例 1 如图 4-1，已知 B 是线段 AC 上的一点，$\triangle EAB$ 和 $\triangle DBC$ 都是等边三角形。看到这里，你见到了图形，就该立刻想到它的性质：$AB=BE=AE$，$\angle A=\angle 1=\angle E=60°$，$BC=CD=BD$，$\angle 2=\angle C=\angle D=60°$。这样一个条件一个条件地分着看叫作“逐条研究已知条件”。这还不够，还要把已知的几个条件联系起来看。比如 ABC 是直线，也就是说，$\angle ABC$ 是平角，既然 $\angle 1$、$\angle 2$ 都是 $60°$，剩下的 $\angle 3$ 必然也是 $60°$。而且若如图 4-2 中把 EC、AD 连接起来，

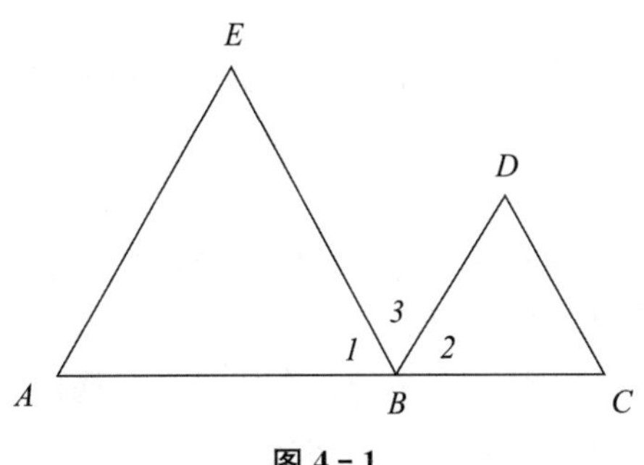

图 4-1

AD 交 BE 于 M，CE 交 BD 于 N，就要考虑由 BE、BC 组成的三角形 EBC 与由 AB、BD 组成的三角形 ABD 已经有两组边对应相等了，再看夹角，都是 $120°$，就能判断$\triangle EBC \cong \triangle ABD$ 了。

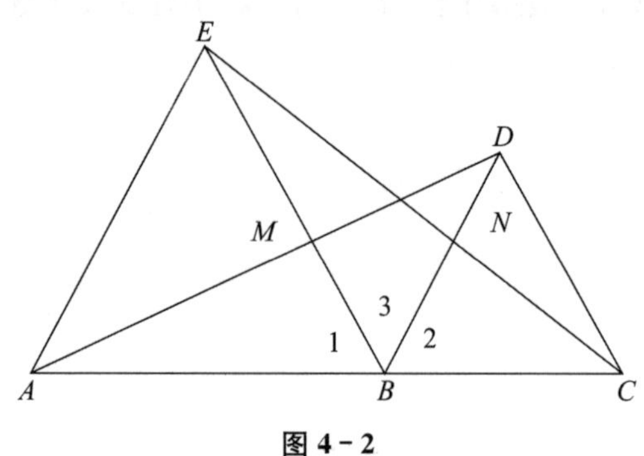

图 4-2

如果你见到一个图形，根据图形的性质（即学过的定义、公理和定理，简单说就是学过的知识）能推（理）就推，能算就算，这就扩大了已知的东西，提供了继续推理论证的依据，这就叫“见到图形，想到性质”，而且只有想得全，用时才能挑选。

若这个题求证 $BM=BN$，应该怎样想呢？

一般的思考方法（即思路）是“从已知向后推”，也就是上面所说的“见到图形，想到性质”，并且还要“善于从求证提希望”。比如要证 $BM=BN$，就希望把这两条线段放在一对三角形里，然后证这两个三角形全等。包括 BM 的三角形（也就是以 BM 为一边的三角形）是$\triangle ABM$ 和$\triangle MBD$，现有的三角形只有这两个。包括 BN 的三角形是$\triangle EBN$ 和$\triangle NBC$。证哪一对都行，可是仔细一看，证哪一对都缺一个条件。比如在$\triangle ABM$ 和$\triangle EBN$ 中，$AB=BE$，$\angle 1=\angle 3$，还差一个条件。由于我们前面的准备很充分，早已看到$\triangle EBC \cong \triangle ABD$，$\angle BEC=\angle BAD$，那么根据全等三角形的判定定理，问题便得到解决。

这个题并不很容易，但若你知识掌握得熟，思路正确，证起来也就不困难了。

下面再看一个例题。

例 2 如图 4-3，已知在$\odot O$ 中，AB 是弦，BD 是切线，$OD \perp OA$ 交 AB 于 C，交 BD 于 D，求证：$CD=BD$。

这个题的条件有圆、有弦、有半径、有切线、有垂直关系，应该逐条地、认真地研究这些条件。比如 BD 是$\odot O$ 的切线，圆的切线有什么性质呢？见到图形（切线）就应该想到性质，而且要想得全，一股脑儿都说出来：切线和过切点的半径垂直；切线长定理。弦切角等于两边所夹弧上的圆周角；切割线定理。

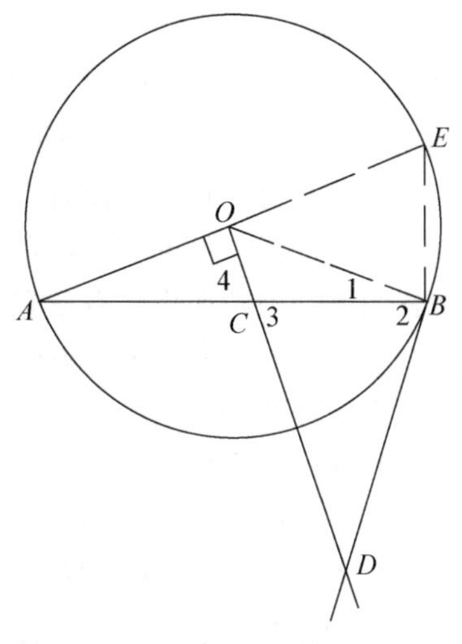

图 4-3

将这些有关定理流利地说出来，好处很大。这些定理你是分章、分节学的，现在归结到一起，一抓就一串，没有遗漏，便于掌握；每一次遇到圆的切线，你就复习一遍，日子长了，熟练程度就高了；既然有关圆的切线的全部内容都在这儿，那么用这些知识一定能证这道题。

下面就试一试。

分析 1： 用切线性质。连接 OB，则 $OB\perp BD$，得到$\angle 1+\angle 2=90°$，且$\angle A+\angle 4=90°$，$\angle 4=\angle 3$，即$\angle A+\angle 3=90°$，知 $OA=OB$，所以$\angle A=\angle 1$，那么等角的余角相等，$\angle 3=\angle 2$ 不成问题了。

分析 2： 用弦切角性质。因$\angle 2$ 是弦切角，必须找到 $\overset{\frown}{AB}$ 上的圆周角，延长 AO 交$\odot O$ 于 E，连接 BE，得$\angle ABE=90°$，用互余的关系或是四点共圆的关系，证$\angle 3=\angle E$ 是容易的。

分析 3： 使用切线长定理。这里要用两条切线，读者作 $AF\perp OA$，就得到$\angle BAF$。这个角既等于$\angle 3$，又等于$\angle 2$，等量代换之后，$\angle 3=\angle 2$（如果切线 AF、BD 相交后就会出现切线长定理的图，问题已经解决，交点也就不必画了）。

这里，我想强调两点：见到图形，想到性质，而且要想全，这是知识问题；从已知向后推，并且善于从求证提希望，双管齐下，前后呼应，这是训练问题。一个学生如果按部就班地、逐章逐节地坚持这样做，就一定能学好几何。

可能有的读者说，我证几何题从来没想过这两件事，不是也可以证题？那无非是题目简单，或见到题目，看看条件，“自然而然”就想出证法了。能不能把这个“自然而然”总结一下，找出规律，以后照着办呢？能不能对不会证的题也想想办法呢？有的学生说，证几何题一怕“憋住”，二怕“乱套”，普通的题没什么，碰到综合题、较难的题则常常无从下手。我想，前面说的正是针对这种情况，为了解决这个问题而采取的措施。书上经常提到“分析”，有的学生说：“简单题不用分析，复杂题不会分析，所以我从来没分析过。”其实无论哪个学生，学了几年数学，不可能从来就没分析过，只不过没有有意识地研究这个问题就是了。试想，如果能做到像例 1 说的那样，见到等边三角形就想到那么多性质，怎么会“憋住”呢？如果能做到像例 2 说的那样，有条有理地、一个性质一个性质地思考，怎么会“乱套”呢？这种从已知向后推的方法就是常说的综合法，而前面例 1 中，欲证两线段相等，希望证两个三角形全等，欲证两个三角形全等，希望凑足两三角形全等的条件，照这样一直推上去，直到已知条件具备为止，这种方法就是常说的分析法。例 2 中，欲证 $CD=DB$，希望$\angle 2=\angle 3$，要证$\angle 2=\angle 3$，就希望找到与$\angle 2$、$\angle 3$ 有关的$\angle BAF$ 来代换，也属于这种思路。思路分析妥当了，写起来仍是从前向后，和综合法的写法一样。这两种方法为的是一个目的。简单些的题，很可能从已知向后推，一下子就能推到求证的要求了，也可能从求证提希望，一步一步就到已知条件，正好解决了。复杂点的题双管齐下，前后呼应，即从前向后推（理），前面推出来的，须是后面要的；从后向前提（希望），后面提的（希望）须是前面有的。

这种“见到图形想到性质”的要求，以及上面所说的双管齐下的思考方法，将贯彻在一个学生学习平面几何的全部过程中。

那么平面几何中一共要研究多少图形，到底有哪些图形的性质必须掌握呢？也就是说，“见到图形，想到性质”指的是哪些内容呢？概括一下，却是下述主要内容：

（1）平行线

①关于角：两直线平行 $\begin{cases}\text{同位角相等（逆）}\\\text{内错角相等（逆）}\\\text{同旁内角互补（逆）}\end{cases}$

②关于比例线段

（2）三角形与多边形内角与外角

①三角形内角和为 180°

②三角形外角等于不相邻两内角和

③多边形内角和等于 $180^\circ(n-2)$

④多边形外角和等于 360°

（3）等腰三角形

①两底角相等（逆）

②顶角平分线垂直平分底边（逆）

（4）全等三角形

①判定：边、边、边
边、角、边
角、边、角
角、角、边
斜边、直角边

②性质：对应边相等
对应角相等

（5）三角形不等

①一个三角形中大边对大角（逆）

②三角形一边小于其他两边和，大于其他两边差

③三角形外角大于不相邻的任意一个内角

（6）平行四边形和梯形

①性质：对边平行、对边相等、对角相等
邻角互补、对角线互相平分

②判定：边——一组对边平行且相等
两组对边分别平行
两组对边分别相等
角——两组对角分别相等

对角线——互相平分

③特殊平行四边形：按定义，循序判断

④三角形与梯形中位线

（a）判断中点：过三角形一边中点而平行于第二边的直线必平分第三边

（b）用中位线：三角形两边中点连线平行于第三边，并且等于第三边的一半

（c）梯形两腰中点连线平行于两底并且等于两底和的一半

⑤梯形常用辅助线

（a）平移腰

（b）平移对角线

（c）作高

（7）证四条线段成比例

①平行截割定理（逆）

②三角形内外角平分线

③相似三角形

（a）判定：预备定理

两组角相等

一组角相等，夹边成比例

三边对应成比例

斜边、直角边对应成比例

（b）性质：对应角相等

对应边成比例

（8）直角三角形

①边：

（a）射影定理（逆）

（b）勾股定理（逆）

（c）斜边中线等于斜边一半（逆）

②角：锐角互余

③边角之间：锐角三角函数

（9）关于直角

圆的直径
圆的切线
多边形的高
凡是垂直关系

} 出现直角 —有两个以上直角→ {

通过互余证角相等
通过四点共圆证角相等
位置合适可证平行

（10）五种互余

①邻余角

②直角三角形两锐角互余

③过直角顶点任作一直线，两侧的锐角互余

④四边形中相对而又互补的两角的平分线

⑤平行线同旁内角的平分线

（11）和圆有关的角

①同弧上的圆周角相等

②同弧上的圆周角和弦切角相等

③直径上的圆周角是直角（逆）

④圆内接四边形外角等于内对角（逆）

（12）圆的切线

①切线和过切点的半径垂直

②切线长定理

③弦切角等于两边所夹弧上的圆周角

④圆幂定理

说明：

（1）前面这 12 条把平面几何教材的主要内容基本上都包括了。当然书还是要念的，例如许多重要概念和公式等。

（2）这种编排虽然也考虑了教材顺序和知识归类，但主要还是从“见到图形想到性质”的训练要求出发的。比如见到平行线，既要考虑到角的关系，又要考虑到比例线段，所以把比例线段写在“1”中，而具体内容详写在“7”中。

（3）既然要求“见到图形，想到性质”，要“全”，所以写图形性质要注意分类集中，也要“全”。例如见到平行四边形，立即答出“6”中性质的五句话，因为这五方面证题时都有用，而教材中“对边平行”是定义，不是性质，邻角互补就是平行线的同旁内角，没有再提。但是，从训练的要求出发，要这样整理，这样记忆。

（4）判断一条线段的中点是平行截割定理的推论，往往容易忽略。所以单独作为一条提出来，时常和三角形中位线一起连续使用。先定中点，再用中位线。

（5）这 12 条有知识，也有训练。例如，什么时候会出现直角，直角多了怎么用，就作为第 9 项，五种互余作为第 10 项。

（6）垂直问题是重点。许多图形涉及它，所以从不同角度“8”“9”“10”都谈直角，有交错，有重复。但从训练着眼要求这样记。弦切角的问题也是这样。提到和圆有关的角，一下子四种都想起来，包括了弦切角。可是如果条件有圆的切线，也要一下子想起四件事，其中也有弦切角。

（7）这个说明既是对前面 12 条的解释，又是对学习平面几何的学生的要求。见到图形，想到性质，要想真正做到，不懂不行，不念不行，不熟也不行，这不是一天就能做到的事，两年的学习时间陆续做，或者几个月的复习时间有计划地念。这个工作是学好平面几何的根本，一旦做到这一点，就一定能学好平面几何。

五、基本图与综合题

什么是基本图？三角形、四边形、圆都是基本的图形，三角形的高和圆的切线也是基本的图形，它们的性质都要熟悉。本书所说的基本图不是指这些图形，是在研究这些图形的基础上，再挑出一些常用的重要的图形，认真加以研究，以便研究其他几何图形，特别是复杂些的几何图形。要把基本图当作基础，当作零件，用到综合题当中去。不很复杂的题目用基本图的知识就能解决了。比较复杂的题目，从基本图入手，也就能研究了。

下面我们看一个例题。

例 1 如图 5－1，已知：$\odot O$ 中 AC、BD 都是弦，且 $AC \perp BD$，垂足为 E，N 是 DC 中点，$OM \perp AB$ 于 M。求证：$EN=OM$。

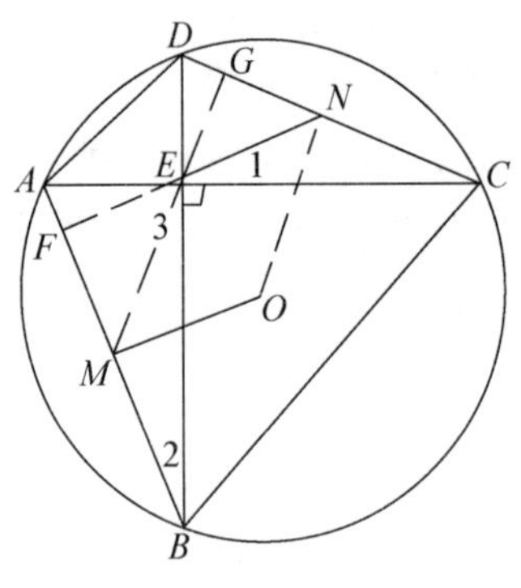

图 5－1

分析： 研究了已知条件之后，如果你对"Rt$\triangle DEC$ 中 EN 是斜边中线"很熟悉（这是本章要说的基本图八、九），就可以立刻想到"直角三角形斜边中线等于斜边一半"，得到 $DN=EN=NC$，从而$\angle 1=\angle C$。如果你对"圆内接四边形中同弧上的圆周角相等”也很熟悉（这是本章要说的基本图十七），你就可以立刻想到$\angle 1=\angle DCA=\angle 2$。如果你熟悉我们书里要说的基本图五-3，那你就会延长 NE，交 AB 于 F，从而得到$\angle 1+\angle 3=90^\circ$，换成$\angle 2+\angle 3=90^\circ$，则$\angle EFB=90^\circ$，可证 $NF /\!/ OM$。因为 $OM\perp AB$ 于 M，则 M 为 AB 中点。同样的道理，可以证明 $MG\perp DC$。又 ON 平分 CD，则 $ON\perp CD$ 于 N，那么 $MG /\!/ ON$，四边形 $EMON$ 为平行四边形，$EN=OM$。

这个题应该算是综合题，也可以算难题了。若是胸有成“图”，记住一些常用的重要的基本图，从基本图入手研究，按基本图去逐步推导（这里用到三个基本图），就会减轻难度，看出所谓综合题不过是一个又一个的基本图组合而成的，难题也就不难了。

下面再看一个例题。

例 2 如图 5－2，已知$\triangle ABC$ 中，$\angle ACB=90^\circ$，$CD\perp AB$ 于 D，AE 是$\angle A$ 的平分线，AE、CD 交于 F，$FG /\!/ AB$ 交 BC 于 G。求证：$CE=GB$。

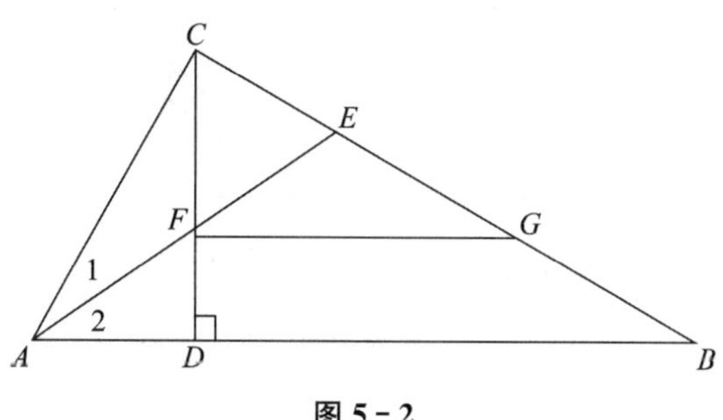

图 5－2

分析：研究了已知条件之后，如果你对角平分线性质定理很熟，你就可以立刻写出比例式$\frac{CE}{EB}=\frac{AC}{AB}$。你若是对“直角三角形斜边上的高”这个图很熟（这是本章要说的基本图九），你会立刻写出比例式$\frac{AC}{AB}=\frac{AD}{AC}$。仍用基本图二，得$\frac{AD}{AC}=\frac{FD}{FC}$。而$\triangle CDB$ 中，$FG /\!/ DB$（这是本章要说的基本图二十二），你就能写出$\frac{FD}{FC}=\frac{GB}{CG}$。前后联系起来，你将得到$\frac{CE}{EB}=\frac{GB}{CG}$，通过合比定理，变为$\frac{CE}{BC}=\frac{GB}{BC}$，从而得到 $CE=GB$。

这个题用到两个基本图，顺着这个思路去思考，不会憋住，也不会乱套。这是几个基本图组成的一道综合题，若是把基本图挑出来，一个一个地研究，就有线索可寻了，解一个综合题的困难也就不大了。

那么平面几何中一共有多少基本图呢？这是没有明文规定的。哪个算基本图，哪个不算？多研究几个或少研究几个关系不大。本章将解题中常见的重要图形挑出来，共计 28 个，算是基本图，供读者研究参考。

1. 三线八角。

基本图一

2. 角平分线。

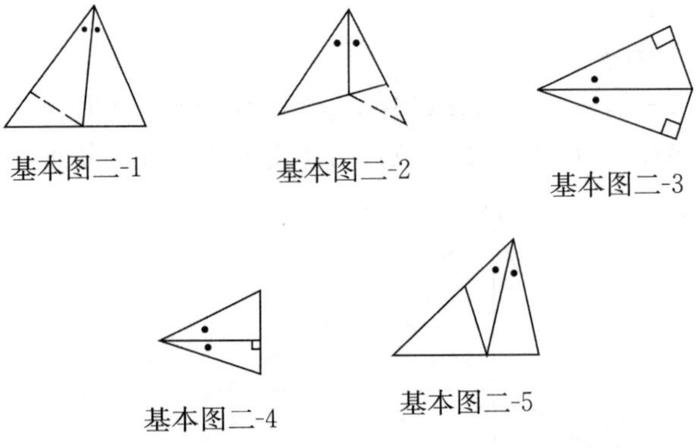

基本图二-1　基本图二-2　基本图二-3

基本图二-4　基本图二-5

基本图二

3. 三角形中线。

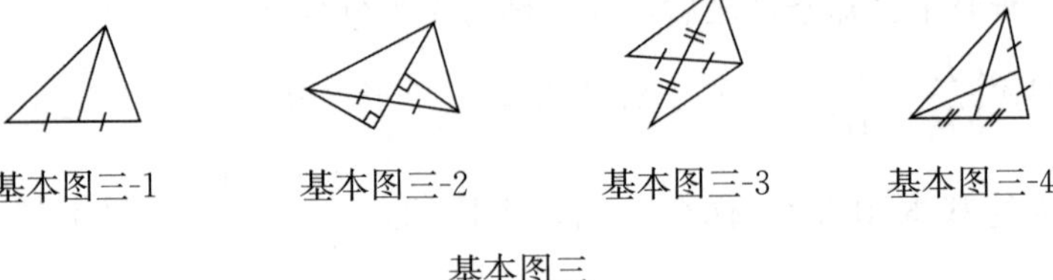

基本图三-1　基本图三-2　基本图三-3　基本图三-4

基本图三

4. 三角形中位线。

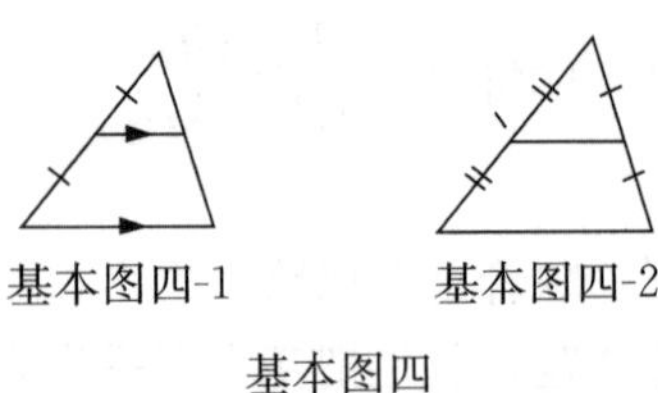

基本图四-1　基本图四-2

基本图四

5. 五种互余。

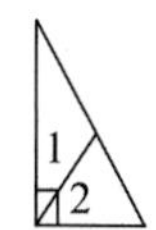

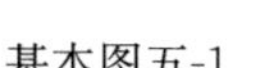

基本图五-1

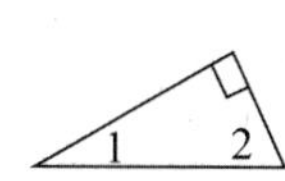

基本图五-2

基本图五-3

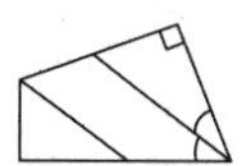

基本图五-4

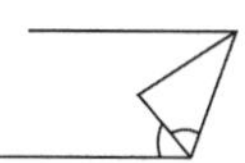

基本图五-5

基本图五

6. 勾股定理。

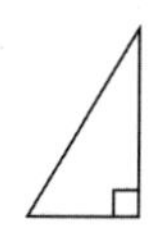

基本图六

7. 锐角三角函数。

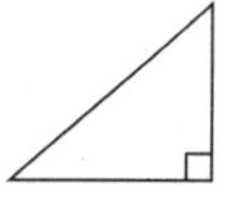

基本图七

8. 直角三角形斜边中线。

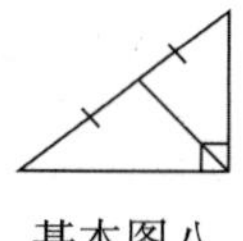

基本图八

9. 直角三角形斜边上的高。

基本图九

10. 正弦定理和余弦定理。

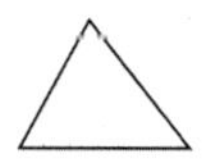

基本图十-1

基本图十-2

基本图十

11. 三角形不等。

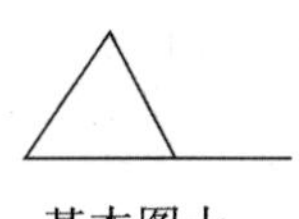

基本图十一

12. 平行四边形和梯形。

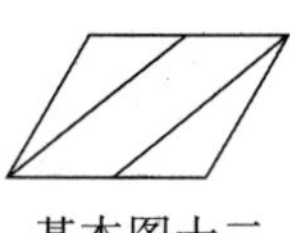

基本图十二

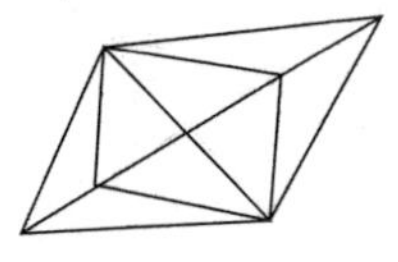

基本图十三

基本图十四-1

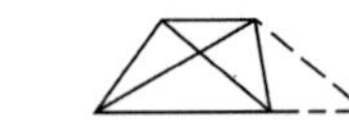

基本图十四-2

基本图十四-3

基本图十四

13. 垂径分弦。

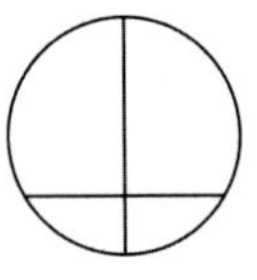

基本图十五

14. 圆的切线。

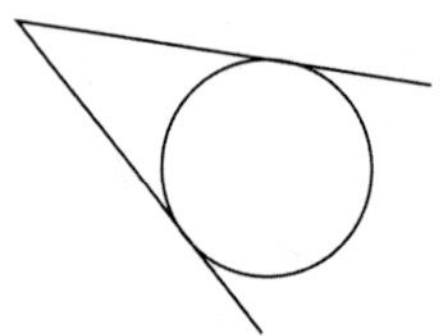

基本图十六-1

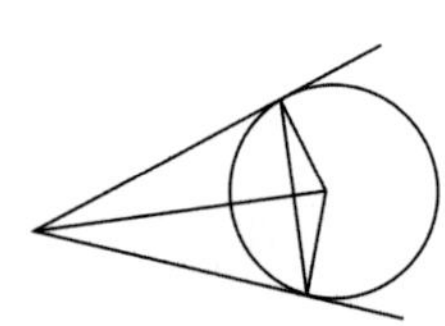

基本图十六-2

基本图十六-3

基本图十六

15. 和圆有关的角。

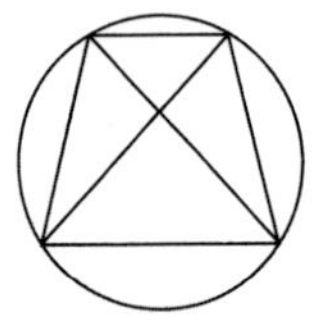

基本图十七

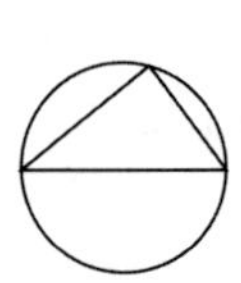

基本图十八

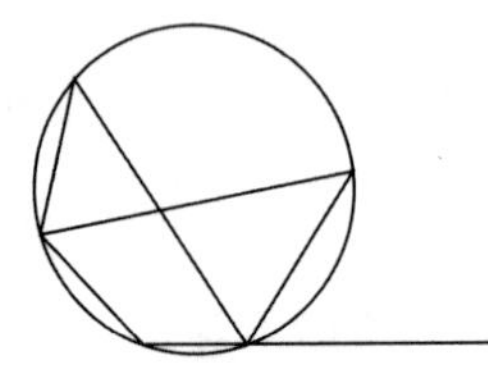

基本图十九

16. 两圆的公共弦与公切线。

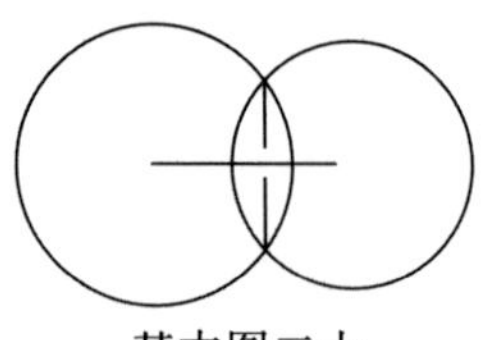

基本图二十

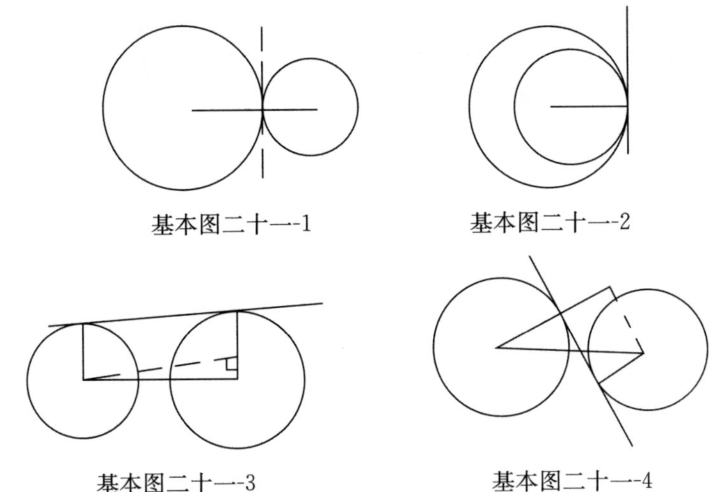

基本图二十一-1　基本图二十一-2

基本图二十一-3　基本图二十一-4

基本图二十一

17. 平行线带来的比例线段。

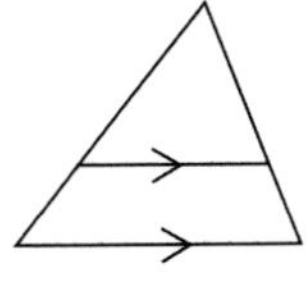

基本图二十二

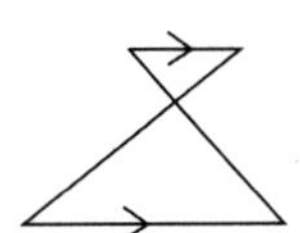

基本图二十三

18. 圆中的比例线段。

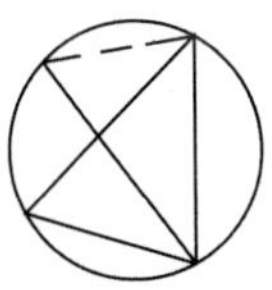

基本图二十四

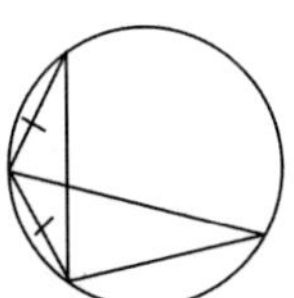

基本图二十五

19. 圆幂定理。

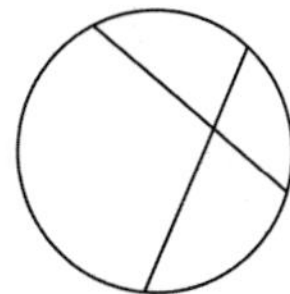

基本图二十六

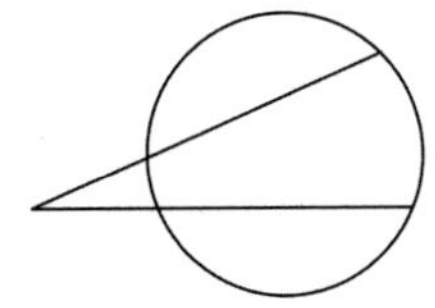

基本图二十七

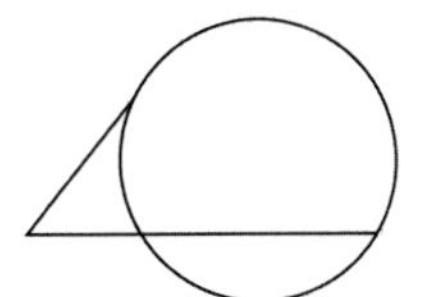

基本图二十八

以上所谈的两个问题，第一是谈学习平面几何的一般方法，是基础；第二是谈要胸有成“图”，把 28 个基本图逐一研究，有了心得，拿到题目总会有熟悉的部分可以入手研究，把握就大多了。

六、基本图分论

1. 三线八角

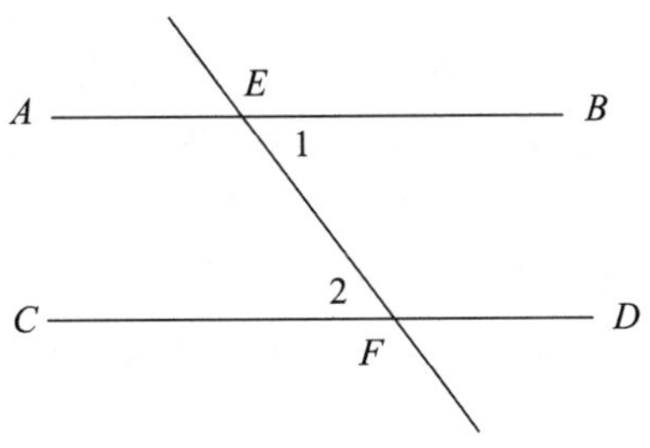

图 6-1 基本图一

如图 6-1，基本图一的条件是 $AB/\!/CD$，被第三条直线 EF 所截。这里主要是研究角的关系，已知平行条件可以判断 $\angle1=\angle2$（或者给了角的关系，已知 $\angle1=\angle2$，可以判断 $AB/\!/CD$）。

读者切不可以看轻了这个图形，因为它是学习推理论证的第一个内容。在这以前学生从来没有用过这种方法研究解决过问题，因此，常常会不明白。AB、CD 没有交点，延长起来也不会有交点，为什么不能说 $AB/\!/CD$，还要证明呢？拿起量角器量 $\angle1$ 和 $\angle2$，总可以量出个结果，为什么偏要证明呢？我们知道，靠观察和度量得到的只是一个或几个图形的结论，而推理论证研究的是这类图形的一般结果，即凡是具备这样条件的图形，都可以得出相同的结论。更为重要的是，我们要学会这种推理论证的方法，培养逻辑思维的能力。

思想通畅了，障碍扫除了，我们就要认真研究这个基本图了。

(1) 看得准。所谓看得准，指的是要看准三条线、八个角。平行线的判定定理是“两条直线被第三条直线所截，如果同位角相等，那么这两条直线平行”。有的学生在证明下面的题目时，就出了毛病。

例 1 如图 6-2 所示，已知 $AB /\!/ CD$，直线 EG 交 AB 于 E，交 CD 于 F，EM 平分 $\angle AEF$，FN 平分 $\angle CFG$。求证：$EM /\!/ FN$。

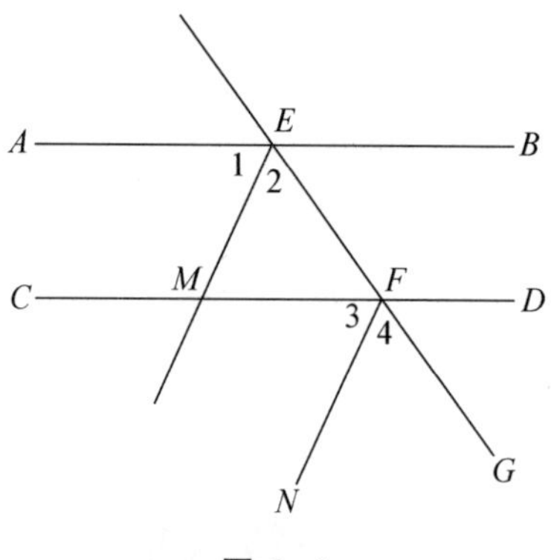

图 6-2

根据平行线性质定理证出 $\angle AEF = \angle CFG$ 后，由于等量的同分量相等，得 $\angle 2 = \angle 4$，再用平行线判定定理就行了。有的学生却由 $\angle 1 = \angle 3$，来判定 $EM /\!/ FN$，其根据也注的是“同位角相等，则两直线平行”。$\angle 1$ 和 $\angle 3$ 怎么是同位角呢？又如，平行线的性质定理是“两条平行线被第三条直线所截，内错角相等。”有的学生证题时出了下面的毛病，如图 6-3 所示，已知条件是 $AD /\!/ BC$，应该得到 $\angle 1 = \angle 2$，证题时却得到 $\angle 3 = \angle 4$。这都是因为没弄明白三线八角的有关概念而产生的错误。

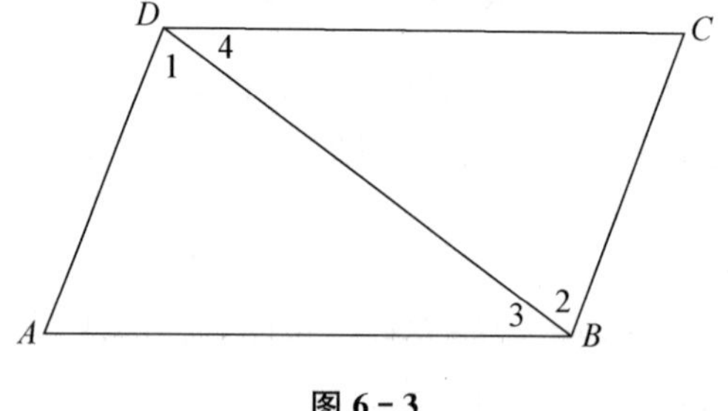

图 6-3

首先，三线八角说的是“两条直线被第三条直线所截”，所以观察每一个图形的时候，都必须弄明白，是哪“两条直线”被哪“第三条直线”所截。上面第一个例子先用的是平行线 AB、CD 被直线 EG 所截，后用的是直线 EM、FN 被直线 EG 所截。第二个例子应该是平行线 AD、BC 被 BD 所截，而不是直线

AB、CD 被 BD 所截。

其次，认真读课本，在明确哪“两条直线”被哪“第三条直线”所截以后，用“两条直线”分内外，用“第三条直线”分左右，确定每一个角的位置。如图 6－4 所示，$\angle 1$ 在上面那组十字交叉线中，处于左上角的位置，而$\angle 5$ 在下面那组十字交叉线中，也处于左上角的位置，因此它们叫同位角。而$\angle 4$ 和$\angle 5$ 均在内部，又一右一左，因此叫内错角。$\angle 3$ 和$\angle 5$ 同在内部，又同在左边，因此叫同旁内角。

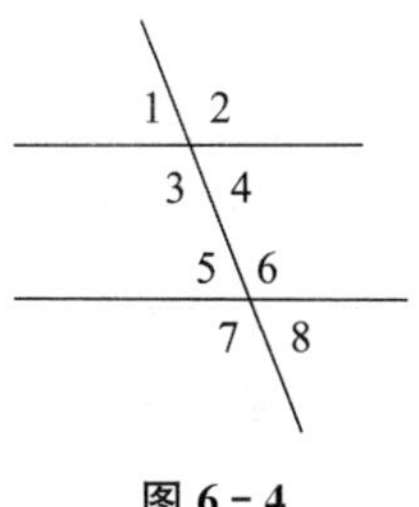

图 6－4

初学时，分辨图形如有困难，可以将指定的三线用红笔描出来，突出要研究的三线八角。若图形不标准（如上面第二个例子），则可以把线段向两方延长，用红笔描出要研究的三线八角。这是认真的态度，这是负责的精神。慢慢熟了，就用不着这样了，但这一关必须要过好。

（2）分得清。所谓分得清，指的是平行线的判定定理和性质定理要分清。仍举上面所述的第一个例子。有的学生说，$\angle AEF=\angle CFG$，因为“同位角相等”。于是，$\angle 2=\angle 4$，根据还是“同位角相等”，所以 $EM /\!/ FN$，根据依然是“同位角相等”。老师说，$\angle 2=\angle 4$ 的根据不能注同位角相等。但学生说，怎么不能？$\angle 2$ 和$\angle 4$ 是同位角，而且$\angle 2$ 确实等于$\angle 4$，为什么不可以注同位角相等？这样学下去就麻烦了，要乱作一团了。

如前所述，这段内容是推理论证的开始，万事开头难嘛，所以要稳扎稳打，步步为营。第一步弄清三线八角的有关概念，第二步把判定定理、性质定理念熟，分清条件和结论，也就是要弄清已知什么，判断什么。已知平行用性质定理，求证平行用判定定理。开始时，叙述定理必须用全文，在谈到“两条直线被第三条直线所截”的时候，同时看清本题的两条直线是哪两条，第三条直线是哪一条。熟了以后，定理可以写得简单些。可以写成“同位角相等，则两直线平行”或“两直线平行，则内错角相等”。严禁写成“同位角相等”，因为根本不存在这样一条定理。“对顶角相等”只有五个字，但这是条定理。“同位角相等”则是个假命题，因为同位角不一定相等，不是定理。这样培养一段时间，初学者就会慢慢习惯推理论证的“规矩”了。如到所以说$\angle 2=\angle 4$，那是因为$\angle AEF=$

$\angle CFG$（这是全量）；而$\angle 2$是$\angle AEF$的一半，$\angle 4$是$\angle CFG$的一半（这是分量，而且是相同的分量），所以$\angle 2=\angle 4$。这并不是根据$\angle 2$和$\angle 4$是同位角，而是根据“等量的同分量相等”。

（3）想得全。这里所说想得全，主要是指平行线的同旁内角。因为同旁内角用得少，所以容易忽略。

例 2 如图 6－5 所示，求证平行线同旁内角的平分线互相垂直。

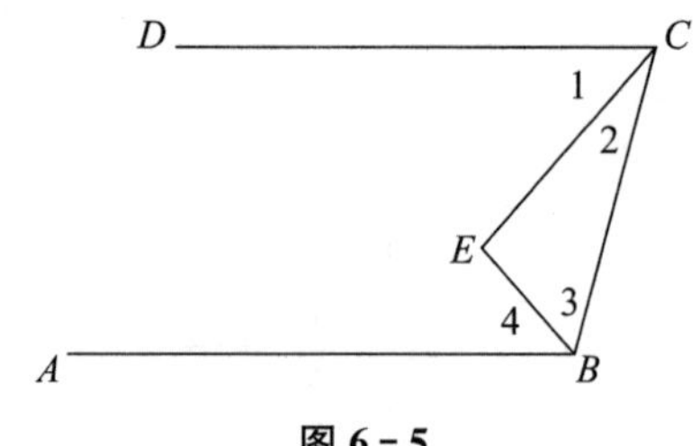

图 6－5

已知$AB/\!/CD$，$\angle 1=\angle 2$，$\angle 3=\angle 4$。求证：$CE\perp BE$。

证明：$\because AB/\!/CD$，

$\therefore \angle ABC+\angle BCD=180^\circ$（两直线平行，同旁同角互补）。

又$\because \angle 1=\angle 2$，$\angle 3=\angle 4$，

$\therefore \angle 2+\angle 3=90^\circ$（等量的同分量相等）。

$\therefore \angle CEB=90^\circ$（三角形内角和等于 180°）。

$\therefore CE\perp BE$。

（4）用得活。用得活是指将平行线的三线八角和几何图形的其他性质结合，灵活运用。

例 3 如图 6－6 所示，已知折线$ABCDE$中，$AB/\!/ED$。求证：$\angle ABC+\angle BCD+\angle EDC=360^\circ$。

分析 1：要善于从求证提希望。由 360°要想到，在所学过的直线形的知识中，只有周角和四边形内角的和为 360°。那么作$CF/\!/AB$，证$CF/\!/ED$，得$\angle BCF=\angle ABC$，$\angle DCF=\angle EDC$。于是，绕C点的周角就代表了求证的三个角。

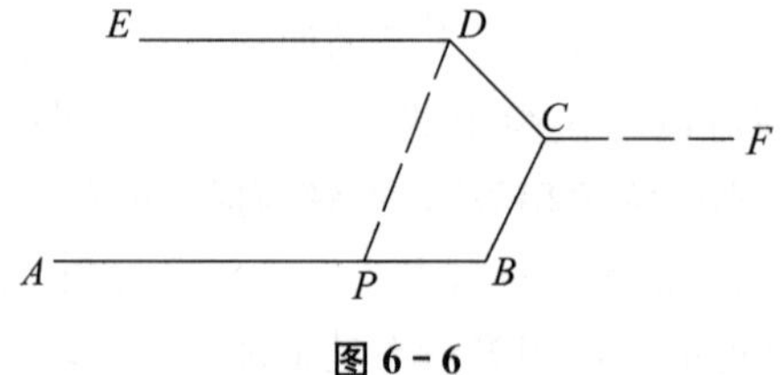

图 6－6

分析 2：将三个角集中到 C 点成功了，集中到 D 点或 B 点怎么样呢？可以过 D 向上方作 $DG/\!/BC$，或过 B 向下方作 $BH/\!/DC$ 试试，这将用到两边两两平行而射线方向相同的两个角。

分析 3：如果过 D 点任作射线 DP 交 AB 于 P，就出现四边形 $PBCD$，其内角和为 $360°$，和求证的三个角比较，少了一个$\angle EDP$，多了一个$\angle DPB$，由于 $ED/\!/AB$，这两角恰好相等。要是这样想，那么任何直线 XY 交 ED 于 X，交 AB 于 Y，得五边形 $XYBCD$，内角和为 $540°$，多了一组同旁内角，去掉 $180°$，剩下还是 $360°$。

分析 4：还是由求证得到的启发，因为 $360°$等于 $180°$加上 $180°$，而 $180°$角则是另一个图形了。就学过的知识考虑，直线形中平角、平行线的同旁内角和、三角形内角和都是 $180°$，那么，如图 6－7，连接 BD，就得到$\triangle CDB$，内角和是 $180°$，而$\angle ABD+\angle EDB=180°$。

分析 5：若过 C 点向左方作 AB 的平行线，可以证出两组平行线的同旁内角。

分析 6：由于原图是折线，无法应用三线八角知识，如图 6－7 延长 DC 交 AB 的延长线于 Q，就得到了$\angle ABC=\angle 1+\angle Q$，$\angle 1+\angle 2=180°$，$\angle EDQ+\angle Q=180°$，所以，$\angle ABC+\angle BCD+\angle EDC=\angle 1+\angle Q+\angle 2+\angle EDQ=180°+180°=360°$。同样，延长 BC 交 ED 的延长线于 R 也是可以的。

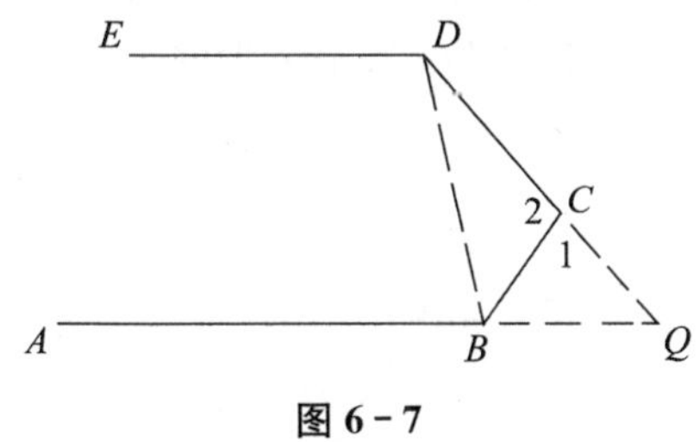

图 6－7

练　习

A 组

1. 如图 6－8，已知：$AB/\!/ED$，$CB/\!/FD$。找出相等的角并注明理由。

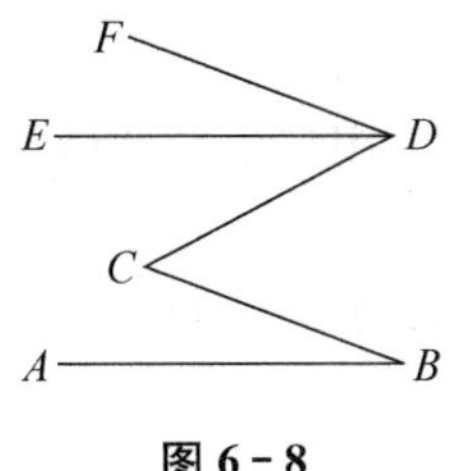

图 6－8

2. 如图 6－9，已知：$AB /\!/ CD$，$DE /\!/ FB$。找出相等的角和互补的角，并注明理由。

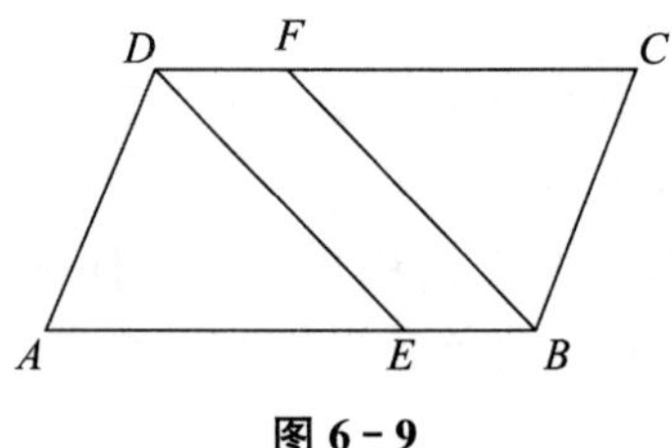

图 6－9

3. 如图 6－10，已知：$AB /\!/ CD$，$AD /\!/ BC$，$\angle 1=\angle 2$，$\angle 3=\angle 4$。找出相等的角和互补的角。

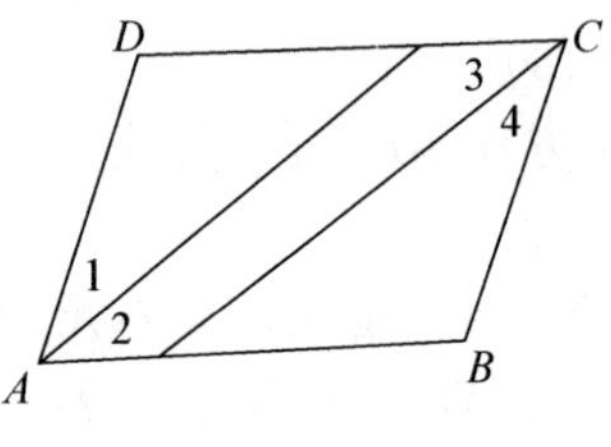

图 6－10

4. 如图 6－11，已知：$AB /\!/ CD$，EG 平分 $\angle FEB$，FG 平分 $\angle EFH$，$\angle FHG=55°$。求：$\angle FEG$ 和 $\angle EFG$ 各是多少度？

答案：55°和 35°。

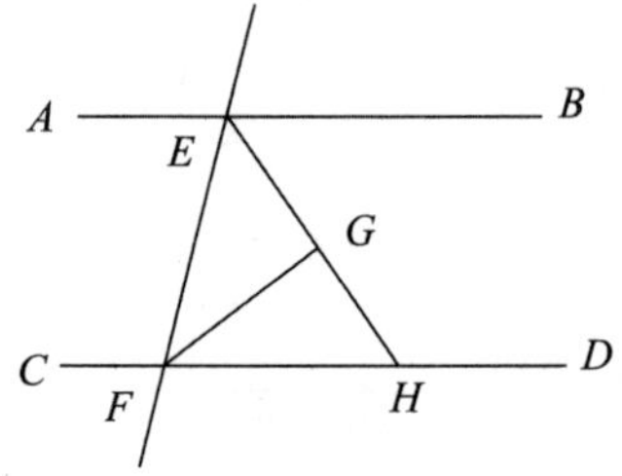

图 6－11

5. 如图 6－12，已知：$AB /\!/ ED$。求证：$\angle DCB=\angle B+\angle D$。

提示：延长 BC 交 ED 于 F，用三角形外角及平行线的内错角。

6. 如图 6－12，已知：$\angle DCB=\angle D+\angle B$。求证：$AB /\!/ ED$。

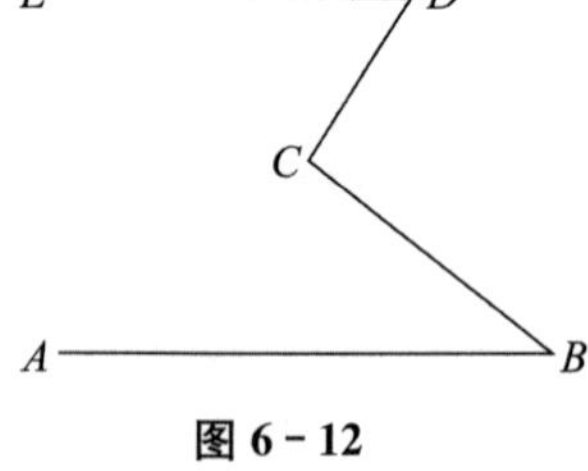

图 6－12

提示：同上题，先证出内错角相等，再证两直线平行。

B组

1. 如图6-13，已知：$AB//CD$。求证：$\angle E+\angle G=\angle B+\angle F+\angle D$。

2. 如图6-13，已知：$\angle E+\angle G=\angle B+\angle F+\angle D$。求证：$AB//CD$。

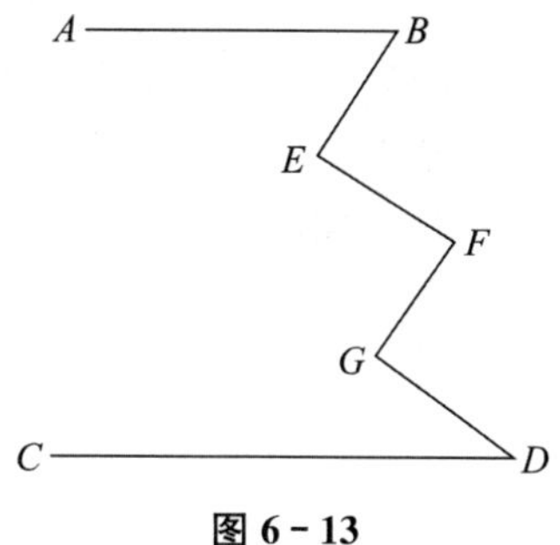

图6-13

3. 如图6-14，已知：$\angle 1=\angle 2$，$\angle 3=\angle 4$，$AE//CF$。求证：$\angle B=\angle D$。

提示：用平行线的同位角关系证出$\angle B=180°-\angle 1-\angle 6$，而$\angle D=180°-\angle 5-\angle 4$，再通过等量代换证出$\angle B=\angle D$。

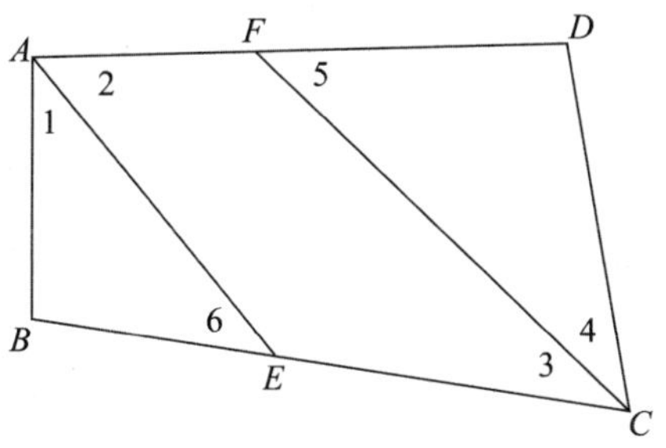

图6-14

4. 求证：两组对角分别相等的四边形是平行四边形。

提示：在没有证出平行四边形以前，这个四边形只能当作任意四边形来对待，而任意四边形的性质只学过一条，即内角和为360°，既然分别相等，则各取一个和为180°，用同旁内角和为180°证对边平行。

5. 已知：$AB//CD$，直线EF交AB于E，交CD于F，$\angle AEF$的平分线交CD于C，$\angle BEF$的平分线交CD于D。求证：$CF=DF$。

6. 求证：平行四边形四个内角的平分线两两相交组成一个矩形。

提示：平行四边形邻角互补，邻角的平分线必互相垂直。

7. 已知：$\odot O$的外切梯形$ABCD$中，$AB//CD$。求证：$\angle BOC=90°$。

2. 角平分线

这部分知识包括五个基本图，其中图 6－15 基本图二-1、图 6－16 基本图二-2 的条件是$\angle 1=\angle 2$，$AB>AC$。这样，就可以在 AB 上截取 $AE=AC$，造成$\triangle AED\cong\triangle ACD$（边角边），如基本图二-1。或延长 AC 到 F，使 $AF=AB$，同样造成$\triangle ABD\cong\triangle AFD$（边角边）。除此之外，还要考虑比例线段的知识，不必添加辅助线，根据定理就可得到$\frac{BD}{DC}=\frac{AB}{AC}$。

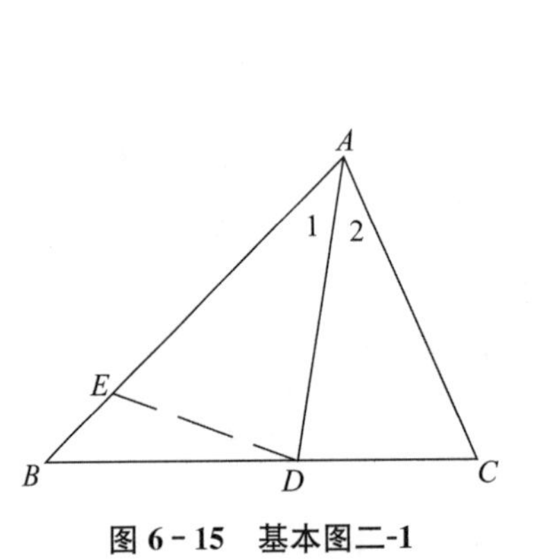

图 6－15　基本图二-1

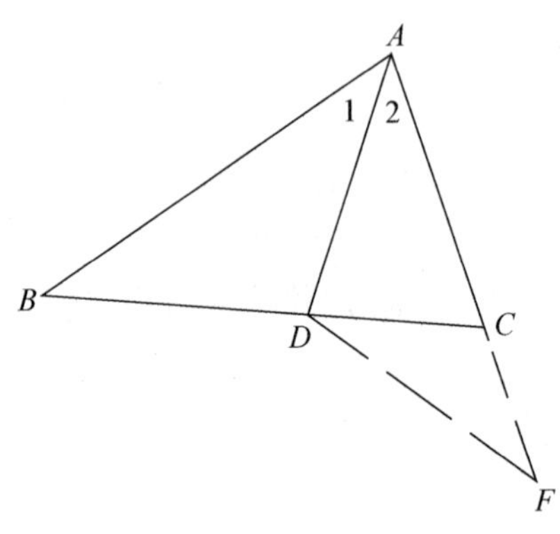

图 6－16　基本图二-2

图 6－17 基本图二-3 的条件是：从角平分线上一点向角的两边引垂线，即：$\angle 1=\angle 2$，$DB\perp AB$，$DC\perp AC$。由于“角、角、边”，可证出$\triangle ABD\cong\triangle ACD$。

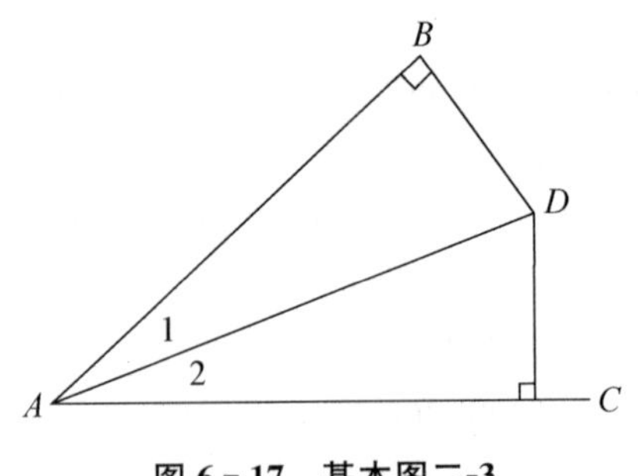

图 6－17　基本图二-3

图 6－18 基本图二-4 的条件是：有一条角平分线，还有这条角平分线的垂线。由“角、边、角”可以证$\triangle ACD\cong\triangle ABD$，从而判断$\triangle ABC$ 是一个等腰三角形。

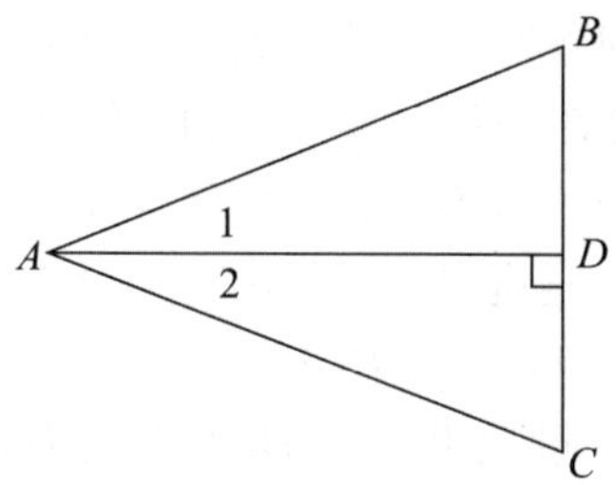

图 6－18　基本图二-4

图 6－19 基本图二-5 的条件是$\angle 1=\angle 2$，从 D 点引一条平行于 AC（或 AB）的直线，可以得到一个等腰$\triangle ADE$。

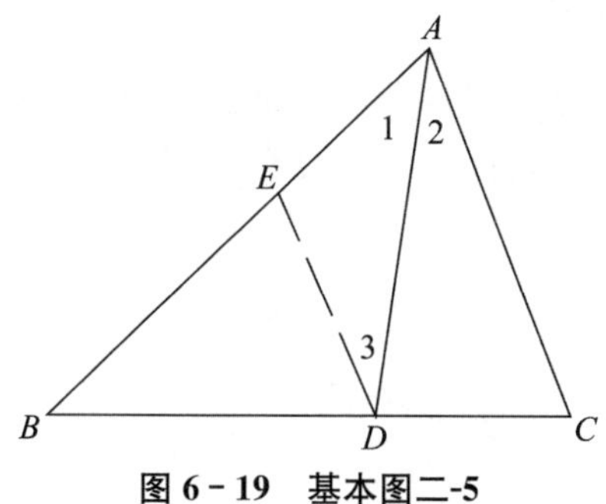

图 6－19　基本图二-5

这五个图形是研究选全等三角形和造全等三角形的主要内容。因为在角平分线的两侧有一对相等的角，这本身就形成一条公共边和一对相等的角，若再加上另外一个合适的条件，就可证三角形全等了。所谓造全等，就是再制造一个相等的条件，以满足全等三角形的判定定理的要求（注：比例线段问题，主要放在后面结合基本图二十二，基本图二十三研究。不过，从“见到图形，想到性质”的要求来讲，见到角平分线，应该同时想到角相等问题和比例线段问题，不可偏废）。

下面研究这几个基本图的应用。

例 1　如图 6－20，已知：$\triangle ABC$ 中，$AB>AC$，$\angle 1=\angle 2$。求证：$BD>DC$。

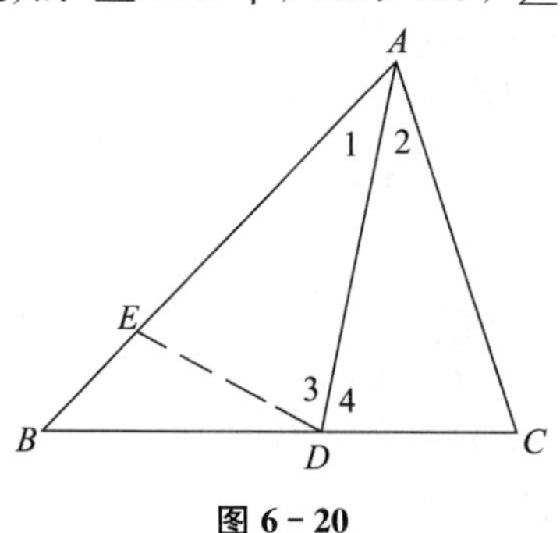

图 6－20

分析： 学三角形不等问题时，还没学有关比例线段的问题，所以有采用基本图二-1 的想法。因为已知 $AB>AC$，所以在 AB 上截取 $AE=AC$，连接 ED，得到$\triangle AED\cong\triangle ACD$，从而，$ED=DC$，用 ED 代替 DC，就将要比较的两线段放在同一个三角形里了。由于$\angle BED$ 是$\triangle AED$ 的外角，所以$\angle BED>\angle 3$，而$\angle 3=\angle 4$，则$\angle BED>\angle 4$。同理，$\angle 4$ 是$\triangle ABD$ 的外角，所以$\angle 4>\angle B$。根据不等量公理，$\angle BED>\angle B$，所以，$BD>ED$，换成 $BD>DC$ 就行了。

观察三角形外角，主要是看三角形某一边的延长线，BD 边也有延长线（无论是图形原有的线段还是作的辅助线），就一定有三角形外角。而包含 BD 边的三角形有$\triangle BDE$ 和$\triangle BDA$，这样就能想到利用三角形外角的关系证$\angle 4>\angle B$ 了。

例 2 如图 6－21，已知：$AD/\!/BC$，$\angle 1=\angle 2$，$\angle 3=\angle 4$，直线 DC 过 E 点交 AD 于 D，交 BC 于 C。求证：$AD+BC=AB$。

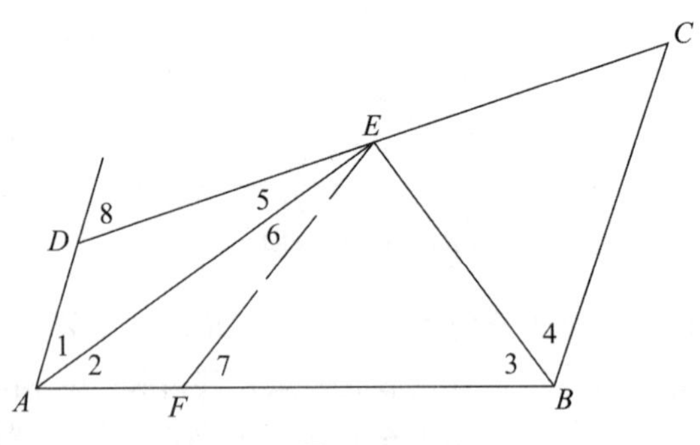

图 6－21

分析： 要证两线段和等于第三条线段，不妨利用基本图二-1 的知识，在 AB 上截取 $AF=AD$，连接 EF，易证$\triangle ADE\cong\triangle AFE$，得$\angle 5=\angle 6$。剩下的问题是看 BF 是否等于 BC。已知$\angle 3=\angle 4$ 还有公共边 BE，再找一个条件才能证三角形全等。这时看到$\angle 7$ 是$\triangle AFE$ 的外角，$\angle 7=\angle 2+\angle 6$。将 AD 延长后得$\angle 8$，$\angle 8=\angle 1+\angle 5$。因为 $AD/\!/BC$，$\angle C=\angle 8$，所以$\angle 7=\angle C$，$\triangle FBE\cong\triangle CBE$，$FB=BC$，所以 $AD+BC=AB$。

例 3 如图 6－22，已知：$\triangle ABC$ 中，$\angle B=2\angle C$，$\angle 1=\angle 2$。求证：$AB+BD=AC$。

图 6－22

分析 1： 这个题也是要证两线段的和等于第三条线段，不妨延长 AB 到 E，使 $BE=BD$，再证 $AE=AC$，由于$\angle 3=\angle E$，并且$\angle 4=\angle E+\angle 3$，得到$\angle 4=2\angle E$，已知$\angle 4=2\angle C$，所以$\angle E=\angle C$，此时可证$\triangle AED\cong$

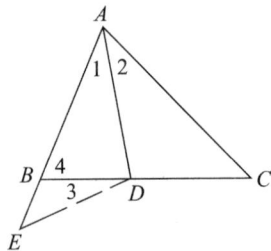

$\triangle ACD$ 了。

分析 2： 若是用基本图二-2，延长 AB 到 E，使 $AE=AC$，先得$\triangle AED\cong\triangle ACD$，从而$\angle E=\angle C$，因为$\angle 4$ 是$\triangle BED$ 的外角，$\angle 4=\angle E+\angle 3$，又已知$\angle 4=2\angle C$，可换成$\angle 4=2\angle E$，所以$\angle E=\angle 3$，所以 $BD=BE$，于是 $AB+BD=AB+BE=AE=AC$。

例 4 如图 6－23，已知：$AB=AC$，分别在 AB、AC 上截取$AD=AE$。求证：$\angle 1=\angle 2$。

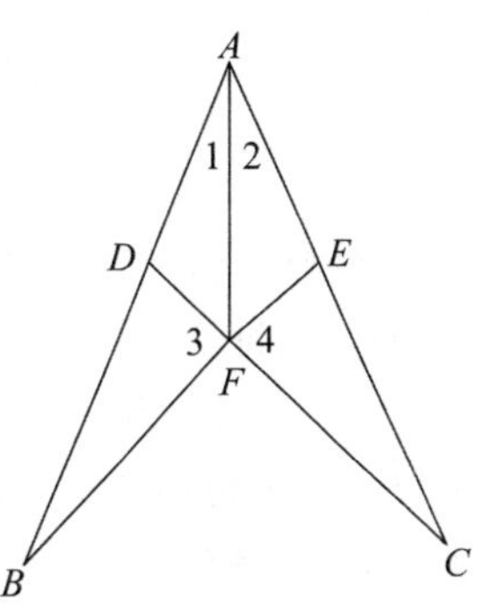

图 6－23

分析： 这个图形与基本图二-1 的条件不同，不是已知$\angle 1=\angle 2$，而是求证$\angle 1=\angle 2$。要证$\angle 1=\angle 2$，希望$\triangle ADF\cong\triangle AEF$，只能从证明 $DF=FE$ 考虑。而 DF、FE 分别在$\triangle DBF$ 与$\triangle ECF$ 中，希望证这两个三角形全等，用等量公理得到 $DB=EC$，又有对顶角$\angle 3=\angle 4$，还差一个条件。前面说过，要逐步研究已知条件，并把它们联系起来。比如 $AB=AC$，$AD=AE$，若是联系在一起，加上公共角$\angle BAC$，就可以证$\triangle ABE\cong\triangle ACD$，从而得到$\angle B=\angle C$，上面的问题才能解决。

我们研究基本图形，应从不同的角度（如原命题、逆命题的角度）把条件变化一下，看图形性质如何，从而积累较多的经验。这样，看见某个图形，从它的形状联想到证过的题目，对照、参考一下，再根据条件认真分析，会有助于寻找解题的方法。

例 5 如图 6－24，已知：$\triangle ABC$ 中 AD 是$\angle A$ 的平分线，$DE\perp AB$ 于 E，$DF\perp AC$ 于 F。求证：$EF\perp AD$。

分析： 由基本图二-3，易证$\triangle AED\cong\triangle AFD$，得到 $AE=AF$。在等腰$\triangle AEF$ 中，顶角平分线垂直平分底边，所以 $AD\perp EF$。

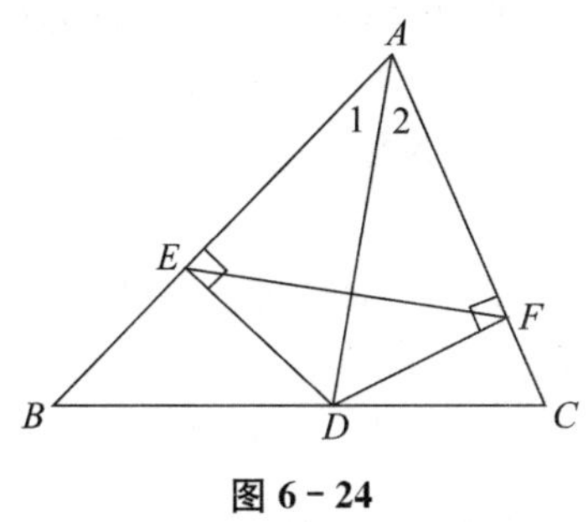

图 6－24

例 6 如图 6－25，已知：$\triangle ABC$ 中，$\angle ACB=90^\circ$，$CD\perp AB$ 于 D，AE 平分$\angle A$ 交 CD 于 F，交 BC 于 E，$FG/\!/AB$ 交 BC 于 G。求证：$CE=GB$。

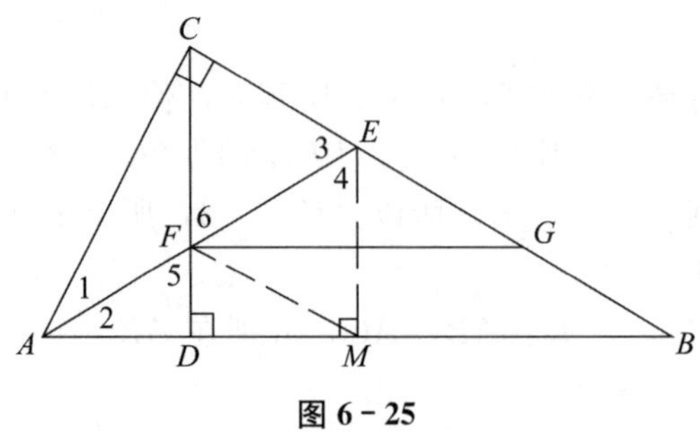

图 6-25

分析：由$\angle 1=\angle 2$和$\angle ACE=90^\circ$得到启发，制造基本图二-3。作$EM\perp AB$于M，易证$\triangle ACE\cong\triangle AME$，得$CE=EM$，$\angle 3=\angle 4$。由锐角互余的关系可证$\angle 6=\angle 3$，得$CE=CF$，经等量代换，得$CF=EM$。而$CF/\!/EM$，所以连接$FM$，得平行四边形$CFME$（实际上四边形$CFME$是菱形）。再根据定义证四边形$FMBG$也是平行四边形，证出$GB=CE$。

例 7 如图 6-26，已知：$\angle ABD$和$\angle ACE$都是$\triangle ABC$的外角，BM是$\angle ABD$的平分线，$AM\perp BM$，CN是$\angle ACE$的平分线，$AN\perp CN$。求证：$MN/\!/BC$。

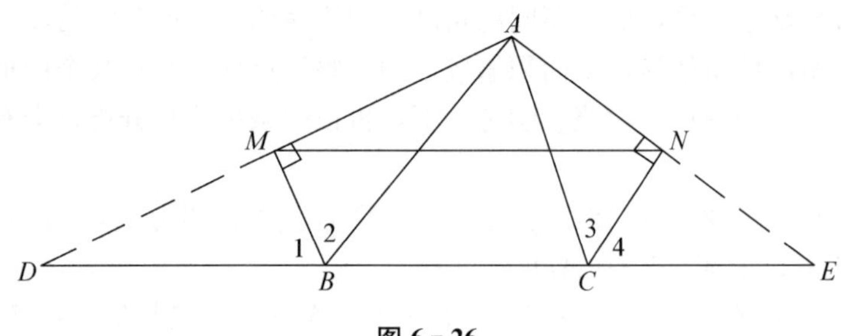

图 6-26

分析：制造基本图二-4，由于MA垂直于$\angle ABD$的平分线，延长AM，交CB的延长线于D，易证$\triangle DMB\cong\triangle AMB$（角边角），得到$DM=MA$。同理可证$\triangle CNE\cong\triangle CNA$，得到$EN=NA$。这样，$MN$便成为$\triangle ADE$两边中点的连线，自然平行于$BC$了。

例 8 如图 6-27，已知：$\triangle ABC$中，AD平分$\angle BAC$，$CF\perp AD$于F，$BE\perp AD$的延长线于E，M是BC的中点。求证：$ME=MF$。

分析：制造基本图二-4，延长BE、AC相交于Q，得$\triangle ABE\cong\triangle AQE$，从而$BE=EQ$，$ME$成为$\triangle BQC$的中位线，$ME=\frac{1}{2}CQ$。同理，延长$CF$，交$AB$于$P$，得到$CF=FP$，证出$MF=\frac{1}{2}BP$。再用等量公理，推出$PB=CQ$，则本题得证。

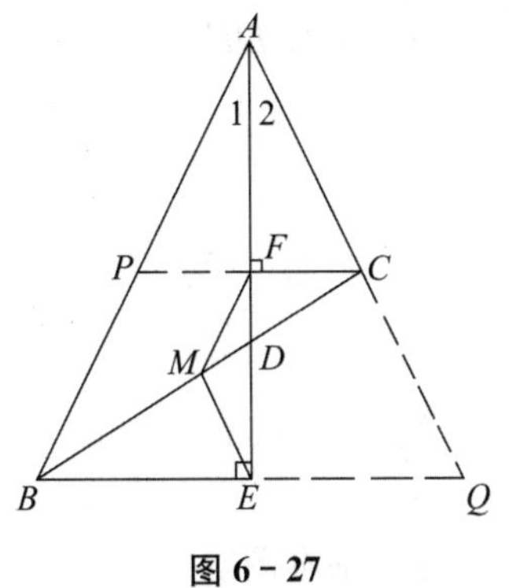

图 6-27

例 9 如图 6-28，已知：$\triangle ABC$ 中，$\angle B$ 的平分线和$\angle C$ 的平分线相交于 O 点，过 O 作 $EF // BC$ 交 AB 于 E，交 AC 于 F。求证：$EF=BE+CF$。

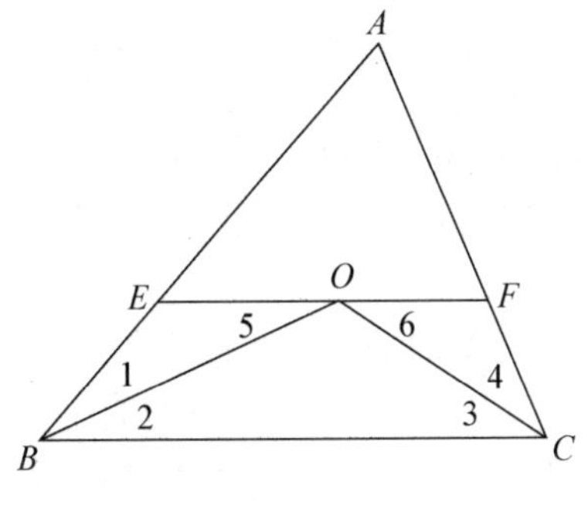

图 6-28

分析： 用基本图二-5，可证$\angle 1=\angle 2=\angle 5$，得到 $BE=EO$；同理可证$\angle 4=\angle 3=\angle 6$，得到 $FC=OF$，所以有 $BE+CF=EO+OF=EF$。

例 10 如图 6-29，已知：$\triangle ABC$ 中，$\angle B$ 的平分线和外角$\angle ACM$ 的平分线相交于 D，$DF // BC$，交 AC 于 E，交 AB 于 F。求证：$EF=BF-CE$。

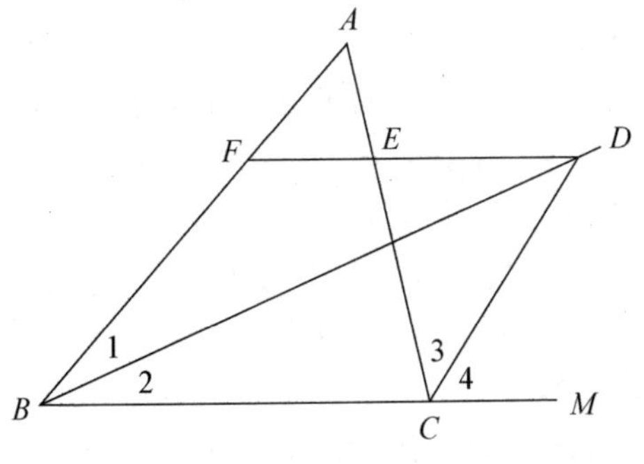

图 6-29

分析： 由于有角平分线 BD，又有 $DE/\!/BC$，属于基本图二-5，易证$\triangle FBD$为等腰三角形，即 $BF=FD$。同理，$\angle FDC=\angle 4=\angle 3$，得 $EC=ED$，于是，$EF=FD-ED=BF-CE$。

练　习

A 组

1. C 是$\angle BAD$ 平分线上的一点，$CB\perp AB$，$CD\perp AD$，P 是 AC 上一点，求证 $PB=PD$。

提示：先用基本图二-3，再用基本图二-1。

2. D 是$\angle EAF$ 平分线上的一点，$DE\perp AE$，$DF\perp AF$，FD 的延长线交射线 AE 于 B，ED 的延长线交射线 AF 于 C，求证：$BD=DC$。

提示：先用基本图二-3，再证$\triangle BDE\cong\triangle CDF$。

3. Rt$\triangle ABC$ 中，$\angle C=90°$，$BC=\frac{1}{2}AB$，求证：$\angle A=30°$。

提示：作$\angle B$ 的平分线交 AC 于 D，再作 $DM\perp AB$ 于 M，考虑基本图二-3，可证 $BC=BM$，从而得到 M 是 AB 中点，再证 Rt$\triangle ADM\cong$Rt$\triangle BDM$，得$\angle A=\angle ABD=\angle DBC=30°$。

4. $\triangle ABC$ 中，AD 是$\angle A$ 的平分线，且 $AD\perp BC$ 于 D，引 $DE\perp AB$ 于 E，$DF\perp AC$ 于 F，求证：(1) $EB=FC$；(2) AD 垂直平分 EF。

提示：考虑基本图二-4，得 $AB=AC$，考虑基本图二-3，得 $AE=AF$，相减得 $EB=CF$。考虑基本图二-1，第二问得证。

5. $\triangle ABC$ 中，AD 平分$\angle A$，过 C 点作 AD 的垂线，垂足为 F，CF 的延长线交 AB 于 E，求证：$DE=DC$。

提示：考虑基本图二-4，得 $AE=AC$，考虑基本图二-1，得 $DE=DC$。

6. $\triangle ABC$ 中，$\angle C$ 的平分线交过 A 点而平行于 BC 的直线于 E，CF 是$\triangle ABC$ 的外角$\angle ACD$ 的平分线，CF 交 EA 的延长线于 F，求证：$AE=AF$。

提示：两次应用基本图二-5。

7. 等边$\triangle ABC$ 中，$\angle B$、$\angle C$ 的平分线相交于 O，作 $OM/\!/AB$，交 BC 于 M，$ON/\!/AC$，交 BC 于 N，求证：$BM=MN=NC$。

提示：两次用基本图二-5，得等腰$\triangle OBM$ 和等腰$\triangle OCN$。

8. $\triangle ABC$ 中，AD 平分$\angle A$，交 BC 于 D，且 $AD\perp BC$，E 是 AD 上一点，求证：$\angle BED=\angle CED$，$\angle EBD=\angle ECD$。

提示：考虑基本图二-4。

9. D 是$\angle BAC$ 平分线上的一点，引 $DC/\!/AB$ 交 AC 于 C，在 DC 延长线上取一点 E，作 $EF/\!/AC$ 交 DA 延长线于 F，求证：$EF=ED$。

提示：考虑基本图二-5。

10. $\triangle ABC$ 中，BD 平分$\angle B$，$AF \perp BD$ 于 E，交 BC 于 F，$EM // BC$ 交 AB 于 M，求证：$AM = MB$。

提示：考虑基本图二-4，证明 E 是 AF 中点，然后用平行截割定理的推论判断 M 是 AB 边的中点，可参阅基本图四-1。

11. 同上题，求证：$ME = \frac{1}{2}AB$。

提示：仍用基本图二-4，然后用直角三角形斜边中线的性质，即基本图八。

12. 如图 6－30，已知：$\angle 1 = \angle 2$，$AD \perp BE$ 于 F，$DE // BC$。求证：$\angle 3 = \angle 4$。

提示：考虑基本图二-4，得 $AB = AE$，用基本图二-1，得 $BD = DE$，推出 $\angle 4 = \angle 5 = \angle 3$。

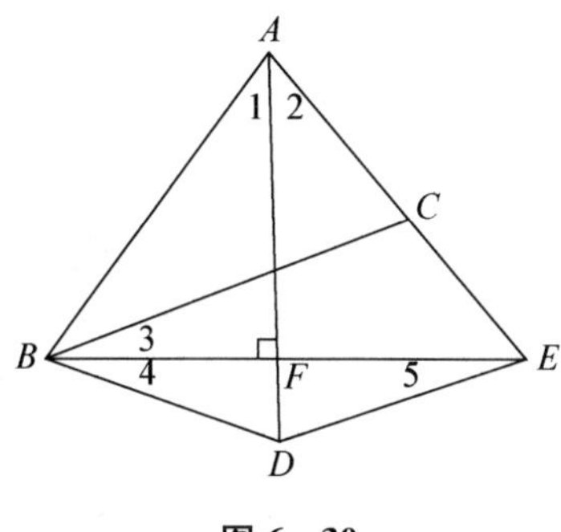

图 6－30

13. $\triangle ABC$ 中，$\angle B = 2\angle C$，$AD \perp BC$ 于 D。求证：$AB + BD = DC$。

提示：按照基本图二-4，作$\angle DAE = \angle DAC$，使这两个角分在 AD 的两侧，AE 交 CB 的延长线于 E，得 $ED = DC$。再通过三角形外角，结合已知条件证出$\triangle AEB$ 是等腰三角形。

14. 如图 6－31，已知：$\triangle ABC$ 是等腰直角三角形，过 A 作 $MN // BC$，AE 平分$\angle CAN$ 交 BC 延长线于 E，AD 平分$\angle CAM$ 交 CB 延长线于 D。求证：$\angle E = \frac{1}{3}\angle ADE$。

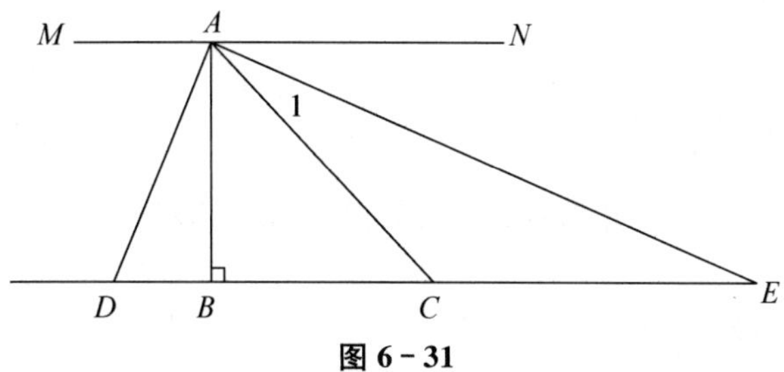

图 6－31

提示：考虑基本图二-5，可证出等腰$\triangle ACE$。结合三角形外角和已知条件，得$\angle E=\angle 1=22.5°$，同理，$\angle ADE=\angle CAD=\frac{1}{2}\angle ACE=67.5°$。

15. 已知：如图 6－32，在$\triangle ABC$中，$AB=AC$，$\angle A=36°$，BD平分$\angle ABC$，交AC于点D。求证：$AD=BC$。

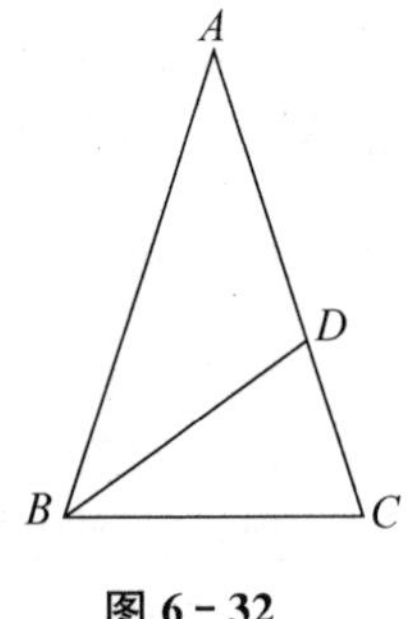

图 6－32

答案：$\because AB=AC$，$\angle A=36°$，$\therefore \angle ABC=\angle C=\frac{1}{2}\times(180°-\angle A)=\frac{1}{2}\times(180°-36°)=72°$，又$\because BD$平分$\angle ABC$，$\therefore \angle ABD=\angle DBC=\frac{1}{2}\angle ABC=\frac{1}{2}\times 72°=36°$，$\angle BDC=\angle A+\angle ABD=36°+36°=72°$，$\therefore \angle C=\angle BDC$，$\angle A=\angle ABD$，$\therefore AD=BD=BC$。

B 组

1. $\triangle ABC$中，$AB=2BC$，$\angle B=2\angle A$，求证：$\angle C=90°$。

提示：若是作$\angle B$的平分线交AC于D，就可以利用已知条件$\angle B=2\angle A$，这时$\angle CBD=\angle DBA=\angle A$，可以得到等腰$\triangle BDA$。作$DE\perp AB$于$E$，则$BE=EA$，结合已知条件$AB=2BC$，得到$BC=BE=EA$。考虑基本图二-1，得$\triangle BCD\cong\triangle BED$，于是$\angle C=\angle BED=90°$。

2. $\triangle ABC$中，AD平分$\angle A$，$CN\perp AD$于E，交AB于N，F是AC的中点，FE的延长线交于BC于M，求证：$BM=MC$。

提示：考虑用基本图二-4，证出FE为$\triangle ANC$的中位线，再参阅后面基本图四，先用基本图四-2，后用基本图四-1 判断M是BC的中点。

3. $\triangle ABC$中，BD、CE分别是$\angle B$、$\angle C$的平分线，引$AM\perp CE$于M，$AN\perp BD$于N，求证：$MN/\!/BC$。

提示：延长AM交BC于P，制造基本图二-4，再延长AN交BC于Q，用三角形中位线证平行。

4. $\triangle ABC$中，E、F分别为AC、BC中点，EF与$\angle A$的平分线相交于D，求证：$AD\perp DC$。

提示：这个题可考虑基本图二-5，在证出$\angle EAD=\angle ADE$，得到$ED=AE=EC$之后，再使用基本图八中“三角形一边中线等于这边一半则这三角形为直角三角形”来证。若用基本图四的思路，证出$ED=\frac{1}{2}AC$之后，延长CD，交AB于G，再用基本图四-1，判断D为CG中点，则$ED=\frac{1}{2}AG$。有了$AC=$

AG 之后，再证三角形全等。

5. $\triangle ABC$ 中，AD 是$\angle A$ 的平行线，作 $BE \perp AD$ 的延长线于 E，引 $EF /\!/ AC$ 交于 AB 于 F，求证：$AF=EB$。

提示：考虑基本图二-5，得 $AF=EF$，再通过等角的余角相等证$\angle FEB=\angle B$，得 $EF=BF$。

6. 如图 6-33，已知：四边形 $ABCD$ 是正方形，延长 AD 到 E，使 $DE=AD$，$\angle DBC$ 的平分线交 CD 于 H，交 AE 的延长线于 F，CE、BF 交于 G，求证：$GD=GH$。

提示：由于 $DE \underline{/\!/} BC$，所以四边形 $DBCE$ 是平行四边形，得 $DB /\!/ EC$。根据基本图二-5，$\angle 3=\angle 1=\angle 2$，知$\angle 4=45°$，又有 $CD=BC=CG$，所以$\angle 5=67.5°$。由$\angle 2=22.5°$，知$\angle BHC=67.5°$，则$\angle DHG=67.5°$。

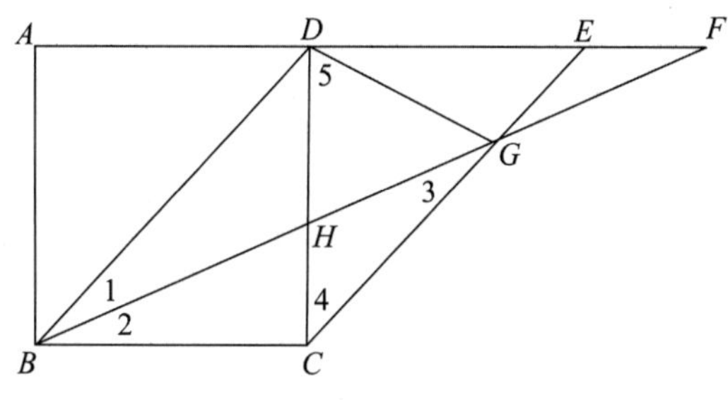

图 6-33

7. 如图 6-34，已知：正方形 $ABCD$ 中，M 是 DC 中点，E 是 DC 上一点，且 $AE=EC+BC$。求证：$\angle BAE=2\angle DAM$。

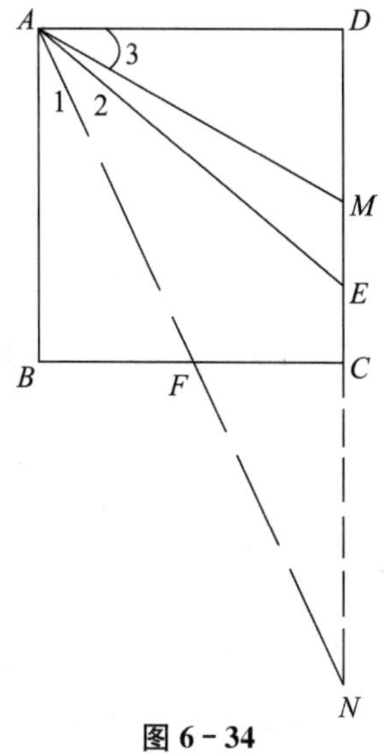

图 6-34

提示：作$\angle BAE$的平分线交BC于F，交DC的延长线于N。考虑基本图二-5，得$AE=EN$，证出$CN=BC$，易证出$Rt\triangle ABF\cong Rt\triangle NCF$，再证$\triangle ABF\cong\triangle ADM$，得$\angle 1=\angle 3$。

8. 如图 6－35，已知：$AB=AC$，$AD\perp BC$于D，BM、BN将$\angle ABC$分为$\angle 1=\angle 2=\angle 3$，和$AD$交于$M$、$N$，$CN$的延长线交$AB$于$E$。求证：$BN/\!/EM$。

提示：易证$\angle 4=\angle 5=\angle 6=\angle 1=\angle 2=\angle 3$，则$M$为$\triangle AEC$的内心，$EM$必平分$\angle AEN$，有$\dfrac{AM}{MN}=\dfrac{AE}{EN}$，能证$\angle 7=\angle 3+\angle 6=\angle 1+\angle 2=\angle EBN$，得$BE=EN$，等量代换为$\dfrac{AM}{MN}=\dfrac{AE}{EB}$，所以$BN/\!/EM$。

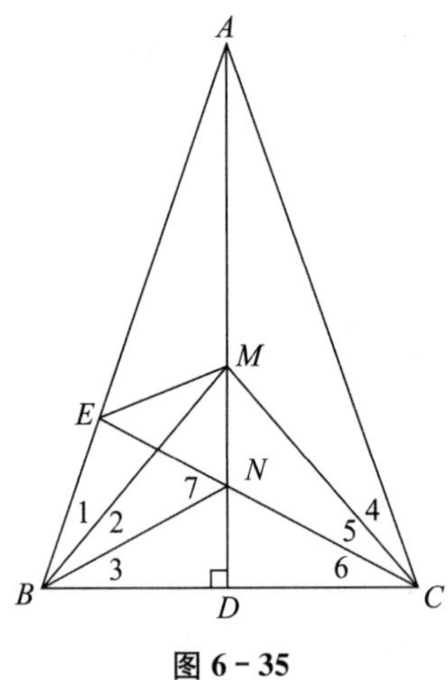

图 6－35

9. $\triangle ABC$中，$\angle C>\angle B$，$AD\perp BC$于D，AE平分$\angle BAC$，求证：$\angle DAE=\dfrac{1}{2}$（$\angle C-\angle B$）

提示：$\angle DAE=90°-\angle AED=90°-$（$\angle B+\dfrac{1}{2}\angle A$），将 90°换成$\dfrac{1}{2}\times$（$\angle A+\angle B+\angle C$），上式$=\dfrac{1}{2}\angle A+\dfrac{1}{2}\angle B+\dfrac{1}{2}\angle C-\angle B-\dfrac{1}{2}\angle A=\dfrac{1}{2}\angle C-\dfrac{1}{2}\angle B$。

10. $\triangle ABC$中，$\angle A=36°$，$AB=AC$，BD是$\angle B$的平分线，求证：$BC^2=CD\cdot AC$。

提示：通过计算得到$\angle ABD=\angle DBC=36°$，所以$\triangle BAC$与$\triangle DBC$都是顶角 36°的等腰三角形，两三角形相似，对应边成比例。

11. $\triangle ABC$ 的内角平分线 AD、BE、CF 相交于 O，作 $OG\perp BC$ 于 G，求证：$\angle BOD=\angle COG$。

提示：$\angle COG=90°-\angle GCO=90°-\frac{1}{2}\angle C$，$\angle BOD=180°-\angle ADB-\frac{1}{2}\angle B=90°+90°-\left(\frac{1}{2}\angle A+\angle C\right)-\frac{1}{2}\angle B=90°+\frac{1}{2}\angle A+\frac{1}{2}\angle B+\frac{1}{2}\angle C-\frac{1}{2}\angle A-\angle C-\frac{1}{2}\angle B=90°-\frac{1}{2}\angle C$。

12. 如图 6-36，已知：$\angle 1=\angle 2$。求证：$AD^2=AB\cdot AC-BD\cdot DC$。

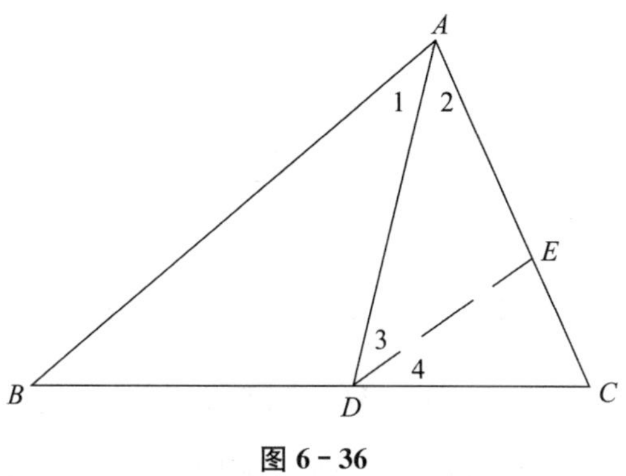

图 6-36

提示 1：要证的结论包含乘积形式，显然是从比例得来的，只从角平分线想是不够的，还须考虑制造相似三角形。因为$\angle ADC>\angle B$，可以在$\angle ADC$ 的内部，作$\angle ADE=\angle B$，DE 交 AC 于 E，得到$\triangle ABD\backsim\triangle ADE$，有$\frac{AB}{AD}=\frac{AD}{AE}$，即 $AD^2=AB\cdot AE$。和要证的结论比较，有了 AD^2，就希望将 $AB\cdot AE=AB\cdot AC-BD\cdot DC$ 中的AE 换掉，变成$AB\cdot AE=AB\cdot(AC-EC)=AB\cdot AC-AB\cdot EC$。希望证 $BD\cdot DC=AB\cdot EC$，即希望$\frac{BD}{AB}=\frac{EC}{DC}$。由$\angle 1=\angle 2$，得$\frac{BD}{DC}=\frac{AB}{AC}$，换成$\frac{BD}{AB}=\frac{DC}{AC}$。希望证$\frac{EC}{DC}=\frac{DC}{AC}$，即希望$\triangle DCE\backsim\triangle ACD$。由$\angle ADC=\angle 3+\angle 4=\angle 1+\angle B$，所以$\angle 4=\angle 1=\angle 2$，$\angle C$ 是公共角，可以证出$\triangle DCE\backsim\triangle ACD$，此题得证。

提示 2：若作出$\triangle ABC$ 的外接圆$\odot O$，延长 AD 交$\odot O$ 于 E，考虑基本图二十四和基本图二十五，问题就简单多了。

3. 三角形中线

如图 6－37 基本图三-1：在△ABC 中，$BD=DC$，这时三角形中线 AD 把△ABC 分成两部分，它们有着相等的底。如果作 $AE\perp BC$ 于 E，则 AE 既是△ABD 的高，也是△ADC 的高。△ABD 与△ADC 等底、同高，因而面积相等。

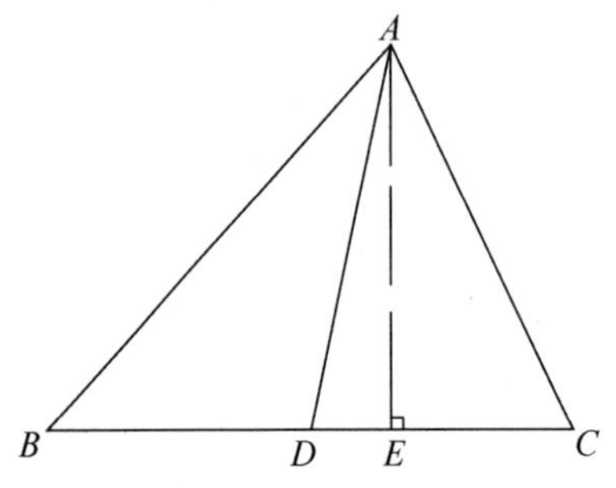

图 6－37　基本图三-1

如图 6－38 基本图三-2：从 B、C 两点分别向中线 AD 或它的延长线引垂线，可以得到△$BDE\cong$△CDF。

如图 6－39 基本图三-3：将中线 AD 延长到 E，使 $DE=AD$，得到△$ABD\cong$△ECD，从而有对应边、对应角相等。若连接 BE，则得到平等四边形 $ABEC$。

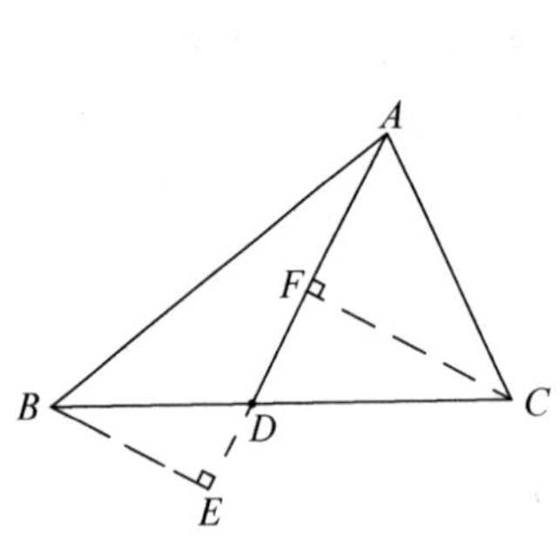

图 6－38　基本图三-2

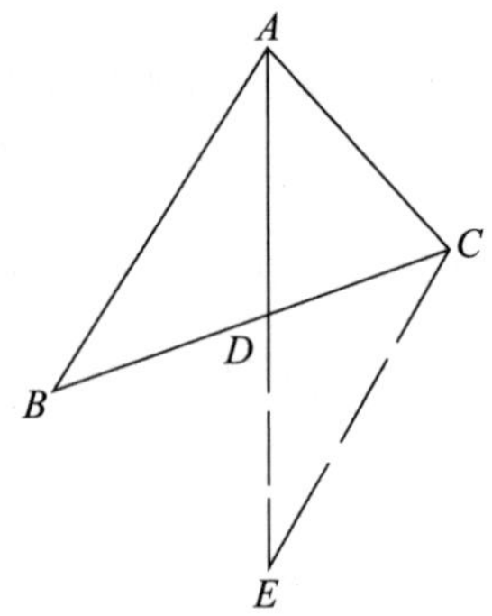

图 6－39　基本图三-3

如图 6－40 基本图三-4：这属于三角形重心问题，三条中线的交点 M 分每一条中线为 2∶1 两部分，有$\frac{2}{3}$、$\frac{1}{3}$的关系可利用。

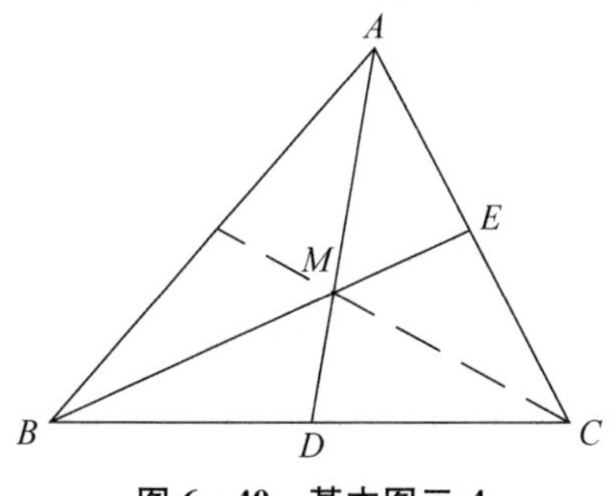

图 6-40　基本图三-4

例 1　求证：三角形一边的两个端点到这边中线的距离相等。

分析： 这个题的图形即基本图三-2 的图形，只要搞清了点到直线距离的概念，则由基本图三-2 可得到解决。

例 2　如图 6-41，已知，$\triangle ABC$ 中，$AB < AC$，$BD = DC$。求证：$\angle 1 > \angle 2$。

分析： 要比较$\angle 1$ 和$\angle 2$ 的大小，根据学过的知识，一般得将这两个角放在一个三角形里，用“大边对大角”去证明。用基本图三-3，易证$\angle 1 = \angle E$，$AB = CE$。这时，用$\angle E$ 代替$\angle 1$ 去和$\angle 2$ 比较，由于它们集中在$\triangle AEC$ 中，$EC < AC$，得$\angle 2 < \angle E$，即$\angle 1 > \angle 2$。

例 3　如图 6-42，已知：E 是 AC 中点。求证：$S_{ABED} = S_{EBCD}$。

分析： $\triangle ACD$ 中，$AE = EC$，$\therefore S_{\triangle ADE} = S_{\triangle DEC}$，在$\triangle ABC$ 中，$AE = EC$，$\therefore S_{\triangle ABE} = S_{\triangle BEC}$。

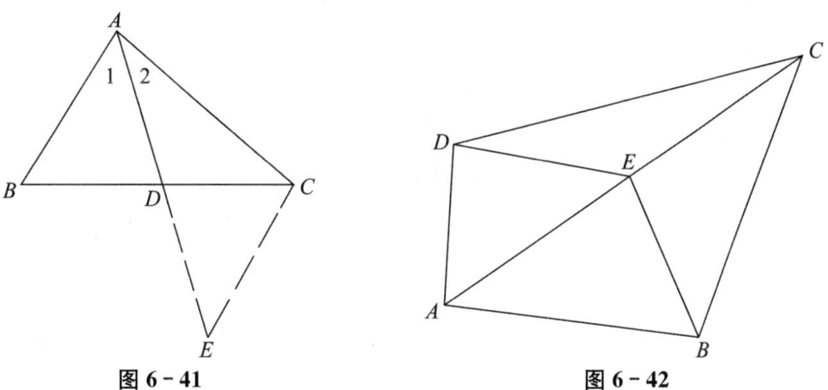

图 6-41　　　　图 6-42

例 4　如图 6-43，已知：任意四边形 $ABCD$，延长 AB 到 E，使 $BE = AB$。延长 BC 到 F，使 $CF = BC$，延长 CD 到 G，使 $DG = CD$，延长 DA 到 H，使 $AH = DA$。求：四边形 $EFGH$ 的面积是四边形 $ABCD$ 面积的几倍？

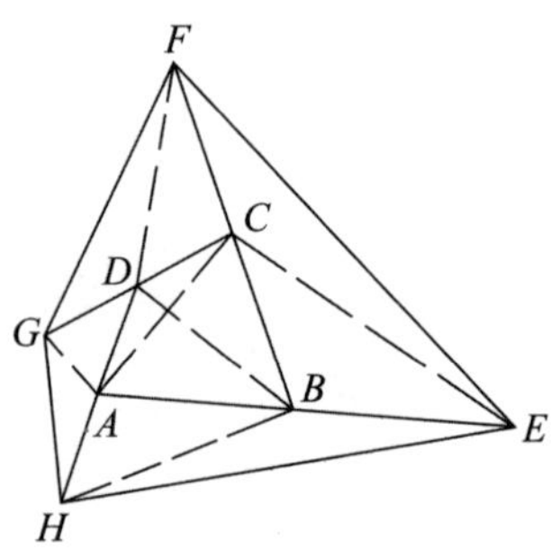

图 6-43

分析：连接 AC 和 CE，有基本图三-1，由 $AB=BE$，得 $S_{\triangle ABC}=S_{\triangle CBE}$，由 $BC=CF$，得 $S_{\triangle CBE}=S_{\triangle ECF}$，连接 AG，由 $CD=DG$，得 $S_{\triangle CAD}=S_{\triangle DAG}$，由 $DA=AH$，得 $S_{\triangle DAG}=S_{\triangle GAH}$，这样，得到 $S_{\triangle FBE}+S_{\triangle HDG}=2S_{\triangle BCD}$；同理，连接 FD 和 DB，仍用基本图三-1，由 $BC=CF$，得 $S_{\triangle BDC}=S_{\triangle CDF}$，由 $CD=DG$，得 $S_{\triangle CDF}=S_{\triangle FDG}$，连接 BH，由 $DA=AH$，得 $S_{\triangle DBA}=S_{\triangle ABH}$，由 $AB=BE$，得 $S_{\triangle ABH}=S_{\triangle HBE}$，这样得到 $S_{\triangle FCG}+S_{\triangle AHE}=2S_{\triangle ABCD}$，结论是 $S_{ERGH}=5S_{ABCD}$。

例 5　如图 6-44，已知：四边形 $ABCD$ 中，$BE=EF=FC$，$AG=GH=HD$。求证：$S_{EFHG}=\frac{1}{3}S_{ABCD}$。

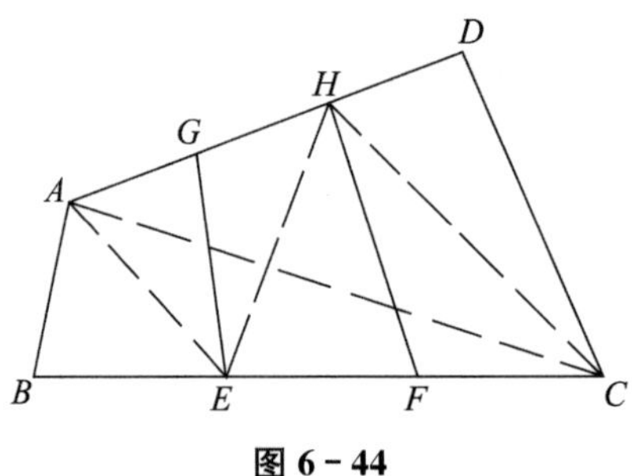

图 6-44

分析：由于三角形面积等于底乘高的一半，结合已知条件，可证$\frac{S_{\triangle AEC}}{S_{\triangle ABC}}=\frac{2}{3}$。同理，$\frac{S_{\triangle AHC}}{S_{\triangle ADC}}=\frac{2}{3}$，则 $S_{\triangle ECH}=\frac{2}{3}S_{ABCD}$。连接 EH，用基本图三-1，在$\triangle AEH$ 中，$AG=GH$，则 $S_{\triangle AGE}=S_{\triangle GEH}$。在$\triangle EHC$ 中，$EF=FC$，则 $S_{\triangle EPH}=S_{\triangle FHC}$。所以，$S_{EFHG}=\frac{1}{2}S_{AECH}=\frac{1}{3}S_{ABCD}$。

例 6　如图 6-45，已知：AC 切⊙O 于 A，在 AC 上取 $AB=BC$。作⊙O 的割线 BE 交⊙O 于 D、E。连接 CE 交⊙O 于 F，CD 的延长线交⊙O 于 G。求

证：$FG /\!/ AC$。

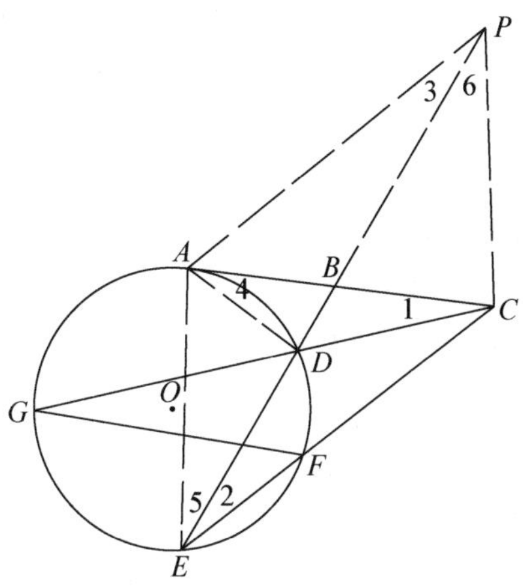

图 6－45

分析 1：这个题的一般证法是用基本图二十八切割线定理得出 $BA^2=BD\cdot BE$，换成 $BC^2=BD\cdot BE$，证$\triangle CBD\backsim\triangle EBC$，得$\angle 1=\angle 2$。由$\angle 2=\angle G$（同弧上的圆周角相等），得$\angle 1=\angle G$，用内错角相等证两直线平行（详见后面"22. 圆中的比例线段"）。

分析 2：这里着重介绍的是利用延长中线解题的办法。如果 $AB=BC$，连接 AE，照基本图三-3 的办法延长 EB 到 P，使 $BP=EB$，则四边形 $AECP$ 是平行四边形，得$\angle 2=\angle 3$，可证$\angle 2=\angle G$。于是，证明$\angle 1$ 等于$\angle G$、$\angle 2$、$\angle 3$ 中任意一个均可。要证$\angle 1=\angle 3$，显然需要 A、D、C、P 四点共圆。连接 AD，由弦切角可证$\angle 4=\angle 5=\angle 6$，得到 A、D、C、P 四点共圆，本题得证。

例 7　已知一边上的中线和该中线与另外两边所夹的两个角，作三角形。

本题属于用三角形奠基法解作图题。已知：线段 m 和$\angle\alpha$，$\angle\beta$（见图 6－46），求作$\triangle ABC$，使中线 $AD=m$，$\angle BAD=\angle\alpha$，$\angle DAC=\angle\beta$（见图 6－47）。

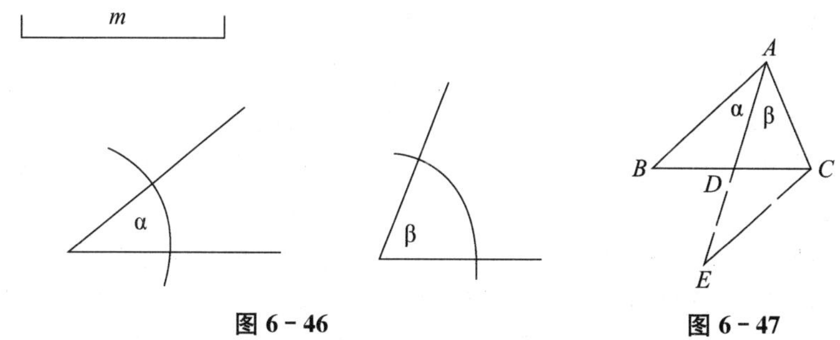

图 6－46　　　　图 6－47

分析：假如$\triangle ABC$ 已作出，其中 $BD=DC$，$\angle BAD=\angle\alpha$，$\angle DAC=\angle\beta$，

按照基本图三-3，延长 AD 到 E，使 $DE=AD$。连接 EC，由$\triangle ABD\cong\triangle ECD$ 得$\angle E=\angle\alpha$，$EC=AB$。在$\triangle AEC$ 中，$AE=2m$，$\angle CAE=\angle\beta$，$\angle AEC=\angle\alpha$，所以$\triangle ACE$ 可作。因 D 是 AE 中点，所以 D 点可定；又因 $BD=DC$，所以 B 点可定，则$\triangle ABC$ 可作。

作法

(1) 作$\triangle AEC$ 使 $AE=2m$，$\angle AEC=\angle\alpha$，$\angle EAC=\angle\beta$；

(2) 取 AE 中点 D，连接 CD；

(3) 延长 CD 到 B，使 $BD=CD$；

(4) 连接 AB，则$\triangle ABC$ 即为所求。

证明（见图 6-48）：

由作法知 $BD=DC$，

$\therefore AD$ 是$\triangle ABC$ 的中线，又 $AD=\frac{1}{2}AE=\frac{1}{2}\cdot 2m=m$。

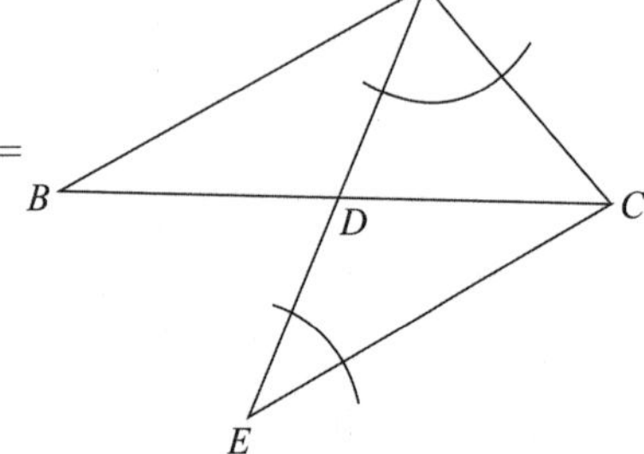

图 6-48

$\because AD=DE$，$BD=DC$，

$\angle ADB=\angle EDC$。

$\therefore\triangle ABD\cong\triangle ECD$。

$\therefore\angle BAD=\angle DEC=\angle\alpha$。

又：$\angle EAC=\angle\beta$。

$\therefore\triangle ABC$ 是所求。

注：做作图题的步骤具体要求如下：

(1)“已知”中要写清条件所给的有关名称（如中线长为 m），画出所给条件中有关量的大、小（如线段大小，角的大小等）；

(2)“求作”中要写清作什么图，满足什么条件；

(3) 实际上作图问题常常是确定某些点的位置的问题。例如本题用三角形奠基法确定 A、C 两点的位置，然后按照条件再定 B 点的位置，问题就解决了。所以，所谓“分析”，就是假定图形已经作出，按照条件研究确定某些点的位置。这里始终说的是“可作”“可定”或“可求”，因为还没作；

(4)“作法”中，凡属公法、基本作图、三角形基本作图的，只说作什么，不说怎样作；

(5)“证明”是以求作为标准、以作法为依据的，即检验合格的意思；

(6)“讨论”，这是研究已知条件位置、大小的情况。本例题没写讨论，一般奠基三角形若是直角三角形，必须斜边大于直角边。任意三角形，要注意两边之和大于第三边。依公共点的位置看什么情况有解，什么情况无解。本题若要讨论，则是要求 $\alpha+\beta<180°$。

例 8 如图 6－49，已知：AD、BE、CF 是$\triangle ABC$ 中 BC、AC、AB 边上的中线。求证：AD、BE、CF 相交于一点 M，且 $MD=\frac{1}{3}AD$，$ME=\frac{1}{3}BE$，$MF=\frac{1}{3}CF$。

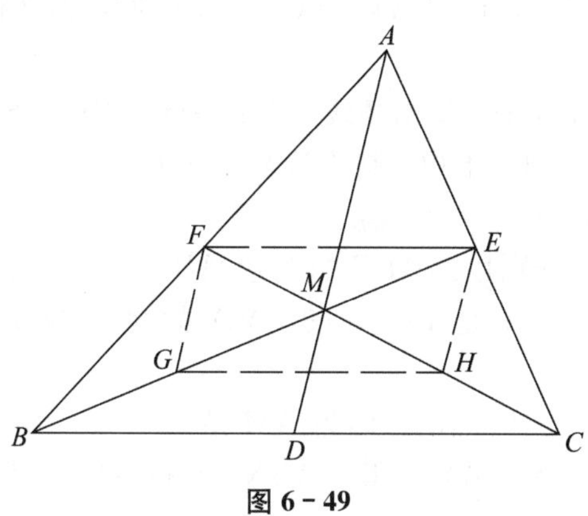

图 6－49

分析：设 BE、CF 交于 M。由于本题相当于要证三等分线段，所以先取 BM、CM 的中点 G、H，再证 $EM=MG$，$FM=MH$ 就行了。

以前证明三角形三边的垂直平分线相交于一点、三内角的平分线相交于一点时，用的方法是先证两线相交于一点，再证这个交点应该在第三条直线上。本题用的方法是，证明三中线两两相交而交点重合。通过这个例题，一方面证明了三角形重心的性质，另一方面介绍了证明三线共点的另一种方法。

练　习

A 组

1. 求证：三角形一边上的中线小于其他两边和的一半。

提示：若 AD 是$\triangle ABC$ 中 BC 边上的中线，延长 AD 到 E，使 $DE=AD$，用基本图三-3，得到$\triangle ABD\cong\triangle CED$。用 EC 代替 AB，在$\triangle AEC$ 中，$AE<AC+CE$，即 $2AD<AC+AB$，得 $AD<\frac{1}{2}(AC+AB)$。

2. AD 是$\triangle ABC$ 的中线，并且$\angle BAD=\angle CAD$，求证：$AB=AC$。

提示：不能直接证明$\triangle ABD\cong\triangle ACD$，因为此时条件是边、边、角，也不能证明 $AD\perp BC$。所以用基本图三-3 的办法，延长 AD 到 E，使 $DE=AD$，易证$\triangle ABD\cong\triangle ECD$，得$\angle CED=\angle BAD=\angle CAD$，证出$\triangle ACE$ 是等腰三角形，问题就解决了。

3. 求证：直角三角形斜边上的中线等于斜边的一半。

提示：设$\triangle ABC$中，$\angle ACB=90°$，$AD=DB$。用基本图三-3，延长CD到E，使$DE=CD$，然后证矩形。

4. $\triangle ABC$中，BE、CF都是中线，延长BE到M，使$EM=BE$，延长CF到N，使$FN=CF$，求证：N、A、M三点共线。

提示：用基本图三-3，证明$AM/\!/BC$，$AN/\!/BC$，据平行公理，N、A、M共线。

5. P是平行四边形$ABCD$对角线AC上一点，求证：$S_{\triangle APB}=S_{\triangle APD}$。

提示：连接BD交AC于O，制造基本图三-1，得$S_{\triangle ABO}=S_{\triangle ADO}$，$S_{\triangle PBO}=S_{\triangle PDO}$，相减（加）得$S_{\triangle APB}=S_{\triangle APD}$。

6. 如图6－50，分别以$\triangle ABC$的两边AB、AC为边向外作正方形$ABGF$和正方形$ACDE$，M是BC中点，MA的延长线交FE于H，求证：$MH\perp EF$。

提示：希望$\angle 1+\angle 2=90°$，因为AM是$\triangle ABC$的中线。据基本图三-3，延长AM到N，使$MN=AM$，得$\square ABNC$。有$AB=AF$，$BN=AC=AE$，由$\angle ABN+\angle BAC=180°$，$\angle FAE+\angle BAC=180°$，得$\angle ABN=\angle FAE$。通过$\triangle ABN\cong\triangle FAE$得$\angle 3=\angle 1$，而$\angle 3+\angle 2=90°$，所以$\angle 1+\angle 2=90°$。

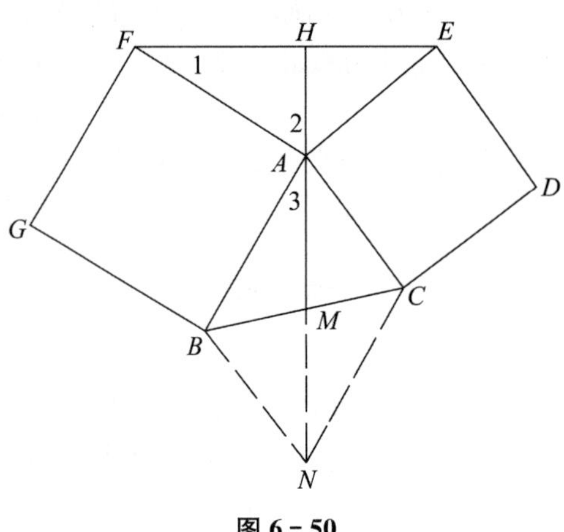

图 6－50

7. $\triangle ABC$中，BE、CF都是中线，它们的交点是M，求证：$S_{AFME}=S_{\triangle BMC}$

提示：连接FE，由基本图三-1，得$S_{\triangle ACF}=S_{\triangle BCF}$。$FE/\!/BC$，$S_{\triangle BCE}=S_{\triangle BCF}$，$S_{\triangle MCE}=S_{\triangle MBF}$得$S_{AFME}=S_{\triangle BMC}$。

8. $\triangle ABC$中，BE、CF都是中线，并且$BE=CF$，求证：$\triangle ABC$是等腰三角形。

提示：设 BE、CF 交于 M 点，由基本图三-4，得 $BM=\frac{2}{3}BE$，$CM=\frac{2}{3}CF$，而 $BE=CF$，所以 $\angle EBC=\angle FCB$，可证 $\triangle EBC\cong\triangle FCB$。

B 组

1. $\triangle ABC$ 中，M 为 BC 中点，D 为 BM 上任意一点，过 D 引直线 $EG/\!/AM$ 交 AB 于 E，交 CA 的延长线于 F，求证：$DE+DF=2AM$。

提示：延长 AM 到 N，使 $MN=AM$。连接 BN，交直线 EF 于 G，根据基本图二十二，能有 $\frac{DG}{MN}=\frac{BD}{BM}=\frac{ED}{AM}$，得 $DG=DE$，所以 $DE+DF=DG+DF=GF=AN=2AM$。

2. 如图 6－51，已知：任意四边形 $ABCD$ 中，$AB=CD$，M、N 分别是 BC、AD 中点，BA 的延长线交 MN 的延长线于 Q，CD 的延长线交 MN 的延长线于 P，求证：$\angle BQM=\angle MPC$。

提示 1：连接 AC 得 $\triangle ACD$。CN 是 AD 边上的中线，延长 CN 到 E，使 $NE=CN$，得 $\square ACDE$。于是 $AB=CD=AE$，$\angle 3=\angle 4=\angle 1$，在 $\triangle CEB$ 中，MN 是中位线，得 $EB/\!/PM$，所以 $\angle 2=\angle 3$，用到两边对应平行的两个角相等。

提示 2：见图 6－52，连接 BD，DM 是 BC 边上的中线，仿上题用基本图三-3 证明。

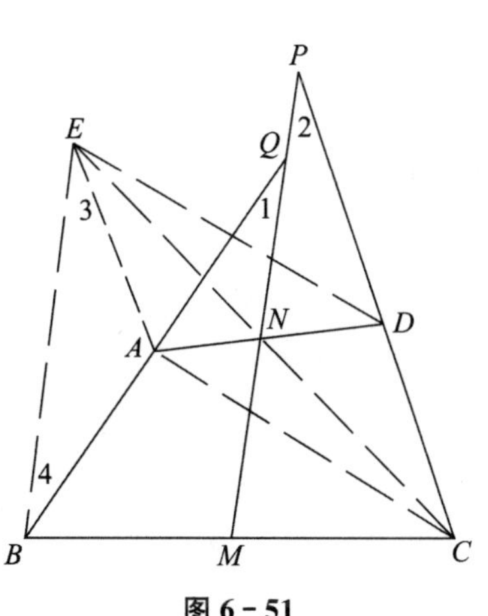

图 6－51

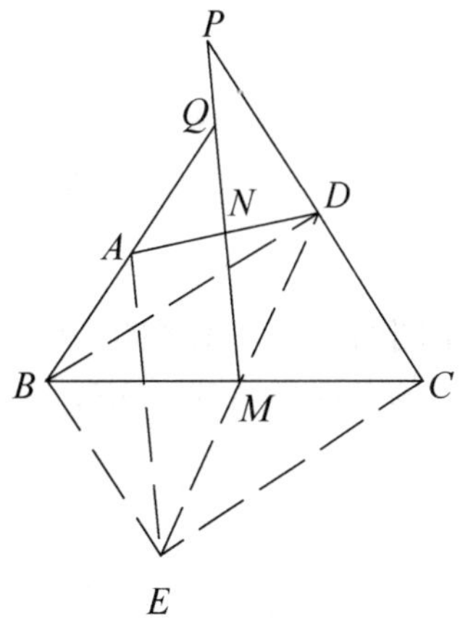

图 6－52

3. 如图 6－53，已知 $\triangle ABC$ 的三边为 a、b、c，BC 边上的中线为 m_a，求证：$m_a=\frac{1}{2}\sqrt{2b^2+2c^2-a^2}$

提示：图中 $BC=a$，$AC=b$，$AB=c$，$BD=DC$，$AD=m_a$，延长 AD 到

E，使 $DE=AD$，得$\square ABEC$。据余弦定理，有 $BC^2=AB^2+AC^2-2AB\cdot AC\cdot\cos\angle BAC$，

$AE^2=AB^2+BE^2-2\cdot AB\cdot BE\cdot\cos\angle ABE$，

两式相加，得 $BC^2+AE^2=2AB^2+2AC^2$，

即 $BC^2+(2AD)^2=BC^2+4AD^2=2AB^2+2AC^2$；

或写成 $AB^2+AC^2=\frac{BC^2}{2}=2AD^2$，

即 $AD^2=\frac{AB^2}{2}+\frac{AC^2}{2}-\frac{BC^2}{4}=\frac{2AB^2}{4}+\frac{2AC^2}{4}-\frac{BC^2}{4}$，

$\therefore AD=\frac{1}{2}\sqrt{2AB^2+2AC^2-BC^2}$，

即 $m_a=\frac{1}{2}\sqrt{2c^2+2b^2-a^2}$。

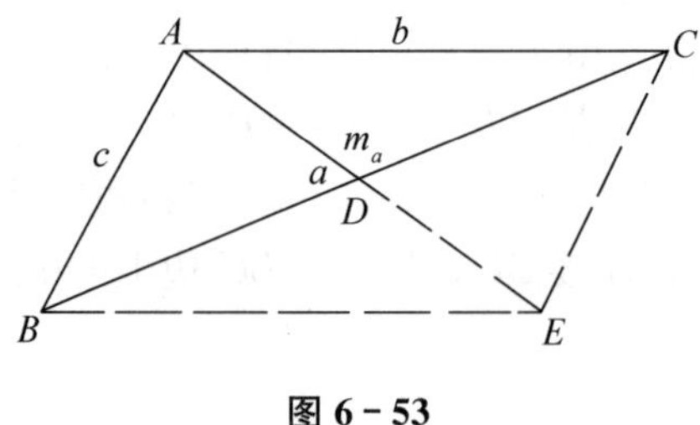

图 6－53

4. 三角形中位线

基本图四-1 和基本图四-2 的条件不同，因而用途也就不同。如图 6－54，基本图四-1 的条件是 $AD=DB$，$DE/\!/BC$，结论是 $AE=EC$。这个基本图的用处是判断中点。

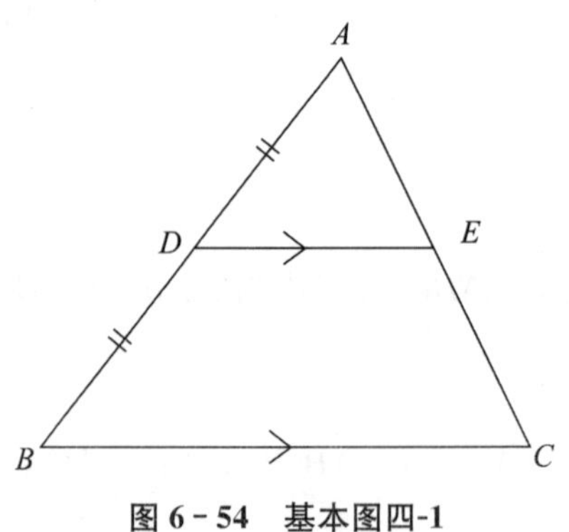

图 6－54　基本图四-1

如图 6－55，基本图四-2 的条件是 $AD=DB$，$AE=EC$，结论是 $DE \mathrel{\underline{\mathbin{/\!/}}} \frac{1}{2}BC$，用处是证平行线或 DE 是 BC 的一半。有时这两个基本图连续用，先用基本图四-1 判断中点，三角形中有了两边中点的连线后，再用中位线定理。

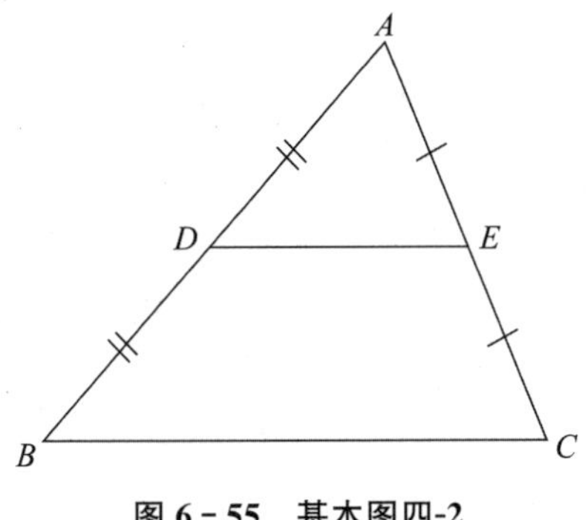

图 6－55　基本图四-2

在三角形和四边形的题目中，条件里时常有中点。在这种情况下，特别是不止一个中点的时候，往往是要用三角形中位线的知识的。任意四边形的性质，只学过内角和为 360°，因而有关任意四边形的题目时常连一条对角线把它分成两个三角形来研究。若是有中点这个条件，便可以在三角形中应用了。

例 1　如图 6－56，已知：梯形 $ABCD$ 中，$AB /\!/ CD$，E、F 分别是 AD、BC 边的中点，AC 交 EF 于 P，$AB=42$ mm，$CD=20$ mm。求 EP、PF 的长。

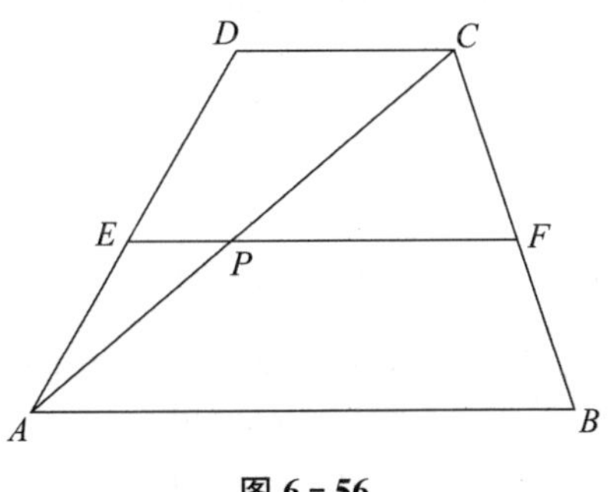

图 6－56

分析：读者很容易直接答出 EP 长为 10 mm，PE 长为 21 mm。作为几何计算题，这样解答是不合要求的。因为说 EP 是△DAC 两边中点的连线尚无根据，$AE=ED$ 是已知条件，$AP=PC$ 呢？几何计算题与代数计算题的区别主要在于，几何计算，要根据几何图形的性质，先证后算或边证边算。所谓能推就推，是指根据图形性质推理；能算就算，是指根据推出的性质进行计算。由 EF 是梯形 $ABCD$ 的中位线，得到 $EF /\!/ AB /\!/ CD$。在△DAC 中，由基本图四-1 的条件，能判断 $AP=PC$，判断的根据是平行截割定理的推论，即过三角形一边中点而平行于第二边的直线，必平分第三边。然后再用基本图四-2，算出 $EP=\frac{1}{2}DC=10\ \text{mm}$。同理得 $PF=21\ \text{mm}$。

例 2 如图 6－57，已知：AD 是$\triangle ABC$ 中 BC 边上的中线，E 是 AD 的中点。求证：(1) $AF=\frac{1}{2}FC$；(2) $EF=\frac{1}{3}BE$。

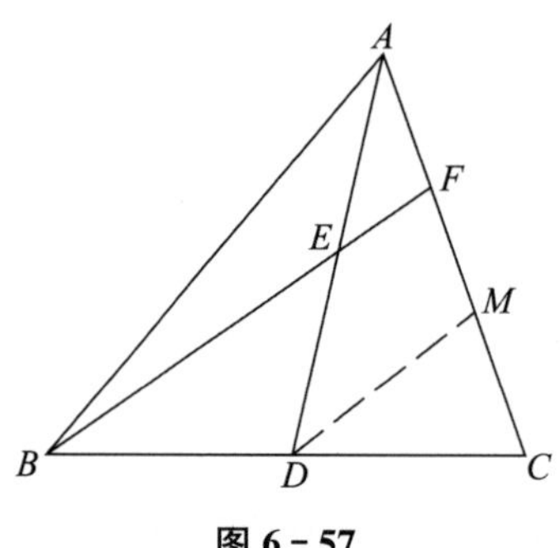

图 6－57

分析：AD 是 BC 边上的中线，即 D 是 BC 边的中点。关于三角形中线的基本图，上节讲过四种情况，主要是研究三角形面积、三角形全等与三角形重心，看不出与本题有什么关联，那么就考虑三角形中位线。本题虽然有两个中点，却并不构成三角形中位线，于是想再取一个中点制造三角形中位线，D 是 BC 中点，包含 BC 边的三角形有$\triangle ABC$ 和$\triangle FBC$，若是取 FC 的中点 M，连接 DM 可以得 $DM /\!/ BF$，$DM=\frac{1}{2}BF$。同时，$FM=\frac{1}{2}FC$，只要证明 $AF=FM$，也就是判断 F 是 AM 中点就可以了。在$\triangle ADM$ 中，由于符合基本图四-1，$AF=FM$ 就不成问题了。$EF=\frac{1}{2}DM$，$DM=\frac{1}{2}BF$，则 $EF=\frac{1}{4}BF$，$EF=\frac{1}{3}BE$。

例 3 如图 6－58，已知：梯形 $ABCD$ 中，$AB /\!/ CD$，四边形 $ACED$ 是平行四边形，延长 DC 交 BE 于 F。求证：$EF=FB$。

分析 1：要善于从求证提希望。要判断 F 为 EB 中点，就希望出现基本图四-1，对照基本图四-1 的结构来研究本题。EB 作为第三边，AB 所在直线上选一段作为第二边，梯形上底 DC 作为平行于第二边的直线，那么哪是第一边呢？还是有第一边的中点，这是“要什么”。再看“有什么”，见到图形，想到性质，$\square ACED$ 对角线互相平分，连接 AE，则 $AO=OE$，在$\triangle ABE$ 中，有基本图四-1，问题解决了。

分析 2：若是延长 EC 交 AB 于 M，由$\square ACED$ 与$\square AMCD$ 的关系得 $EC=CM$，再在$\triangle EMB$ 中用基本图四-1 即可。

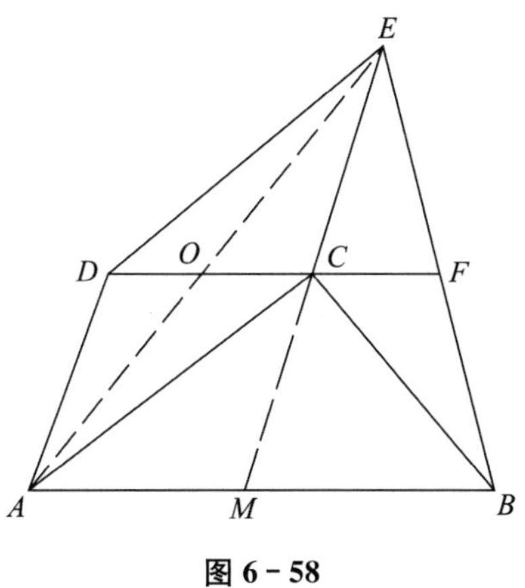

图 6 - 58

除上述两种方法外，还有解法如下：

作 $FN//AD$ 交 AB 于 N，证$\triangle ECF\cong\triangle FNB$。

作 $BG//AD$ 交 DF 延长线于 G，证 $ECBG$ 是平行四边形。

延长 ED、BA 交于 P，证$\triangle EDC\cong\triangle DPA$。

作 $CH // FB$ 交 AB 于 H，用到两边分别平行的两个角相等，再证$\triangle DEF\cong\triangle ACH$。

作 $EQ//CD$ 交 AD 延长线于 Q，用平行截割定理。

作 $FS//AD$ 交 AB 于 S，证出四边形 $ASFD$ 是平行四边形。再由$\square ACED$，证出四边形 $SFEC$ 是平行四边形，得四边形 $SBFC$ 也是平行四边形。

这些证法繁简不一，不一定都是很好的方法，但肯思考、有思路却是可贵的。一个学生经过半年多的努力，一方面记住学过的概念、定理（知识），另一方面从已知向后推，善于从求证提希望，再研究几个基本图形（训练），那么对于平面几何这门课，从不会到会就不是很困难了。

例 4 求证：

顺次连接任意四边形各边中点，得到一个平行四边形。

顺次连接平行四边形各边中点，仍得到一个平行四边形。

顺次连接矩形各边中点，得到一个菱形。

顺次连接菱形各边中点，得到一个矩形。

顺次连接正方形各边中点，仍得到一个正方形。

顺次连接等腰梯形各边中点，得到一个菱形。

顺次连接一个对角线互相垂直的等腰梯形各边中点，得到一个正方形。

分析：这一连串问题是同一个类型的问题，它们有如下特点：

(1) 任意四边形 $ABCD$ 中（见图 6 - 59），连接 AC，分成$\triangle ACD$ 和

$\triangle ABC$，用基本图四-2，则 AB 中点 E、BC 中点 F 的连线 $EF \underline{\underline{\parallel}} \frac{1}{2}AC$。$CD$ 中点 G、AD 中点 H 的连线 $HG \underline{\underline{\parallel}} \frac{1}{2}AC$，得 $EF \underline{\underline{\parallel}} HG$。其余六个四边形不过是四边形的特殊形式，据此可同样得到平行四边形。

（2）由于所得到的平行四边形边的大小和位置与原四边形的两条对角线相关联，所以连 BD 之后，若 $AC=BD$，则 $EF=FG$，成为菱形，若 $AC\perp BD$，则 $EF\perp FG$，成为矩形。

（3）判断特殊的平行四边形，一定要依定义逐条判断才不致由于疏忽，产生条件不足的错误。

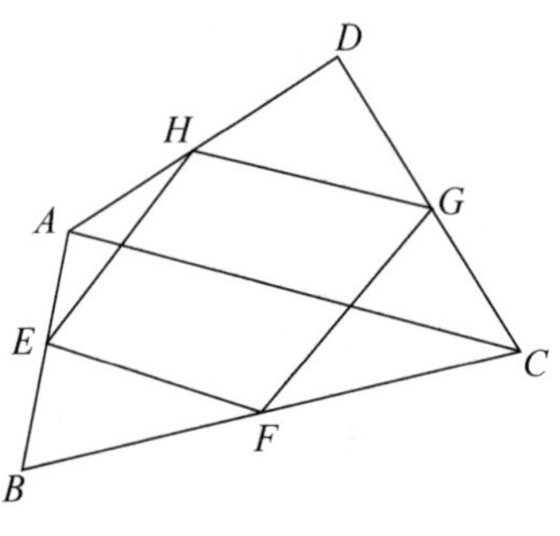

图 6－59

例 5 如图 6－60，已知：正方形 $ABCD$ 中，M 是 AD 中点，N 是 AB 中点，O 是 BD 中点。求证：四边形 $ANOM$ 是正方形。

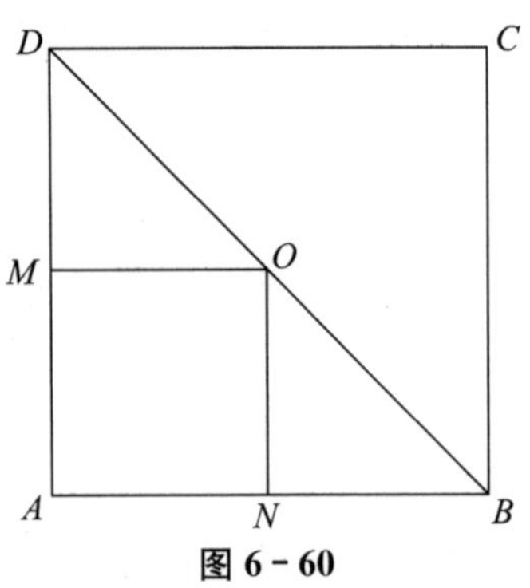

图 6－60

分析：解这类题目容易产生条件不足的错误。不少同学认为，$MO \underline{\underline{\parallel}} \frac{1}{2}AB$，$ON \underline{\underline{\parallel}} \frac{1}{2}AD$，而 $AB=AD$，$\angle A=90°$，邻边相等，又有一个角是直角，所以四

边形 $ANOM$ 是正方形。这样讲是不合适的，因为忽略了首先要说明此四边形是平行四边形。如果说 $MO \underline{\underline{/\!/}} \frac{1}{2}AB \underline{\underline{/\!/}} AN$ 或 $ON \underline{\underline{/\!/}} \frac{1}{2}AD \underline{\underline{/\!/}} AM$，先用一组对边平行且相等定平行四边形，再证邻边相等，有一个角是直角就对了。

例 6 如图 6-61，已知：在四边形 $ABCD$ 中，$AD=BC$，M 是 AB 中点，N 是 CD 中点，AD 的延长线交 MN 的延长线于 F，BC 的延长线交 MN 的延长线于 E。求证：$\angle 1=\angle 2$。

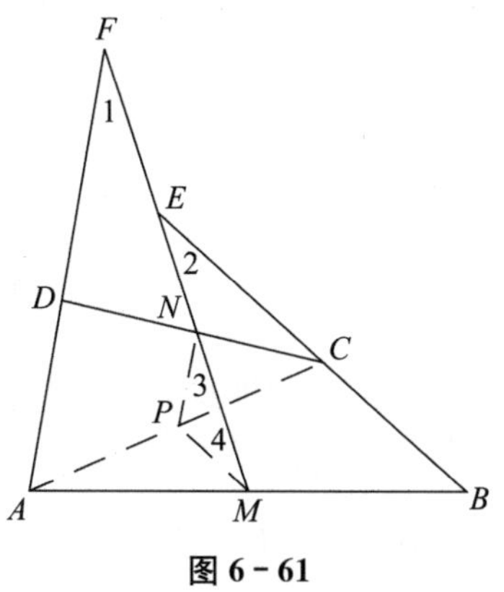

图 6-61

分析：因为是任意四边形，所以连接 AC，分四边形 $ABCD$ 为两个三角形。在 $\triangle ABC$ 中，M 是 AB 中点。取 AC 中点 P，连接 PM，则 $PM \underline{\underline{/\!/}} \frac{1}{2}BC$，$\angle 4=\angle 2$。连接 PN，则 $PN \underline{\underline{/\!/}} \frac{1}{2}AD$，$\angle 3=\angle 1$。由 $AD=BC$，得 $PN=PM$，$\angle 3=\angle 4$，所以 $\angle 1=\angle 2$。

例 7 如图 6-62，已知 $\triangle ABC$ 中，$AB=AC$，CE 是 AB 边上的中线，延长 AB 到 D，使 $BD=AB$，求证：$CE=\frac{1}{2}DC$。

分析 1：从求证提希望，可以找到 $\frac{1}{2}DC$。取 CD 中点 F，这时 $CF=\frac{1}{2}CD$。希望 $CF=CE$，连接 BF，在 $\triangle ADC$ 中有基本图四-2，得 $BF \underline{\underline{/\!/}} \frac{1}{2}AC$。所以 $BF=BE$，BC 是公共边，$\angle ABC=\angle ACB=\angle CBF$，可证 $\triangle BFC \cong \triangle BEC$，得 $CF=CE$。

分析 2：如图 6-63，希望 $2CE=DC$，延长 CE 到 F，使 $EF=CE$，这时 $CF=2CE$，同时得到了平行四边形 $AFBC$。希望 $CF=CD$，由 $FB=AC=AB=BD$，$\angle FBC=\angle 1+\angle 2=\angle 3+\angle ACB=\angle DBC$，所以 $\triangle FBC \cong \triangle DBC$，得 $FC=CD$。

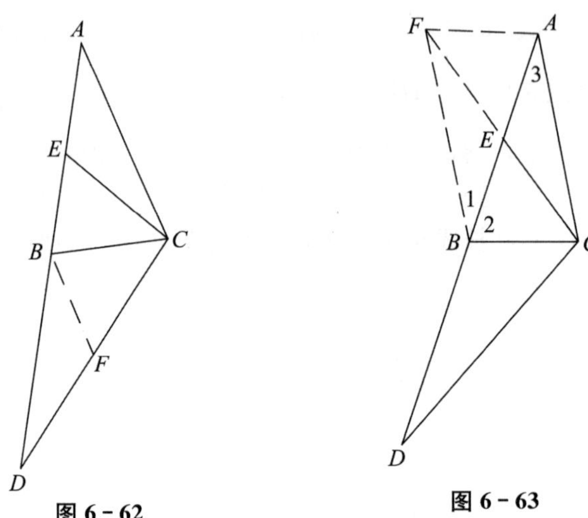

图 6-62　　图 6-63

分析 3：上述两种方法，是直接找到 DC 的一半或 CE 的 2 倍。下面试通过间接的办法找到 DC 的一半或 CE 的 2 倍。见图 6-64，取 AC 中点 F，在 $\triangle ADC$ 中有基本图四-2，得 $BF=\frac{1}{2}CD$。希望证 $BF=CE$，即证等腰三角形两腰上的中线相等，本题易证。

分析 4：见图 6-65，延长 AC 到 F，使 $CF=AC$。在 $\triangle ABF$ 中，$BF=2CE$，希望证 $BF=DC$，易证 $\triangle ABF\cong\triangle ACD$，得 $BF=DC$。

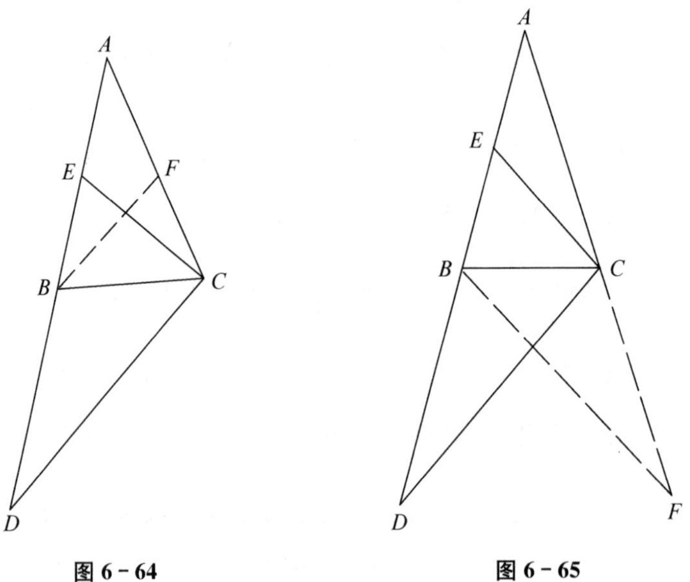

图 6-64　　图 6-65

这四种方法顺序是直接分、直接倍、间接分、间接倍。这是倍分问题常用的思路，其间多次制造基本图四-2。而制造中点，通常是取已知线段的中点，或是延长已知线段，使延长的部分等于原来的部分，就是使一个点两侧的线段等长，这个点当然是全线段的中点。

例 8 如图 6－66，已知：⊙O 的弦 $AC\perp BD$ 于 E，$DF=FC$，$OM\perp AB$ 于 M。求证：$EF=OM$。

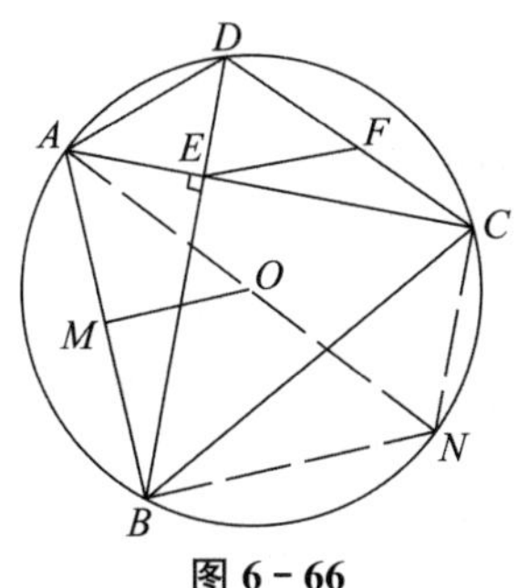

图 6－66

分析： 直角三角形有斜边中线是下面将要谈到的基本图八，可得到 $CD=2EF$。同时也希望找到 OM 的两倍。如果设法使 OM 当某一个三角形两边中点的连线，那么它将是第三边的一半，这需要制造基本图四-2。由于 M 是 AB 中点，作直径 AN，O 是 AN 中点。连接 BN，则 $BN=2OM$。同时$\angle ACN=90°$，$CN/\!/DB$，$\overset{\frown}{CD}=\overset{\frown}{BN}$，$CD=BN$。

例 9 如图 6－67，已知任意四边形 $ABCD$ 中，P、Q、R、S 分别是 AB、BC、CD、AD 边的中点，E、F 分别是 AC、BD 的中点，引 $EO/\!/BD$，$FO/\!/AC$，它们相交于 O 点，求证：$S_{PBQO}=S_{QCRO}=S_{RDSO}=S_{SAPO}$。

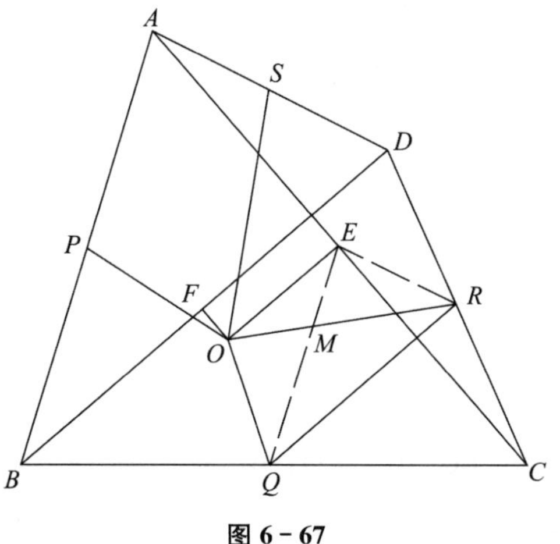

图 6－67

分析：连接 ER、EQ，由于中点很多，可反复用基本图四-2，易证 $S_{QCRE}=\frac{1}{4}S_{BCDA}$。又因 $OE/\!/BD/\!/QR$，所以 $S_{\triangle QOR}=S_{\triangle OER}$。设 OR、QE 交于 M，则 $S_{\triangle OQM}=S_{\triangle ERM}$，得 $S_{QCRO}=\frac{1}{4}S_{BCDA}$。其余同理。

练　习

A 组

1. D、E、F 分别是$\triangle ABC$ 中 BC、AC、AB 边的中点，求证：AD、EF 互相平分。

提示：用基本图四-2。

2. 四边形 $ABCD$ 中，E 是 AB 中点，F 是 CD 中点，M 是 AC 中点，N 是 DB 中点，求证：EF 与 MN 互相平分。

提示：顺次连接 E、N、F、M，用基本图四-2。

3. $\triangle ABC$ 中，$AD\perp BC$ 于 D，E、F 分别是 AB、AC 中点，引 $EM\perp BC$ 于 M，$FN\perp BC$ 于 N，求证：四边形 $EMNF$ 是矩形。

提示：在$\triangle ABD$ 中，由基本图四-1，可定 M 是 BD 中点，从而 $EM\underline{\underline{/\!/}}\frac{1}{2}AD$。同理，$FN\underline{\underline{/\!/}}\frac{1}{2}AD$，又$\angle EMN=90°$。

4. 延长$\square ABCD$ 的 AB 边到 E，使 $BE=AB$，连接 ED 交 BC 于 F，求证：$\triangle ADE$ 的周长等于$\triangle CDF$ 的周长的 2 倍。

提示：用基本图四-1 和基本图四-2。

5. M 是梯形 $ABCD$ 一腰 BC 的中点，求证：$S_{\triangle AMD}=\frac{1}{2}S_{ABCD}$。

提示：作 $DE\perp AB$ 于 E，取 AD 中点 N，连接 MN 交 DE 于 F，由基本图四-1，得 $DF=FE$。设上底 DC 为 a，下底 AB 为 b，高 DE 为 h，则 $DF=FE=\frac{h}{2}$。$S_{\triangle DNM}=\frac{1}{2}NM\cdot\frac{h}{2}$，$S_{\triangle ANM}=\frac{1}{2}MN\cdot\frac{h}{2}$，所以 $S_{\triangle AMD}=\frac{h}{2}\cdot NM=\frac{h}{2}\cdot\frac{1}{2}(a+b)=\frac{h}{4}(a+b)$，$S_{\triangle DMC}=\frac{1}{2}a\cdot\frac{h}{2}$，$S_{\triangle ABM}=\frac{1}{2}b\cdot\frac{h}{2}$，所以 $S_{\triangle DMC}+S_{\triangle ABM}=\frac{h}{4}(a+b)$，所以 $S_{\triangle AMD}=\frac{1}{2}S_{ABCD}$。

6. 从等边$\triangle ABC$ 的 BC 边中点 D，引 $DE\perp AC$ 于 E，求证：$EC=\frac{1}{4}AC$。

提示：若是作 $BF\perp AC$ 于 F，得 $AF=FC$。且 $DE/\!/BF$，在 $\mathrm{Rt}\triangle BCF$ 中，

有基本图四-1，可证 $FE=EC$，所以 $EC=\frac{1}{4}AC$。

7. 四边形 $ABCD$ 中，$AD=BC$，分别取 AC、BD 的中点 M、N。再取 AB 的中点 P，求证：$PM=PN$。

提示：用基本图四-2。

8. $\triangle ABC$ 中，$AB=AC$，在 AB 上取一点 D，延长 AC 到 E，使 $CE=BD$，连接 DE，交 BC 于 O，求证：$DO=OE$。

提示：$DF/\!/BC$ 交 AC 于 F，可证 $FC=DB=CE$，用基本图四-1，判断 O 为 DE 中点。

9. 在直线 MN 的两侧各取一点 A、C，连接 AC，取 AC 的中点 O，作 $AB\perp MN$ 于 B，$CD\perp MN$ 于 D，求证：$OB=OD$。

提示：作 $OE\perp MN$ 于 E，据平行截割定理得 $DE=EB$，再证 $\triangle ODE\cong\triangle OBE$ 就容易了。

10. 四边形 $ABCD$ 中，$AC=BD$，E、F 分别是 AB、CD 的中点，EF 交 BD 于 M，交 AC 于 N，AC、BD 交于 O，求证：$OM=ON$。

提示：虽然 E、F 是两边中点，但具体到 $\triangle ABD$ 中只有一边中点，再取 AD 中点 P，连接 EP、FP，则有基本图四-2。

11. $\square ABCD$ 中，$MN/\!/AB$ 交 AD 于 M，交 BC 于 N，AN、BM 交于 E，MC、ND 交于 F，求证：$EF\underline{\underline{/\!/}}\frac{1}{2}BC$。

提示：先用平行公理的推论，证 $MN/\!/CD$，得$\square ABNM$ 与$\square NCDM$，再用基本图四-2。

B 组

1. 如图 6-68，以$\triangle ABC$ 的 AB、AC 为一边向外作正方形 $ABGF$ 和正方形 $ACDE$，两个正方形对角线交点分别是 M、N，P 是 BC 中点，求证：$PM=PN$。

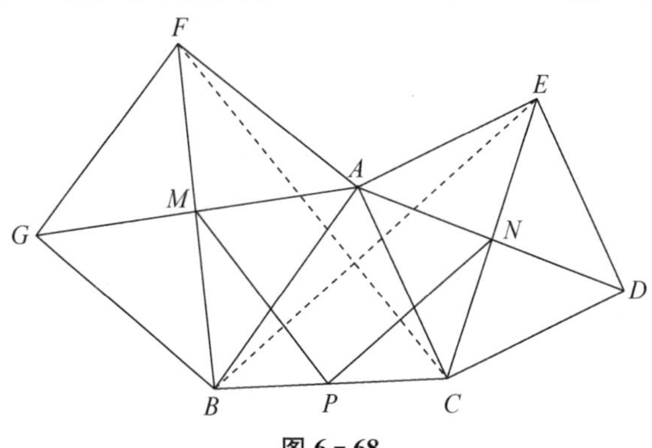

图 6-68

提示：连接 BE、CF，易证$\triangle ABE\cong\triangle AFC$，在$\triangle FBC$ 和$\triangle EBC$ 中，有基本图四-2。

2. 求证：直角三角形斜边中线等于斜边的一半。

提示：可以用直接分、间接分、直接倍、间接倍的方法进行分析。

3. 如图 6－69，在$\triangle ABC$ 的 AB、AC 上，截取 $BP=CQ$，AD 是$\angle A$ 的平分线，BQ、CP 的中点分别是 M、N。求证：$AD\perp MN$。

提示：取 PQ 中点 E，连接 EM、EN，由基本图四-2，得$\angle BAC=\angle MEN$，且 $EM=EN$，作 $EF\perp MN$ 于 F，则$\angle MEF=\angle NEF$，可证$\angle 1=\angle MEF$，$AD/\!/EF$，$AD\perp MN$。

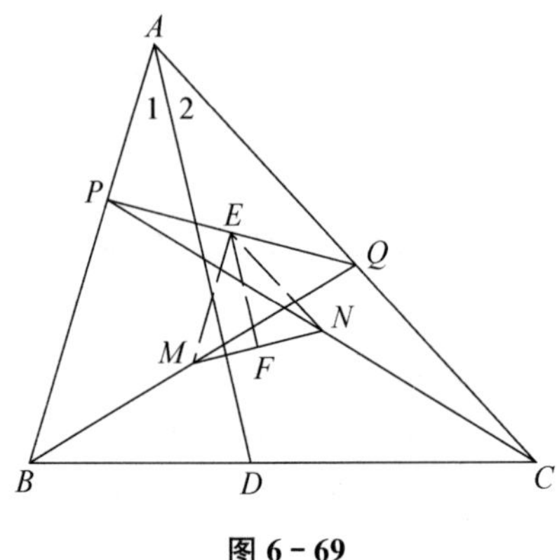

图 6－69

4. 如图 6－70，已知：任意四边形 $ABCD$ 中，E、F、G、H 分别是 AB、BC、CD、AD 的中点。求证：$S_{\square EFOH}=\frac{1}{2}S_{ABCD}$。

提示：连接 DB，交 HG 于 P，交 EF 于 Q。作 $CM\perp DB$ 于 M，交 GF 于 N，则 $S_{\triangle CDB}=\frac{1}{2}DB\cdot CM$。在$\triangle CDB$ 中，由基本图四-1，得 $CN=MN$，则 $S_{\square PQFG}=CF\cdot MN=\frac{1}{2}DB\cdot\frac{1}{2}CM$。

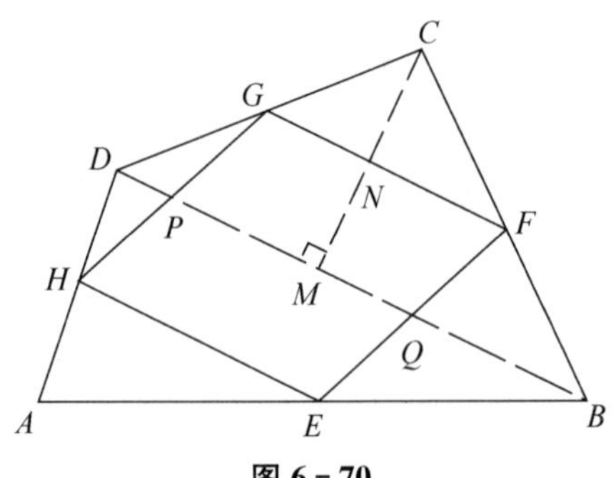

图 6－70

5. 五种互余

直角三角形是平面几何中重要的图形，也是研究立体几何的基础，无论从知识还是训练来讲，都占有重要的位置。

按照“见到图形，想到性质”的要求，首先应搞清什么条件（图形）下会出现直角、直角三角形，要熟记圆的直径、圆的切线、多边形的高会带来直角，也可能出现直角三角形。此外，圆的弦心距、正多边形的边心距（都是点到直线的距离），或已知的垂直关系、已知的直角，都会带来直角三角形。其次，见到直角三角形应该想到什么性质呢？应按照这几个方面进行分析并熟记：关于线段——勾股定理、射影定理、斜边中线；关于角——锐角互余；边、角之间——锐角三角函数。

还有，如果垂直关系不止一组，有什么用呢？须熟记：通过互余证角相等；通过四点共圆证角相等；位置合适可证平行。

后面章节将分别论述上面所说的内容。

基本图五将分五种情况来研究两个锐角互余。图 6－71 基本图五-1 的条件是邻余角；图 6－72 基本图五-2 的条件是直角三角形中两锐角互余；图 6－73 基本图五-3 是过直角顶点另作一条直线，也就是一个平角被分成三部分，中间是直角，那么两侧的两个锐角互余；图 6－74 基本图五-4 是四边形有一组对角分别是直角，那么另一组对角之和为 180°，这组互补的角各自作出角平分线，就有两组角分别相等，分别从每组中任取一个角，则互为余角；图 6－75 基本图五-5 是平行线同旁内角的平分线，将互补的两个角各自平分，从每组各取一个角，则互为余角，从而这两条角平分线相交成直角。这个图形以后讲到圆的切线时还会用到它。例如⊙O 有两条平行切线，过半圆上任一点再作一条⊙O 的切线，它们两两相交，图中仍然出现这个图形。

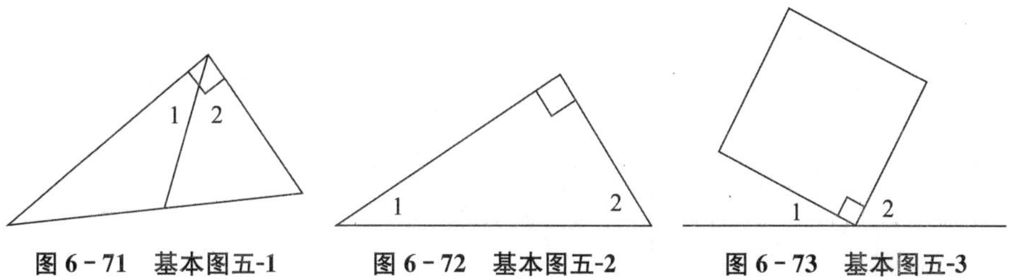

图 6－71　基本图五-1　　图 6－72　基本图五-2　　图 6－73　基本图五-3

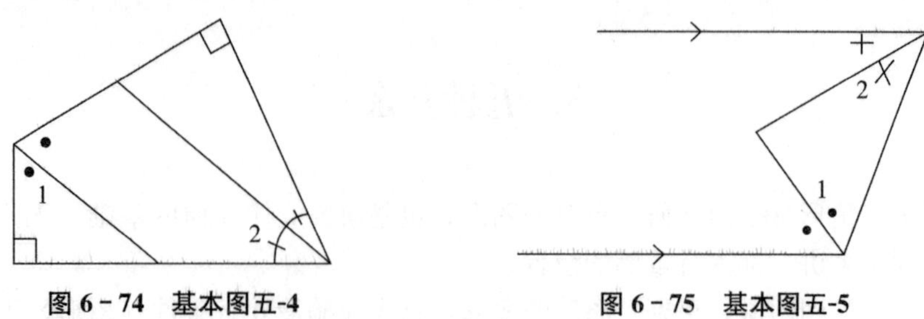

图 6－74　基本图五-4　　　图 6－75　基本图五-5

例 1　如图 6－76，已知：正方形 $ABCD$ 的对角线交于 O 点，引射线 OE、OF，使 $\angle EOF=90^\circ$，OE 交 CD 于 E，OF 交 BC 于 F。求证：$OE=OF$。

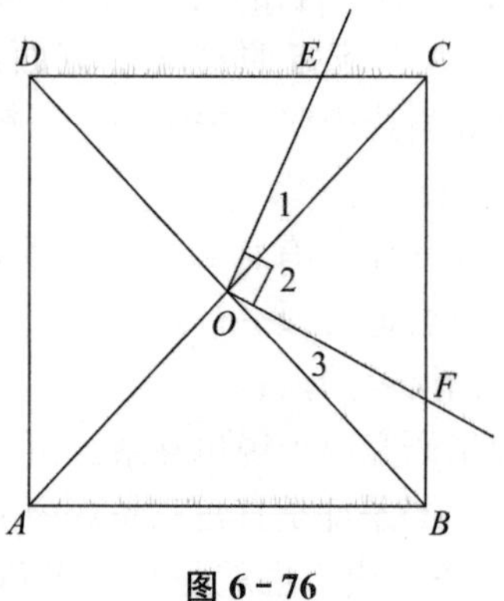

图 6－76

分析：由基本图五-1 得 $\angle 1+\angle 2=90^\circ$，$\angle 2+\angle 3=90^\circ$，则 $\angle 1=\angle 3$，结合正方形性质易证 $\triangle OCE\cong\triangle OBF$，得 $OE=OF$。

例 2　如图 6－77，过正方形 $EFGH$ 的顶点 E 引直线 AB，作 $HA\perp AB$ 于 A，$FB\perp AB$ 于 B，求证：$HA+FB=AB$。

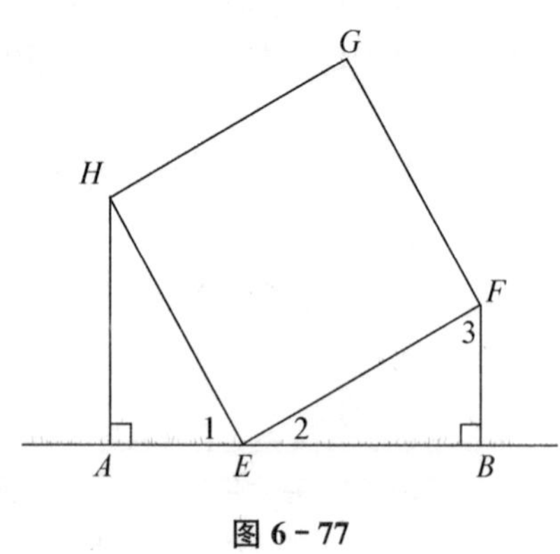

图 6－77

分析：由基本图五-3，得 $\angle 1+\angle 2=90^\circ$，由基本图五-2 得 $\angle 3+\angle 2=90^\circ$，

于是$\angle 1=\angle 3$，易证$Rt\triangle HAE\cong Rt\triangle EBF$，得$AE=BF$，$HA=EB$。

例3 如图6-78，四边形$ABCD$中，$\angle B=\angle D=90°$，AE平分$\angle A$交BC于E，CF平分$\angle C$交AD于F，求证：$FC/\!/AE$。

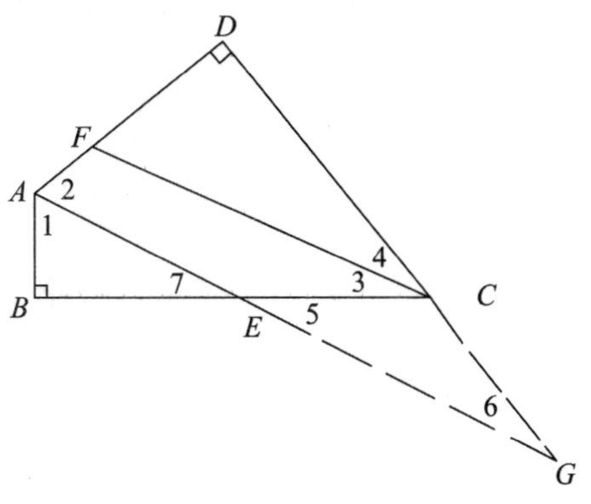

图6-78

分析1：本题出现三线八角，考虑基本图一。延长AE交DC的延长线于G，由基本图五一2，$\angle 1+\angle 7=90°$，$\angle 2+\angle 6=90°$，得$\angle 7=\angle 6$。由对顶角关系得$\angle 5=\angle 6$。由三角形外角得$\angle BCD=\angle 5+\angle 6$。又$\angle 3=\angle 4$，所以$\angle 3=\angle 5$（等量的同分量相等），$FC/\!/AE$。

分析2：若看到$\angle DAB+\angle BCD=180°$，又$\angle 1=\angle 2$，$\angle 3=\angle 4$，所以$\angle 1+\angle 3=90°$（等量的同分量相等）。而$\angle 1+\angle 7=90°$，所以$\angle 3=\angle 7$，$FC/\!/AE$。用基本图五-4，得$\angle 1+\angle 3=90°$，比只用基本图五-2简单些。

例4 如图6-79，已知：A是GB上一点，四边形$ABCD$和四边形$AGFE$都是正方形，BE的延长线交DG于M。求证：$DM\perp DG$。

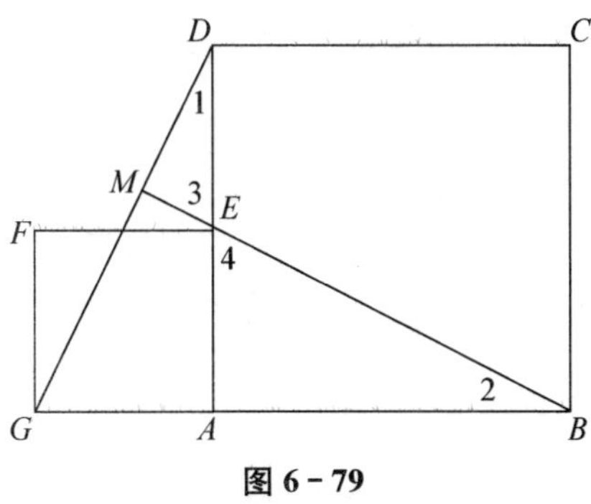

图6-79

分析：在$\triangle DGA$和$\triangle BGM$中，$\angle 1$、$\angle 2$是同角的余角，$\angle 1=\angle 2$，又$\angle 3=\angle 4$，而$\angle 2+\angle 4=90°$，所以$\angle 1+\angle 3=90°$，于是$\angle DME=90°$。通过此例题可看出，要证两直线垂直，即相交成90°角，须先找到一个90°角，摆出关系式，用

等量代换才能换出要证的90°角。即直角不会凭空产生，须先有一个直角再代换，当然先有一个平角再等分也可以。

例5 如图6-80，已知$\triangle ABC$中，$\angle C=90°$，D是BC上的一点，延长CB到E，使$BE=CD$，作$DF\perp AD$，$EF\perp CE$，两垂线相交于F，求证：$AB\perp BF$。

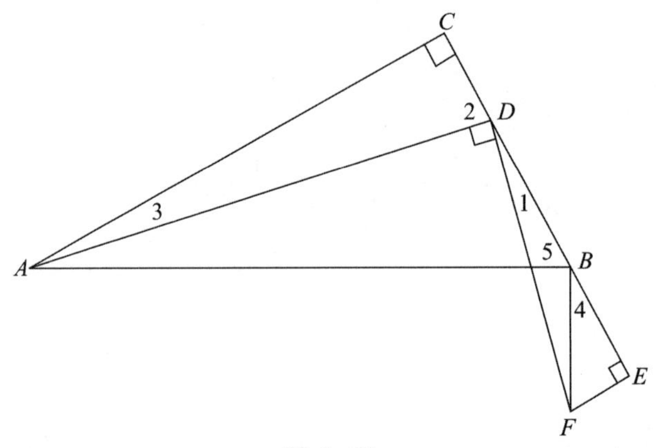

图6-80

分析：$\angle CDB$是平角，$\angle ADF$是直角，由基本图五-3，得$\angle 1+\angle 2=90°$，而$\angle 3+\angle 2=90°$，于是$\angle 1=\angle 3$，$\triangle DFE\cong\triangle ADC$，得$\dfrac{DE}{AC}=\dfrac{FE}{DC}$。由于$BE=CD$，换成$\dfrac{BC}{AC}=\dfrac{FE}{BE}$，可证$\triangle ABC\backsim\triangle BFE$（一组角相等，夹边成比例），得$\angle CAB=\angle 4$，而$\angle CAB+\angle 5=90°$，则$\angle 4+\angle 5=90°$，$\angle ABF=90°$。

例6 如图6-81，已知：$\odot O$和$\odot O'$相交于D、E，AB、AC都是直线。求证：$AO'\perp BC$。

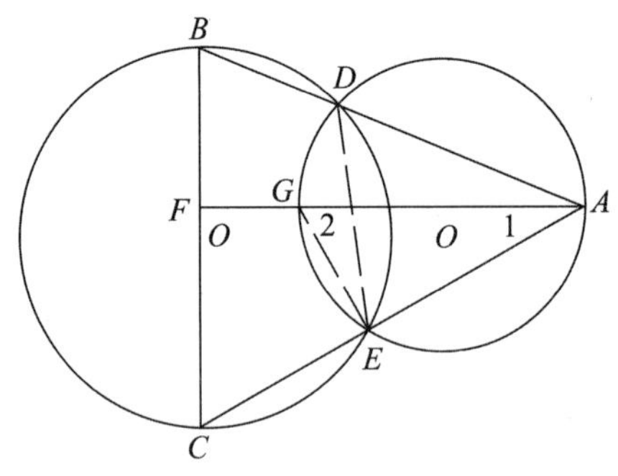

图6-81

分析：设AD'的延长线交BC于F。要证$\angle CFA=90°$，必须先列出关于90°的式子再代换。设AF和$\odot O'$的另一个交点是G，则$\angle 1+\angle 2=90°$。而$\angle 2=$

$\angle EDA=\angle C$，则$\angle 1+\angle C=90°$了。这里需要见到图形立即想到性质，很熟才行。例如在$\odot O'$中，$\angle 2$与$\angle EDA$是同弧上的圆周角，所以相等。在$\odot O$中，$\angle EDA$与$\angle C$具有圆内接四边形外角等于内对角的关系。

例 7 如图 6－82，以$\triangle ABC$的AB、AC为一边向外作正方形$ABDE$和正方形$ACFG$，且四边形$AGME$是平行四边形，AD、BE交于O，求证：$\angle MOC=90°$。

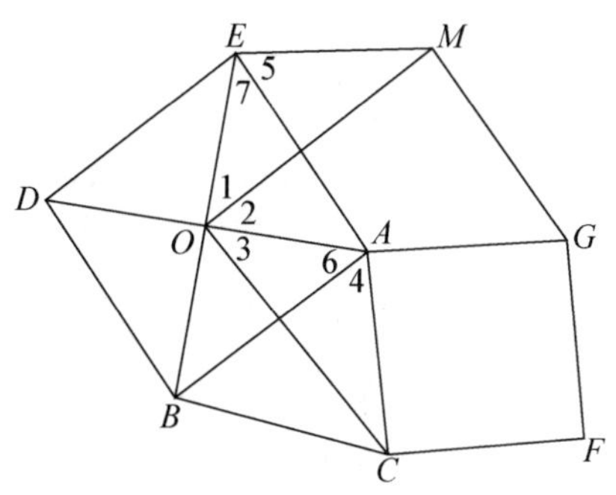

图 6－82

分析：由于$\angle EOA=90°$，由基本图五-1 得$\angle 1+\angle 2=90°$，欲证$\angle MOC=90°$，只需证明$\angle 1=\angle 3$就可以了。在$\triangle EOM$与$\triangle AOC$中，$EO=OA$，$EM=AG=AC$，由基本图一的同旁内角互补，得$\angle 5+\angle EAG=180°$。又$\angle 4+\angle EAG=180°$，所以$\angle 5=\angle 4$，又$\angle 7=\angle 6=45°$，则$\angle OEM=\angle OAC$，$\triangle EOM\cong\triangle AOC$。

例 8 如图 6－83，已知：$\odot O$是$\triangle ABC$的外接圆，$AD\perp BC$于D，$DE\perp AB$于E，$DF\perp AC$于F，AG是$\odot O$的直径。求证：$AG\perp EF$。

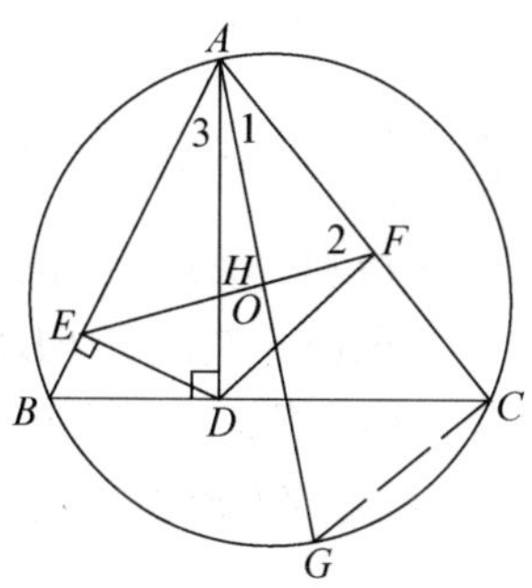

图 6－83

分析：希望$\angle 1+\angle 2=90°$，连接CG，有$\angle 1+\angle G=90°$。另外$\angle 3+\angle B=90°$，而$\angle G=\angle B$，所以$\angle 1=\angle 3$。A、E、D、F四点共圆，所以$\angle 3=\angle 4$。

而$\angle 2+\angle 4=90°$，所以$\angle 1+\angle 2=90°$。

例 9 如图 6 - 84，已知：$\odot O$ 是$\triangle ABC$ 的内切圆，切点分别是 D、N、M，HD 是$\odot O$ 的直径，AH 的延长线交BC 于E。求证：$BE=DC$。

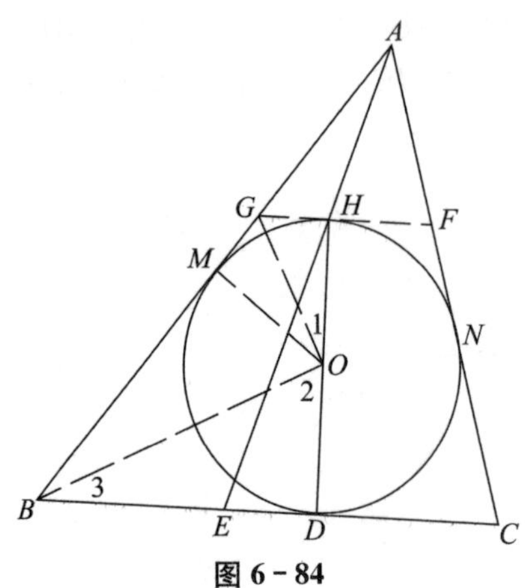

图 6 - 84

分析：由于 BE、DC 线段的位置与已知条件的关系不很明显，试用比例线段的办法去证。通过比例线段证明两线段相等，要证两个比相等，若前项相等则后项亦等，若后项相等则前项亦等。过 H 作$GF/\!/BC$ 交AB 于G，交AC 于F，得到$\dfrac{GH}{BE}=\dfrac{AH}{AE}=\dfrac{HF}{EC}$。由基本图五-5，得$\angle BOG=90°$。由基本图五-3，得$\angle 1+\angle 2=90°$，从而$\angle 1=\angle 3$。有$\triangle GOH\backsim\triangle OBD$，得$\dfrac{GH}{OH}=\dfrac{OD}{BD}$，即 $GH=\dfrac{OD^2}{BD}$。同理可得 $HF=\dfrac{OD^2}{CD}$，将这个结果代入前面比例式，得$\dfrac{\frac{OD^2}{BD}}{BE}=\dfrac{\frac{OD^2}{CD}}{EC}$，即 $CD\cdot EC=BD\cdot BE$。写成比例式$\dfrac{EC}{BE}=\dfrac{BD}{CD}$。用合比定理得$\dfrac{BC}{BE}=\dfrac{BC}{CD}$，则 $BE=CD$。

例 10 如图 5 - 10，已知：$\odot O$ 是$\triangle ABC$ 的外接圆，AD、BE 都是高，它们相交于 H，CF 是$\odot O$ 的直径。求证：四边形 $FBHA$ 是平行四边形。

分析：由 CF 是$\odot O$ 的直径，得$\angle FBC=\angle FAC=90°$。又$\angle ADC=\angle BEC=90°$，于是 $FB/\!/AD$，$FA/\!/BE$。这就是前面所说的直角多了以后，位置合适可证平行，得到$\square FBHA$。

练　习

A 组

1. 在正方形 $ABCD$ 的 BC 边上取一点 E，延长 AB 到 F，使 $BF=BE$，连

接 CF 和 AE 的延长线相交于 G，求证：$AG\perp CF$。

提示：易证 $\triangle ABE\cong\triangle CBF$。在 $\triangle AFG$ 中，用 $\angle GAF+\angle F=90^\circ$ 证 $\angle AGF=90^\circ$。

2. $\triangle ABC$ 中，AF 是 $\angle A$ 的平分线，作 $BD\perp AF$ 的延长线于 D，作 $DE/\!/AC$ 交 AB 于 E，求证：$AE=EB$。

提示：易证 $\angle BAD=\angle DAC=\angle EDA$，再用基本图五-1 与基本图五-2，证出 $\angle EBD=\angle EDB$。

3. $\triangle ABC$ 中，$\angle ACB=90^\circ$，$CE\perp AB$ 于 E，CD 是 AB 边上的中线，求证：$\triangle CBE\backsim\triangle ACE\backsim\triangle ABC$。

提示：用基本图五-1 与基本图五-2，这是研究射影定理的基础。

4. $\triangle ABC$ 中，$\angle CAB=90^\circ$，$AE\perp BC$ 于 E，$\angle B$ 的平分线 交 AE 于 F，交 AC 于 D，求证：$AD=AF$。

提示：用基本图五-2。

5. 过正方形 $ABCD$ 的顶点 A 引一直线 l，作 $BE\perp l$ 于 E，$DF\perp l$ 于 F，求证：$BE=FA$，$DF=AE$。

提示：仿例 3 用基本图五-3。

6. $\odot O$ 是 $\triangle ABC$ 的外接圆，AD 是 $\triangle ABC$ 的高，求证：$\angle BAO=\angle DAC$。

提示：延长 AO 交 $\odot O$ 于 E，用基本图五-2 以及后面提到的基本图十八。

7. 以 $\triangle ABC$ 的 AB、AC 为一边向外作正方形 $ABDE$ 和正方形 $ACFH$，过 D、F 分别作直线 BC 的垂线，DM、FN 的垂足是 M、N，求证：$DM+FN=BC$。

提示：作 $AG\perp BC$ 于 G，仿例 3。

8. 矩形 $ABCD$ 中 $BC=2AB$，取 BC 中点 E，连接 AE、ED，求证：$AE\perp ED$。

提示：算出 45° 以后，用基本图五-3。

9. 在正方形 $ABCD$ 的 AB、BC、CD 边上取 $AE=BF=CG$，求证：$EF\perp FG$。

提示：易证 $\triangle EBF\cong\triangle FCG$，由基本图五-2，列出互余关系式。等量代换后，有形如基本图五-3 的图，平角 BFC 分成三部分，两侧的两个角和为 90°，中间的角必是 90°。

10. AC 切 $\odot O$ 于 C，连接 AO，得 $\triangle ACO$，作出 AO 边上的高 CB，求证：$\angle ACB=\angle O$，$\angle OCB=\angle A$。

提示：由圆的切线的性质得 $\angle ACO=90^\circ$，用基本图五-1，基本图五-2。

11. 在正方形 $ABCD$ 的 AB、BC、CD、DA 边上顺序截取 $AM=BN=CP=DQ$，求证：四边形 $MNPQ$ 是正方形。

提示：易证四个三角形全等，再用基本图五-3。在平角分成的三个角中，两侧的两个角互余，中间必剩下一个直角。

12. 如图 6-85，已知：直线 $MN\perp PQ$ 于 O，这两直线和正方形 $ABCD$ 各边交点分别是 M、Q、N、P。求证：$MN=PQ$。

提示：MN、PQ 两条直线与正方形的元素边、角、对角线联系不起来，所以不好证明。作 $CE/\!/MN$ 交 AB 于 E，这时，$CE=MN$。同理 $DE=PQ$，现在希望 $CE=DF$。已知 $PQ\perp MN$ 于 O，又因平行线的关系，可证$\angle 1=\angle 2=\angle 3=90°$。而$\angle DCB=90°$，用基本图五-1 和基本图五-2，证出$\angle CDF=\angle BCE$，再证$\triangle CDF\cong\triangle BCE$ 即可。

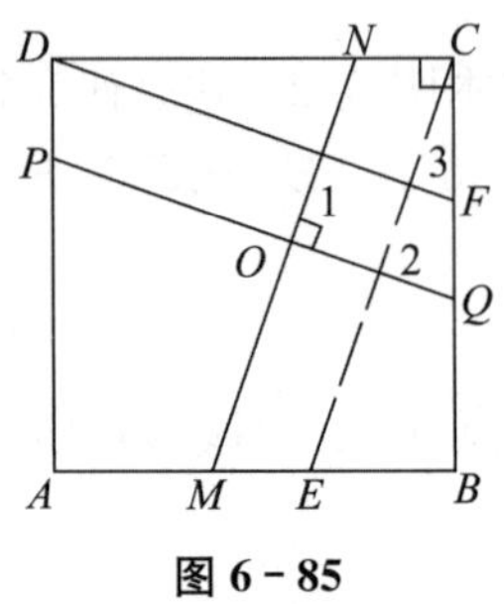

图 6-85

13. 圆内接四边形 $ABCD$ 的对角线互相垂直于 E，G 是 AD 中点，连接 GE，延长 GE 交 BC 于 F，求证：$GF\perp BC$。

提示：$\triangle AED$ 中有基本图八，直角三角形斜边中线等于斜边的一半，得：$\angle GED=\angle GDE=\angle ACF$，再用基本图五-3，$\angle GED+\angle FEC=90°$，换成$\angle ACF+\angle FEC=90°$。

14. 圆内接四边形 $ABCD$ 的对角线互相垂直于 E，引 $EF\perp BC$ 于 F，FE 的延长线交 AD 于 G，求证：$AG=GD$。

提示：参考上题，逆序推理。

15. 四边形 $ABCD$ 中，$\angle B=\angle D=90°$，作 $DE\perp AC$ 交 AB 于 E，求证：$\triangle AED\backsim\triangle ADB$。

提示：Rt$\triangle ADC$ 中有斜边上的高，是基本图九，得$\angle ADE=\angle ACD$，又 A、B、C、D 四点共圆，$\angle ACD=\angle ABD$。

16. 求证：$\square ABCD$ 四个内角平分线围成一个矩形。

提示：由基本图五-5，判断所得四边形有三个直角就行了。

17. 如图 6-86，已知：正方形 $ABCD$，延长 AB，得$\angle CBE$，BG 平分$\angle CBE$，F 是 AB 上一点，$FG\perp DF$ 交 BG 于 G，求证：$DF=FG$。

提示：希望$\angle FDG=\angle FGD=45°$。$DB$ 是正方形对角线，又$\angle 1=\angle 2$，所以$\angle DBG=90°$。D、F、B、G 四点共圆，得$\angle 3=\angle 4=45°$，$\angle FDG=\angle 2=45°$。

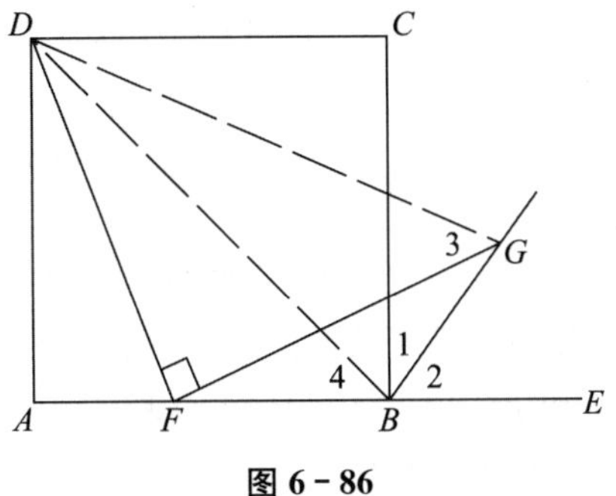

图 6-86

18. 如图 6-87，已知：矩形 $ABCD$ 对角线交于 O 点，作 $CE\perp DB$ 于 E，延长 EC 交 $\angle DAB$ 的平分线于 F。求证：$AC=CF$。

提示：希望 $\angle 1=\angle F$。引 $AG\perp BD$ 于 G，则 $AG/\!/FE$，$\angle 2=\angle F$。希望 $\angle 1=\angle 2$，因为 $\angle DAF=\angle FAB$，则希望 $\angle 4=\angle 3$，因 $\angle 3=\angle 5$，则希望 $\angle 4=\angle 5$，由于 $\angle 4+\angle 6=90°$，$\angle 5+\angle 6=90°$，问题就解决了。这是分析法的思路，写证明过程时，从后向前顺序推回去就可以了。

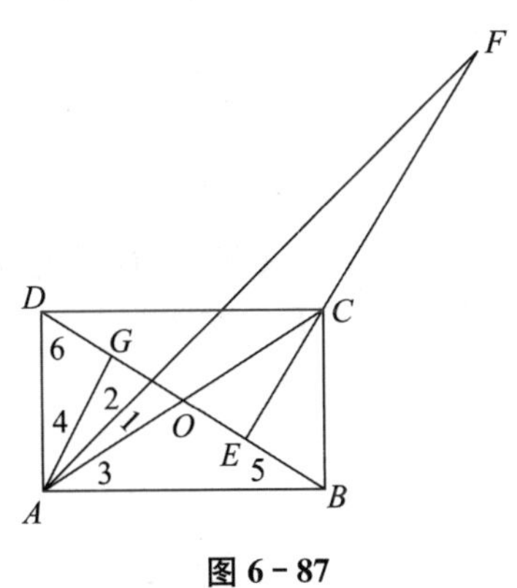

图 6-87

B 组

1. 正方形 $ABCD$ 对角线相交于 O 点，自 C、D 向正方形外作两条互相垂直的直线 CE 和 DE，连接 EO，求证 $\angle DEO=\angle OEC$。

提示：O、C、E、D 四点共圆，由基本图十七知同弧上的圆周角是 45°角。

2. $\triangle ABC$ 中，$AB=AC$，$\angle BAC=90°$，M 是 AC 中点，作 $AE\perp BM$ 于 E，AE 的延长线交 BC 于 D，求证：$\angle AMB=\angle CMD$。

提示：$\angle BAM$ 被分成两部分，是基本图五-1，考虑通过互余关系证角相等。先制造全等三角形，作 $CN\perp AC$，交 AD 的延长线于 N，由互余或 $ENCM$ 四点共圆，可证 $\angle AMB=\angle N$。由于 $\angle MCD=\angle DCN=45°$，$MC=AM=CN$，易证 $\triangle MCD\cong\triangle NCD$，得 $\angle CMD=\angle N=\angle AMB$。

3. 正方形 $ABCD$ 对角线交 O 点，在 AO 上任取一点 E，连接 DE，作 $CF \perp DE$ 于 F，求证：$\angle EDC=\angle FCB$。

提示：由 $\angle BDC=\angle ACB=45^\circ$，所以希望 $\angle EDO=\angle ECF$。由 $\angle EOD=\angle EFC=90^\circ$，用基本图五-2。

4. 如图 6－88，两同心圆圆心为 O，自圆外一点 P 引 PA、PB 分别和小圆切于 A、B，引 PC 和大圆切于 C，求证：OC 平分 $\angle ACB$。

提示：据圆的切线的性质，有 $\angle OAP=\angle OCP=90^\circ$，得 O、A、C、P 四点共圆。有 $\angle ACO=\angle APO$，又有 O、B、P、C 四点共圆，有 $\angle OCB=\angle OPB$，因 $\angle APO=\angle OPB$，则 $\angle ACO=\angle OCB$。

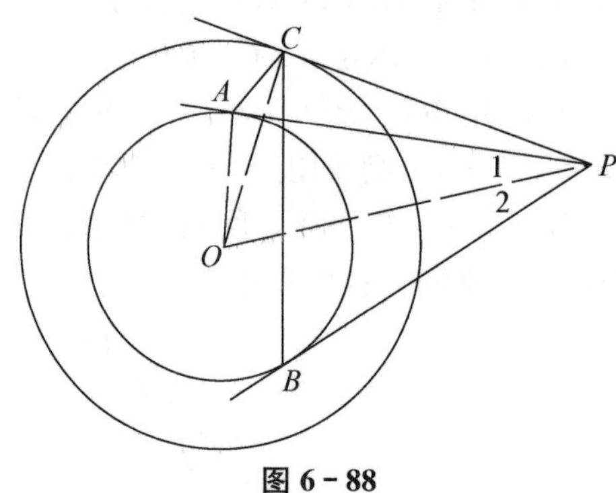

图 6－88

5. 如图 6－89，已知▱$ABCD$，作 $CE \perp AB$ 的延长线于 E，作 $CF \perp AD$ 的延长线于 F，FE、DB 的延长线交于 P，求证：$AC \perp PC$。

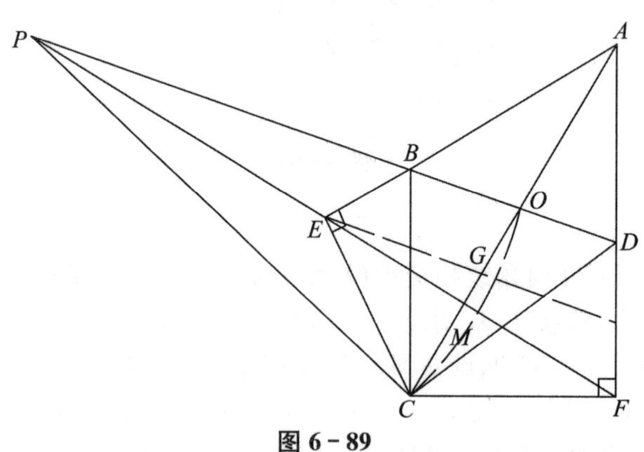

图 6－89

提示：设 AC、BD 交于 O，有 $AO=OC$，$BO=OD$，由 $\angle AEC=\angle AFC=90^\circ$，则 A、E、C、F 四点共圆，AC 是这圆的直径，O 是圆心。若作 $EH /\!/ BD$ 交 AC 于 G，交 AF 于 H，得 $EG=GH$。据垂径分弦定理作 $OM \perp EF$ 于 M，则 $EM=MF$，得 $GM /\!/ HF$。又 $\angle ECA=\angle EFA=\angle EMG$，则 E、C、M、G 四点

共圆，得$\angle GCM=\angle GEM=\angle DPM$，则$O$、$P$、$C$、$M$四点共圆，有$\angle PCO=\angle PMO=90°$。

6. 勾股定理

前面已经谈到，对于一个直角三角形，我们要研究它的边、它的角及边角之间的关系。所谓直角三角形量与量之间的关系，就是常说的解直角三角形。这一节要谈的是直角三角形三边之间的关系。

基本图六的条件是，$\triangle ABC$中，$\angle C=90°$，BC、AC、AB边分别用a、b、c来表示，结论是$c^2=a^2+b^2$，即勾股定理。前面讲过，圆的直径、圆的切线、多边形的高等图形都会产生直角，有了直角就可能产生直角三角形。无论遇到计算题还是证明题，都要有一个解三角形的想法，即研究三角形元素与元素之间的关系，其中边与边之间的关系就是勾股定理。

下面通过例题说明勾股定理的用法：

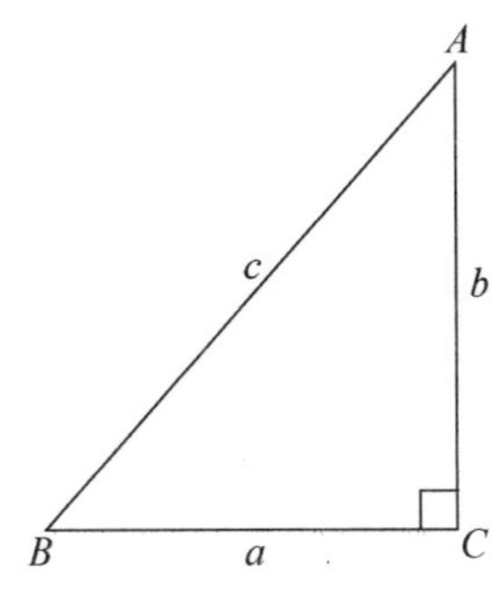

图 6-90　基本图六

例 1　如图 6-91，$\triangle ABC$中，$AB=60$ mm，中线$CD=13$ mm，高$CE=12$ mm，求：AC、BC的长。

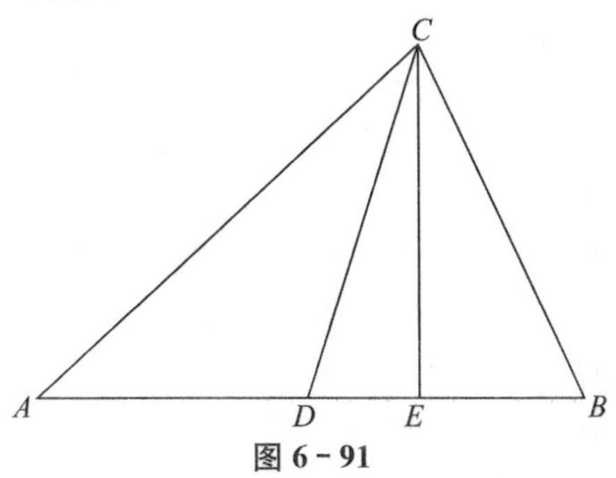

图 6-91

分析： 由 $CE\perp AB$ 于 E，想到有三个直角三角形，即 $\text{Rt}\triangle CEB$、$\text{Rt}\triangle CDE$、$\text{Rt}\triangle CAE$，这才算“想得全”。在 $\text{Rt}\triangle CDE$ 中，有 $DE^2+CE^2=CD^2$，即 $DE^2+12^2=13^2$，求得 $DE=5$，易求 $AD=DB=30$，则 $EB=25$，$AE=35$，那么：$BC^2=CE^2+EB^2=12^2+25^2=769$，$BC\approx 27.7\ \text{mm}$，$AC^2=CE^2+AE^2=12^2+35^2=1369$，$AC=37\ \text{mm}$。

直角三角形三边的长度不都是有理数，更不一定都是整数。例如，含 $30°$角的直角三角形，三边之比为 $1:2:\sqrt{3}$。但一个时期内为重点突出，简化计算，有时选用一些勾、股、弦都是整数的直角三角形来研究。这里介绍一些常用的简单勾、股、弦数，如表 6－1 所示。

表 6－1　常用的简单勾、股、弦数

勾	股	弦
3	4	5
5	12	13
7	24	25
8	15	17
9	40	41
11	60	61
16	63	65
20	21	29

记住一些常用数据，遇到题目可直接应用。

例 2　如图 6－92，已知：AB 是半圆的直径，弦 AC、BD 交于 E。求证：$AB^2=AC\cdot AE+BD\cdot BE$。

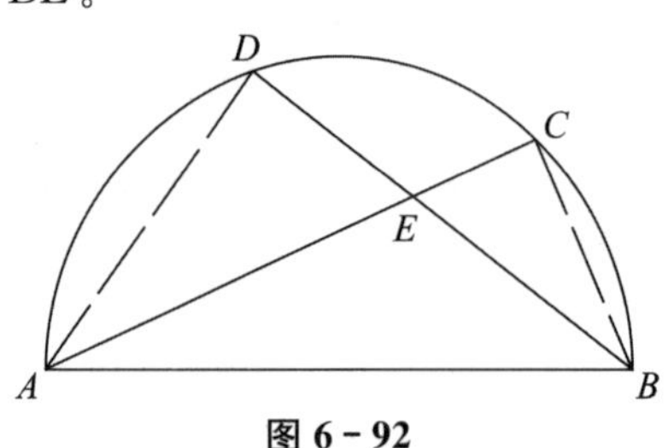

图 6－92

分析： 若着眼于勾股定理，连接 BC、AD，则有：

$$\begin{aligned}AB^2&=AC^2+BC^2=AC(AE+EC)+BE^2-EC^2\\&=AC\cdot AE+AC\cdot EC-EC^2+BE^2\\&=AC\cdot AE+EC(AC-EC)+BE^2\\&=AC\cdot AE+EC\cdot AE+BE^2\\&=AC\cdot AE+BE\cdot ED+BE^2\end{aligned}$$

$=AC \cdot AE+BE \cdot (ED+BE)$
$=AC \cdot AE+BE \cdot BD$

当然，这样证不如作 $EF \perp AB$ 于 F，用四点共圆和两割线定理证明来得简便，但也是一种思路。当读者看到求证中有 AB^2 的时候，不妨想一想，关于线段平方自己学过哪些知识，比如勾股定理、射影定理、切割线定理、余弦定理，这就是常说的“见到图形，想到性质”“只有想得全，用时才能从中挑选”的意思。如果再有些解题经验，从中选择简便的方法就顺利多了。

例 3 如图 6－93，已知：矩形 $ABCD$ 有内切半圆，圆心是 O，切点为 M，AC 交半圆于 P，$PE \perp AB$ 于 E，$AB=a$。求：BC、AC、PC、PB、AP、BE、AE、PE 的长。

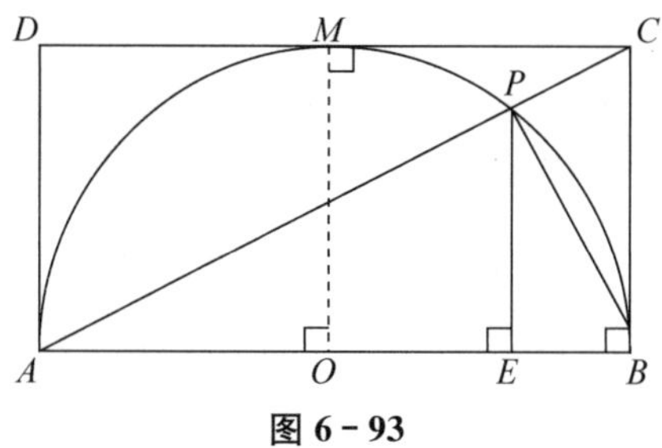

图 6－93

分析：易证四边形 $OBCM$ 是正方形，$BC=OB=\frac{a}{2}$。由基本图六，求得 $AC=\frac{\sqrt{5}}{2}a$。用基本图二十八，由切割线定理得 $BC^2=PC \cdot AC$，则 $PC=\frac{BC^2}{AC}=\frac{\sqrt{5}}{10}a$。仍用基本图六得 $PB=\frac{\sqrt{5}}{5}a$。用基本图九，由射影定理得 $AP=\frac{2\sqrt{5}}{5}a$，$BE=\frac{a}{5}$，$AE=\frac{4}{5}a$，$PE=\frac{2}{5}a$。

例 4 如图 6－94，$\triangle ABC$ 的三条高 AD、BE、CF 相交于 H，求证：$AF^2+BD^2+CE^2=AE^2+CD^2+BF^2$。

分析：用基本图六得：$\begin{cases} BD^2=BH^2-HD^2 \\ CE^2=CH^2-HE^2 \\ AF^2=AH^2-HF^2 \end{cases}$ 而 $\begin{cases} BH^2=BF^2+FH^2 \\ CH^2=CD^2+HD^2 \\ AH^2=AE^2+HE^2 \end{cases}$

前面三式相加，再将后面三式代入，整理化简后，得出求证的结果。

例 5 如图 6－95，$\triangle ABC$ 中，高 AD、BE 交于 H，F 是 BC 中点，且 $AD=BC$。求证：$HF+HD=\frac{1}{2}BC$。

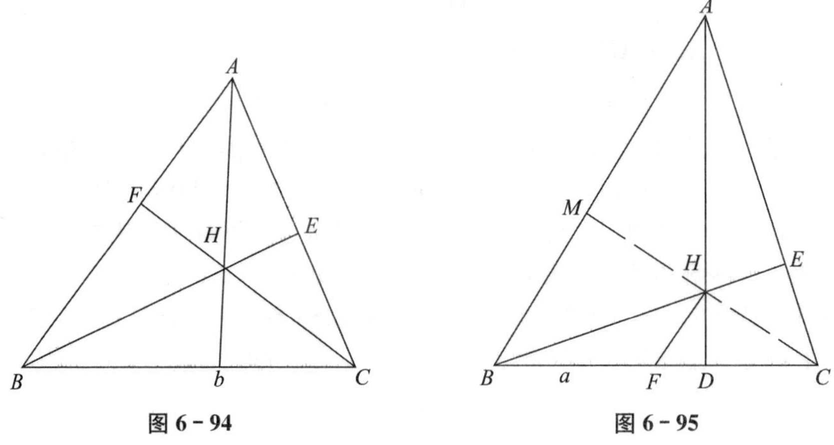

图 6-94　　图 6-95

分析： 如果用延长、截取等一般方法转化为求证线段相等的方法不易解决时，可以比较广泛地研究图上这些线段间的关系。连接 CH 并延长，交 AB 于 M，则 CM 是 AB 边上的高，易证$\triangle CHD\backsim\triangle ABD$，得$\dfrac{HD}{CD}=\dfrac{BD}{AD}$。设 $BF=FC=a$，即$\dfrac{HD}{a-FD}=\dfrac{a+FD}{2a}$，则 $HD=\dfrac{a^2-FD^2}{2a}$，而 $HF^2=HD^2+FD^2=\dfrac{a^4-2a^2\cdot FD^2+FD^4}{4a^2}+FD^2=\dfrac{a^4+2a^2\cdot FD^2+FD^4}{4a^2}$。所以 $HF=\dfrac{a^2+FD^2}{2a}$。于是 $HD+HF=\dfrac{a^2-FD^2+a^2+FD^2}{2a}=a=\dfrac{1}{2}BC$。

根据图形性质用一个式子表示一条线段，也是很好的方法，因为式子可以运算，能帮助我们解决不易直接推理的问题。

例 6　如图 6-96，已知：$\odot O$ 和$\odot O'$内切于G，同时$\odot O'$又和$\odot O$ 的直径 AB 相切于E，$CD\perp AB$ 于 D，同时又和$\odot O'$相切于 F，C 在$\odot O$ 上。求证：$AC=AE$。

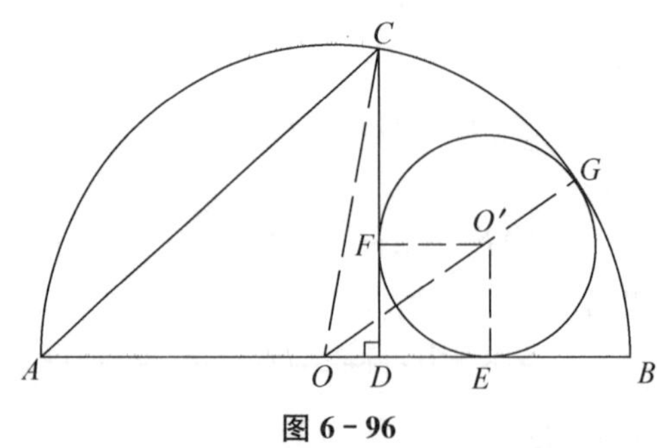

图 6-96

分析：设 $AC=b$，$AO=R$，$OD=y$，$DE=r$，$CD=h$，连接 OC，由基本图六入手，$b^2=(R+y)^2+h^2=R^2+2Ry-y^2+R^2+y^2=2R^2+2Ry$。连接 OO'，$O'G$ 有 O、O'、G 共线。连接 $O'F$，$O'E$，则 $O'F\perp CD$，$O'E\perp OB$。仍用基本图六，$OO'^2=(R-r)^2=(y+r)^2+r^2$，即，$R^2-2Rr+r^2=y^2+2yr+r^2+r^2$，$\therefore R^2=y^2+r^2+2yr+2Rr$

将此结果代入上式，得 $b^2=2R^2+2Rr=R^2+R^2+2Ry=y^2+r^2+2yr+2Rr+R^2+2Ry=(R+y+r)^2=AE^2$，$\therefore AC=AE$

例 7 如图 6-97，正方形 $ABCD$ 中，延长 BC 到 E，使 $BF=BD$，延长 AD 到 F，使 $AF=BE$，取 AF 中点 M，作 $FN/\!/ME$ 交 BC 延长线于 N，求证：$BF\perp FN$。

分析：设正方形边长为 1，则 $AF=BE=BD=\sqrt{2}$，$AM=MF=\frac{\sqrt{2}}{2}$。有基本图六，在 $\text{Rt}\triangle ABF$ 中，$BF^2=(\sqrt{2})^2+1=3$。在 $\text{Rt}\triangle FEN$ 中，$FN^2=1+(\frac{\sqrt{2}}{2})^2=\frac{3}{2}$，而 $BN=BE+EN=\sqrt{2}+\frac{\sqrt{2}}{2}=\frac{3\sqrt{2}}{2}$，所以 $BN^2=\frac{9}{2}$。而 $BF^2+FN^2=3+\frac{3}{2}=\frac{9}{2}$，所以 $BF^2+FN^2=BN^2$。根据勾股定理的逆定理，$\angle BFN=90°$。

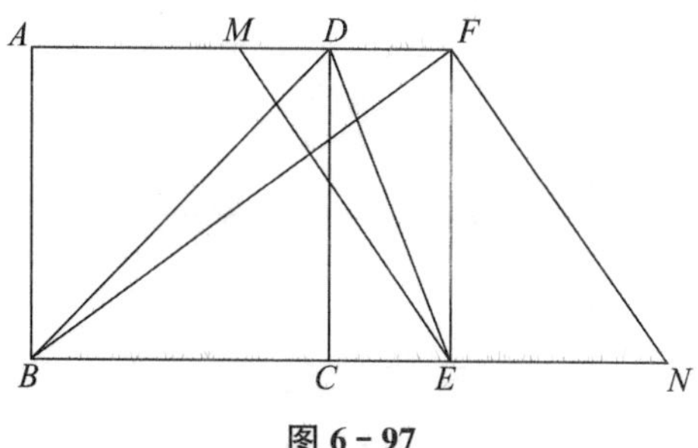

图 6-97

例 8 如图 6-98，两同心圆的圆心是 O，小圆半径为 r，大圆半径为 R，过小圆上一点 P，作小圆的弦 $PA\perp$ 大圆的弦 BPC，求证：$AB^2+BC^2+AC^2$ 为定值。

分析：首先想知道这个定值是个什么值，不妨选一个特例探讨一下。先令 PA 为小圆过 O 点的弦，即小圆直径。连接 OB、OC，有基本图六，得 $AB^2+AC^2+BC^2=2AP^2+BP^2+PC^2+(BP+PC)^2=2AP^2+BP^2+PC^2+BP^2+2BP\cdot PC+PC^2=2(AP^2+BP^2+PC^2+BP\cdot PC)=2(4r^2+R^2-r^2+R^2-r^2+EP\cdot PF)=2[2r^2+2R^2+(R-r)\cdot(R+r)]=2(2r^2+2R^2+R^2-r^2)=$

$2(3R^2+r^2)=6R^2+2r^2$。

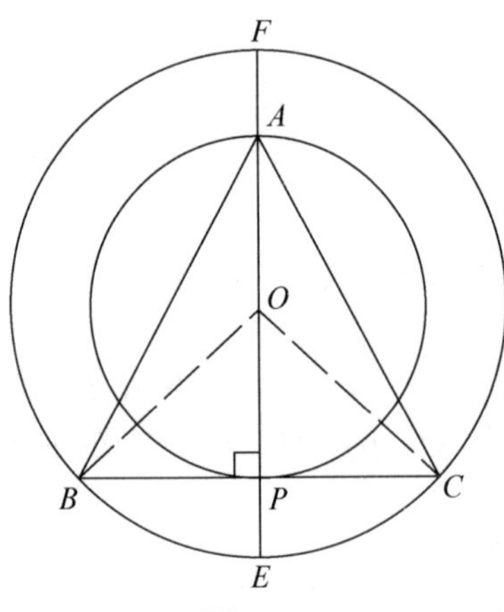

图 6－98

推广到一般情况（见图 6－99），图中小圆的弦 PA 垂直于大圆的弦 BC。BC 与小圆的另一交点为 D。由于 $\angle APD=90°$，可证 AD 为小圆直径。过 P 引大圆直径 EF，易证 $BP=DC$，仍用基本图六得：

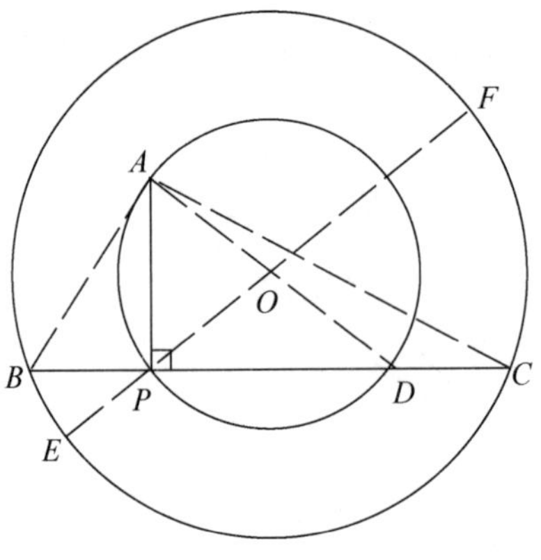

图 6－99

$AB^2+AC^2+BC^2=$

$2AP^2+BP^2+PC^2+(BP+PC)^2=$

$2AP^2+BP^2+PC^2+BP^2+2BP\cdot PC+PC^2=$

$2(AP^2+BP^2+PC^2+PB\cdot PC)=$

$2[AP^2+BP^2+(PD+DC)^2+PB\cdot PC]=$

$2[AP^2+BP^2+PD^2+2PD\cdot DC+DC^2+PB(PD+DC)]=$

$2(AP^2+PD^2+BP^2+2PD\cdot DC+DC^2+PB\cdot PD+PB\cdot DC)=$

$2(AD^2+DC^2+2PD\cdot DC+DC^2+DC\cdot PD+DC^2)=$

$2(4r^2+3DC^2+3PD\cdot DC)=$
$2[4r^2+3DC(DC+PD)]=$
$2(4r^2+3BP\cdot PC)=2(4r^2+3EP\cdot PF)=$
$2[4r^2+3(R-r)(R+r)]=2(4r^2+3R^2-3r^2)=$
$2(3R^2+r^2)=6R^2+2r^2$。

练　习

A组

1. 如图 6－100，等边$\triangle ABC$ 边长为a，求 $S_{\triangle ABC}$。

提示：作 $AD\perp BC$ 于D，则 $BD=DC=\dfrac{1}{2}a$。用勾股定理得 $AD^2=AB^2-BD^2=a^2-(\dfrac{a}{2})^2=\dfrac{3}{4}a^2$，则 $AD=\dfrac{\sqrt{3}}{2}a$。于是，$S_{\triangle ABC}=\dfrac{1}{2}\cdot a\cdot\dfrac{\sqrt{3}}{2}a=\dfrac{\sqrt{3}}{4}a^2$。请读者认真研究本题，并且记住证明过程和结论，这是研究平面几何和立体几何常用的图形。

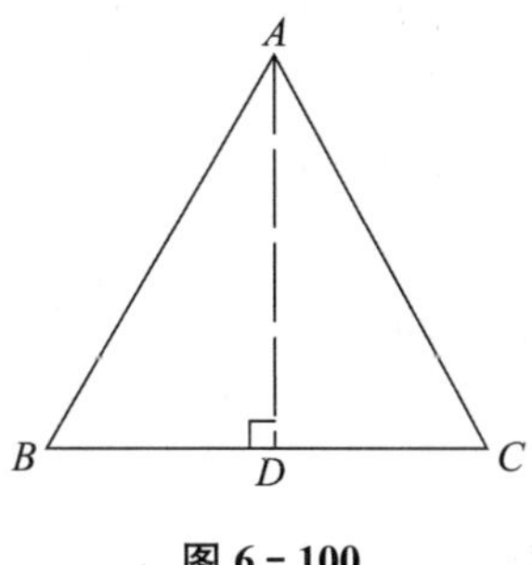

图 6－100

2. $\triangle ABC$ 中，$\angle C=90°$，周长为 $2+\sqrt{6}$，知斜边中线长为 1，求 BC、AC 的长。

答案：$\dfrac{\sqrt{6}+\sqrt{2}}{2}$，$\dfrac{\sqrt{6}-\sqrt{2}}{2}$。

3. PC 切$\odot O$ 于C，PAB 交$\odot O$ 于A、B，若 $PC=20$ cm，$PB=40$ cm，AB 弦的弦心距 $OD=8$ cm，求$\odot O$ 半径的长。

答案：17 cm。

4. 菱形 $ABCD$ 中，$AC=24$ cm，$BD=10$ cm，求菱形边长。

答案：13 cm。

5. Rt$\triangle ABC$ 中，$\angle C=90°$，$\angle A=30°$，求 $BC:AB:AC$。

答案：$1:2:\sqrt{3}$。

6. Rt$\triangle ABC$ 中，$\angle C=90^\circ$，$AC=BC$，求 $AC:BC:AB$。

答案：$1:1:\sqrt{2}$。

7. $\triangle ABC$ 中，$\angle C=90^\circ$，D 是 AC 上任意一点，E 是 BC 上任意一点，求证：$AC^2+BC^2+CD^2+CE^2=AB^2+DE^2$。

提示：用基本图六。

8. 过$\triangle ABC$ 内任意一点 P 向三边作垂线，在 BC、AC、AB 边上的垂足分别是 E、F、D，求证：$AD^2+BE^2+CF^2=BD^2+CE^2+AF^2$。

提示：连接 PA、PB、PC，出现六个直角三角形，用基本图六。

9. 圆内接正方形 $ABCD$，在 $\overset{\frown}{AD}$ 上任取一点 P，求证：$PA^2+PC^2=PB^2+PD^2$。

提示：连接 AC、BD，都是圆的直径，用基本图六。

10. $\triangle ABC$ 中，$AB>AC$，$AD\perp BC$ 于 D，E 是 BC 中点，$\angle B=45^\circ$，求证：$AC^2=2(BE^2+DE^2)$。

提示：由 45°得 $AD=BD\cdot BD=BE+ED$，$DC=BE-DE$，用基本图六。

11. 四边形 $ABCD$ 中 $AC\perp BD$，求证：$AB^2+CD^2=BC^2+AD^2$。

提示：用基本图六。

12. 直角三角形 ABC 中，$\angle A=90^\circ$，直线 $DE/\!/BC$，交 AB 于 D，交 AC 于 E，求证：$BE^2+CD^2=DE^2+BC^2$。

提示：$DE^2=AD^2+AE^2$，$BC^2=AB^2+AC^2$，两式相加得 $DE^2+BC^2=AD^2+AE^2+AB^2+AC^2$，而 $BE^2+CD^2=AB^2+AE^2+AD^2+AC^2$，所以 $BE^2+CD^2=DE^2+BC^2$。

13. $\triangle ABC$ 中，$\angle C=90^\circ$，M 是 AC 中点，作 $MD\perp AB$ 于 D，求证：$BD^2-AD^2=BC^2$。

提示：有基本图六：$BD^2+MD^2=MB^2$，$AD^2+MD^2=AM^2$。两式相减得 $BD^2-AD^2=MB^2-AM^2=MB^2-MC^2=BC^2$。

14. 矩形 $ABCD$ 内有任意一点 O，求证：$DA^2+DC^2=OB^2+OD^2$。

提示：引 $OE\perp AB$ 于 E，延长 EO 交 CD 于 F，则 $EF\perp CD$。这样比作 $OE\perp AB$ 于 E，再作 $OF\perp CD$ 于 F 要好，免得证 E、O、F 共线，得到 $OA^2=OE^2+AE^2$，其余 OB、OC、OD 相同。由 $AE=DF$，得 $AF^2=DF^2$。同理 $BE^2=CF^2$，本题得证。

15. 等腰直角$\triangle ABC$ 中，$\angle A=90^\circ$，D 是 BC 上任意一点，求证：$2AD^2=BD^2+CD^2$。

提示：作 $DE\perp AC$ 于 E，作 $DF\perp AB$ 于 F，有 $BD^2+DF^2+BF^2=DF^2+AE^2$，$CD^2=CE^2+DE^2=FA^2+DE^2$，两式相加用勾股定理，得 $2AD^2$。

16. 直角三角形斜边为35，两直角边的比为3∶4，求两直角边的长。

答案：21，28。

17. 菱形 $ABCD$ 的对角线交于 O 点，若 $AC=24$ cm，$BD=10$ cm，求边长。

答案：13 cm。

18. 矩形 $ABCD$ 中，$AC=5$ cm，$AB=4$ cm，求矩形周长。

答案：14 cm。

B 组

1. $\triangle ABC$ 中，$\angle C=90°$，D 是 AC 上任一点，求证：$AB^2-AC^2=BD^2-CD^2$。

提示：用基本图六。

2. $\triangle ABC$ 中，$AC>AB$，AD 是中线，求证：$AB^2+AC^2=2(AD^2+BD^2)$。

提示：作 $BE\perp AD$ 于 E，作 $CF\perp AD$ 的延长线于 F，由基本图六得 $AB^2=AE^2+BE^2$，$AC^2=AF^2+FC^2$，$BE^2=BD^2-DE^2$，$FC^2=DC^2-DF^2$。所以 $AB^2+AC^2=(AD-DE)^2+BD^2-DE^2+(AD+DF)^2+DC^2-DF^2=AD^2-2AD\cdot DE+DE^2+BD^2-DE^2+AD^2+2AD\cdot DF+DF^2+DC^2-DF^2=2(AD^2+BD^2)$。

3. AB 是⊙O 的直径，AD、BC 都是⊙O 的切线，DC 切⊙O 于 E，F 是 DC 的中点，若 $AD=13$，$BC=25$，求 EF 的长。

提示：由基本图十六-2，$DE=AD=13$，$EC=BC=25$。由基本图五-5，得 $\angle DOC=90°$。由基本图九，得 $OE=5\sqrt{13}$。由基本图六得 $EF^2=OF^2-OE^2=19^2-(5\sqrt{13})^2=36$，所以 $EF=6$。

4. 任意四边形 $ABCD$ 中，E、F、G、H 分别是 AB、BC、CD、DA 边的中点，求证：$AC^2+BD^2=2(EF^2+FG^2+GH^2+HE^2)$。

提示：由 $HE=GF=\frac{1}{2}BD$，$EF=HG=\frac{1}{2}AC$，易证四边形 $EFGH$ 为平行四边形，$\therefore EF^2+FG^2+GH^2+HE^2=2(EF^2+HE^2)=2\left[\left(\frac{AC}{2}\right)^2+\left(\frac{BD}{2}\right)^2\right]=\frac{1}{2}(AC^2+BD^2)$。

7. 锐角三角函数

前面谈到，研究直角三角形中边角之间的关系，用锐角三角函数的知识，现行几何课本很早就介绍了“在直角三角形中，30°角所对的边是斜边的一半”，这就是说，当$\angle C$为直角、$\angle A=30°$时，$\frac{a}{c}=\frac{1}{2}$。这为学锐角三角函数打下了基础。在计算中，应用这部分知识很方便，这里就不谈了，下面着重说说在证明题中如何应用锐角三角函数（见图 6－101）。

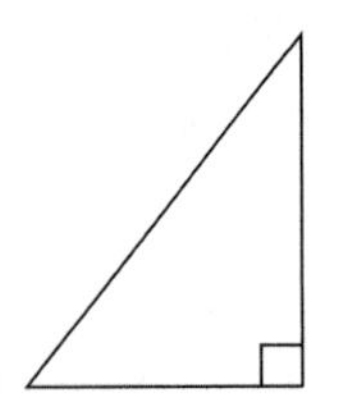

图 6－101　基本图七

例 1　如图 6－102，已知：BC是$\odot O$的直径，在直线BC上取$BA=BC=CD$，连接PB、PC、PA、PD。求证：$\tan\alpha\cdot\tan\beta=\frac{1}{4}$。

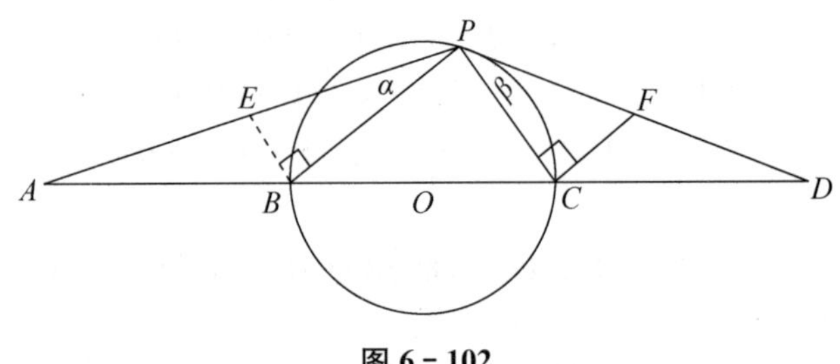

图 6－102

分析 1：因要证的结论中含三角函数，需作包含$\angle\alpha$和$\angle\beta$的直角三角形。作$BE\perp BP$，据基本图四-1 与基本图四-2，有$BE \mathrel{\underline{\underline{\parallel}}} \frac{1}{2}PC$，同理，作$CF\perp PC$，得$FC \mathrel{\underline{\underline{\parallel}}} \frac{1}{2}PB$，于是有$\tan\alpha=\frac{BE}{BP}=\frac{\frac{1}{2}PC}{BP}$，$\tan\beta=\frac{CF}{PC}=\frac{\frac{1}{2}BP}{PC}$，$\tan\alpha\cdot\tan\beta=\frac{\frac{1}{2}PC\cdot\frac{1}{2}BP}{BP\cdot PC}=\frac{1}{4}$。

分析 2：见图 6－103，作$AE\perp PB$的延长线于E，作$DF\perp PC$的延长线于F，得$\tan\alpha\cdot\tan\beta=\frac{AE}{EP}\cdot\frac{DF}{FP}=\frac{AE}{2DF}\cdot\frac{DF}{2AE}=\frac{1}{4}$。

例 2　如图 6－104，已知：矩形$ABCD$中，引$CP\perp DB$于P，$PE\perp AD$于E，$PF\perp AB$于F。求证：$PE^{\frac{2}{3}}+PE^{\frac{2}{3}}=BD^{\frac{2}{3}}$。

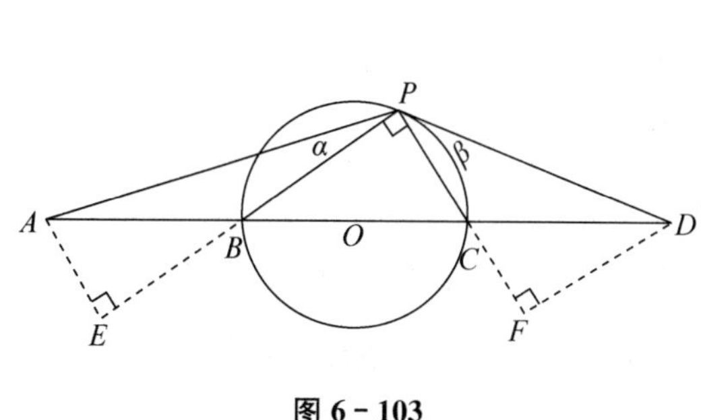

图 6 - 103

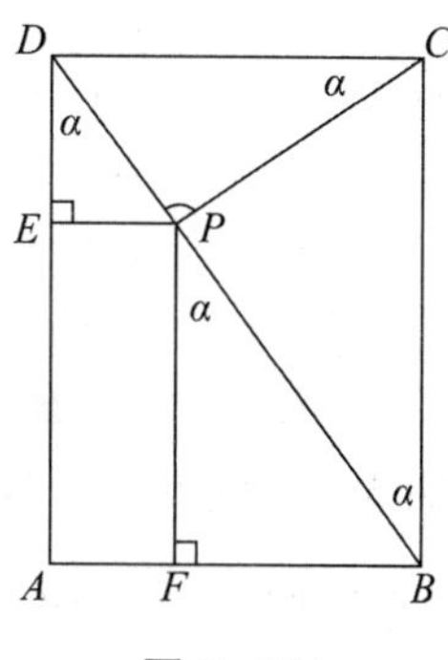

图 6 - 104

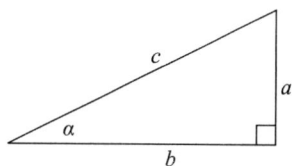

分析 1： 读者或许会觉得求证的内容很是新奇。若从来没见过这类题，那么，按照“看到不会的先想会的”的原则，看看自己会什么。由于垂直关系多，互余关系也多，设$\angle FPB=\alpha$，则$\angle PBC=\angle PCD=\angle PDE=\angle FPB=\alpha$，于是有$PE=PD\cdot\sin\alpha$，而$PD=DC\cdot\sin\alpha$，$DC=BD\cdot\sin\alpha$，$\therefore PE=PD\cdot\sin\alpha=DC\cdot\sin^2\alpha=BD\cdot\sin^3\alpha$。同理，$PF=PB\cdot\cos\alpha=BC\cdot\cos^2\alpha=BD\cdot\cos^2\alpha$，则$PE^{\frac{2}{3}}+PE^{\frac{2}{3}}=BD^{\frac{2}{3}}\sin^2\alpha+BD^{\frac{2}{3}}\cos^2\alpha=BD^{\frac{2}{3}}(\sin^2\alpha+\cos^2\alpha)=BD^{\frac{2}{3}}$（附注：分指数的意义初中代数里已经学过，但是$\sin^2\alpha+\cos^2\alpha=1$没有学过，不妨证明一下，如图 6 - 105，$\sin\alpha=\dfrac{a}{c}$，$\cos\alpha=\dfrac{b}{c}$，则$\sin^2\alpha+\cos^2\alpha=\dfrac{a^2}{c^2}+\dfrac{b^2}{c^2}=\dfrac{a^2+b^2}{c^2}=\dfrac{c^2}{c^2}=1$）。

图 6 - 105

分析 2： 如果把要证的结论的等式两边同时除以$BD^{\frac{2}{3}}$，希望$\left(\dfrac{PE}{BD}\right)^{\frac{2}{3}}+\left(\dfrac{PF}{BD}\right)^{\frac{2}{3}}=1$，也就是希望$\left[\left(\dfrac{PF}{BD}\right)^{\frac{1}{3}}\right]^2+\left[\left(\dfrac{PE}{BD}\right)^{\frac{1}{3}}\right]^2=1$。见到图形想到性质，有$\triangle PED\backsim\triangle DPC\backsim\triangle CPB\backsim\triangle DCB$，则$\dfrac{PE}{PD}=\dfrac{PD}{DC}=\dfrac{DC}{DB}$，$\dfrac{PF}{PB}=\dfrac{PB}{BC}=\dfrac{BC}{DB}$。

又$\because\ \sin\alpha=\dfrac{PE}{PD}$，

$\therefore\sin\alpha=\dfrac{PE}{PD}\cdot\dfrac{PD}{DC}\cdot\dfrac{DC}{DB}=\dfrac{PE}{DB}$，

$\cos\alpha=\dfrac{PF}{PB}$，

$\therefore\cos^3\alpha=\dfrac{PF}{PB}\cdot\dfrac{PB}{BC}\cdot\dfrac{BC}{DB}=\dfrac{PF}{DB}$。

$\therefore \sin\alpha = (\frac{PE}{DE})^{\frac{1}{3}}$，$\cos\alpha = (\frac{PF}{DB})^{\frac{1}{3}}$。

$\sin^2\alpha = (\frac{PE}{DB})^{\frac{2}{3}}$，$\cos^2\alpha = (\frac{PF}{DB})^{\frac{2}{3}}$。

$\therefore (\frac{PE}{DB})^{\frac{2}{3}} + (\frac{PF}{DB})^{\frac{2}{3}} = \sin^2\alpha + \cos^2\alpha = 1$。

例 3 如图 6－106，已知：AB 是$\odot O$ 的直径，$\odot O$ 的半径 $OC \perp AB$，以 OC 为直径作$\odot O'$，$\odot O$ 的弦 AD 切$\odot O'$于 E，连接 BD。求$\frac{AD}{BD}$。

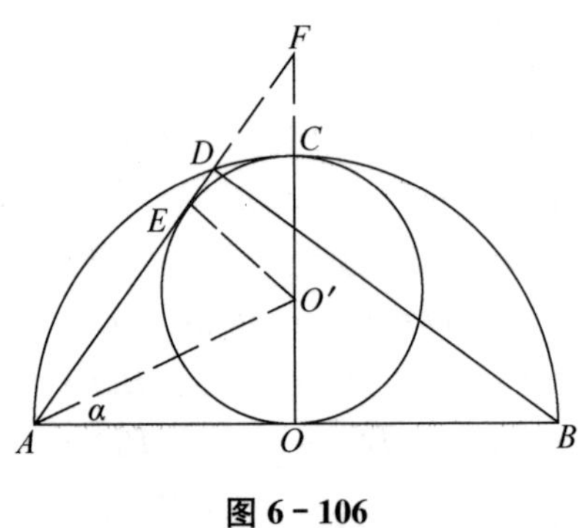

图 6－106

分析 1：延长 AD，交 OC 的延长线于 F。由 AB 是$\odot O$ 的直径、AD 切$\odot O'$于 E 带来直角，得到$\triangle ADB \backsim \triangle AOF \backsim \triangle O'EF$。又$\frac{AD}{BD}$是这组相似的直角三角形的勾与股的比，无论求出哪一组勾股比都可以。而 Rt$\triangle AOF$ 与 Rt$\triangle O'EF$ 的边包含$\odot O$、$\odot O'$的半径，是定长，可以利用。设 FO' 长 x，$\odot O'$的半径为 r，则 $EF=\sqrt{x^2-r^2}$，由$\frac{AO}{O'E}=\frac{OF}{EF}$，则$\frac{2r}{r}=\frac{x+r}{\sqrt{x^2-r^2}}$，

解之：$2\sqrt{x^2-r^2}=x+r$

$$4x^2-4r^2=x^2+2rx+r^2$$

$$3x^2-2rx-5r^2=0$$

$$(3x-5r)(x+r)=0$$

得 $x=\frac{5r}{3}$，$EF=\frac{4r}{3}$。

$\therefore \frac{AD}{BD}=\frac{O'E}{EF}=\frac{3}{4}$。

分析 2：高中的同学学过三角函数以后，设$\angle O'AO=\alpha$，则$\angle DAB=2\alpha$，再

发现本题中 $\tan\alpha=\frac{1}{2}$，那么 $\tan 2\alpha=\frac{2\tan\alpha}{1-\tan^2\alpha}=\frac{2\times\frac{1}{2}}{1-\frac{1}{4}}=\frac{4}{3}$。即$\frac{BD}{AD}=\frac{4}{3}$，则 $\frac{AD}{BD}=\frac{3}{4}$。

见到直角三角形中两边之比，立即想到锐角三角函数，这是初、高中同学都应该做到的，只是三角公式 $\tan 2\alpha=\frac{2\tan\alpha}{1-\tan^2\alpha}$初中还没学，等到学过再用。

从以上情况看，例 1 的求证中提到 $\tan\alpha$、$\tan\beta$，就需要制造直角三角形。例 2 的条件中有直角三角形，而直角三角形的性质中，研究边有勾股定理、射影定理，研究角有锐角互余，还要想到边角之间的锐角三角函数关系。所以，一定要想到、想全，最怕根本不往这儿想。同样，例 3 中若是有锐角三角函数的想法，即注意了直角三角形两边的比，就容易得到 $\tan\alpha=\frac{1}{2}$。初中同学也要有这种思路，用以解有关的题目。简单的计算练习课本上不少，这里就不再安排了，习题中着重研究证明题。

练　习

A 组

1. 如图 6 - 107，已知：AE 是⊙O 的直径，$\angle AEB=\alpha$，$\angle AEC=\beta$。求证：$\tan\alpha\cdot\tan\beta=\frac{AD}{DE}$。

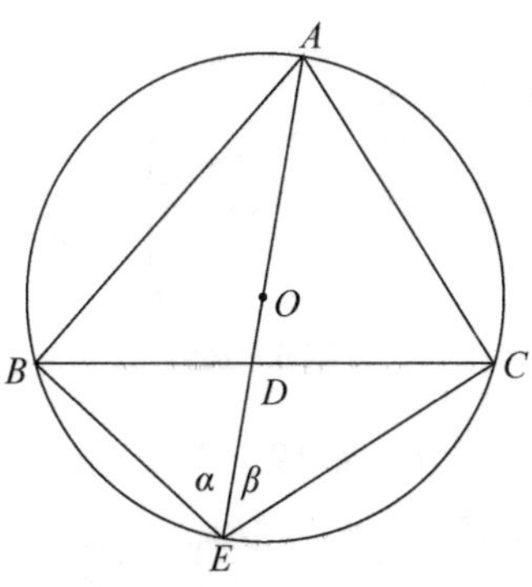

图 6 - 107

提示：Rt△ABE 与 Rt△ACE 中，$\tan\alpha=\frac{AB}{BE}$，$\tan\beta=\frac{AC}{CE}$，所以 $\tan\alpha\cdot$

$\tan\beta=\dfrac{AB\cdot AC}{BE\cdot CE}$。而$\triangle ACD\backsim\triangle BED$，有$\dfrac{AC}{BE}=\dfrac{AD}{BD}$。同理，$\triangle ABD\backsim CED$，有$\dfrac{AB}{EC}=\dfrac{BD}{ED}$，于是$\tan\alpha\cdot\tan\beta=\dfrac{BD\cdot AD}{ED\cdot BD}=\dfrac{AD}{ED}$。

2. 如图6-108，已知：$\triangle ABC$中，$\angle ACB=90°$，$CD\perp AB$于D，AG平分$\angle A$交BC于G，交CD于E，$EF/\!/AB$，交CB于F。求证：$CG=FB$。

提示：若着眼于锐角三角函数，作$FM\perp AB$于M，在$Rt\triangle AGC$中，$AC=CG\cdot\cot\alpha$，在$Rt\triangle ADG$中，$AD=AC\cdot\cos\angle CAD$，在$Rt\triangle ADE$中，$ED=AD\cdot\tan\beta$，在$Rt\triangle BFM$中，$FB=\dfrac{FM}{\sin B}=\dfrac{ED}{\cos\angle CAD}$。四式相乘，得$FB=CG$。

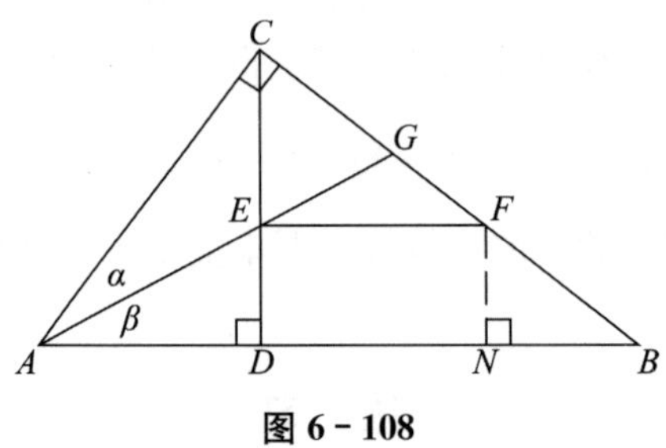

图6-108

B组

1. 如图6-109，已知：矩形$ABGH$中，$BG=3AB$，C、E分BG为三等份，D、F分AH为三等份。求证：$\alpha+\beta=\gamma$。

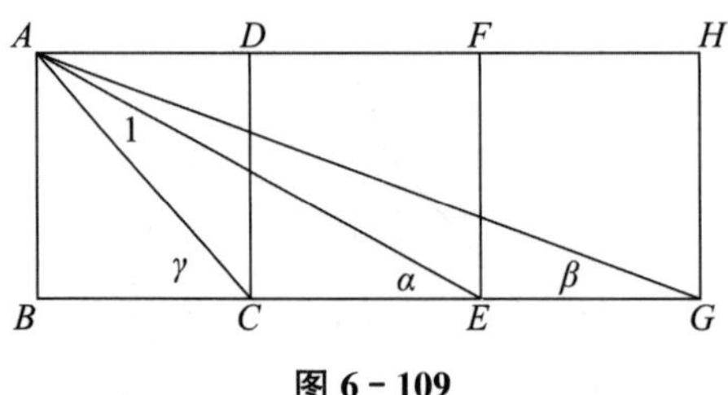

图6-109

提示1：因$\angle\gamma=\angle\alpha+\angle 1$，希望$\angle 1=\angle\beta$，设$AB=a$，易证$CE=a$，$AC=\sqrt{2}a$，$CG=2a$，即$\dfrac{CE}{AC}=\dfrac{a}{\sqrt{2}a}=\dfrac{\sqrt{2}a}{2a}$，$\dfrac{AC}{CG}=\dfrac{\sqrt{2}a}{2a}$，所以$\dfrac{CE}{AC}=\dfrac{AC}{CG}$，又$\angle ACG$是公共角，有一组角相等，夹边成比例，$\triangle ACE\backsim\triangle GCA$，所以$\angle 1=\angle\beta$。

提示2：若考虑到锐角三角函数，有$\tan\alpha=\dfrac{1}{2}$，$\tan\beta=\dfrac{1}{3}$，所以$\tan(\alpha+$

$\beta)=\dfrac{\tan\alpha+\tan\beta}{1-\tan\alpha\cdot\tan\beta}=\dfrac{\dfrac{1}{2}+\dfrac{1}{3}}{1-\dfrac{1}{6}}=1$。因 $0°<\alpha+\beta<180°$，所以 $\alpha+\beta=\gamma$。这里，$\tan(\alpha+\beta)=\dfrac{\tan\alpha+\tan\beta}{1-\tan\alpha\cdot\tan\beta}$是高中三角知识，初中的同学还不会用。

2. 如图 6 - 110，已知：正方形 $ABCD$ 中，$AB=a$，E 是 DC 中点，$\angle DAE=\alpha$，引 AF 于 DC 于 F，使$\angle BAF=2\alpha$。求证：F 是 EC 中点。

提示 1：作$\angle FAB$ 的平分线交 BC 于 G，交 DC 的延长线于 H，易证$\triangle ADE\cong\triangle ABG$，所以 $BG=GC$。由 $DH/\!/AB$，得$\angle H=\alpha$，$FH=FA$，由$\triangle ABG\cong\triangle HCG$，得 $AG=GH$。那么 $FG\perp AH$，$\angle FGC=\alpha$。证出$\triangle FCG\backsim\triangle GBA$，得$\dfrac{FC}{CG}=\dfrac{GB}{AB}=\dfrac{1}{2}$，所以 F 是 EC 的中点。

提示 2：高中的同学若看到 $\tan\alpha=\dfrac{1}{2}$，$\tan 2\alpha=\dfrac{2\tan\alpha}{1-\tan^2\alpha}=\dfrac{2\times\dfrac{1}{2}}{1-\dfrac{1}{4}}=\dfrac{4}{3}$，所以 $\tan\angle DFA=\tan\angle FAB=\tan^2\alpha=\dfrac{4}{3}$，即：$\dfrac{AD}{DF}=\dfrac{4}{3}$，换成$\dfrac{a}{DE}=\dfrac{4}{3}$，$DF=\dfrac{3a}{4}$，所以 F 是 EC 的中点。

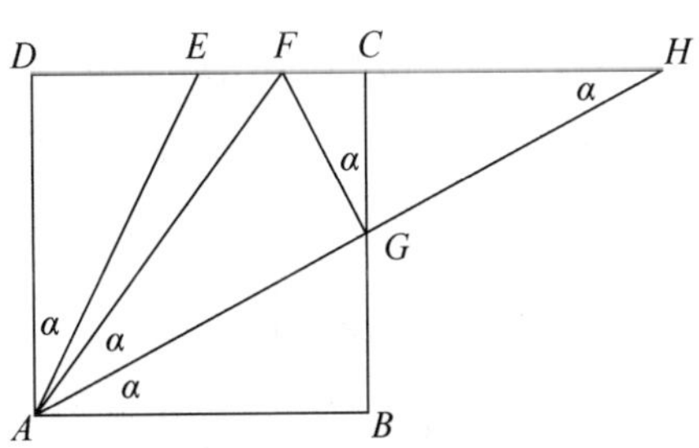

图 6 - 110

3. 如图 6 - 111，已知：AB 是⊙O 的直径，P 是 AB 上任一点，C、D 是半圆上两点。求证：$\tan\angle ACP\cdot\tan\angle BDP$ 为定值。

提示：设$\angle ACP=\alpha$，$\angle BDP=\beta$。考虑 $\tan\alpha\cdot\tan\beta$ 的几何意义，作 $PE\perp AC$ 于 E，$PF\perp BD$ 于 F，得 $\tan\alpha=\dfrac{PE}{EC}$，$\tan\beta=\dfrac{PF}{DF}$。则 $\tan\alpha\cdot\tan\beta=\dfrac{PE}{EC}\cdot\dfrac{PF}{DF}$。由平行截割定理，得$\dfrac{CE}{EA}=\dfrac{PB}{AP}=\dfrac{BF}{FD}$，即 $CE\cdot FD=BF\cdot EA$，所以 $\tan\alpha\cdot\tan\beta=\dfrac{PE\cdot PF}{CE\cdot FD}=\dfrac{PE\cdot PF}{EA\cdot BF}=\tan\angle CAP\cdot\tan\angle PBD=\dfrac{BC}{AC}\cdot\dfrac{AD}{BD}$，为

定值。

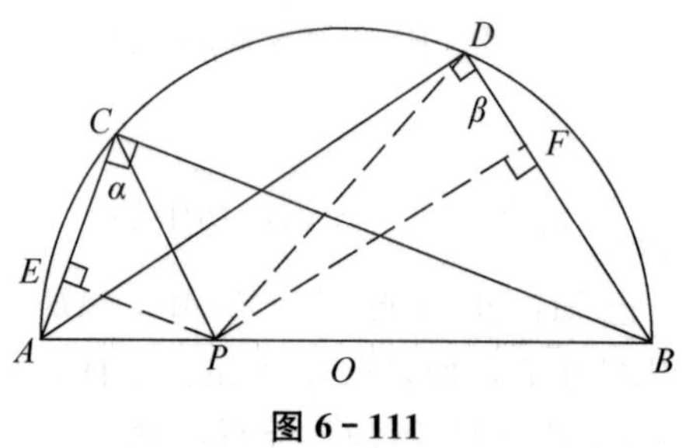

图 6-111

8. 直角三角形斜边中线

图 6-112 基本图八的条件是，$\triangle ABC$ 中，$\angle ACB=90^{\circ}$，$AD=DB$，结论是 $CD=AD=DB$，证明过程在第 4 节中已有，这里不再重复。逆定理是由 $CD=AD=DB$，得 $\angle A=\angle 1$、$\angle B=\angle 2$。结合三角形内角和可证$\angle ACB=90^{\circ}$，此外一个直角三角形，若知道$\angle A=\angle 1$，可证 CD 为斜边中线。

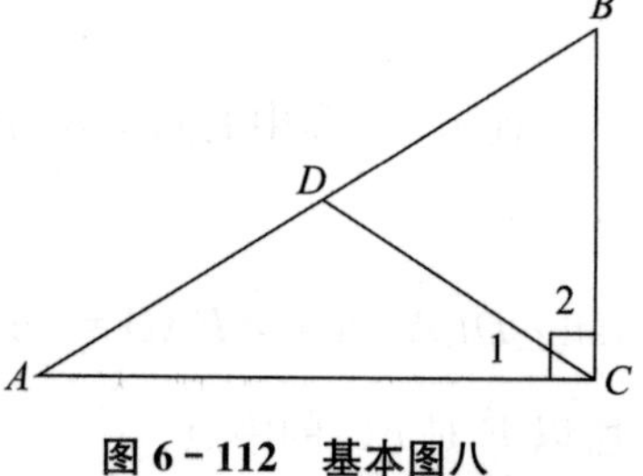

图 6-112 基本图八

例 1 如图 6-113，已知：$\triangle ABC$ 中，$AD\perp BC$ 于 D，E、F、G 分别是 AC、AB、BC 边中点。求证：四边形 $DEFG$ 是等腰梯形。

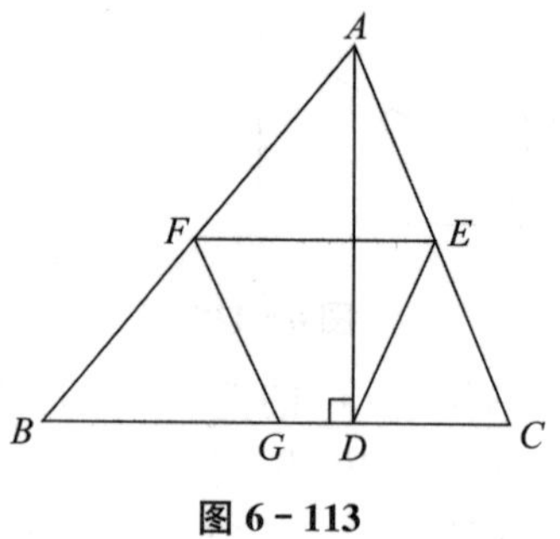

图 6-113

分析： 由基本图八，得 $DE=\dfrac{1}{2}AC$，又 $FG=\dfrac{1}{2}AC$，所以 $FG=ED$。又因 $EF/\!/BC$，FG 与 AC 平行，ED 与 AC 相交，所以 FG 与 ED 不平行，于是，四边形 $FGDE$ 为等腰梯形。

例 2 如图 6-114，已知：$AM=MB=MD$，$AN=NC$。求证：$DN=NC$。

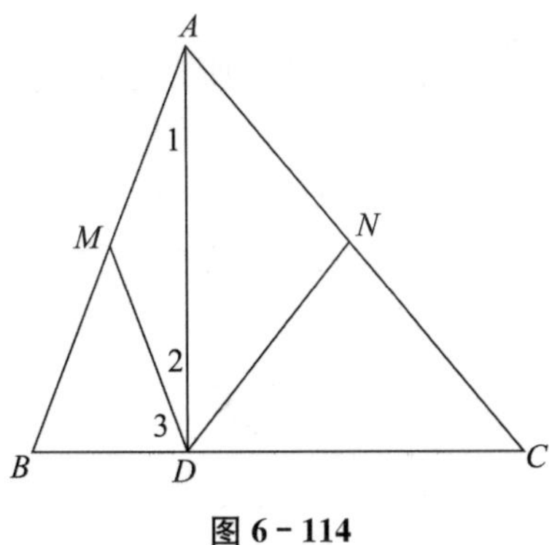

图 6-114

分析：$\triangle ABC$ 中，$AM=MB=MD$，则$\angle 1=\angle 2$，$\angle B=\angle 3$，$\angle 2+\angle 3=90°$，所以$\angle ADB=\angle ADC=90°$。在 $Rt\triangle ADC$ 中，$AN=NC$，所以 $DN=NC$。这里两次用到基本图八，内容是不同的，第一次是定直角，第二次是用直角三角形性质。

例 3 如图 6-115，已知：AB 是$\odot O$ 的直径，CA、BD 都是$\odot O$ 的切线，且 CD 切$\odot O$ 于E，引 $EF\perp AB$ 于F，交 BC 于G。求证：$EG=GF$。

分析：如果将两个基本图二十二并在一起，就出现图 6-116 的情况，若 $DE/\!/BC$，$DN=NE$，则 $BM=MC$。

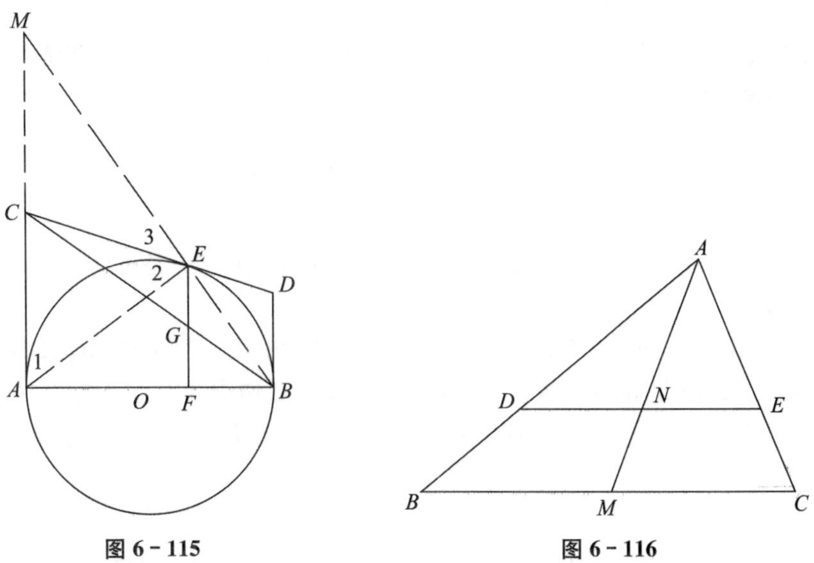

图 6-115

图 6-116

在图 8-3 中，可以制造类似的图形，连接 BE，延长 BE 交 AC 的延长线于 M。欲证 $EG=GF$，希望 $MC=AC$。连接 EA，得到$\angle AEB=90°$。在$Rt\triangle AEM$

中，因为$\angle 1$、$\angle 2$都是$\overset{\frown}{AE}$上的弦切角，所以$\angle 1=\angle 2$，由基本图五-2、五-3，可证$\angle 3=\angle M$，于是$MC=EC=CA$。

例 4 如图 6－117，已知：$\triangle ABC$中，$AC=BC$，$\angle ACB=90°$，过C引AB的平行线，以B为圆心，AB长为半径作弧，交上述平行线于D，BD交AC于E，连接AD。求证：$AD=AE$。

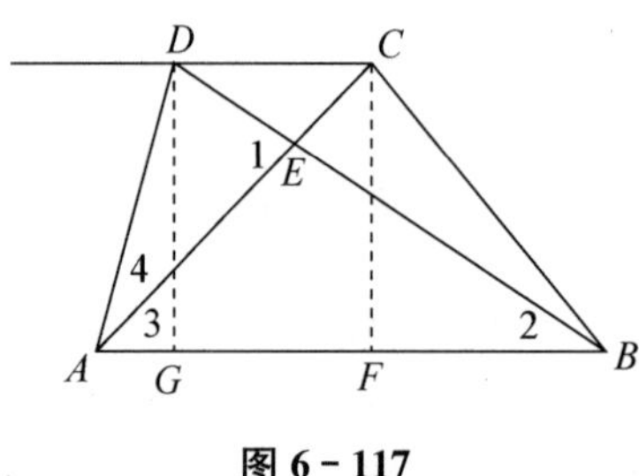

图 6－117

分析：希望$\angle ADB=\angle 1$，若找不到其他关联，就从直角$\triangle ABC$下手。过C作AB的垂线交AB于F（这也是梯形常用的辅助线），制造基本图八，得$CF=\frac{1}{2}AB$。再过D作AB的垂线交AB于G，得$DG=\frac{1}{2}BD$（等量代换），于是$\angle 2=30°$，算出$\angle ADB=\angle DAB=75°$。考虑已知条件，则$\angle 3=45°$，得$\angle 4=30°$，则$\angle 1=75°=\angle ADB$。

由于直角三角形斜边中线往往和其他知识结合在一起，有过一些练习。下面就不再安排简单练习而直接做习题了。

练　习

A 组

1. $\triangle ABC$中，BD、CE都是高，M是BC中点，N是ED中点，求证：$MN\perp ED$。

提示：由基本图八，ME是$\mathrm{Rt}\triangle BCE$的斜边中线，MD是$\mathrm{Rt}\triangle BDC$斜边中线，得$\triangle EMD$是等腰三角形，MN是这三角形底边中线，也是高。

2. $\triangle ABC$中，$\angle C=2\angle B$，$AD\perp BC$于D，E是BC中点，求证：$DE=\frac{1}{2}AC$。

提示：DE与AC无直接关系，取AC中点F，制造基本图八，则$DF=\frac{1}{2}AC$，希望$DE=DF$，有$\angle FDC=\angle C$，$\angle FED=\angle B$，则$\angle FDC=2\angle FED$，由三角形外角得$\angle FDC=\angle FED+\angle EFD$，所以$\angle FED=\angle EFD$。

3. $\square ABCD$ 中，$AF\perp BC$ 于 F，交 BD 于 E，且 $DE=2AB$，求证：$\angle ABD=2\angle DBC$。

提示：取 ED 中点 M，制造基本图八，有 $AM=EM=MD=AB$，所以 $\triangle ABM$ 为等腰三角形，用三角形外角得：$\angle ABD=\angle AMB=\angle MAD+\angle ADM=2\angle DBC$。

4. $\triangle ABC$ 中，$\angle B=15^\circ$，$\angle C=30^\circ$，引 $AD\perp AB$ 交 BC 于 D，求证：$AC=\frac{1}{2}BD$。

提示：取 BD 中点 E，找到 $\frac{1}{2}BD$ 的大小，同时出现基本图八，得 $\angle AEC=\angle ACE=30^\circ$，所以 $AC=AE=\frac{1}{2}BD$。

B 组

1. $\triangle ABC$ 中，$\angle ACB=90^\circ$，D 是 AB 中点，$DE\perp AB$ 交 AC 于 F，交 BC 的延长线于 E，求证：$CD^2=DE\cdot DF$。

提示：要 $\frac{DE}{CD}=\frac{CD}{DF}$，则希望 $\triangle DCE\backsim\triangle DFC$，希望找两组相等的角，由基本图八，得 $\angle DEC=\angle A=\angle DCF$。

2. $\triangle ABC$ 中，$\angle ACB=90^\circ$，$CD\perp AB$ 于 D，E 是 AB 中点，$\angle DCE=30^\circ$，$CD=a$，求 AB 的长。

提示：在 $\mathrm{Rt}\triangle DCE$ 中，设 $ED=x$，则 $EC=2x$。有 $4x^2-x^2=a^2$，得 $x=\frac{\sqrt{3}}{3}a$，由基本图八，知 $AB=2CE=4x$，所以 $AB=\frac{4\sqrt{3}}{3}a$。

3. 等边 $\triangle ABC$ 中，H 是垂心，F 是 AH 中点，BH 交 AC 于 E，AH 交 BC 于 D，求证：$FE\perp BD$。

提示：在 $\mathrm{Rt}\triangle AHE$ 中，有基本图八，$\angle DAC=30^\circ$，则 $\angle FEH=\angle FHE=60^\circ$，易证 $\angle DCH=30^\circ$，而 D、C、E、H 四点共圆，所以 $\angle HED=30^\circ$。

4. $\triangle ABC$ 中，$AC>BC$，$\angle ACB=90^\circ$，$CE\perp AB$ 于 E，D 是 AB 中点，求证：$\angle DCE=\angle B-\angle A$。

提示：由基本图八，得 $\angle DCB=\angle B$，因 $\angle DCE=\angle DCB-\angle ECB$，由互余关系，易证 $\angle ECB=\angle A$，所以 $\angle DCE=\angle B-\angle A$。

5. 如图 6－118，已知：$\triangle ABC$ 中，$\angle ACB=90^\circ$，$AC=BC$，P 是 AB 上一点，引 $PE\perp BC$ 于 E，$PF\perp AC$ 于 F，D 是 AB 的中点。求证：$DE=DF$。

提示：连接 CD，由基本图八，在 $\triangle ADF$ 与 $\triangle CDE$ 中，易证 $AD=CD$，

$AF=CE$，$\angle A=\angle DCE$。

6. 已知：如图 6－119，在四边形 $ABCD$ 中，$\angle ABC=90°$，$AC=AD$，M、N 分别为 AC、AD 的中点，连接 BM、MN、BN。

(1) 求证：$BM=MN$；

(2) $\angle BAD=60°$，AC 平分 $\angle BAD$，$AC=2$，求 BN 的长。

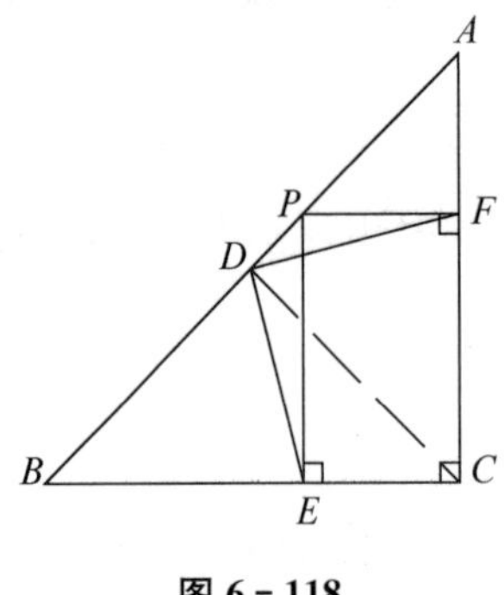

图 6－118

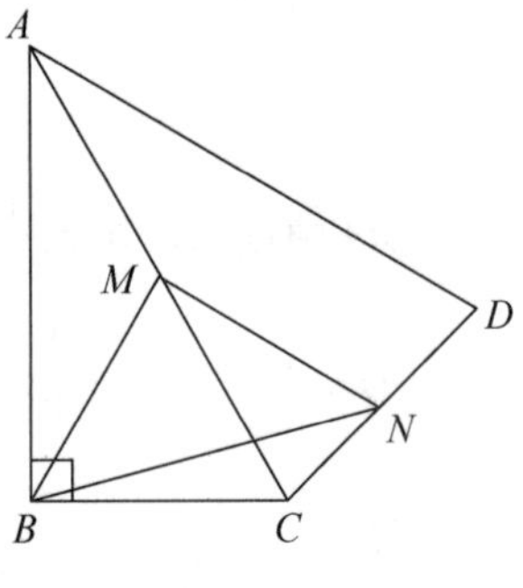

图 6－119

答案：利用基本图八，(1) 证明：在 $\triangle CAD$ 中，$\because M$、N 分别是 AC、CD 的中点，$\therefore MN\parallel AD$ 且 $MN=\dfrac{1}{2}AD$，在 $\mathrm{Rt}\triangle ABC$ 中，$\because M$ 是 AC 的中点，$\therefore BM=\dfrac{1}{2}AC$，又 $\because AC=AD$，$\therefore MN=BM$；(2) $\because \angle BAD=60°$ 且 AC 平分 $\angle BAD$，$\therefore \angle BAC=\angle DAC=30°$，由 (1) 知，$BM=\dfrac{1}{2}AC=AM=MC$，$\therefore \angle BMC=\angle BAM+\angle ABM=2\angle BAM=60°$，$\because MN\parallel AD$，$\therefore \angle NMC=\angle DAC=30°$，$\therefore \angle BMN=\angle BMC+\angle NMC=90°$，$\therefore BN^2=BM^2+MN^2$，而由 (1) 知，$MN=BM=\dfrac{1}{2}AC=\dfrac{1}{2}\times 2=1$，$\therefore BN=\sqrt{2}$。

9. 直角三角形斜边上的高

研究直角三角形线段大小关系，常用的重要图形还有基本图九，如图 6－120，这个图形的已知条件是，$\triangle ABC$ 中，$\angle ACB=90°$，$CD\perp AB$ 于 D，即 CD 是直角三角形斜边上的高。通过 $\angle 1$ 与 $\angle A$ 相等，从而得到 $\triangle CDB\backsim\triangle ADC\backsim\triangle ACB$，写出比例式，则是 $\dfrac{CD}{AD}=\dfrac{DB}{DC}=\dfrac{CB}{AC}$，$\dfrac{AD}{AC}=\dfrac{DC}{CB}=\dfrac{AC}{AB}$，$\dfrac{CD}{AC}=$

$\frac{BD}{BC}=\frac{CB}{AB}$；由上面比例关系导出的射影定理，表现为线段的乘积形式 $AC^2=AD\cdot AB$，$BC^2=BD\cdot BA$，$CD^2=AD\cdot DB$；可推出勾股定理 $AB^2=AC^2+BC^2$；由面积关系 $S_{\triangle ABC}=\frac{1}{2}AB\cdot CD=\frac{1}{2}AC\cdot BC$ 而得到的 $AB\cdot CD=AC\cdot BC$；由射影定理导出的 $\frac{AD}{DB}=\frac{AC^2}{BC^2}$（即两射影之比等于两直角边平方的比）。如上述关系，均由三个相似三角形推出。要求见到图形，想到有关的所有性质，用时才能得心应手。

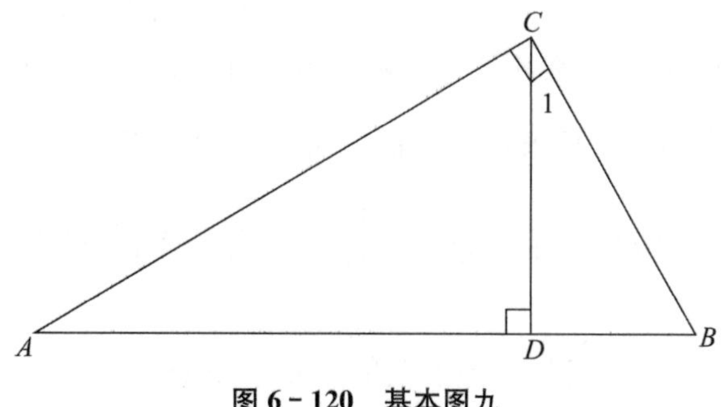

图 6-120　基本图九

例 1　如图 6-120 基本图九，已知：在$\triangle ABC$ 中，$\angle ACB=90°$，$CD\perp AB$ 于 D，$DB=25$ mm，$CD=60$ mm。求 AD、AB、BC、AC 的长。

分析：根据 $CD^2=AD\cdot DB$，先求出 $AD=144$ mm，相加，得出 $AB=169$ mm，再根据 $BC^2=BD\cdot BA$，求出 $BC=65$ mm，最后，根据 $AC^2=AD\cdot AB$，求出 $AC=156$ mm。

例 2　如图 6-121，已知：$\triangle ABC$ 中，$\angle ABC=90°$，$CD\perp AB$ 于 D，$DE\perp AC$ 于 E，$DF\perp BC$ 于 F。求证：$\frac{AE}{BF}=\frac{AC^3}{BC^3}$。

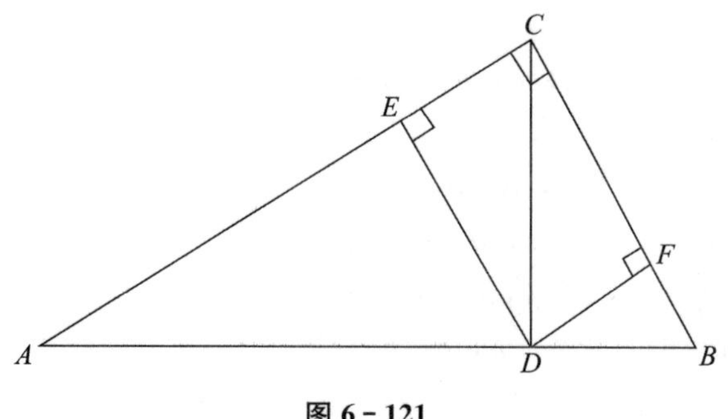

图 6-121

分析 1： Rt$\triangle ADC$ 中有斜高 DE，Rt$\triangle CDB$ 中有斜高 DF，都符合基本图九，得 $AD^2=AE\cdot AC$，$DB^2=BF\cdot BC$，即 $AE=\frac{AD^2}{AC}$，$BF=\frac{DB^2}{BC}$，所以 $\frac{AE}{BF}=\frac{AD^2}{AC}\cdot\frac{BC}{DB^2}$，而$\frac{AD}{DB}=\frac{AC^2}{BC^2}$，所以$\frac{AE}{BF}=\frac{BC}{AC}\cdot\frac{AD^2}{DB^2}=\frac{BC}{AC}\cdot\frac{AC^4}{BC^4}=\frac{AC^3}{BC^3}$。

分析 2： 据基本图九，由 Rt$\triangle ADC$ 中有斜高 DE，得三个相似三角形。由 Rt$\triangle CDB$ 中有斜高 DF，得三个相似三角形。而$\triangle ACB$ 又与它们相似，于是 $\triangle AED\backsim\triangle DEC\backsim\triangle ADC\backsim\triangle CDB\backsim\triangle CFD\backsim\triangle DFB\backsim\triangle ACB$。七个三角形相似，对应边的比相等，可以随意代换，因为$\frac{AC^3}{BC^3}=\frac{AC}{BC}\cdot\frac{AC}{BC}\cdot\frac{AC}{BC}$，由$\frac{AC}{BC}$是 Rt$\triangle ABC$ 股与勾之比，那么凡是与之相似的三角形股与勾之比都可以代换。将第一个$\frac{AC}{BC}$换成$\frac{AE}{ED}$（AE 是求证需要的，再设法约去 ED），将第二个$\frac{AC}{BC}$换成$\frac{DE}{CE}$（这样可以约去 ED），再将$\frac{DE}{CE}$换成$\frac{DE}{DF}$，将第三个$\frac{AC}{BC}$换成$\frac{DF}{FB}$，约去 DF 就成功了。

下面，先通过一些计算题，熟悉直角三角形三条边、一条斜高、两条直角边在斜边上的射影这六条线段间的关系（由任意两条线段的长度可以求出其余四条线段的长度），然后再做一些证明题。

练　习

A 组

1. Rt$\triangle ABC$ 中，$\angle ACB=90^\circ$，$CD\perp AB$ 于 D，设 $BC=a$，$AC=b$，$AB=c$，$CD=h$，$AD=q$，$DB=p$，计算下列各题：

（1）$p=9$，$q=16$，求 h，b，a，c；

（2）$a=6$，$b=12$，求 c，q，p，h；

（3）$b=17$，$h=15$，求 q，p，c，a；

（4）$c=122$，$p=50$，求 q，h，a，b；

（5）$a=5$，$c=13$，求 b，p，q，h；

（6）$p=1$，$q=9$，求 h，a，b，c；

（7）$a=3$，$p=1.8$，求 c，q，h，b；

（8）$h=18$，$q=12$，求 p，b，a，c；

（9）$a=4$，$c=41$，求 b，p，q，h；

（10）$h=15$，$c=50$，求 p，q，a，b。

答案：

(1) $h=12$，$b=20$，$a=15$，$c=25$；

(2) $c=6\sqrt{5}$，$q=\frac{24\sqrt{5}}{5}$，$p=\frac{6\sqrt{5}}{5}$，$h=\frac{12\sqrt{5}}{5}$；

(3) $q=8$，$p=28\frac{1}{8}$，$c=36\frac{1}{8}$，$a=31\frac{7}{8}$；

(4) $q=72$，$h=60$，$a=10\sqrt{61}$，$b=12\sqrt{61}$；

(5) $b=12$，$h=4\frac{8}{13}$，$p=1\frac{12}{13}$，$q=11\frac{1}{13}$；

(6) $h=3$，$a=\sqrt{10}$，$b=3\sqrt{10}$，$c=10$；

(7) $c=5$，$q=3.2$，$h=2.4$，$b=4$；

(8) $p=27$，$b=9\sqrt{13}$，$a=6\sqrt{13}$，$c=39$；

(9) $b=9$，$q=1\frac{40}{41}$，$p=39\frac{1}{41}$，$h=8\frac{32}{41}$；

(10) $p=5$，$q=45$，$a=5\sqrt{10}$，$b=15\sqrt{10}$；

若 $p=45$，则 $q=5$，$a=15\sqrt{10}$，$b=5\sqrt{10}$。

2. 从圆上一点 C 向直径 AB 引垂线，垂足为 D。

(1) $AD=12$，$DB=3$，求 CD；

(2) $AD=50$，$DB=2$，求 CD；

(3) $AD=8$，$AB=40$，求 CD；

(4) $AD=25$，$CD=10$，求 DB；

(5) $AD:DB=4:9$，$CD=30$，求 AB；

(6) $CD=3AD$，半径为 r，求 AD；

(7) $AB=2$，$AD=0.5$，求 AC；

(8) $AD=4$，$BD=5$，求 AC；

(9) $AC=4$，$BC=3$，求 CD；

(10) $AC=2$，$BC=1$，求 $AD:DB$。

答案：(1) $CD=6$；(2) $CD=10$；(3) $CD=16$；(4) $DB=4$；(5) $AD=65$；(6) $AD=\frac{r}{5}$；(7) $AC=1$；(8) $AC=6$；(9) $CD=\frac{12}{5}$；(10) $4:1$。

3. 已知：$\triangle ABC$ 中，$AC:BC:AB=5:12:13$，$CD\perp AB$ 于 D，$AD=5$ mm。求 AB、BC、AC 的长。

提示：必须先用勾股定理的逆定理证明$\angle ACB$ 是直角，才能用射影定理。

答案：$\frac{169}{5}:\frac{156}{5}:13$。

4. 如图 6－122，已知：$\angle ACB=90°$，$CD\perp AB$ 于 D，以 CD 为直径作 $\odot O$，$\odot O$ 交 AC 于 E，交 BC 于 F，$EC=18$ mm，$CF=12$ mm。求 AE、BF 的长。

答案：8 mm；27 mm。

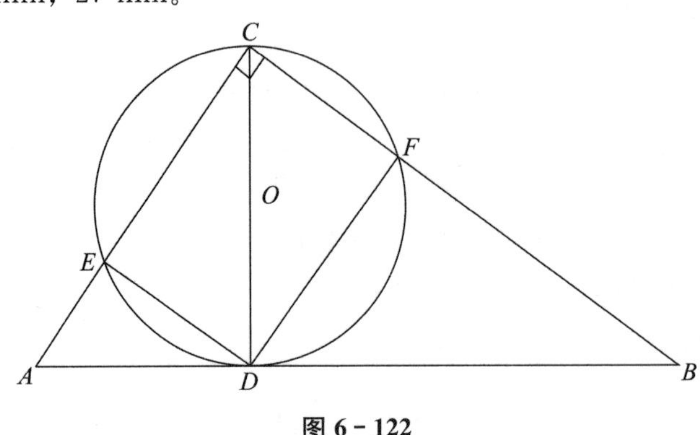

图 6－122

5. PA 和 PB 分别切$\odot O$ 于 A、B，若 $OA=7$ cm，$OP=25$ cm，求 AB 的长。

答案：$13\dfrac{11}{25}$ mm。

6. $\triangle ABC$ 中，$\angle ACB=90°$，$CD\perp AB$ 于 D，$CD=2$ cm，$AD-DB=3$ cm，求 AB、BC、AC 的长。

答案：5 cm，$\sqrt{5}$ cm，$2\sqrt{5}$ cm。

7. $\triangle ABC$ 中，AD 是高，若 $AD^2=BD\cdot CD$，求证：$\angle BAC$ 是直角。

提示：用一组角相等夹边成比例，证$\triangle ABD\backsim\triangle CAD$，证出$\angle ABD=\angle CAD$，从而证出$\angle BAC=90°$。

8. AB 是$\odot O$ 的直径，BC 是$\odot O$ 的切线，AC 交$\odot O$ 于 D，知 $BC=OB$，求 $CD:AD$。

提示：在基本图九中，两射影之比等于两直角边平方之比，所以 $CD:AD=1:4$。

9. PA 是$\odot O$ 的切线，A 是切点，直线 PB 过 O 点，交$\odot O$ 于 M、B，引 $AC\perp PB$ 于 C，若$\odot O$ 的半径为 20 cm，PM 为 5 cm，求 AC 的长。

答案：12 cm。

10. 以$\odot O$ 的半径 OA 为直径为作一个小圆，AD 是$\odot O$ 的弦，$DB\perp OA$ 于 B，交小圆于 C，求证：$AD^2=2AC^2$。

提示：作$\odot O$ 的直径 AE，连接 DE，由基本图九，得 $AD^2=AB\cdot AE$，即 $AD^2=2AB\cdot AO$，在小圆中又有基本图九，此题可证。

11. $\triangle ABC$ 中，$\angle CAB=90°$，$AD\perp BC$ 于 D，BE 是$\angle B$ 的平分线，交

AD 于 F，求证：$\dfrac{DF}{AF}=\dfrac{AE}{EC}$。

提示：用基本图九，结合角平分线定理。

12. AB 是$\odot O$ 的直径，割线 BF、BD 分别交$\odot O$ 于E、C，交过 A 点的切线于 F、D，求证：$BE\cdot BF=BC\cdot BD$。

提示：Rt$\triangle BAF$ 中，连接斜边上的高 AE，用基本图九；Rt$\triangle BAD$ 中，连接斜边上的高 AC，用基本图九，于是求证的两个积都等于 AB^2。

B 组

1. $\triangle ABC$ 中，$\angle ACB=90°$，$CD\perp AB$ 于 D，求证：$\dfrac{1}{AC^2}+\dfrac{1}{BC^2}=\dfrac{1}{CD^2}$。

提示：从求证提希望，即希望证$\dfrac{CD^2}{AC^2}-\dfrac{CD^2}{BD^2}=1$，而$\dfrac{CD^2}{AC^2}=\dfrac{AD\cdot BC}{AD\cdot AB}=\dfrac{BD}{AB}$，同理，$\dfrac{CD^2}{BC^2}=\dfrac{AD}{AB}$，$\therefore\dfrac{CD^2}{AC^2}+\dfrac{CD^2}{BC^2}=\dfrac{BD}{AB}+\dfrac{AD}{AB}=1$。

2. AB 是半圆的直径，C 是半圆上一点，直线 MN 切半圆于C，$AM\perp MN$ 于M，$BN\perp MN$ 于 N，$CD\perp AB$ 于 D，求证：（1）$CD=CM=CN$；（2）$CD^2=AM\cdot BN$。

提示：用基本图十八和基本图九中角的关系证三角形全等，从而得到 $CD=CM=CN$ 之后，用基本图九的射影定理，证出 $CD^2=AD\cdot DB$，换成 $CD^2=AM\cdot BN$。

3. 如图 6－123，已知$\odot O$ 和$\odot O'$外切于P，两圆的公切线分别切$\odot O$ 于A，切$\odot O'$于C，AB 是$\odot O$ 的直径，BD 切$\odot O'$于D，求证：$AB=BD$。

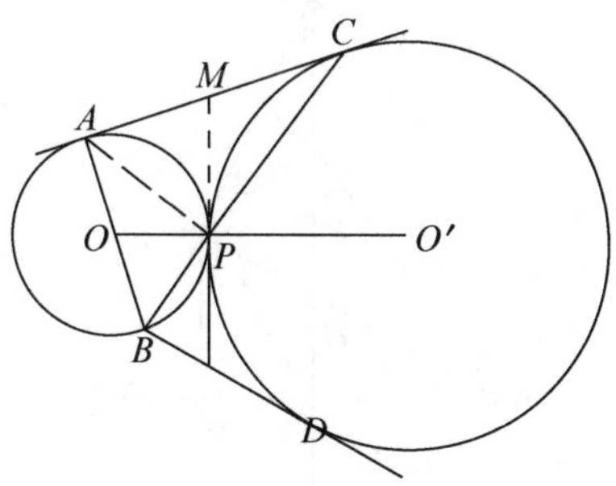

图 6－123

提示：连接 BP、BC，作两圆内公切线 PM，交 AC 于M，易证$\angle APC=90°$，而作$\angle APB=90°$，所以 B、P、C 三点共线。证 $AB^2=BP\cdot BC$，可由基本图九；证 $BD^2=BP\cdot BC$，可由基本图二十八。

4. 如图 6－124，已知：$\odot O$ 和$\odot O'$内切于A，$\odot O$ 的半径为R，$\odot O'$的半

径为r，$\odot O$的直径AD交$\odot O'$于B，过B作$\odot O'$的切线，交$\odot O$于E、F，AE交$\odot O'$于C，求证：$\frac{AE^2}{BE^2}=\frac{R}{R-r}$。

提示：连接BC，出现基本图九，得$BE^2=AE\cdot CE$，所以$\frac{AE^2}{BE^2}=\frac{AE\cdot AE}{AE\cdot CE}=\frac{AE}{CE}$，易证$O'C/\!/OE$。用基本图一得$\frac{AE}{CE}=\frac{AO}{OO'}=\frac{R}{R-r}$。开始时若不用基本图九，而用基本图二十八也可以。

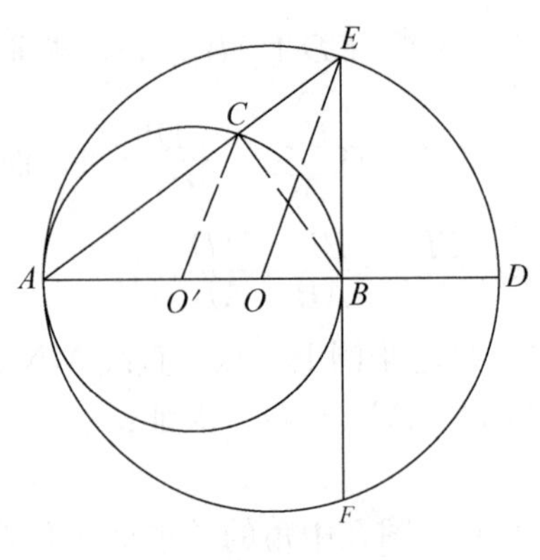

图 6－124

5. 如图 6－125，已知：$\triangle ABC$中，$AB=AC$，AD、BE都是高，相交于H，$EF\perp BC$于F，$DG=EF$，M是AH中点。求证：$\angle MBG=90°$。

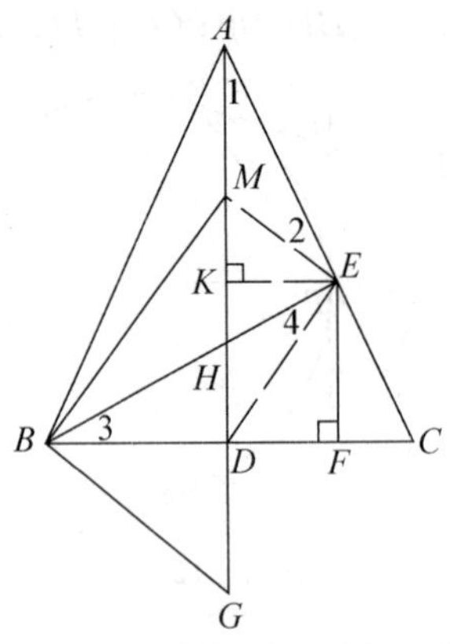

图 6－125

提示：EM是$\text{Rt}\triangle AHE$的斜边中线，ED是$\text{Rt}\triangle BEC$的斜边中线，再通过互余关系，可证$\angle 1=\angle 3=\angle 2=\angle 4$，$\angle MED=90°$。作$EK\perp AH$于$K$，出

现基本图九，得 $DE^2=DK\cdot DM$。换成 $BD^2=DK\cdot DM$，用基本图九的知识证 $\angle MBG=90^\circ$。

6. PA、PB 切⊙O 于 A、B，PO 交 AB 于 C，延长 BO 交⊙O 于 D，求证：$\frac{1}{2}PA\cdot AD=BO\cdot AC$。

提示：若将这个 $\frac{1}{2}$ 给 AD，而 $\frac{AD}{2}=OC$，$OB=OA$，就换成求证 $PA\cdot OC=OA\cdot AC$，集中在 Rt$\triangle POA$ 中，有斜高 AC。按基本图九的方法证三角形相似就可以了。若将这个 $\frac{1}{2}$ 给 AC，就变成 $2AC$，即 AB，则要证 $\triangle BDA\backsim\triangle POA$。若将这个 $\frac{1}{2}$ 给 BO，就变成 $2BO$，即 BD，则要证 $\triangle PAC\backsim\triangle BDA$。证明某些题，若能想到改写，则说明思路灵活。思路不同，方法也就不一样了。有时一题多解能帮助读者打开思路，越练越活。

10. 正弦定理和余弦定理

一个三角形有三条边和三个角，对这些基本元素之间的大小关系，过去曾经研究过，例如一个三角形中等角对等边，大边对大角，而正弦定理和余弦定理对于研究这些元素之间的关系就更进一步，具体到 $\frac{a}{\sin A}=\frac{b}{\sin B}=\frac{c}{\sin C}=2R$，$c^2=a^2+b^2-2ab\cdot\cos C$，不但可以解任意三角形，而且还可以用在证明题当中。由于这是任何一个三角形都可以用的性质，所以基本图十就是一个任意三角形。

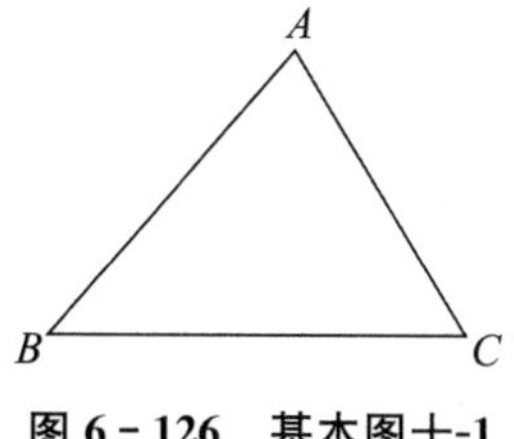

图 6－126　基本图十-1

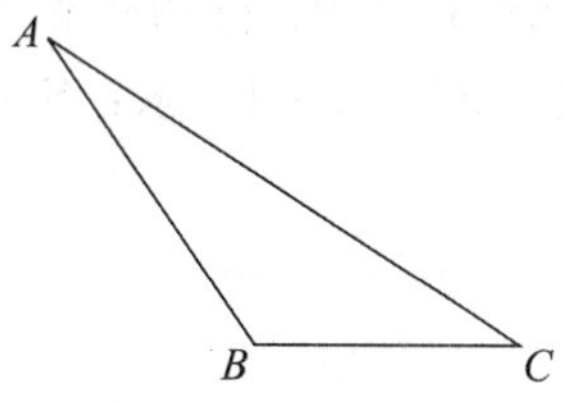

图 6－127　基本图十-2

我们先研究两个例题。

例 1　如图 6－128，已知⊙O_1 和⊙O_2 相交于 A、B，直线 CD 切⊙O_1 于 C，切⊙O_2 于 D。设⊙O_1 的半径为 R_1，⊙O_2 的半径为 R_2，过 BDC 三点的圆半径为 R（过 ADC 三点的圆也可以），求证：⊙BDC 的直径是⊙O_1 和⊙O_2 的

直径的比例中项。

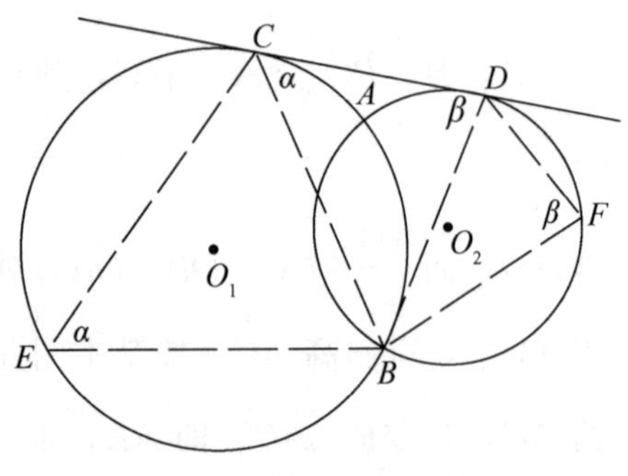

图 6－128

分析：求证 $(2R)^2=2R_1\cdot 2R_2$，涉及圆的直径，当然可以考虑作两圆的直径，例如经过 C、D 作$\odot O_1$ 和$\odot O_2$ 的直径，但$\odot BDC$ 的直径画出哪一条呢？哪些三角形相似呢？学过正弦定理以后，留下一个深刻的印象：$\frac{2}{\sin A}=\frac{b}{\sin B}=\frac{c}{\sin C}=2R$，即三角形一边与对角正弦的比与直径有关。如果在$\odot O_1$ 上任取一点 E，连接 BE、CE、BC，设$\angle E=\alpha$，易证$\angle BCD=\alpha$，在$\triangle CEB$ 中，有$\frac{BC}{\sin\alpha}=2R_1$。同理，在$\odot O_2$ 上任取一点 F，连接 BF、DF、BD，设$\angle F=\angle\beta$，易证$\angle CDB=\beta$，在$\triangle DFB$ 中，有$\frac{BD}{\sin\beta}=2R_2$。而$\triangle CBD$ 中，有$\frac{BD}{\sin a}=2R$，$\frac{BC}{\sin\beta}=2R$，于是 $2R_1\cdot 2R_2=\frac{BC\cdot BD}{\sin\alpha\cdot\sin\beta}$，$2R\cdot 2R=\frac{BD\cdot BC}{\sin\alpha\cdot\sin\beta}$。$\therefore 2R_1\cdot 2R_2=(2R)^2$。

例 2　如图 6－129，已知梯形 $ABCD$ 中，$AB/\!/CD$，CB 的平分线 $BE\perp AD$ 于 E，且 $AE:ED=2:1$。求：$S_{DFEC}:S_{\triangle ABE}$。

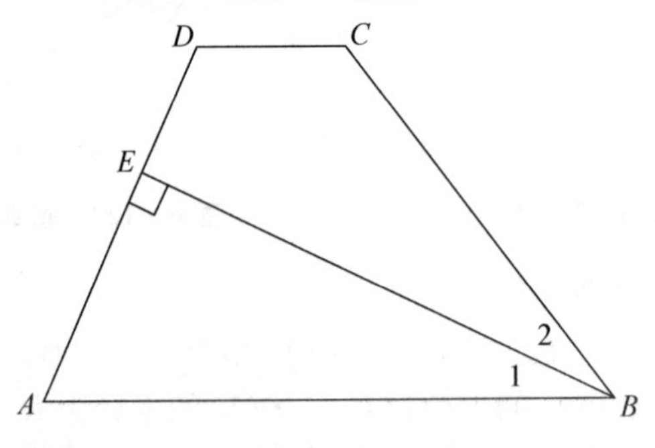

图 6－129

分析：要研究的两个图形，一个是任意四边形，一个是直角三角形，能不能分别求出这两个图形的面积再计算比值呢？不能，因为条件不够。

我们常说解一个三角形，前面也说正弦定理、余弦定理是解任意三角形的主要依据。什么是解三角形呢？是由三角形中已知的边和角计算未知的边和角。那么解一个三角形需要几个条件呢？由全等三角形的判定，我们已经知道合于判定定理的三个条件就可以定一个三角形的形状和大小。那么解一个三角形有三个独立的大小条件（以下简称条件）就够了，当然这三个条件中至少得有一个线性条件，即边的大小。解一个直角三角形，除直角外尚需两个条件，解等腰三角形也需要两个条件，解一个正三角形一个条件就够了。由于平行四边形对角线分原来图形为两个全等的三角形，所以平行四边形的计算题同三角形一样需要三个条件。而矩形、菱形计算题需要两个条件，正方形计算题只要一个条件，梯形计算题需要四个条件，任意四边形计算题需要五个条件（任意四边形一条对角线分原来图形为两个三角形，应该要六个条件，但这条对角两个三角形公用，所以有五个条件就行了）。

这样看来，想求 $S_{\triangle ABE}$ 与 S_{EDCD} 是不可能的，那么这个题应该怎样解呢？

由$\angle 1=\angle 2$ 和 $BE\perp AD$，有基本图二-4，延长 BC 和 AD 的延长线交于 F，得$\triangle ABE\cong\triangle FBE$，$FE=EA$，设 $DE=a$，则 $AE=2a$，$FA=4a$，由 $AB/\!/CD$，$\triangle FDC\backsim\triangle FAB$，$FD:FA=1:4$，则 $S_{\triangle FDC}:S_{\triangle FAB}=1:16$，$S_{\triangle FDC}:S_{\triangle ABE}=1:8$，$S_{\triangle EBC}:S_{\triangle ABE}=7:8$。

通过这两个例题，我们认识到：

(1) 看到一个几何题，无论题目上提没提，我们总要有个解三角形的想法，即利用学过的公式（或方程）等数量关系把几何元素之间的关系联系起来，能推理就推理，能计算就计算。

(2) 考虑到计算时一定要看一看解这个计算题已经有了几个大小的条件，够不够，如果不够就不要再往这方面考虑了。比如$\triangle ABC$ 中 AD 是$\angle A$ 的平分线，交 BC 于 D，已知 $AB=8$，$AC=5$，这时边的大小给了两个条件，角的大小没给。虽然$\angle BAD=\angle DAC$，但不知多少度，可以求 BD 和 DC 的比，而不能求 BD 和 DC 的长。又如例 2，不具备计算面积的条件就不要再往这方面想，赶紧另设他法，考虑别的出路。有时一个学生在考场上把时间多花在没用的地方，有的就属于这类基本东西没弄清楚，不知道什么行，什么不行。

(3) 正弦定理和余弦定理以及面积公式等，是解任意三角形的常用公式，一般地说：

知两边和夹角的大小，先用余弦定理求出第三边，再用余弦定理或正弦定理求第二个角；

知两角和夹边或两角和其中一角所对的边的大小，先用正弦定理求出一边，再用正弦定理或余弦定理求第三边；

知三边的大小，先用余弦定理求一角的大小，再用余弦定理或正弦定理求第二个角；

知两边和其中一边所对的角的大小，也就是常说的“边、边、角”，如果用这样的条件来作图，这时有三种情况：当$\angle A=90^\circ$，$\alpha>b$时，有一解，$a\leqslant b$时，无解；当$\angle A>90^\circ$时，也是这样；当$\angle A<90^\circ$时，图形如图6-130，$CD=b\cdot\sin A$。

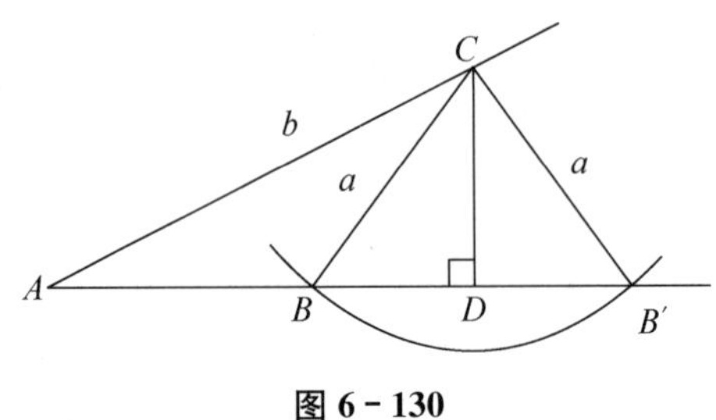

图6-130

当$\alpha<b\cdot\sin A$时，无解；

当$a=b\cdot\sin A$时，有一解；

当$b\cdot\sin A<\alpha<b$时，有两解；

当$\alpha\geqslant b$时，有一解。

所以，一般不用“边、边、角”证两个三角形全等，课本中就没有这样的判定定理，读者记住这个图形就不会用“边、边、角”去证三角形全等了。试看$\triangle ABC$与$\triangle AB'C$不是有$AC=AC$，$\angle A=\angle A$，$BC=B'C$的条件吗？$\triangle ABC$与$\triangle AB'C$能重合吗？特殊的情况有这种需要时必须说明，两边和其中一边所对的角对应相等的两个三角形。如果这个角是大边所对的角（例如钝角），证三角形全等还是可以的，不过一这下要证明$\alpha>b$，或$\angle A>90^\circ$，例如，两个内角平分线相等的三角形是等腰三角形的常用的顺证法就属于这一类。

在计算题中，知边、边、角，若属于一解的情况，先用正弦定理求出第二个角；若属于两解的情况，一个角是锐角，另一个角是它的补角。

计算问题一般就是上面所说的情况，下面就正弦定理和余弦定理在证明题中的应用再举例说明。

例3 如图6-131，已知$\angle 1=\angle 2$，求证：$\dfrac{BD}{DC}=\dfrac{AB}{AC}$。

分析：这是读者熟悉的角平分线定理，一般的证明方法是作平行线，用平行截割定理或相似三角形来证。如果用正弦定理来研究这个三角形边、角之间的相

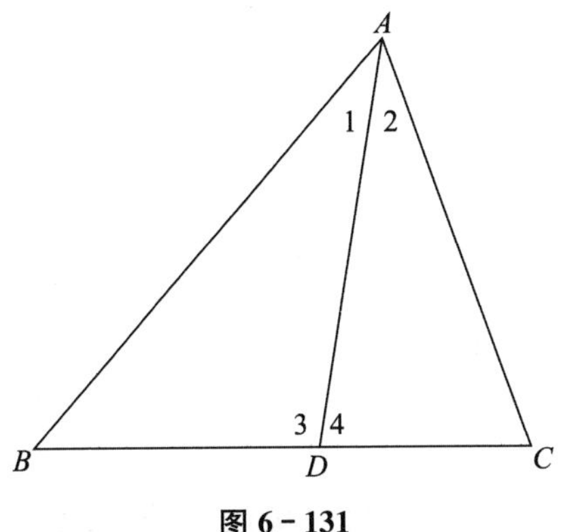

图 6－131

互关系，就有 $\frac{BD}{\sin\angle 1}=\frac{AB}{\sin\angle 3}$，则 $BD=\frac{AB\cdot\sin\angle 1}{\sin\angle 3}$，$\frac{DC}{\sin\angle 2}=\frac{AC}{\sin\angle 4}$，则 $DC=\frac{AC\cdot\sin\angle 2}{\sin\angle 4}$，

$\because$ $\sin\angle 4=\sin(180°-\angle 3)=\sin\angle 3$，

$\therefore$ $\frac{BD}{DC}=\frac{\frac{AB\cdot\sin\angle 1}{\sin\angle 3}}{\frac{AC\cdot\sin\angle 2}{\sin\angle 4}}=\frac{AB}{AC}$。

例 4 如图 6－132，已知：$\triangle ABC$ 中，$AB=BC=b$，$\angle B=20°$，$AC=a$。求证：$a^3+b^3=3ab^2$。

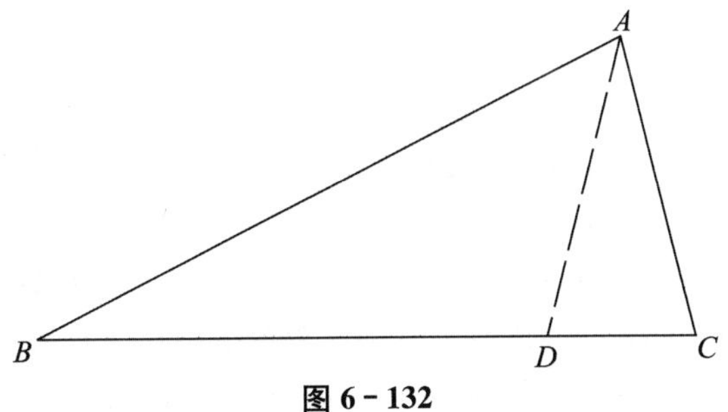

图 6－132

分析：在学过的知识中，没有 a^3、b^3 这个内容，判断 a^3、b^3 应该是式子去处的结果。已知$\triangle ABC$ 三边的长有了，而研究三角形三边间的关系的定理是余弦定理，另外制造相似三角形，也可以进行线段间的运算。在$\angle BAC$ 的内部，作射线 AD 交 BC 于 D，使$\angle CAD=\angle B=20°$，得到$\triangle ABC\backsim\triangle CAD$。有 $a^2=DC\cdot b$，于是 $DC=\frac{a^2}{b}$。又$\angle BAD=60°$，据余弦定理有 $BD^2=b^2+a^2-2ab\cdot$

$cos60° = a^2 + b^2 - ab$，

即 $(b - \frac{a^2}{b})^2 = b^2 + a^2 - ab$

$$(\frac{b^2 - a^2}{b}) = a^2 + b^2 - ab$$

$$b^4 - 2a^2b^2 + a^4 = a^2b^2 + b^4 - ab^2$$

$$a^4 + ab^3 = 3a^2b^2$$

$$a^3 + b^3 = 3ab^2$$

例 5 如图 6－133，已知：圆内接四边形 $ABCD$ 中，$AB = a$，$BC = b$，$CD = c$，$AD = d$，求证：$AC \cdot BD = ac + bd$。

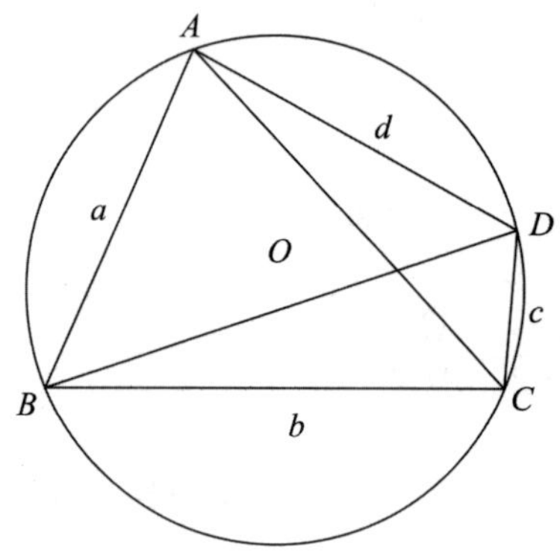

图 6－133

分析：用余弦定理，有：

$BD^2 = a^2 + b^2 = 2ad \cdot \cos\angle BAD$ ①

$BD^2 = b^2 + c^2 - 2bc \cdot \cos\angle BCD$

$= b^2 + c^2 + 2bc \cdot \cos\angle BAD$ ②

①×bc，得 $b \cdot c \cdot BD^2 = a^2bc + d^2bc - 2abcd \cdot \cos\angle BAD$ ③

②×ad，得 $ad \cdot BD^2 = ab^2d + ac^2d + 2abcd \cdot \cos\angle BAD$ ④

③+④，得 $(bc + ad)\ BD^2 = a^2bc + ab^2d + d^2bc + ac^2d$

$= ab\ (ac + bd)\ + cd\ (bd + ac)$

$= (ac + bd)(ab + cd)$

$\therefore BD = \sqrt{\frac{(ac + bd)(ab + cd)}{bc + ad}}$ ⑤

同理，$AC = \sqrt{\frac{(ac + bd)(ad + bc)}{ab + cd}}$ ⑥

⑥×⑤，得 $AC \cdot BD = ac + bd$。

例 6 如图 6－134，已知：$AC=2$，$BC=3$，$\angle BCA=60^\circ$。求：$\triangle AOB$ 外接圆半径的长。

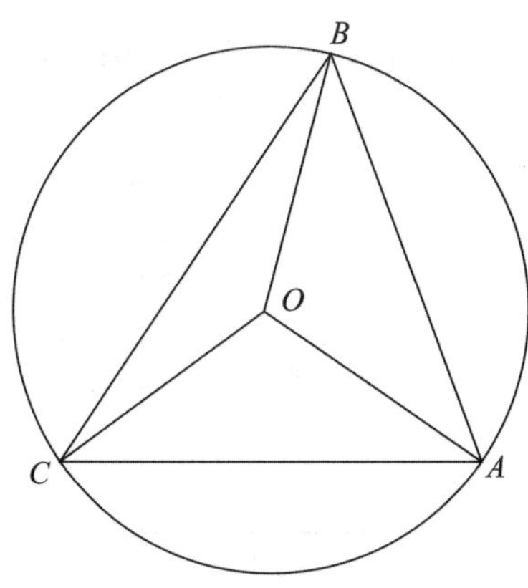

图 6－134

分析： 知边、角、边的大小，用余弦定理求 AB，$AB^2=4+9-12\cdot\cos 60^\circ=7$，所以 $AB=\sqrt{7}$，据正弦定理 $2R=\dfrac{AB}{\sin C}=\dfrac{\sqrt{7}}{\dfrac{\sqrt{3}}{2}}$，所以 $R=\dfrac{\sqrt{7}}{\sqrt{3}}$。在$\triangle AOB$ 中，外接圆半径 $r=\dfrac{AB}{2\sin\angle AOB}=\dfrac{\sqrt{7}}{2\sin 120^\circ}=\dfrac{\sqrt{7}}{\sqrt{3}}=\dfrac{\sqrt{21}}{3}$。

例 7 如图 6－135，已知：$\triangle ABC$，P 是 BC 上任一点，过 ABP 作$\odot O$，过 APC 作$\odot O'$，$\odot O$ 的半径为 R，$\odot O'$的半径为 r。求证：$\dfrac{R}{r}$为定值。

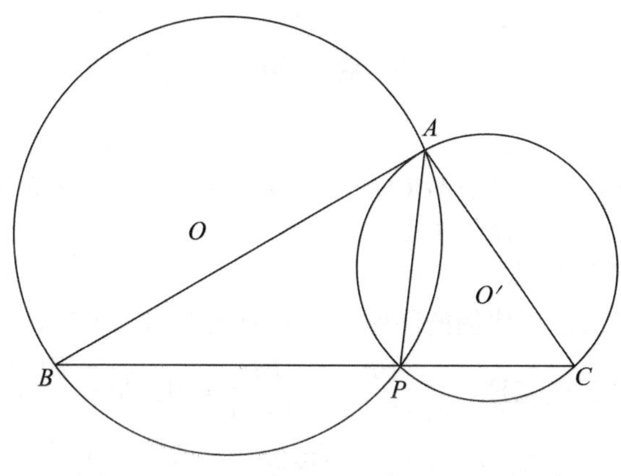

图 6－135

分析：用正弦定理，有$\dfrac{AP}{\sin B}=2R$，$\dfrac{AP}{\sin C}=2r$，则$\dfrac{2R}{2r}=\dfrac{\sin C}{\sin B}$，因为$\angle B$、$\angle C$为定角，所以$\dfrac{R}{r}$为定值。

例 8 如图 6－136，已知$\angle O=\alpha$，$AO+OB=l$，求 A、B 取在什么位置 AB 最短。

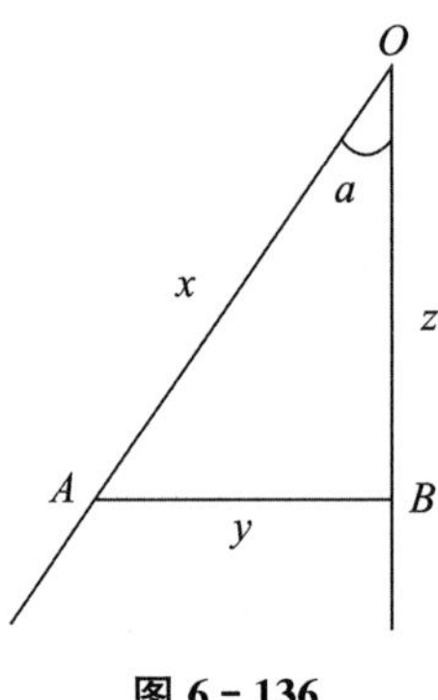

图 6－136

分析：设$OA=x$，$AB=y$，$OB=z$，用余弦定理，有 $y^2=x^2+z^2-2xz\cdot\cos\alpha$，配方得

$$\begin{aligned}y^2&=x^2+z^2-2xz-2xz-2xz\cos\alpha\\&=(x+z)^2-2xz(1+\cos\alpha)\\&=l^2-2(1+\cos\alpha)xz\end{aligned}$$

当$x=z$时，xz 最大，这时 y 最小（高中的同学学过，两数之和一定，当这两数相等时，乘积最大。初中的同学作为课外题，先将上述道理体会一下以后再认真研究）。

练　习

A 组

1. 如图 6－137，已知▱$ABCG$ 中，$BD=DC$，AB、GD 的延长线交于 F，FG 交AC 于 E。求证：$\dfrac{AE}{EC}=\dfrac{FA}{FB}$。

提示：证四条线段成比例的问题，在后面基本图二十二、二十三中将集中研究，这里想说的是正弦定理，有$\dfrac{BF}{\sin\angle 1}=\dfrac{BD}{\sin\angle F}$，则$BF=\dfrac{BD\cdot\sin\angle 1}{\sin\angle F}$，$\dfrac{EC}{\sin\angle 2}=\dfrac{DC}{\sin\angle 3}$，则$EC=\dfrac{DC\cdot\sin\angle 2}{\sin\angle 3}$，$\therefore\dfrac{BF}{EC}=\dfrac{\sin\angle 3}{\sin\angle F}$，而$\dfrac{AF}{AE}=\dfrac{\sin\angle 4}{\sin\angle F}$，$\therefore\dfrac{BF}{EC}=\dfrac{AF}{AE}$。

2. 如图 6－138，已知 AB 是⊙O 的弦，延长 AB 到 D，延长 BA 到 C，使 $AC=BD$，CE 切⊙O 于 E，DF 切⊙O 于 F，EF 交 AB 于 M，求证：$AM=MB$。

提示：由基本图二十八切割线定理，易证 $CE=DF$，用正弦定理得 $\frac{CM}{\sin\angle 3}=\frac{CE}{\sin\angle 1}$，$\frac{DM}{\sin\angle 4}=\frac{DF}{\sin\angle 2}$。因 $\angle 3+\angle 4=180^\circ$，所以 $\sin\angle 3=\sin\angle 4$，$CM=MD$。

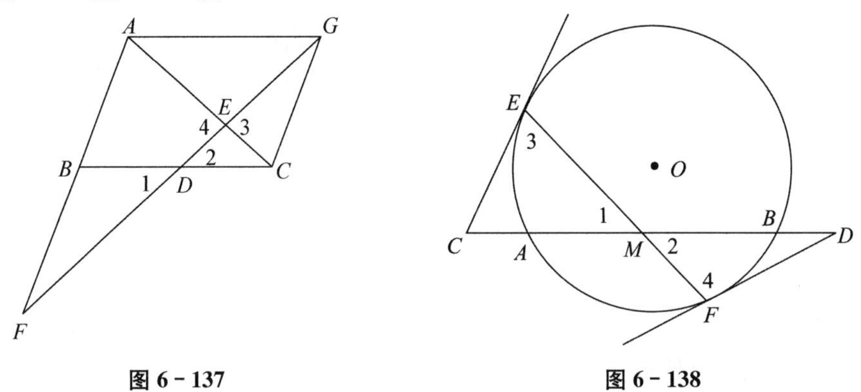

图 6－137　　图 6－138

3. 如图 6－139，已知△ABC 中，D 是 BC 中点，过 D 作直线 $EF\perp\angle A$ 的平分线于 G。EF 交 AB 于 E，交 AC 的延长线于 F，求证：$BE=CF=\frac{1}{2}(AB-AC)$。

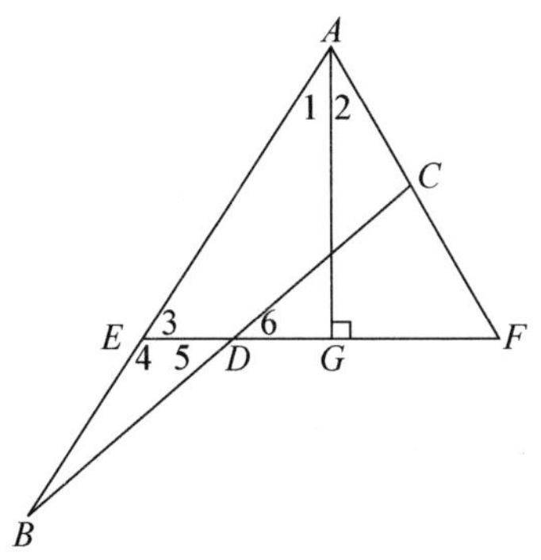

图6－139

提示：由基本图二-4，易证△AEG≌△AFG，$\angle 3=\angle F=180^\circ-\angle 4$，用正弦定理，有 $\frac{BE}{\sin\angle 5}=\frac{BD}{\sin\angle 4}$，$\frac{CF}{\sin\angle 6}=\frac{CD}{\sin\angle F}$，得 $BE=CF$，又 $AB-BE=AE=AF=AC+CF$。即 $BE+CF=AB-AC$。所以 $BE=CF=\frac{1}{2}(AB-AC)$。

4. 如图 6－140，已知$\triangle ABC$中，$BD=DC$，在AB、AC边上截取$AE=AF$，EF交AD于P，求证：$AP\cdot PE=AC\cdot PF$。

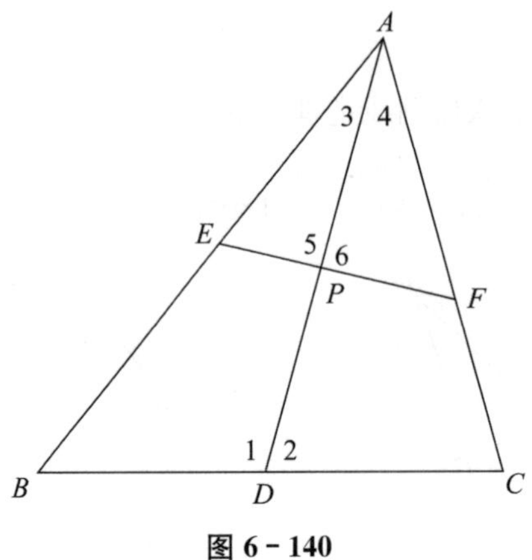

图 6－140

提示：用正弦定理，有$\dfrac{AB}{\sin\angle 1}=\dfrac{BD}{\sin\angle 3}$，则$AB=\dfrac{BD\cdot\sin\angle 1}{\sin\angle 3}$　$\dfrac{PE}{\sin\angle 3}=\dfrac{AE}{\sin\angle 5}$，则$PE=\dfrac{AE\cdot\sin\angle 3}{\sin\angle 5}$。

$\therefore AB\cdot PE=\dfrac{BD\cdot AE\cdot\sin\angle 1}{\sin\angle 5}$，同理可求

$AC\cdot PF=\dfrac{CD\cdot AF\cdot\sin\angle 2}{\sin\angle 6}$，继续证下去就可以了。

5. 如图 6－141，已知$\triangle ABC$中，$BD=DC$，过D的直线交AC于E，交AB的延长线于F，求证：$\dfrac{AE}{EC}=\dfrac{AF}{BF}$。

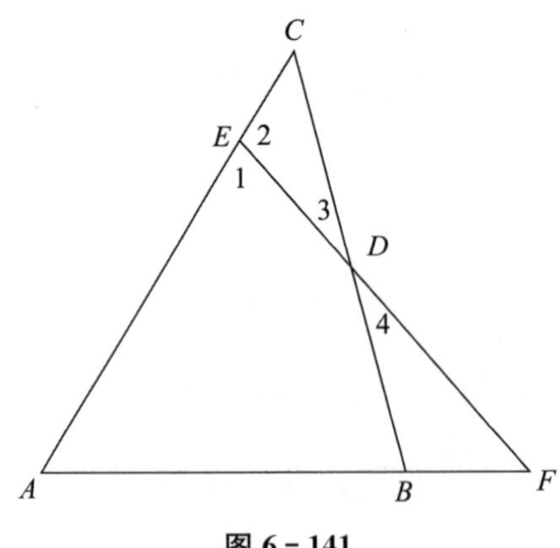

图 6－141

提示：用正弦定理，$\triangle AEF$ 中，有 $\frac{AE}{AF}=\frac{\sin\angle F}{\sin\angle 1}$ $\triangle CED$ 中，有 $\frac{EC}{\sin\angle 3}=\frac{CD}{\sin\angle 2}$，所以 $EC=\frac{CD\cdot\sin\angle 3}{\sin\angle 2}$ $\triangle DBF$ 中，有 $\frac{BF}{\sin\angle 4}=\frac{DB}{\sin\angle F}$，所以 $BF=\frac{BD\cdot\sin\angle 4}{\sin\angle F}$所以$\frac{EC}{BF}=\frac{\sin\angle F}{\sin\angle 2}$，因$\angle 1+\angle 2=180°$，所以$\frac{AE}{AF}=\frac{EC}{BF}$。

B 组

1. $\triangle ABC$ 周长一定，知其中一边是另一边的两倍，求证最短边和周长的比值在$\frac{1}{4}$与$\frac{1}{6}$之间。

提示：设$\triangle ABC$ 中，$AB=a$，$AC=2a$，$BC=x$，由于三角形一边小于其他两边和而大于其他两边之差，最短边应当是 a，即 $a<x<3a$。则周长 $3a+x$ 当大于 $3a+a$ 而小于 $3a+3a$，最短边和周长的比为$\frac{a}{3a+a}>\frac{a}{3a+x}>\frac{a}{3a+3a}$，即$\frac{1}{4}>\frac{a}{3a+x}>\frac{1}{6}$。

2. 如图 6－142，已知$\triangle ABC$ 中，$AB=AC$，$\angle BAC=90°$，D 是 BC 上任一点，求证：$2AD^2=BD^2+CD^2$。

提示：用余弦定理可得，在$\triangle ABD$ 中，$AD^2=AB^2+BD^2-2AB\cdot BD\cdot\cos 45°$，在$\triangle ADC$ 中，$AD^2=AC^2+DC^2-2AC\cdot DC\cdot\cos 45°$，相加得 $2AD^2=2AB^2+BD^2+DC^2-2AB\,(BD+DC)\cdot\frac{\sqrt{2}}{2}=2AB^2+BD^2+DC^2-2AB\cdot BC\cdot\frac{\sqrt{2}}{2}=2AB^2+BD^2+DC^2-2AB\cdot\sqrt{2}AB\cdot\frac{\sqrt{2}}{2}=BD^2+DC^2$。

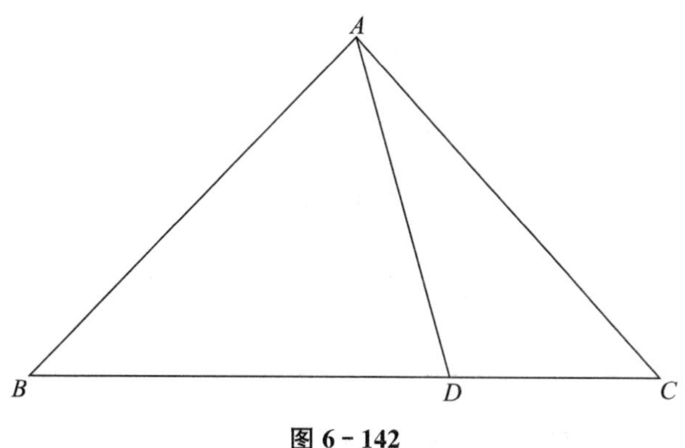

图 6－142

3. 如图 6－143，用余弦定理证明三角形中线公式。

提示：$\because AD^2+c^2+(\frac{a}{2})^2-2c\cdot\frac{a}{2}\cdot\cos B$，而 $b^2=a^2+c^2-2ac\cdot\cos B$，$\therefore\cos B=\frac{a^2+c^2-b^2}{2ac}$，代入上式得：$AD^2=c^2+\frac{a^2}{4}-2c\cdot\frac{a}{2}\cdot\frac{a^2+c^2-b^2}{2ac}=\frac{4c^2+a^2-2a^2-2c^2+2b^2}{4}$，$\therefore AD=\frac{1}{2}\sqrt{2b^2+2c^2-a^2}$。另两条中线同理可证。

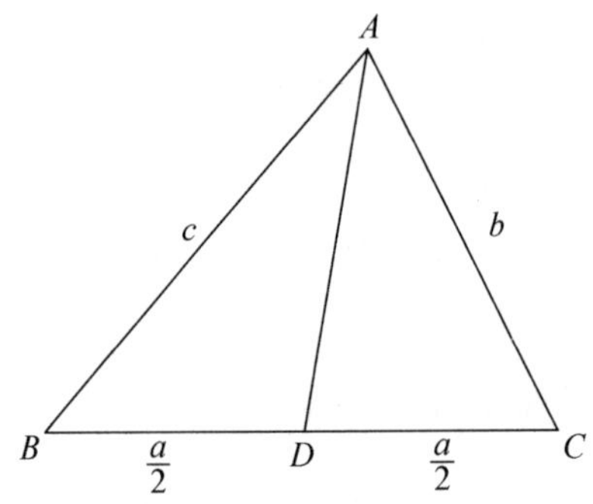

图 6－143

4. 如图 6－144，已知 D 是 AB 延长线上一点，且 $AB=BD=AC$，$AE=EB$。求证：$EC=\frac{1}{2}DC$。

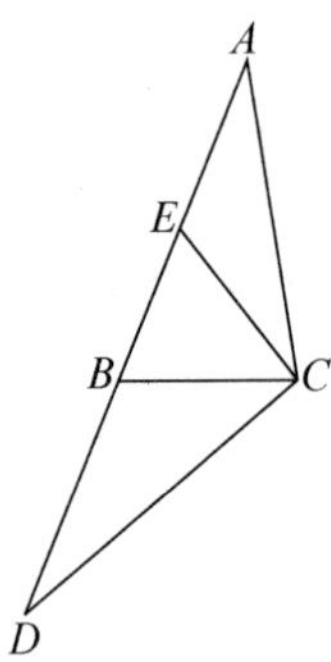

图 6－144

提示：用余弦定理，设 $AB=a$，$CE^2=a^2+(\frac{a}{2})^2-2a\cdot\frac{a}{2}\cdot\cos A=\frac{4a^2+a^2-4a^2\cos A}{4}=\frac{5a^2-4a^2\cos A}{4}$，$CD^2=a^2+(2a)^2-2a\cdot 2a\cdot\cos A=5a^2-4a^2\cos A$。$\therefore\ \frac{CE^2}{CD^2}=\frac{1}{4}$，$\frac{CE}{CD}=\frac{1}{2}$。

5. 如图 6－145，已知 $AB\,/\!/\,CD$，$AD=AC=AB=a$，$BC=b$，求 BD

的长。

提示：用余弦定理，设$\angle ADC=\angle ACD=\angle BAC=\alpha$，$BD^2=a^2+a^2-2a\cdot a\cdot\cos(180^\circ-\alpha)=2a^2+2a^2\cdot\cos\alpha$。而$BC^2=a^2+a^2-2a\cdot a\cos\alpha$，所以$\cos\alpha=\dfrac{2a^2-b^2}{2a^2}$，则$BD^2=2a^2+2a^2\cdot\dfrac{2a^2-b^2}{2a^2}=4a^2-b^2$，所以$BD=\sqrt{4a^2-b^2}$。

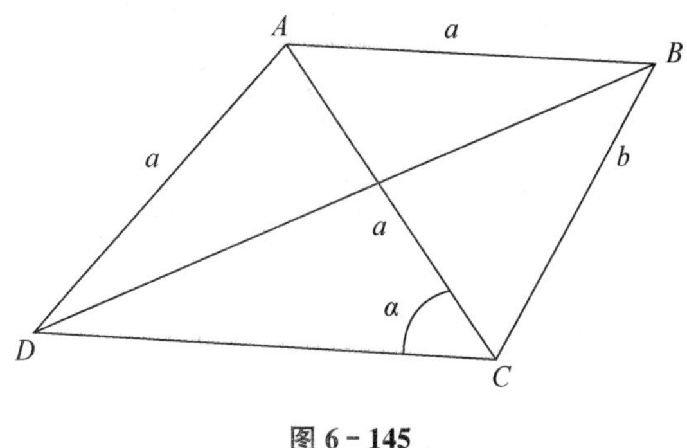

图 6-145

11. 三角形不等

这部分知识共有四个定理，如果按训练划分可分成两类。第一类，证两角不等：若两个角比大小，则用“三角形外角大于不相邻的内角”；若以边定角，则用“一个三角形中大边对大角”。第二类，证边不等：若单纯讨论边，则用“两边之和大于第三边”，若以角定边，则用“一个三角形中大角对大边”，穿插配合等量公理和不等量公理，可解有关的题。

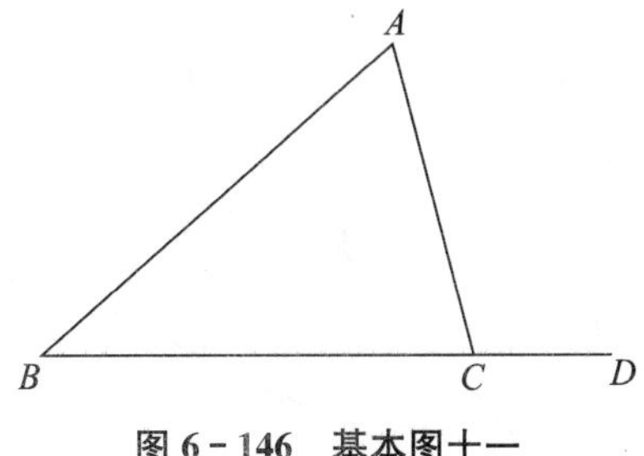

图 6-146　基本图十一

这部分的基本图即基本图十一，如图 6-146（一个表现出外角的任意三角形）。

例 1　求证：三角形一边上的中线小于其他两边和的一半。

分析：如图 6-147，设 AD 是 BC 边上的中线，这时 AD、AB、AC 交于一

点，用基本图三-3，延长 AD 到 E，使 $DE=AD$，得$\triangle DEC\cong\triangle DBA$，有 $CE=AB$，于是有 $AE<AC+CE$，即 $2AD<AC+AB$，亦即 $AD<\frac{1}{2}(AB+AC)$。

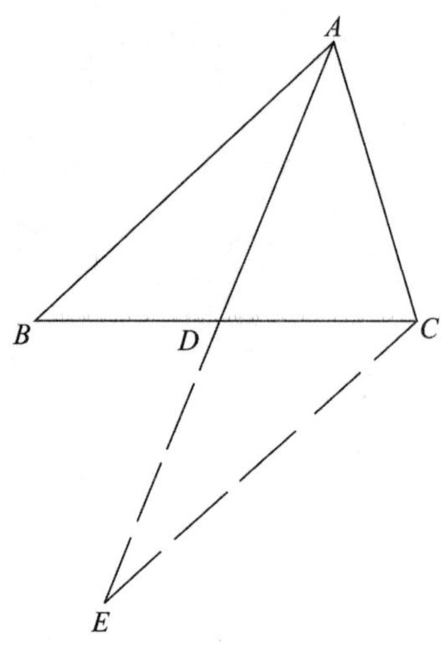

图 6-147

例 2 求证：三角形三中线的和小于周长而大于周长的二分之一。

分析：如图 6-148，设 AD、BE、CF 是中线，它们交于 M，由上例可知：$AD<\frac{1}{2}(AB+AC)$，$BE<\frac{1}{2}(AB+BC)$，$CF<\frac{1}{2}(AC+BC)$。三式相加得到 $AD+BE+CF<AB+BC+AC$。另外，$\triangle BDM$ 中有 $BM+MD>BD$，$\triangle CME$ 中有 $CM+ME>EC$，$\triangle AMF$ 中有 $AM+MF>AF$。三式相加得到：$AD+BE+CF>\frac{1}{2}(BC+AC+AB)$。

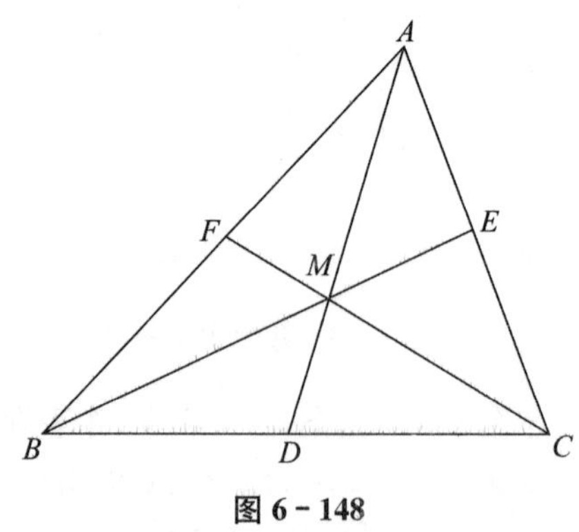

图 6-148

附注：(1) 这类题的特点在于选择线段，将与求证有关的几个不等式依次排好，把大量放在不等号的一方，小量放在不等号的另一方。

(2) 若为求证三中线之和大于周长的四分之三，就不要选择$\triangle BDM$，而选择$\triangle BMC$。

在$\triangle BMC$中：$MB+MC>BC$。

在$\triangle AMC$中：$MA+MC>AC$。

在$\triangle AMB$中：$MA+MB>AB$。

三式相加，有$2(MA+MB+MC)>AB+BC+AC$，即$2(\frac{2}{3}AD+\frac{2}{3}BE+2\frac{2}{3}CF)=\frac{4}{3}(AD+BE+CF)>AB+BC+AC$。亦即$AD+BE+CF>\frac{3}{4}(AB+BC+AC)$。

例3 如图6-149，已知：正方形$ABCD$，E是BC延长线上一点，F是AE与DC的交点。求证：$AE+AF>2AC$。

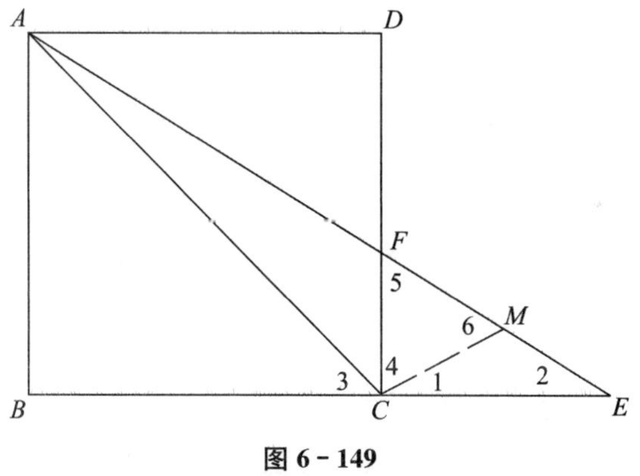

图6-149

分析：由于AF、AE是重在一条直线上的两线段，取FE中点M，则$AE+AF=AF+FE+AF=2AF+2FM=2AM$，于是问题转化为希望证$AM>AC$。连接$CM$，在$\triangle ACM$中，有基本图八，得$\angle 1=\angle 2$，因$\angle 3=45°$，$\angle 3>\angle 2$，所以$\angle 2=\angle 1<45°$，$\angle 5=\angle 4=90°-\angle 1>45°$，所以$\angle 6<90°$，而$\angle ACM=45°+\angle 4>90°$。所以$\angle ACM>\angle 6$，所以$AM>AC$。

例4 如图6-150，已知：$\triangle ABC$中，$AB=AC$，P是$\triangle ABC$同一点，$\angle APB>\angle APC$。求证：$PC>PB$。

分析：在AC的另一侧，作$\angle 2=\angle 1$，且使$AQ=AP$，连接CQ，易证$\triangle AQC\cong\triangle APB$，得$CQ=PB$。$\angle AQC=\angle APB>\angle APC$，连接$PQ$，由

$\angle 3=\angle 4$，得$\angle 6>\angle 5$，于是 $PC>CQ$，$PC>PB$。

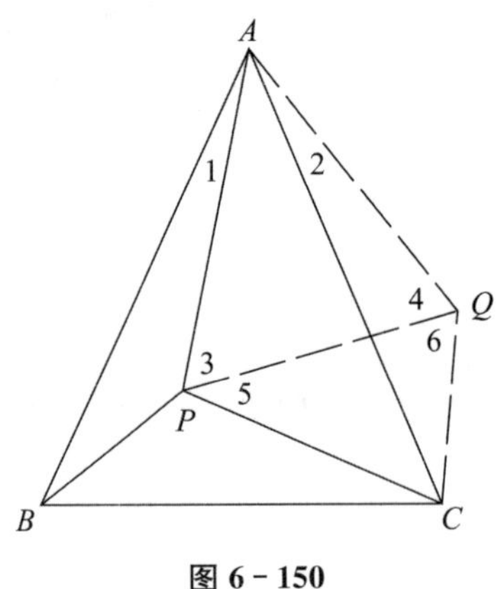

图 6－150

例 5　求证：三角形中，较大的角的平分线小，较小的角的平分线大。

如图 6－151，已知$\triangle ABC$ 中，$\angle ACB>\angle ABC$，$\angle 1=\angle 2$，$\angle 3=\angle FCA$，求证：$CF<BE$。

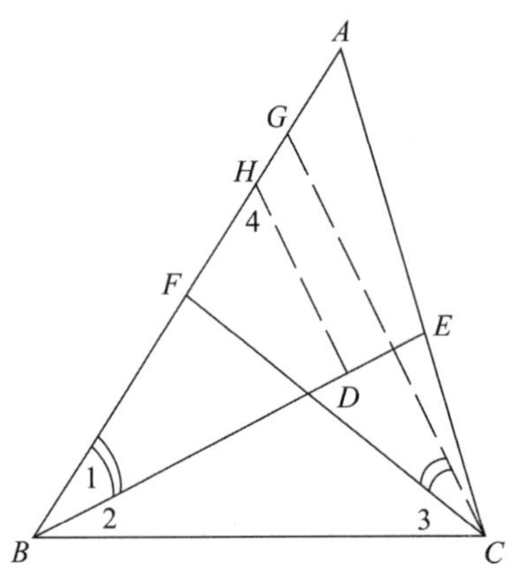

图 6－151

分析：由于 CF、BE 不在同一个三角形中，难于比较，所以先制造全等三角形，以便等量代换。既然$\angle ACB>\angle ABC$，则$\angle FCA>\angle 1$，在$\angle FCA$ 的内部作$\angle FCG=\angle 1$，CG 交 AB 于 G，则$\angle BCG>\angle GBC$，所以 $BG>GC$。在 BG 上截取 $BH=CG$，作 $HD /\!/ GC$ 交 BE 于 D，有$\angle 4=\angle 5$，得$\triangle BHD\cong\triangle CGF$（角、边、角），所以 $BD=CF$，于是 $CF<BE$。

例 6　求证：三角形中，较大边上的中线小，较小边上的中线大。

如图 6－152，已知：$\triangle ABC$ 中，$AB>AC$，BE、CF 都是中线。求证：$CF<BE$。

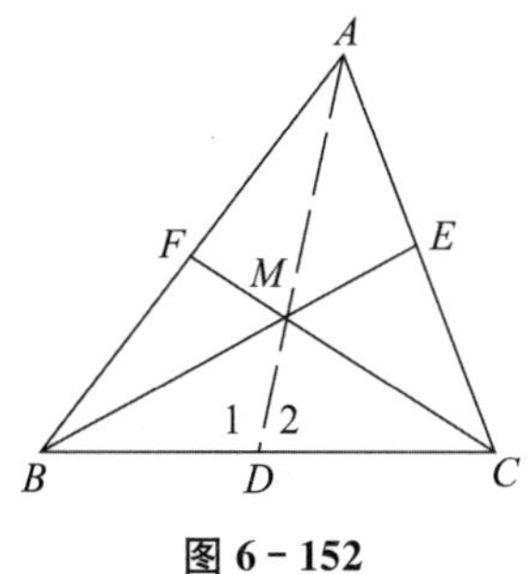

图 6－152

分析：这里需要补充一个定理："两组边对应相等的两个三角形中，夹角大的第三边大。"其逆命题也正确（这个定理的证明有的课本中有，不难找到，此处就不证了）。设 BE、CF 交 M，则 M 是 $\triangle ABC$ 的重心。自顶点 A 过重点作射线 AD 交 BC 于 D，则 AD 必是 BC 边上的中线。在 $\triangle ADB$ 和 $\triangle ADC$ 中，因 $BD=DC$，$AD=AD$，又因 $AB>AC$，所以 $\angle 1>\angle 2$（两对边对应相等的两个三角形中，第三边大的夹角也大）。在 $\triangle MDB$ 与 $\triangle MDC$ 中，因 $BD=DC$，$MD=MD$，又因 $\angle 1=\angle 2$，所以 $MB>MC$，即 $\frac{2}{3}BE>\frac{2}{3}CF$。所以 $BE>CF$。

例 7　如图 6－153，已知：AE、AF 切 $\odot O$ 于 E、F，BC 切 $\odot O$ 于 D，交 AE 于 B，交 AF 于 C，AQ 是 $\odot O$ 的割线，交 $\odot O$ 于 P、Q。求证：$AP+AQ>AB+BC+AC$。

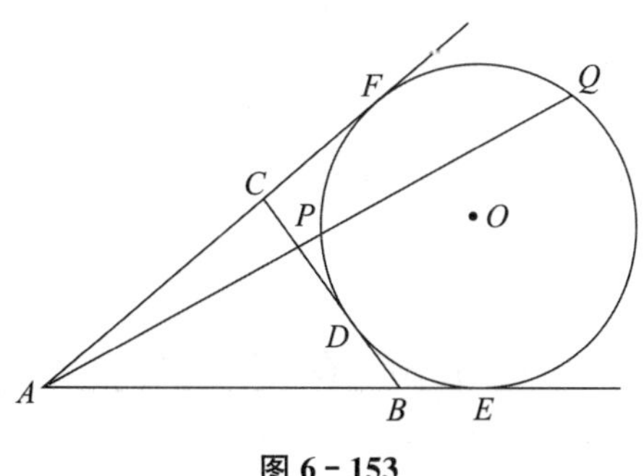

图 6－153

分析：后面的基本图十六-2 说的是切线长定理，用这个基本图可得 $AE+AF=AC+CF+AB+BE=AC+CD+AB+BD=AC+AB+BC$，由基本图二十八得 $AE^2=AP\cdot AQ$。两数的积一定，当这两数相等时和最小，所以 $AP+AQ>AE+AE=AE+AF=AC+AB+BC$。

例 8　如图 6－154，已知：$\odot O$ 是 $\triangle ABC$ 的外接圆，$\triangle ABC$ 中，$AB=AC$，D 是 $\overset{\frown}{AC}$ 上一点。求证：$AB+AC>DB+DC$。

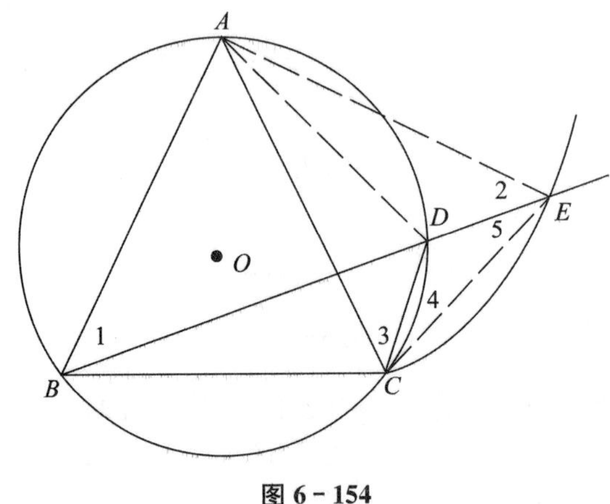

图 6－154

分析：以 A 为圆心 AC 长为半径作弧，交 BD 的延长线于 E，则有 $AC=AE$。证 $DE=DC$，再在△ABE 中用两边和大于第三边证明即可。因∠1＝∠2，∠1＝∠3，所以∠2＝∠3，又因∠ACE＝∠AEC，所以∠4＝∠5。

练　习

A 组

1. △ABC 内有任意一点 P，求证 $BP+PC<AB+AC$。

提示：延长 BP 交 AC 于 D。因为这是单纯研究线段的问题，有 $AB+AD>BD$，这时右边多了一段 PD，再列出 $PD+DC>PC$，这时左边多了一段 PD，加起来就可以了。

2. 任意四边形 $ABCD$ 中，E、F 分别是 AB、CD 的中点，求证：$EF<\frac{1}{2}(BC+AD)$。

提示：连接 BD，取 BD 中点 M，在△MEF 中比较。

3. △ABC 内有任意一点 O，求证：∠BOC＞∠A。

提示：这两个角不是同一个三角形的两个内角，以角比角要靠三角形外角。可延长 BO 交 AC 于 D，证明∠BOC＞∠BDC＞∠A；也可延长 AO 交 BC 于 E，分别证明∠BOE＞∠BAE，∠COE＞∠CAE，再相加。

4. △ABC 中，$AB>AC$，延长 CB 到 D，使 $DB=AB$，延长 BC 到 E，使 $CE=AC$，求证：$AD>AE$。

提示：用三角形外角关系，推出∠E＞∠D。

5. 求证：任意四边形内一点到四个顶点的距离之和大于对角线之和。

提示：属于单纯线段大小的比较，用三角形两边之和大于第三边。

6. 四边形$ABCD$中，$\angle A=\angle C=90°$，$AB>BC$，求证：$CD>DA$。

提示：连接AC，易证$\angle ACB>\angle BAC$，由互余关系证出$\angle DCA<\angle DAC$。

7. 求证：三角形中，大边上的高小，小边上的高大。

提示：设BE、CF是$\triangle ABC$的高，则$S_{\triangle ABC}=\frac{1}{2}AB\cdot CF=\frac{1}{2}AC\cdot BE$，若$AB>AC$，则$CF<BE$。

8. $\triangle ABC$中，$AB=AC$，作$AD/\!/BC$，在AD上取一点D，求证：$BD+DC>AB+AC$。

提示：先把AB、AC加起来，即延长BA到E，使$AE=AB$，由平行线相关定量，易证$\triangle EAD\cong\triangle CAD$。

9. $\triangle ABC$中，$AB>AC$，AE是$\angle A$的平行线，D是AE上一点，求证：$AB-AC>DB-DC$。

提示：有基本图二-1，在AB上截取$AF=AC$，连接FD，在$\triangle FBD$中，用三角形一边大于其他两边之差易证。

10. 见图6－155，已知：$\triangle ABC$中，$AB\leqslant\frac{1}{2}AC$。求证：$\angle C<\frac{1}{2}\angle ABC$。

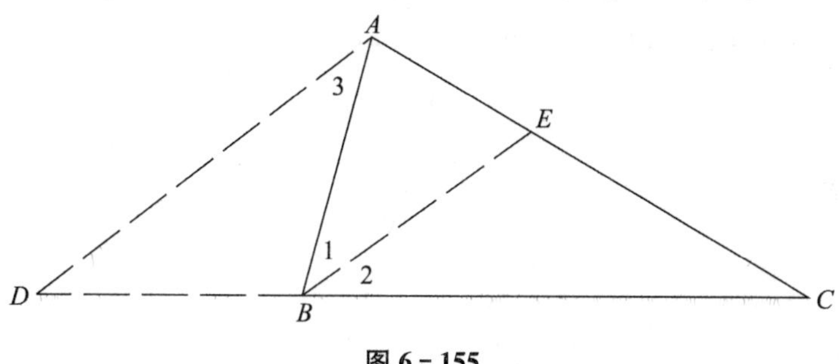

图6－155

提示：先找到$\frac{1}{2}\angle ABC$，作$\angle ABC$的平分线BE，得$\angle 1=\angle 2$。制造基本图二-5，作$AD/\!/BE$交CB延长线于D，得等腰$\triangle ABD$，有$AB+BD>AD$，即$AD<2AB$。知$2AB\leqslant AC$，所以$AD<AC$，得$\angle C<\angle D$，即$\angle C<\frac{1}{2}\angle ABC$。

11. 如图6－156，已知：任意四边形$ABCD$中，$AD>BC$，M、N分别是AB、CD中点，AD、BC的延长线交MN的延长线于F、E。求证：$\angle 1<\angle 2$。

提示：连接AC，取AC中点P，由三角形中位线易证$PM<PN$，$\angle PMN>\angle PNM$。

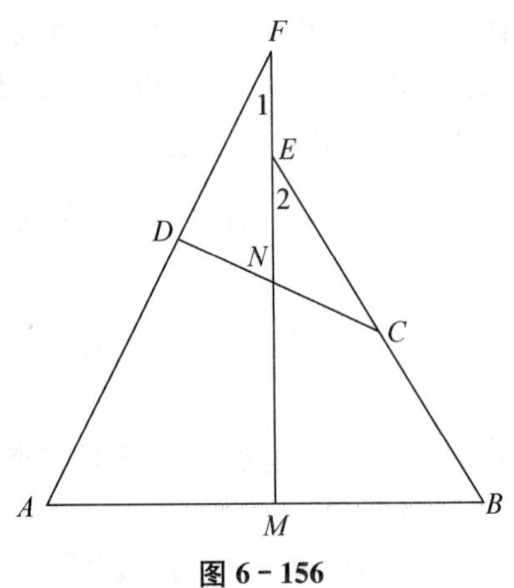

图 6-156

B组

1. 如图 6-157，已知：$\triangle ABC$ 中，$AB=AC$，D 是 AB 上一点，E 是 AC 延长线上一点，且 $BD=CE$。求证：$DE>BC$。

提示：设法使 DE、BC 集中到一个三角形中，并且能利用 $BD=CE$。作 $CF \underline{\underline{/\!/}} ED$，制造$\square FDEC$，则$\triangle FBD$ 为等腰三角形，$\angle 1=\angle 2$，$\angle 3=\angle E$，$\angle 4=\angle ACB>\angle E$，所以$\angle FBC>\angle BFC$，所以 $FC>BC$。

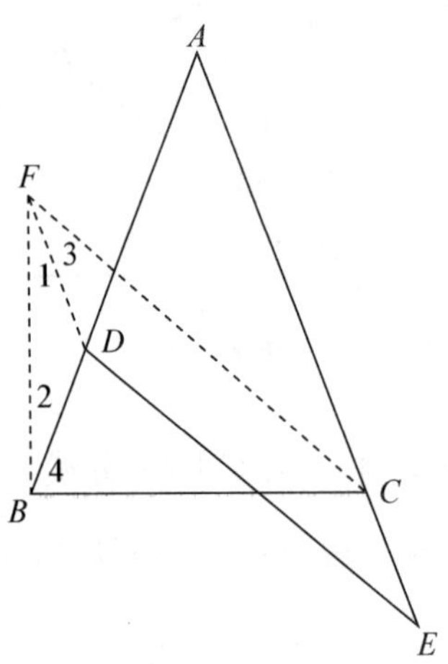

图 6-157

2. 如图 6-158，已知：$\triangle ABC$ 中，$\angle ACB=90°$，$CD\perp AB$ 于 D，求证：$AB+CD>AC+BC$。

提示：$(AB+CD)^2=AB^2+2AB\cdot CD+CD^2=AC^2+BC^2+2AC\cdot BC+CD^2=(AC+BC)^2+CD^2$，所以 $(AB+CD)^2>(AC+BC)^2$，$AB+CD>AC+BC$。

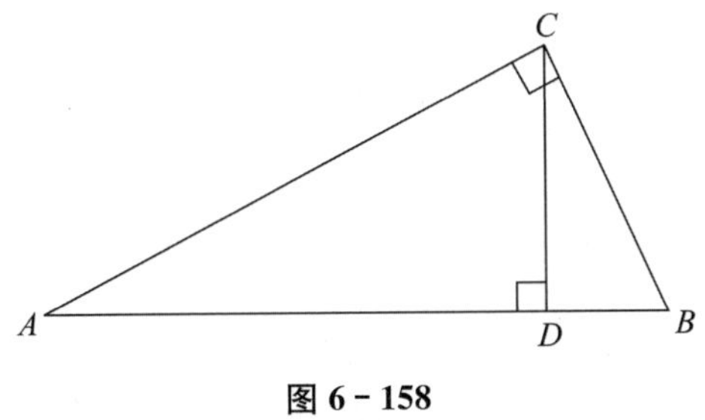

图 6－158

12. 平行四边形和梯形

这部分包括三个基本图。如图 6－159，基本图十二的条件是：▱$ABCD$ 中，E、F 分别是 AB、CD 的中点。用一组对边平行且相等，易证四边形 $AECF$ 是平行四边形，从而有 $AF/\!/CE$。如图 6－160，基本图十三的条件是：▱$ABCD$ 中，E、F 是 AC 上的两点，且 $AE=CF$。通过证$\triangle AED\cong\triangle CFB$，可证 $DE\underline{\mathbin{/\!/}}BF$。从而判断四边形 $DEBF$ 为平行四边形，或连接 BD，用对角线互相平分证四边形 $DEBF$ 为平行四边形。平行四边形问题中，已知一个平行四边形（用性质），求证一个平行四边形（用判定）的题，均可用上述基本图的思路。

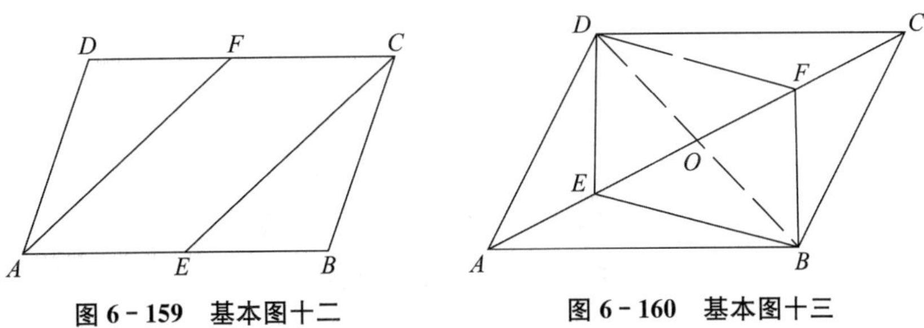

图 6－159 基本图十二　　图 6－160 基本图十三

基本图十四是关于梯形辅助线问题，常用的方法有三：第一，见图 6－161 基本图十四-1，辅助线是平移腰，即作 $CE/\!/AD$ 交 AB 于 E，这时四边形 $AECD$ 是平行四边形，$AD=CE$，$\angle A=\angle 1$，EB 等于两底差；第二，见图 6－162 基本图十四-2，辅助线是平移对角线，即作 $CE/\!/DB$，交 AB 延长线于 E，这时四边形 $DBEC$ 是平行四边形，$DB=CE$，$\angle 1=\angle E$，AE 等于两底和；第三，见图 6－163 基本图十四-3，辅助线是作高，即作 $DE\perp AB$ 于 E，有时还要作 $CF\perp AB$ 于 F，特别是等腰梯形，可以得到两个全等直角三角形。

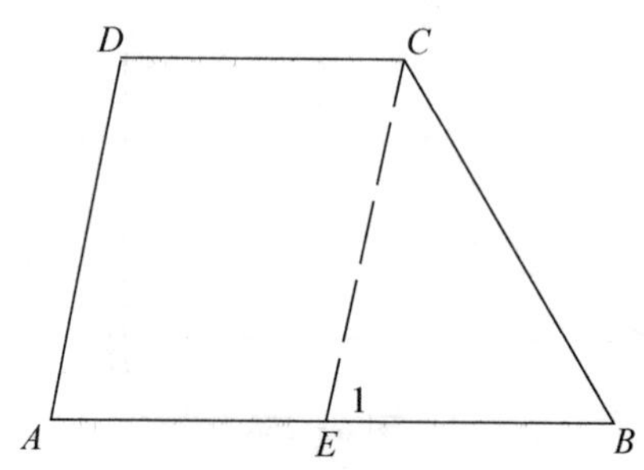

图 6－161　基本图十四-1

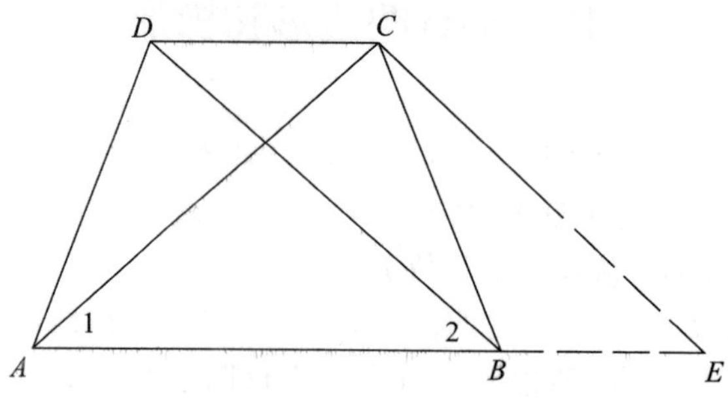

图 6－162　基本图十四-2

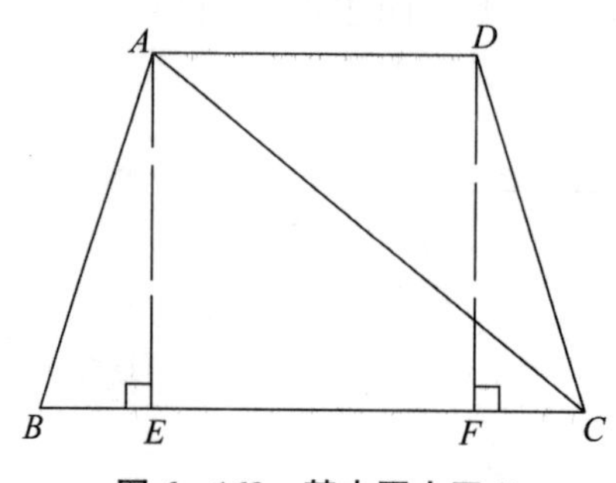

图 6－163　基本图十四-3

例 1　如图 6－164，已知：▱$ABCD$ 中，$AE=CF$，AF 与 DE 交于 N，CE 与 FB 交于 M。求证：四边形 $EMFN$ 是平行四边形。

分析： 仿基本图十二，$AE \underline{\parallel} CF$，得▱$AECF$，有 $AF/\!/CE$。再用等量公理，得 $EB=DF$，同样证出▱$DEBF$，有 $DE/\!/FB$，所以四边形 $EMFN$ 是平行四边形。

例 2　如图 6－165，已知：▱$ABCD$ 中，O 是 AC 中点，过 O 作 EF 交 AB 于 E，交 CD 于 F，过 O 作 GH 交 BC 于 H，交 AD 于 G。求证：四边形 $EHFG$

为平行四边形。

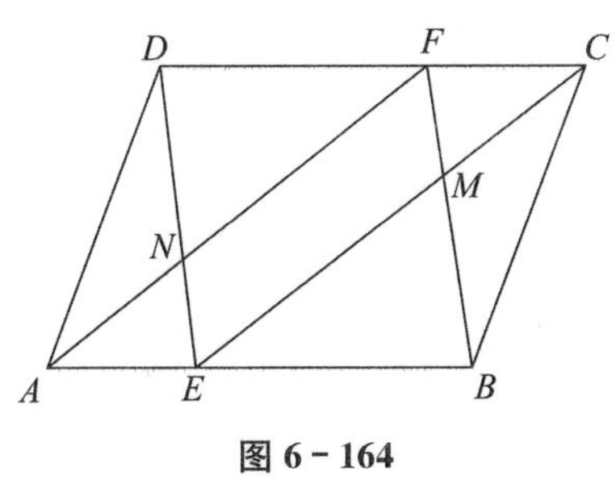

图 6 - 164

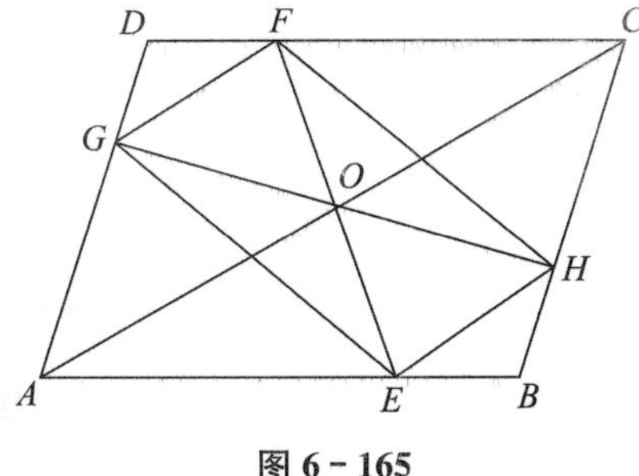

图 6 - 165

分析： 仿基本图十三，先证$\triangle AOE\cong\triangle COF$，得 $OE=OF$，再证$\triangle AOG\cong\triangle COH$，得 $OG=OH$，用对角线互相平分证四边形 $EHFG$ 是平行四边形。

例 3 如图 6 - 166，已知：$AE/\!/BF/\!/CG/\!/DH$，$AB=BC=CD$。求证：$EF=FG=GH$。

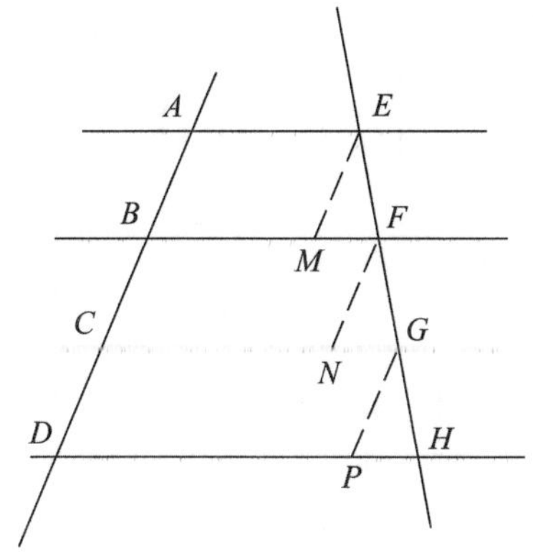

图 6 - 166

分析： 这是平行截割定理的证明，题目中虽然没提到梯形，但四边形 $ABFE$ 中有一组对边平行，若另一组对边是平行就是平行四边形，便很容易得到结论；若不平行就是梯形。按梯形处理，可以仿基本图十四-1 平移腰，作 $EM/\!/AB$，交 BF 于M，作 $FN/\!/BC$ 交CG 于N，作 $GP/\!/CD$ 交 DH 于 P，可证$\triangle EMF\cong\triangle FNG\cong\triangle GPH$。

例 4 如图 6 - 167，梯形 $ABCD$ 中，$AB/\!/CD$，$AC=BD$，求证：$AD=BC$。

分析： 希望证$\triangle ADB\cong\triangle BCA$，但只有两个条件，尚缺夹角相等。造基本图十四-2，作 $CE/\!/DB$，交 AB 的延长线于E，易证$\triangle AEC$ 是等腰三角形，得$\angle 1=\angle E$。而$\angle 2=\angle E$（两直线平行，同位角相等），所以$\angle 1=\angle 2$。

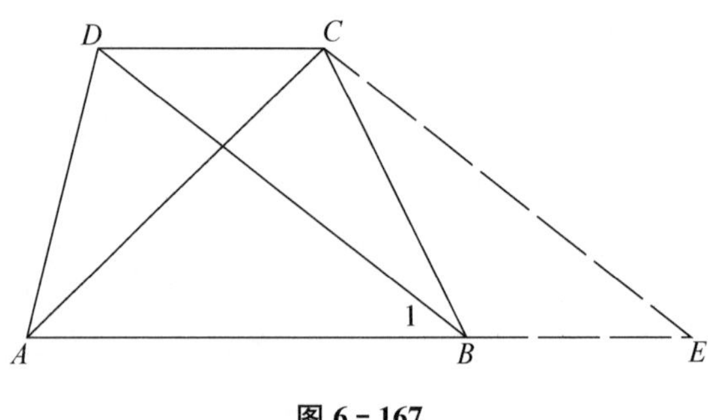

图 6－167

例 5 如图 6－168，梯形 $ABCD$ 中，$AD/\!/BC$，$AB=DC$，求证：$AC^2=AB^2+AD\cdot BC$。

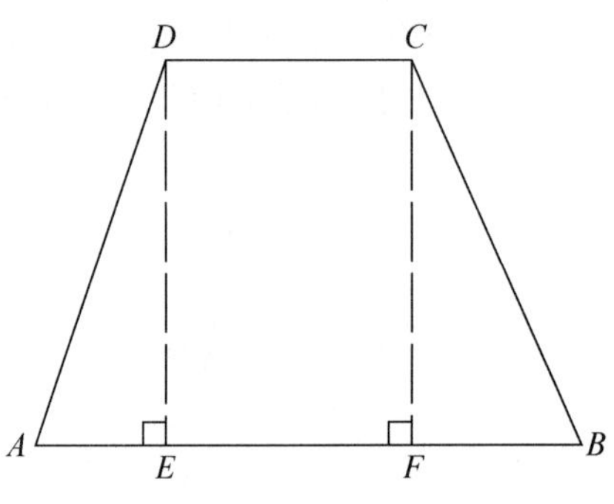

图 6－168

分析： 造基本图十四-3，作 $AE\perp BC$ 于 E，作 $DF\perp BC$ 于 F，得$\triangle ABE\cong\triangle DCF$，所以 $BE=CF$，且 $AD=EF$。$\therefore AC^2=AE^2+CE^2=AB^2-BE^2+CE^2=AB^2-BE^2+(EF+FC)^2=AB^2-BE^2+EF^2+2EF\cdot FC+CF^2=AB^2+EF^2+2EF\cdot FC=AB^2+EF\cdot(EF+2FC)=AB^2+EF\cdot BC=AB^2+AD\cdot BC$。

练　习

A 组

1. $\square ABCD$ 中，AC、BD 交于 O，E、F 是 AO、OC 中点，求证：四边形 $DEBF$ 是平行四边形。

提示：仿基本图十三，用对角线互相平分证明。

2. $\square ABCD$ 中，E、F、G、H 分别是 AB、BC、CD、AD 边中点，AG、BH、CE、DF 围成一个四边形，求证：这个四边形是平行四边形。

提示：用基本图十二。

3. $\square ABCD$ 中，作 $AE\perp BD$ 于 E，$BF\perp AC$ 于 F，$CG\perp BD$ 于 G，$DH\perp AC$

于 H，求证：四边形 $EFGH$ 是平行四边形。

提示：仿基本图十三，先证三角形全等，经等量公理后，以对角线互相平分证平行四边形。

4. $\square ABCD$ 中，$DE\perp AB$ 于 E，$BF\perp CD$ 于 F，M、N 分别是 DE、BF 中点，求证：四边形 $MENF$ 是平行四边形。

提示：平行线间的距离相等，用等量之半相等证 $ME\underline{\mathbin{/\!/}}FN$。

5. $\square ABCD$ 中，AE 平分$\angle A$ 交 DC 于 E，CF 平分$\angle C$ 交 AB 于 F，求证：四边形 $AFCE$ 是平行四边形。

提示：用等量之半及平行线的内错角证 $AE/\!/CF$。

6. $\square ABCD$ 中，E、F、G、H 分别是 AD、AB、BC、CD 边上的中点，求证：四边形 $EFGH$ 是平行四边形。

提示：分别用三角形全等与三角形中位线两种不同的思路，体会一下。

7. $\square ABCD$ 中，延长 AC 到 F，延长 CA 到 E，使 $AE=CF$，求证：四边形 $EBFD$ 是平行四边形。

提示：仿基本图十三。

8. 梯形 $ABCD$ 中，$AD/\!/BC$，$\angle B=80^\circ$，$\angle C=50^\circ$，求证：$AB=BC-AD$。

提示：平移腰，作 $DE/\!/AB$ 交 BC 于 E，易证$\triangle DEC$ 是等腰三角形，所以 $AB=DE=EC=BC-BE=BC-AD$。

9. 梯形 $ABCD$ 中，$AD/\!/BC$，$\angle B=\angle C$，求证：$AB=CD$。

提示：平移腰。

10. 在$\triangle ABC$ 的 AB 边上截取 $AD=BF$，作 $DE/\!/BC$ 交 AC 于 E，作 $FG/\!/BC$ 交 AC 于 G，求证：$DE+FG=BC$。

提示：在梯形 $BCGF$ 中平移腰，即作 $FM/\!/GC$ 交 BC 于 M，再证$\triangle ADE\cong\triangle FBM$。

11. 已知：如图 6-169，在梯形 $ABCD$ 中，$AD/\!/BC$，$\angle B=90^\circ$，$\angle C=45^\circ$，$AD=1$，$BC=4$，E 为 AB 中点，$EF/\!/DC$ 交 BC 于点 F。求 EF 的长。

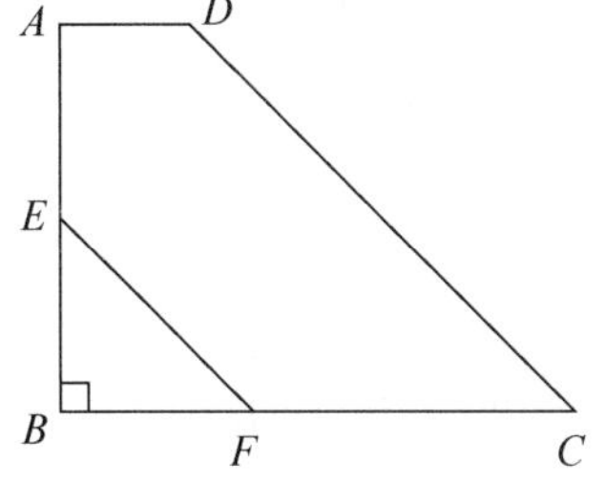

图 6-169

提示：过点 D 作 $DG\perp BC$ 于点 G，得到矩形 $ABGD$ 及等腰 Rt$\triangle DGC$，$EF=\frac{BE}{\sin 45^\circ}=\frac{3}{2}\sqrt{2}$。

12. 已知：如图 6－170，在梯形 $ABCD$ 中，$AD/\!/BC$，$AB=DC=AD=2$，$BC=4$。求$\angle B$ 的度数及 AC 的长。

提示：可利用基本图十四-3 作两条高，也可利用基本图十四-3 平移腰 AB，$\angle B=60^\circ$，$AC=2\sqrt{3}$。

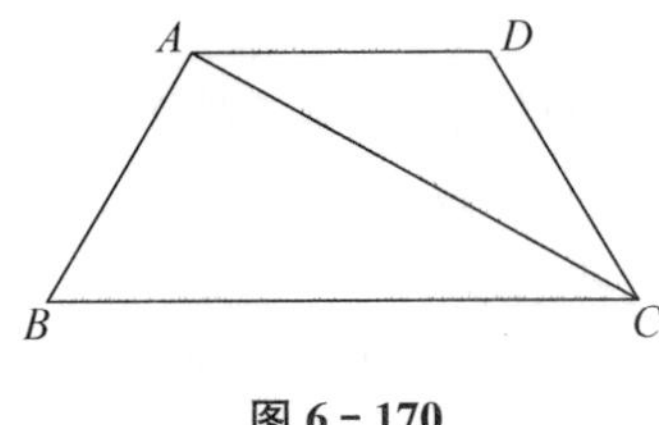

图 6－170

13. 已知：如图 6－171，在$\triangle ABC$ 中，$\angle ACB=90^\circ$，D 是 BC 的中点，$DE\perp BC$，$CE/\!/AD$，若 $AC=2$，$CE=4$，求四边形 $ACEB$ 的周长。

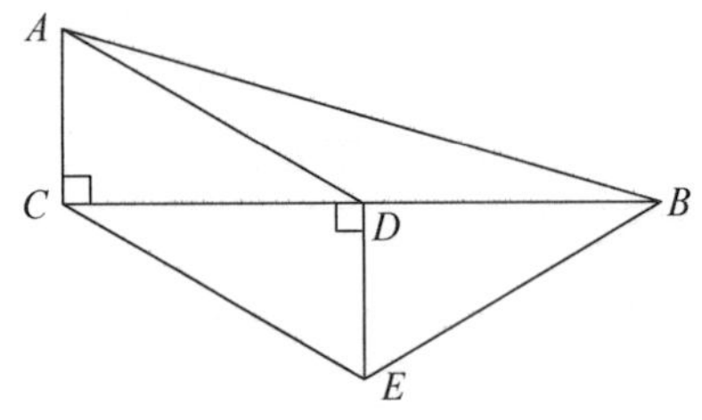

图 6－171

答案：$\because$ $\angle ACB=90^\circ$，$DE\perp BC$，$\therefore$ $AC/\!/DE$，又$\because$ $CE/\!/AD$，$\therefore$四边形 $ACED$ 是平行四边形，$\therefore$ $DE=AC=2$，

在 Rt$\triangle CDE$ 中，由勾股定理得 $CD=\sqrt{CE^2-DE^2}=2\sqrt{3}$，

$\because$ D 是 BC 的中点，$\therefore$ $BC=2CD=4\sqrt{3}$，

在 Rt$\triangle ABC$ 中，由勾股定理得 $AB=\sqrt{AC^2+BC^2}=2\sqrt{13}$，

$\because$$D$ 是 BC 的中点，$DE\perp BC$，$\therefore$ $EB=EC=4$，

$\therefore$四边形 $ACEB$ 的周长$=AC+CE+EB+BA=10+2\sqrt{13}$。

B 组

1. 如图 6－172，梯形 $ABCD$ 中，$AB/\!/CD$，$S_{\triangle ABE}=S_1$，$S_{\triangle CDB}=S_2$，求证：$S=(\sqrt{S_1}+\sqrt{S_2})^2$。

提示：作 $CF//BD$ 交 AB 的延长线于 F，易证 $S_{ABCD}=S_{\triangle AFC}$。设 $AB=a$，$CD=b$，由 $\triangle ABE\backsim\triangle CED\backsim\triangle AFC$，得 $\frac{\sqrt{S_1}}{\sqrt{S_2}}=\frac{a}{a+b}$，$\frac{\sqrt{S_2}}{\sqrt{S}}=\frac{b}{a+b}$，相加得 $\frac{\sqrt{S_1}+\sqrt{S_2}}{\sqrt{S}}=\frac{a+b}{a+b}$，即 $S=(\sqrt{S_1}+\sqrt{S_2})^2$。

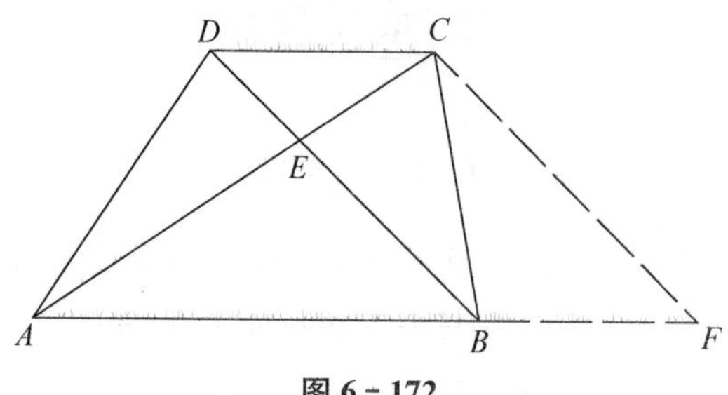

图 6-172

2. 梯形 $ABCD$ 中，$AD//BC$，$AE\perp BC$ 于 E，$AE=12$，$BD=15$，$AC=20$，求梯形 $ABCD$ 的面积。

提示：作 $DF\perp BC$ 于 F，得矩形 $AEFD$，据勾股定理，求得 $BF=9$，$BC=16$，所以 $BF+CE=AD+BC=25$，$\therefore S_{ABCD}=\frac{1}{2}\times25\times12=150$。

3. 梯形 $ABCD$ 中，$AD//BC$，求证：$AC^2+BD^2=AB^2+CD^2+2AD\cdot BC$

提示：作 $AE\perp BC$ 于 E，作 $DF\perp BC$ 于 F。据勾股定理得：$AC^2+BD^2=AE^2+EC^2+DF^2+BF^2=AB^2-BE^2+EC^2+CD^2-CF^2+BF^2=AB^2+CD^2-BE^2+(EF+FC)^2-CF^2+(EF+BE)^2=AB^2+CD^2+2EF^2+2EF\cdot CF+2EF\cdot BE=AB^2+CD^2+2EF\cdot(EF+CF+BE)=AB^2+CD^2+2AD\cdot BC$。

4. 已知：如图 6-173，在四边形 $ABCD$ 中，F 是 AD 的中点，延长 BC 到点 E，使 $CE=\frac{1}{2}BC$，连接 DE、CF。

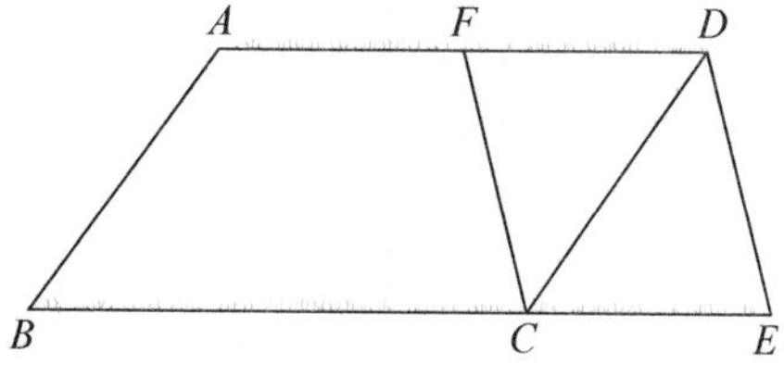

图 6-173

（1）求证：四边形 $CEDF$ 是平行四边形；

（2）若 $AB=4$，$AD=6$，$\angle B=60^\circ$，求 DE 的长。

提示：（1）利用一组对边平行且相等；（2）过 D 作 DH 垂直于 BE 与 H，在直角三角形 DHE 中运用勾股定理。

13. 垂径分弦

在图 6－174 基本图十五中，CD 是$\odot O$ 的直径，AB 是$\odot O$ 的弦，且 $CD\perp AB$ 于 E，结论是 CD 平分弦 AB，并且平分这弦所对的两条弧 $\overset{\frown}{ADB}$ 和 $\overset{\frown}{ACB}$。分析一下，这个定理的题设有两条，结论有三条，如表 6－2 所示。

表 6－2　垂直分弦定理

题设		结论
一条直线	过圆心	平分弦
	垂直于弦	平分优弧
		平分劣弧

如果用题设中“垂直于弦”这一条轮流与结论中的一条对换，就可以写出三个逆命题，它们都是正确的。若以“过圆心”这一条轮流与结论中的一条对换，又可以写出三个逆命题，它们也都是正确的。如果以原结论中任两条作题设，将其余一条和原题设中的两条作结论，又可以写出三条逆命题，也都是正确的。所以这个定理有九个逆定理。简言之，原定理中所提到的五条，只要其中的两条成立，则其余三条就成立。基本图十五包括这全部内容。

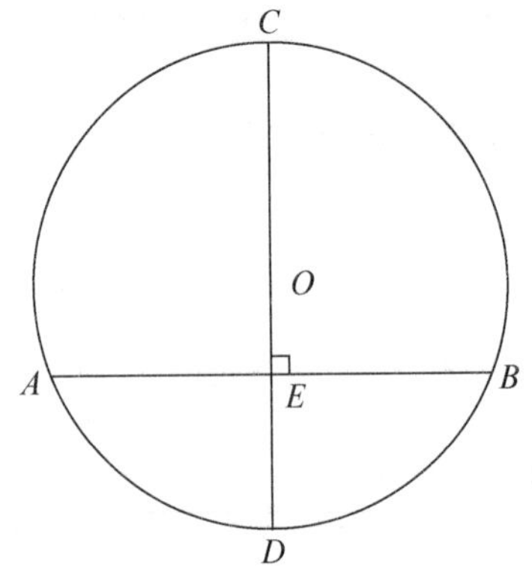

图 6－174　基本图十五

单独用基本图十五的题并不多，也不难。往往是在较复杂的题目中用到基本图十五的思路，尤其是关于弦心距的知识，一条直径垂直于弦就平分弦、平分弦就垂直于弦的思路是很重要的。

例 1 如图 6－175，已知 OE 为⊙的半径，在 OE 上取一点 P，过 P 引⊙O 的弦 AB、CD，使$\angle 1=\angle 2$，求证：$AB=CD$。

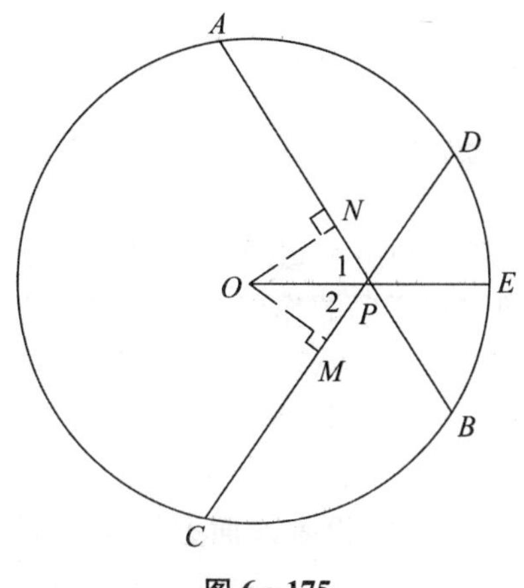

图 6－175

分析：由弧、弦、弦心距的相依关系，欲证 AB 弦等于 CD 弦，可考虑弦心距，用基本图十五，作 $OM\perp CD$ 于 M，作 $ON\perp AB$ 于 N，易证$\triangle OMP\cong\triangle ONP$，得 $OM=ON$，即 $CD=AB$。

例 2 已知正五边形 $ABCDE$ 边长为 2 cm，求 S_{ABCDE}。

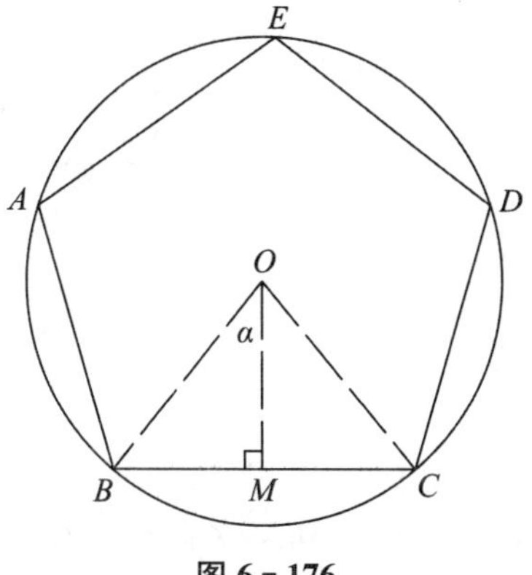

图 6－176

分析：连接 OB、OC，得等腰三角形 BOC，作 $OM\perp BC$ 于 M，得直角三角形 OBM。用基本图十五，把正 n 边形问题化作 $2n$ 个这样的直角三角形解决。这时 OB 是正多边形外接圆半径，BM 是正多边形边长的一半，OM 是边心距，亦

即 BC 弦的弦心距，$\angle BOM$ 是中心角的一半，等于$\frac{360°}{2n}$，$\angle OBM$ 是正多边形内角的一半，等于$\frac{180°(n-2)}{2n}$，$S_{ABCDE}=n\cdot S_{\triangle OBC}=2n\cdot S_{\triangle BOM}=2n\times\frac{1}{2}BM\times OM=2n\times\frac{1}{2}\times OM$，设$\angle BOM=\alpha$，$OM=x$，有 $\cot\alpha=\frac{OM}{BM}=\frac{x}{1}$，即 $\cot 36°=\frac{x}{1}$，$x\approx1.3764$。$S_{ABCDE}\approx5\times\frac{1}{2}\times2\times1.3764=6.882\ \text{cm}^2$。

例 3 已知：⊙O 中，弦 $AB/\!/CD$，$AB=40$ mm，$CD=48$ mm，两弦距离 22 mm。求⊙O 的半径。

分析：几何计算题一般应画出示意图，这样便于分析要求的量和已知条件的关系。示意图应能起到“示意”的作用，若不能，应根据已知条件再改变形状。如本题，画出图 6－177，连接 OB、OD，用基本图十五，作 $OE\perp AB$ 于 E，交 CD 于 F，易证 $OE\perp CD$，得 $OE^2+EB^2=OF^2+FD^2$；设 OF 为 x mm，代入已知长度，有：$(22+x)^2+20^2=x^2+24^2$，解之，得 $44x=576-400-484$，x 得负值，不合题意。这时检查前面方程及步骤，均无错误。再看已知条件，并未讲 AB、CD 在 O 点同侧还是分在 O 点两侧。所以，改变形状，画成图 6－178，列出方程 $(22-x)^2+20^2=x^2+24^2$，解之，得 $x=7$，求得圆半径 $R=25$ mm。

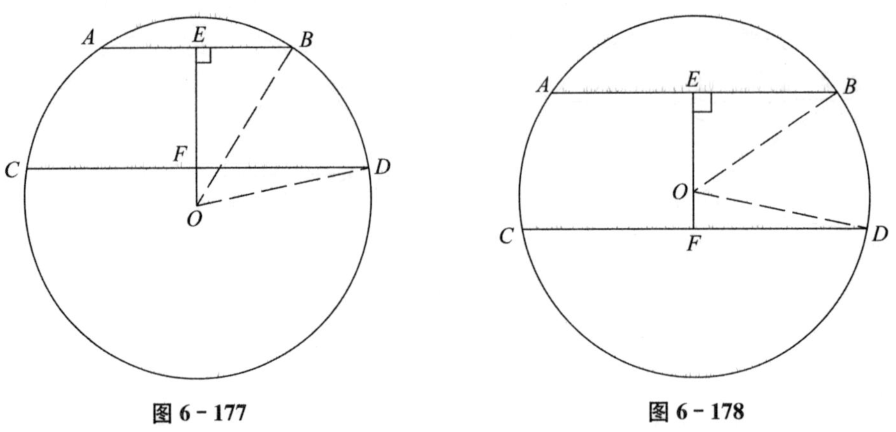

图 6－177　　图 6－178

例 4 如图 6－179，已知：⊙O 和⊙O'相交于 B、D，过 B 的直线和⊙O 的另一交点为 A，和⊙O'的另一交点为 C，N 是 AC 中点，M 是 OO'中点。求证：$MN=MB$。

分析：因为 AB、BC 分别是⊙O 和⊙O'的弦，制造基本图十五，作 $OE\perp AC$ 于 E，$O'F\perp AC$ 于 F，再作 $MP\perp AC$ 于 P，设 $AE=EB=a$，$BF=FC=$

b，有 $PB=CP-CB=PF+FC-BC=\frac{a+b}{2}+b-2b=\frac{a-b}{2}$，$PN=CN-CP=a+b-CP=a+b-(PF+FC)=a+b-(\frac{a+b}{2}+b)=\frac{a-b}{2}$。$\therefore PB=PN$，$\therefore MB=MN$。

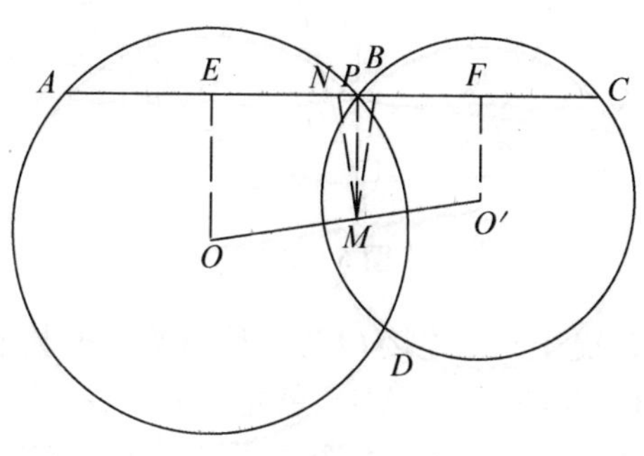

图 6-179

例 5 如图 6-180，已知：PA、PB 切⊙O 于 A、B，直线 GH 交⊙O 于 G、H，交 PA 于 C，交 PB 的延长线于 D，GH 和 AB 的交点为 E，且 $GE=EH$。求证：$AC=BD$。

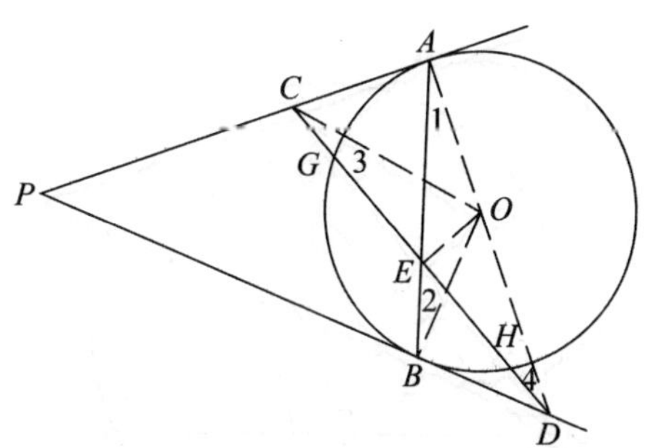

图 6-180

分析：因为 E 是弦 GH 中点，由基本图十五，连接 OE，则有 $OE\perp GH$，连接 OA，则 $OA\perp PA$，连接 OB，则 $OB\perp PB$，再连接 OC、OD，希望证 $\triangle ACO\cong\triangle BDO$。有 $OA=OB$，$\angle CAO=\angle DBO=90°$，尚缺一个条件，由于垂直关系很多，可以通过四点共圆证 $\angle 3=\angle 1$，$\angle 4=\angle 2$，由 $\angle 1=\angle 2$，所以 $\angle 3=\angle 4$，$OD=OC$。

例 6 如图 6-181，已知：AB 为⊙O 的弦，延长 AB 到 D，使 $BD=AB$，延长 BA 到 C，使 $AC=AB$。作 CE 切⊙O 于 E，作 DF 切⊙O 于 F。求证：EF 平分 AB。

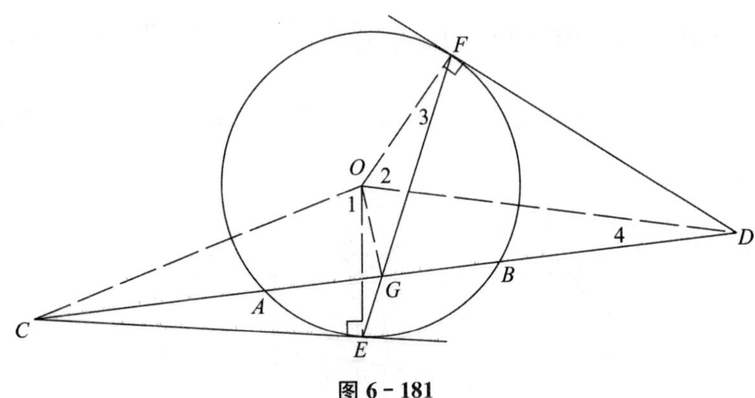

图 6-181

分析：设 EF、AB 交于 G，连接 OG、OE、OF。据基本图十五，欲证 $AG=GB$，就希望 $OG\perp AB$，要证 $OG\perp AB$，就希望 O、G、D、F 或 C、E、G、O 四点共圆。由 $CA=AB=BD$，有基本图二十八，可证 $CE^2=CA\cdot CB=BD\cdot AD=FD^2$，所以 $CE=FD$，可证 $\triangle OCE\cong\triangle ODE$。有 $\angle 1=\angle 2$，$OC=OD$。又因 $\angle COD=\angle 1+\angle EOD=\angle 2+\angle EOD=\angle EOF$，所以 $\angle 3=\angle 4$（两个等腰三角形顶角若相等则底角必相等）。所以 O、G、D、F 四点共圆。

例 7 如图 6-182，已知：$\odot O$ 是 $\triangle ABC$ 的外接圆，半径 $OD\perp BC$ 于 E。求证：$\angle 1=\angle 2$。

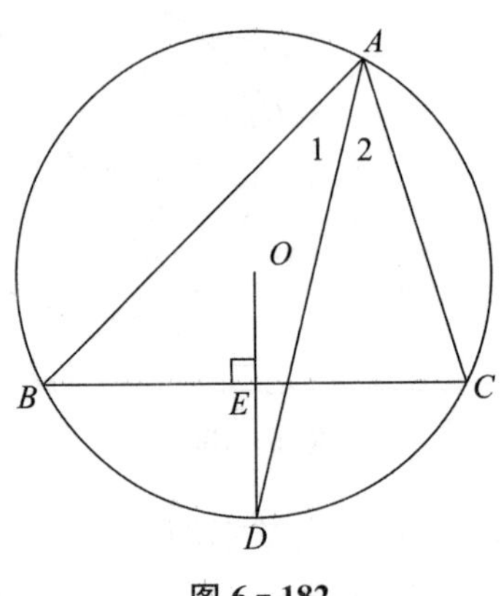

图 6-182

分析：由基本图十五，得 $\overset{\frown}{BD}=\overset{\frown}{DC}$，弧相等则所对的圆周角相等，则有 $\angle 1=\angle 2$。在线段、角、弧三种几何量中，线段和角用得较多，弧用得较少，就难免生疏，在证明和计算中，应该格外重视弧。

例 8 如图 6-183，已知：$\odot O$ 是 $\triangle ABC$ 的外接圆，直径 $DE\perp BC$ 于 M，交 AB 于 F，过 A、C 两点分别作 $\odot O$ 的切线，相交于 P。求证：$FP/\!/BC$。

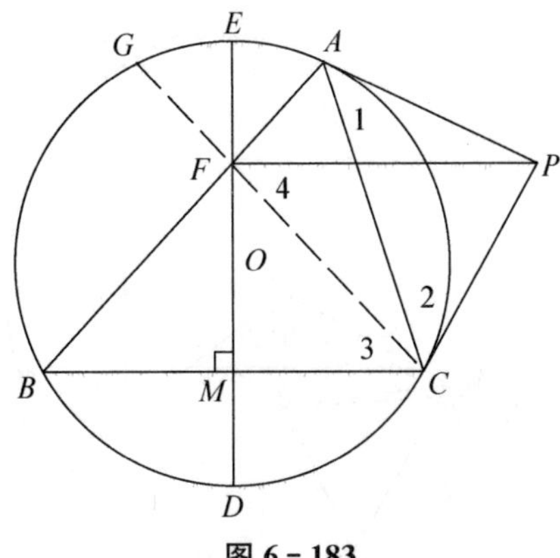

图 6 - 183

分析： 由已知条件，有$\angle 1=\angle 2=\angle B$。连接 CF，由基本图十五，易证$\triangle FBM\cong\triangle FCM$，得$\angle B=\angle 3$。据三角形内角和等于$180^\circ$，可证$\angle BFC=\angle APC$，则 A、F、C、P 四点共圆，$\angle 4=\angle 1=\angle 3$，$FP/\!/BC$。

例 9 如图 6 - 184，已知：$\odot O$ 的内接四边形 $ABCD$ 中，$AC\perp BD$ 于 P，$OE\perp AB$ 于 E，F 是 DC 中点。求证：$PF=OE$。

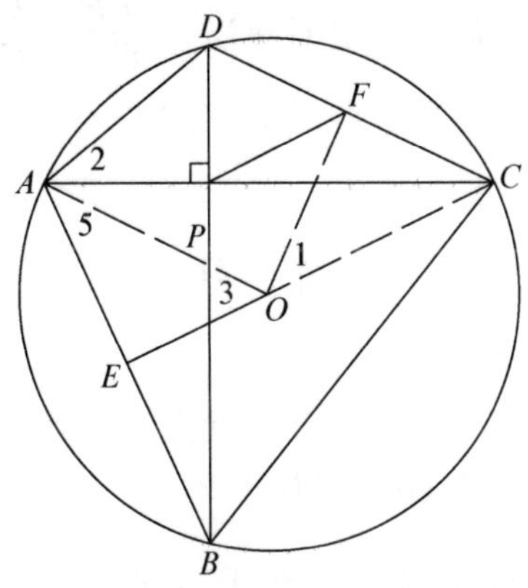

图 6 - 184

分析： 由基本图八，得 $PF=FC$，所以只需证 $FC=OE$。希望$\triangle AEO\cong\triangle OFC$。由基本图十五，得 $OF\perp DC$，又因$\angle 1\overset{m}{=}\frac{1}{2}\overset{\frown}{DC}$，$\angle 2\overset{m}{=}\frac{1}{2}\overset{\frown}{DC}$，所以$\angle 1=\angle 2$。同理，因$\angle 3\overset{m}{=}\frac{1}{2}\overset{\frown}{AB}$，$\angle 4\overset{m}{=}\frac{1}{2}\overset{\frown}{AB}$，所以$\angle 3=\angle 4$。因$\angle 2+\angle 4=90^\circ$，$\angle 5+\angle 3=90^\circ$，所以$\angle 2=\angle 5$，所以$\angle 5=\angle 1$，可证$\triangle AEO\cong\triangle OFC$。

例 10 如图 6 - 185，已知：$\odot O$ 中 AB 是弦，$OC\perp AB$ 于 C，过 C 任作 DCE、FCG，连接 EF、CD，分别交 AB 于 P、Q，求证：$PC=CQ$。

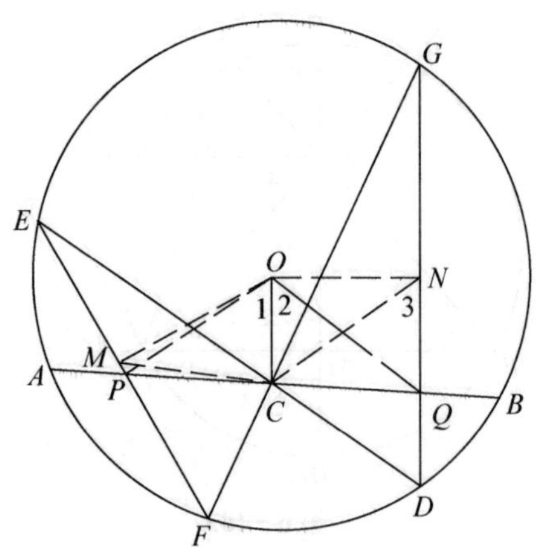

图 6－185

分析：希望证$\triangle OPC \cong \triangle OQC$，下面设法证$\angle 1=\angle 2$。考虑变动$\angle 1$、$\angle 2$的位置，再用等量代换。作$ON \perp DG$于$N$，$OM \perp EF$于$M$，有$GN=ND$，$EM=MF$，且$O$、$C$、$Q$、$N$四点共圆，$O$、$M$、$P$、$C$四点共圆，得$\angle 2=\angle 3$，$\angle 1=\angle FMC$。由$\triangle EFC \backsim \triangle GDC$，得$\frac{EF}{GD}=\frac{CF}{CD}$，于是$\frac{MF}{ND}=\frac{CF}{CD}$。又$\angle F=\angle D$，所以$\triangle MFC \backsim \triangle NDC$，得$\angle FMC=\angle 3$，所以$\angle 1=\angle 2$，可证$PC=CQ$。

练　习

A组

1. $\odot O$中AB是弦，C、D是AB上两点，且$AC=DB$，求证：$OC=OD$。

提示：用基本图十五，作$OE \perp AB$于E。

2. $\odot O$中弦CB、ED的延长线交于A点，且$\overset{\frown}{BC}=\overset{\frown}{DE}$，求证：$OA$平分$\angle A$。

提示：易证$CB=ED$，用基本图十五作出两弦弦心距。

3. AB切$\odot O$于B，直线ACD交$\odot O$于C、D，作$OE \perp CD$于E，若$CD=8$ mm，$OE=12$ mm，$AB=3$ mm，求OA的长。

提示：基本图二十八，得$AB^2=AC \cdot AD$。设AC为x，求得$x=1$，由基本图十五得$CE=4$ mm，用勾股定理，求得$OA=13$ mm。

4. PC切$\odot O$于C，直线PB交$\odot O$于A、B，若$PC=20$ mm，$PB=40$ mm，AB弦的弦心距为8 mm，求$\odot O$的半径。

答案：17 mm。

5. $\odot O$中，弦AB、CD交于E，知$\angle OBD>\angle OBA$，求证：$AB>CD$。

提示：用基本图十五，作$OM\perp AB$于M，作$ON\perp CD$于N，O、M、E、N四点共圆，连接MN，得$\angle OMN>\angle ONM$，所以$ON>OM$，$AB>CD$。

6. $\odot O$中，AB是直径，AC是弦，半径$OD/\!/AC$交BC于E，求证：$\overset{\frown}{CD}=\overset{\frown}{DB}$。

提示：用基本图十五。

7. $\odot O$是$\triangle ABC$的外接圆，BC是弦，A是劣弧$\overset{\frown}{BC}$上一点，作$OD\perp BC$于D，求证：$\angle COD+\angle A=180°$。

提示：$\angle A$与优弧$\overset{\frown}{BC}$的一半度数相同，有基本图十五，$\angle COD$与劣弧$\overset{\frown}{BC}$的一半度数相同。

8. 四边形$ABCD$内接于$\odot O$，且$AC\perp BD$，作$OE\perp AB$于E，求证：$OE=\frac{1}{2}CD$。

提示：用基本图十五，作直径AF，则$OE=\frac{1}{2}BF$，再证$BF=CD$。

9. 如图6-186，已知：$\odot O$是$\triangle ABC$的外接圆，$AB>AC$，$\overset{\frown}{BD}=\overset{\frown}{DC}$。求证：$\angle ADO=\frac{1}{2}(\angle C-\angle B)$。

提示：易证$\angle BAD=\angle DAC$，由基本图十五，得$OD\perp BC$，作$AE\perp BC$于E，得$OD/\!/AE$，于是$\angle ODA=\angle DAE$，而$\angle 1=\angle B+\angle 2$，$\angle DAE=90°-\angle 1=90°-\angle B-\angle 2=\frac{\angle A}{2}+\frac{\angle B}{2}+\frac{\angle C}{2}-\angle B-\frac{\angle A}{2}=\frac{\angle C}{2}-\frac{\angle B}{2}$。

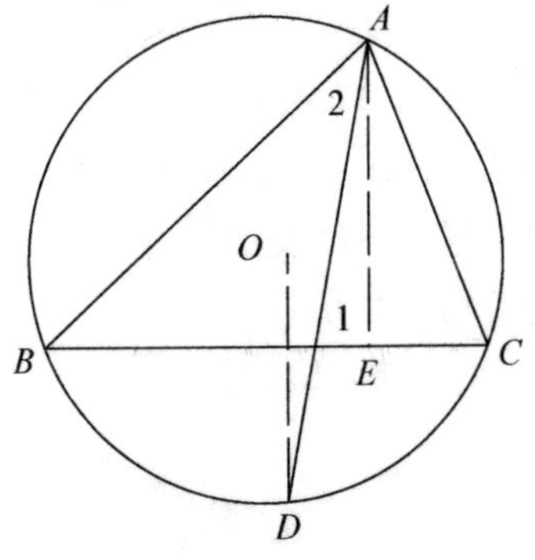

图6-186

10. 如图6-187，已知：$\odot O$中AB、CD都是弦，且$AB/\!/CD$，E是AB弦的中点，DE的延长线交$\odot O$于F。求证；O、E、F、C四点共圆。

提示：连接OC，CF，延长EO交$\overset{\frown}{CD}$于G，由基本图十五，得$OE\perp AB$，$OG\perp CD$，$\overset{\frown}{CG}=\overset{\frown}{GD}$，$\angle 1\overset{m}{=}\overset{\frown}{CG}$，而$\angle F\overset{m}{=}\frac{1}{2}\overset{\frown}{CD}$，所以$\angle 1=\angle F$。

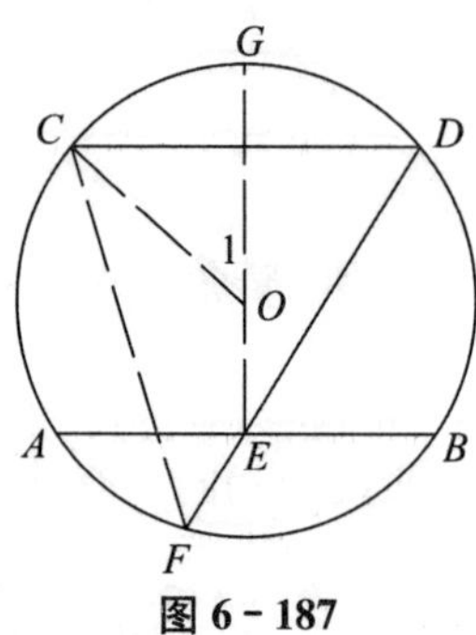

图 6-187

11. AB是$\odot O$的直径，弦$CD/\!/AB$，E为CD中点，BE的延长线交$\odot O$于F，求证：A、O、E、F四点共圆。

提示：参照上题用基本图十五。

B 组

1. 求证：过$\odot O$内一点A的各弦中，以过A点的直径为最大，垂直于这条直径的弦为最小。

提示：考虑弦心距。

2. 一个正六边形内接于一个半径为8 cm的圆，求这个正六边形的面积。

答案：$96\sqrt{3}$ cm^2。

3. 已知：$\odot O$中，弦$AB/\!/CD$，$AB=14$ cm，$CD=40$ cm，两弦距离为9 cm。求$\odot O$半径的长。

提示：参照前面例3。

4. 已知：如图6-188，AB是$\odot O$的直径，过点B作$\odot O$的切线BM，弦$CD/\!/BM$，交AB于点F，且$DA=DC$，连接AC、AD，延长AD交BM于点E。

(1) 求证：$\triangle ACD$是等边三角形；

(2) 连接OE，若$DE=2$，求OE的长。

答案：$2\sqrt{7}$。

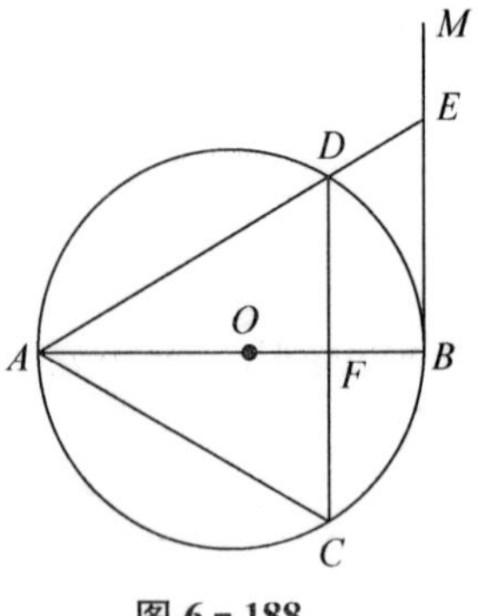

图 6-188

5. 已知：如图6-189，AB为$\odot O$的直径，F为弦AC的中点，连接OF并延长交$\overset{\frown}{AC}$于点D，过点D

作$\odot O$的切线，交BA的延长线于点E。

（1）求证：$AC /\!/ DE$；

（2）连接CD，若$OA=AE=a$，写出求四边形$ACDE$面积的思路。

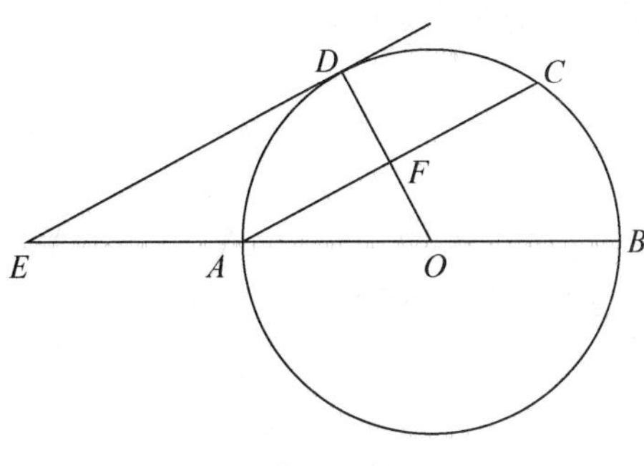

图 6－189

答案：（1）证明：$\because ED$与$\odot O$相切于D，$\therefore OD\perp DE$，$\because F$为弦AC的中点，$\therefore OD\perp AC$，$\therefore AC /\!/ DE$。（2）解：四边形$DFAE$为直角梯形，上底为AF，下底为DE，高为DF，有条件比较容易在直角三角形DOE中计算出DE长为$\sqrt{3}a$，$DF=\frac{a}{2}$，$AF=\frac{\sqrt{3}}{2}a$，所以可以求出四边形$DFAE$的面积为$\frac{3\sqrt{3}}{8}a^2$；在三角形CDF中，$DF\perp FC$，且$DF=\frac{a}{2}$，$FC=AF=\frac{\sqrt{3}}{2}a$，进而可以求解三角形$CDF$的面积为$\frac{\sqrt{3}}{8}a^2$；四边形$ACDE$就是由四边形$DFAE$和三角形$CDF$组成的，进而可以得到四边形$ACDE$的面积就等于它们的面积和，为$\frac{\sqrt{3}}{2}a^2$。

14. 圆的切线

这部分包括三个基本图。

图 6－190 基本图十六-1 的条件是，PA切$\odot O$于A，$\angle 1=\angle 2$，结论是：PB是$\odot O$的切线。

图 6－191 基本图十六-2 的条件是，已知：PA、PB切$\odot O$于A、B。这时有如下结论：$PA=PB$，$\angle 1=\angle 2$，$AC=BC$，$PO\perp AB$，$\angle OAP=\angle OBP=90°$，$\overset{\frown}{AD}=\overset{\frown}{BD}$，$\angle 3=\angle 4$，$\angle 5=\angle 6$。其中，两组射影定理的图有很多比例线

段可用，并且 P、B、O、A 四点共圆，有许多相等的角。这个图形也可以看作后面基本图二十七、二十八两割线定理和切割线定理的变形，即将割线向圆外慢慢移动，直到与圆只有一个公共点，所以相似三角形的思路来源与基本图二十七、二十八还是一脉相承、密切联系的。

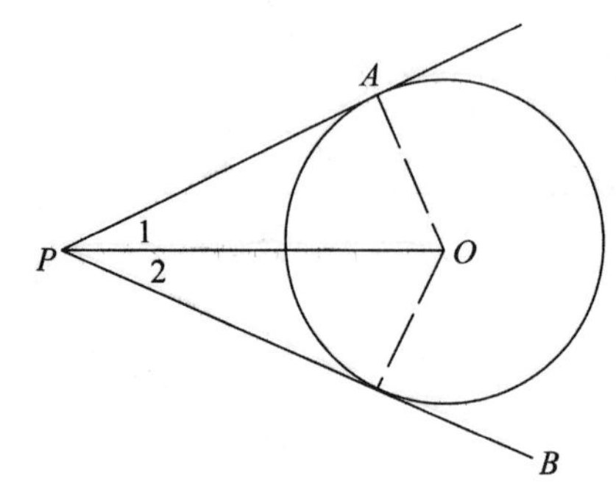

图 6－190　基本图十六-1

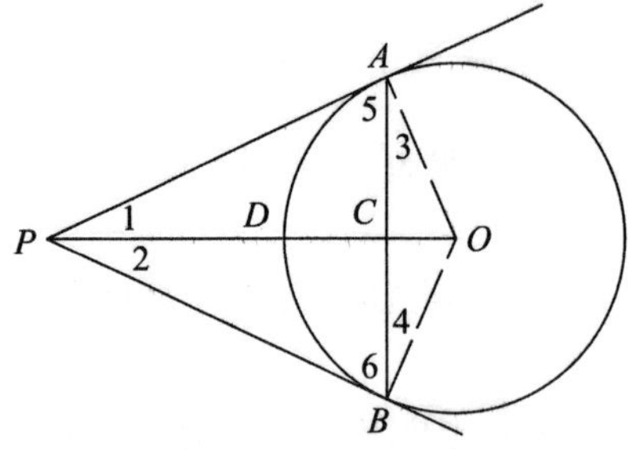

图 6－191　基本图十六-2

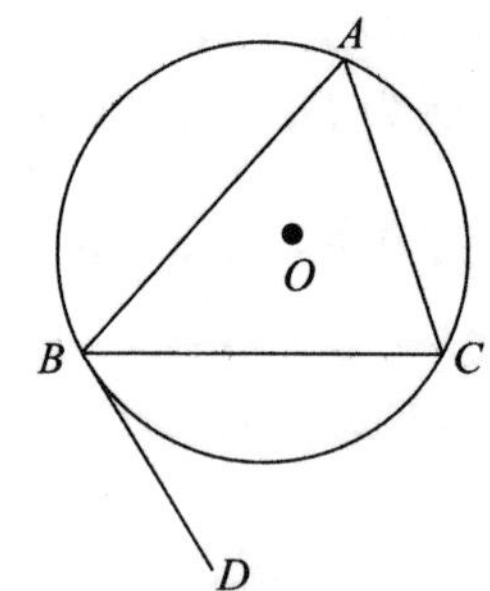

图 6－192　基本图十六-3

图 6－192 基本图十六-3 强调的是弦切角等于所夹弧上的圆周角。

总之，见到圆的切线要立即想到：

(1) 切线和过切点的半径垂直；

(2) 切线长定理（见基本图十六-2）；

(3) 弦切角定理（见基本图十六-3）；

(4) 切割线定理（见基本图二十八）。

例 1　如图 6－193，已知：Rt$\triangle ABC$ 中，$\angle C=90^\circ$，以 B 为圆心，BC 为半径作$\odot B$。求证：AC 是$\odot B$ 的切线。

分析：就像平行线的定义一样，切线定义不易直接应用，所以判断圆的切线主要用切线判定定理，即：过半径外端并且和这条半径垂直的直线是圆的切线。BC 是$\odot B$ 的半径，AC 是过 BC 外端 C 且与 BC 垂直的直线，所以 AC 是$\odot B$ 的切线。

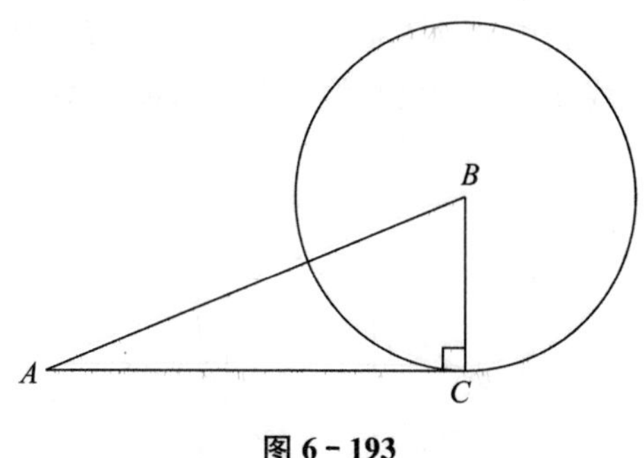

图 6－193

例 2 如图 6－194，已知：$\triangle ABC$ 中，$AB=AC$，以 AB 为直径作$\odot O$ 交 BC 于 D，作 $DE\perp AC$ 于 E。求证：DE 是$\odot O$ 的切线。

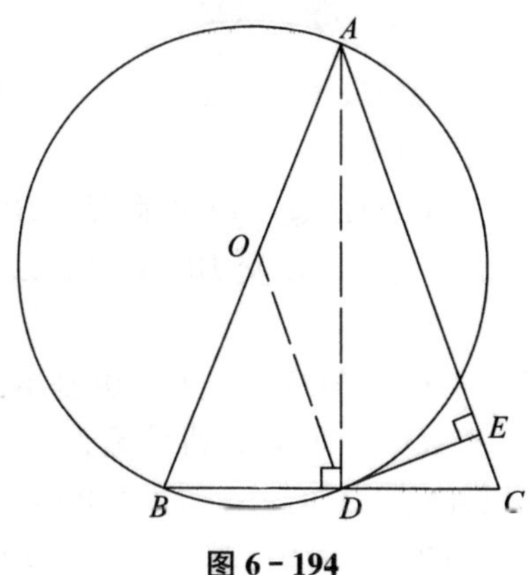

图 6－194

分析： 易证$\angle ADB=90^\circ$，则 $BD=DC$。由三角形中位线定理，则 $OD/\!/AC$，$\angle ODE=90^\circ$，则 DE 是$\odot O$ 的切线。

例 3 基本图十六-1 的证明。

证明： 连接 OA，则 $OA\perp PA$（切线垂直于过切点的半径）。作 $OC\perp PB$ 于 C。

$\because \angle PAO=\angle PCO=90^\circ$，又$\angle 1=\angle 2$（已知），$PO$ 是公共边，

$\therefore \triangle PAO\cong\triangle PCO$（角、角、边），

$\therefore OA=OC$，

$\because OA$ 是$\odot O$ 的半径，

$\therefore C$ 点在$\odot O$ 上，即 OC 也是$\odot O$ 的半径，

$\therefore PB$ 是$\odot O$ 的切线。

注：这个证明主要练习的是，已知相切则用切线性质定理，求证相切用切线判定定理。

例 4 如图 6－195，已知：AB 是⊙O 的直径，MN 切⊙O 于 C，作 $AD\perp MN$ 于 D，BC 的延长线交 AD 的延长线于 E。求证：$AB=AE$。

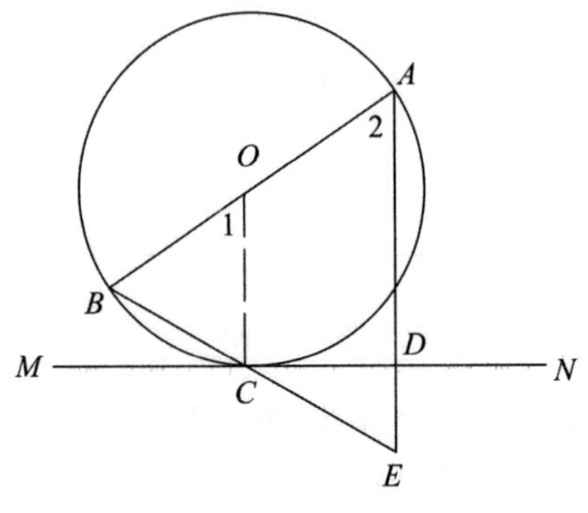

图 6－195

分析：连接 OC，则 $OC\perp MN$，$OC/\!/AE$，$\angle 1=\angle 2$，又由 $\triangle OBC$ 是等腰三角形，易证 $\triangle ABE$ 也是等腰三角形。

例 5 如图 6－196，已知：AB 是⊙O 的直径，BD 是弦，过 D 引⊙O 的切线 DF，作 $AE\perp DF$ 于 E，延长 AE 交 BD 的延长线于 C。求证：$AC=AB$，$CD=DB$。

分析：由基本图十六-3，得 $\angle ADE=\angle B$。由基本图九，得 $\angle ADE=\angle C$。连接 AD，由 $\angle B=\angle C$，$\angle ADB=90°$，易得结论。

例 6 如图 6－197，已知：$\triangle ABC$ 中，$\angle C=90°$，内切圆⊙O 切 BC、AB、AC 于 D、E、F 三点，⊙O 的半径为 r。求证：$AC+BC=AB+2r$。

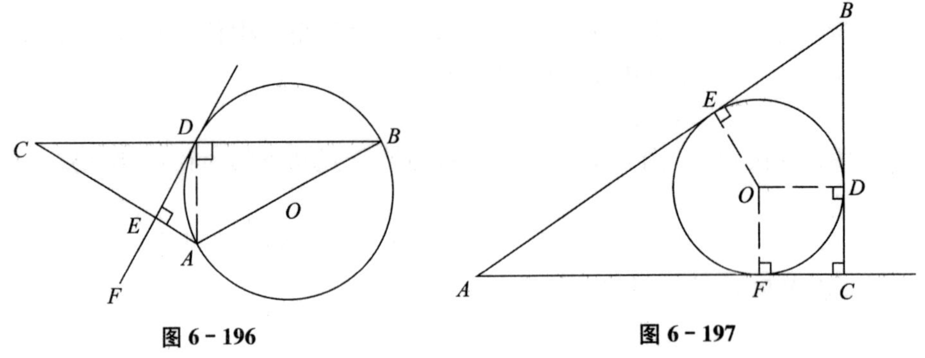

图 6－196　　**图 6－197**

分析：连接 OD、OE、OF，得 $OD\perp BC$，$OE\perp AB$，$OF\perp AC$。由基本图十六-2，得 $AE=AF$，$BE=BD$，$CD=CF$，易证四边形 $OFCD$ 为正方形。所以 $AC+BC=AF+BD+FC+CD=AE+BE+OF+OD=AB+2r$。

例 7 如图 6－198，已知：⊙O 是 $\triangle ABC$ 的内切圆，与 BC、AC、AB 三边的

切点分别是 D、E、F，若 $AB=7$ cm，$AC=8$ cm，$BC=9$ cm。求 AF、BD、CE 的长。

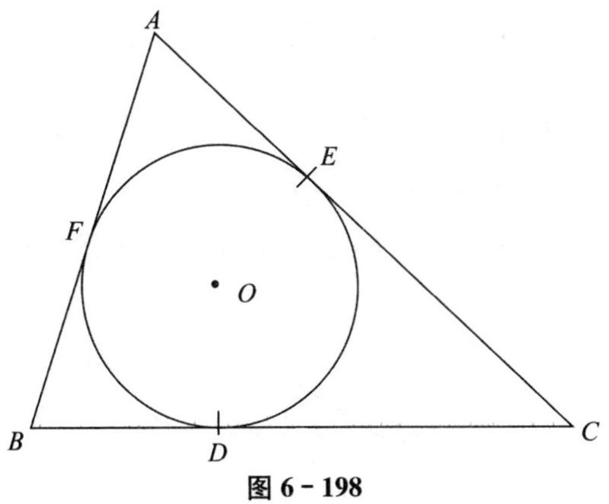

图 6-198

分析： 由基本图十六-2，设 $AF=x$，$BD=y$，$CE=z$，有：

$$\begin{cases} x+y=7\cdots\cdots① \\ x+z=8\cdots\cdots② \\ y+z=9\cdots\cdots③ \end{cases}$$ ①+②+③得：$x+y+z=12$，

求得：$\begin{cases} x=3 \\ y=4 \\ z=5 \end{cases}$

例 8 如图 6-199，已知：⊙O 是△ABC 的内切圆，与 AB、BC、AC 的切点分别是 D、E、F。作 $EP\perp DF$ 于 P，连接 BP、CP。求证：$\angle DBP=\angle FCP$。

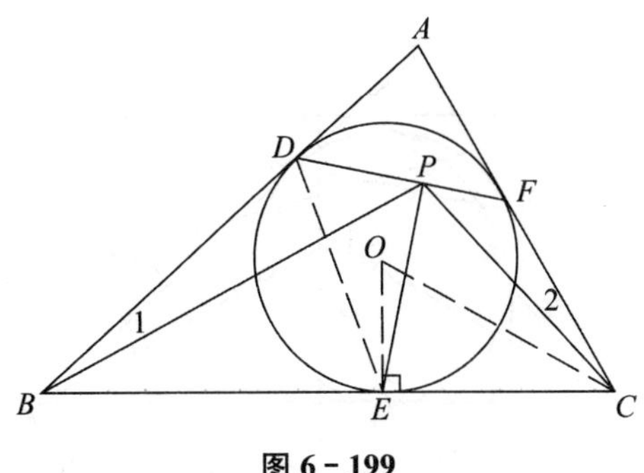

图 6-199

分析： 据切线性质定理，连接 OE，则 $OE\perp BC$，又 $EP\perp DF$ 于 P。在△OEC 与△DPE 中，$\angle EDF \overset{m}{=} \frac{1}{2}\overset{\frown}{EF}$，又据基本图十六-2，$\angle EOC \overset{m}{=} \frac{1}{2}\overset{\frown}{EF}$，

所以$\angle EOC=\angle EDF$，所以$\triangle OEC\backsim\triangle DPE$，有$\dfrac{OE}{DP}=\dfrac{EC}{PE}=\dfrac{CE}{PE}$，$\because CE=CF$改写成：$DP\cdot CF=OE\cdot PE$，同理可证：$PF\cdot BD=OE\cdot PE$，所以$\dfrac{DP}{FP}=\dfrac{BD}{CF}$，易证$\angle BDP=\angle CFP$，得$\triangle BDP\backsim\triangle CFP$，所以$\angle 1=\angle 2$。

例 9 如图 6-200，已知：PA、PB 切⊙O 于 A、B，直线 PCD 交⊙O 于 C、D。引 $AE/\!/PD$ 交⊙O 于 E，连接 BE，交 PD 于 F。求证：$OF\perp CD$。

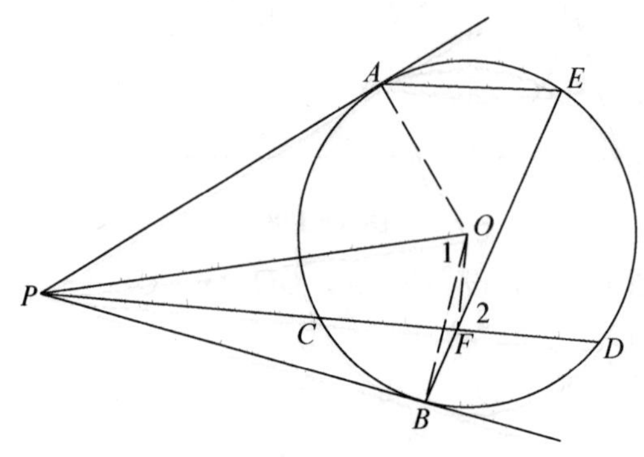

图 6-200

分析：连接 OA、OB，则 $OA\perp PA$，$OB\perp PB$，希望 P、B、F、O 四点共圆。据基本图十六-2，得$\angle 1=\angle E$，又$\angle E=\angle 2=\angle PFB$，则 P、B、F、O 四点共圆。

例 10 如图 6-201，已知：CD 是⊙O 的直径，过 C 引 $AB\perp CD$，若 $AC=CB=6$ cm，BD 与⊙O 交于 E，过 E 作 AB 的垂线，与 AB 交于 F，⊙O 的半径为 4 cm。求 $S_{\triangle ABE}$。

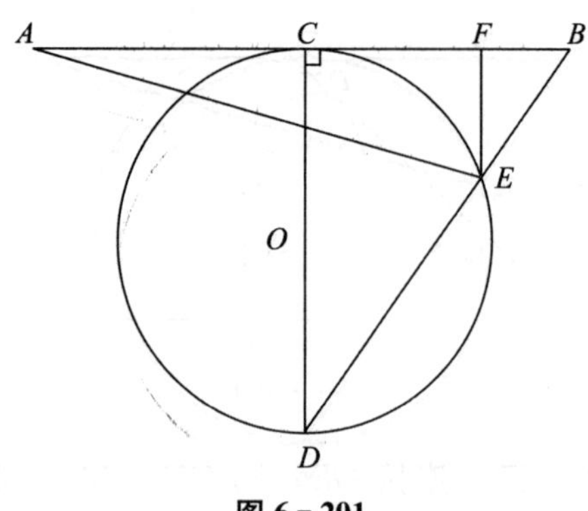

图 6-201

分析：易证 AB 是⊙O 的切线，再据勾股定理，求得 $BD=10$ cm。由基本图二十八，得 $BC^2=BE\cdot BD$，可求 $BE=3.6$ cm。由$\triangle BFE\backsim\triangle BCD$，得$\frac{BE}{BD}=\frac{FE}{CD}$，即：$\frac{3.6}{10}=\frac{FE}{8}$，得：$FE=2.88$ cm，所以 $S_{\triangle ABE}=\frac{1}{2}\times12\times2.88=17.28$ cm^2。

练　习

A 组

1. 两个同心圆，圆心为 O，大圆的两弦 AB、AC 分别切小圆于 D、E，求证：$DE=\frac{1}{2}BC$。

提示：连接 OD、OE，得 $OD\perp AC$，$OE\perp AB$，由基本图十五得 DE 为$\triangle ABC$ 的中位线。

2. BA 切$\odot O$ 于 D，BC 切$\odot O$ 于 E，求证：O 在$\angle ABC$ 的平分线上。

提示：用基本图十六-2。

3. BC 是$\odot O$ 的直径，A 是半圆上一点，EF 切$\odot O$ 于 A。作 $AD\perp BC$ 于 D，求证：$\angle EAB=\angle BAD$。

提示：用基本图十六-3 和基本图九。

4. AB 是$\odot O$ 的直径，自圆外一点 C 作 $CD\perp AB$ 于 D，作 CE 切$\odot O$ 于 E，CD 交 BE 于 F，求证：$CE=CF$。

提示：连接 EA 有基本图十六-3，得$\angle CEB=\angle A$，而 A、D、F、E 四点共圆，有$\angle CFE=\angle A$。

5. $\odot O$ 是$\triangle ABC$ 的外接圆，BD 是$\odot O$ 的切线，$\angle A$ 的平分线交$\odot O$ 于 P，求证：P 到 BD、BC 距离相等。

提示：连接 BP，由基本图十六-3，得$\angle PBD=\angle PAB$。

6. $\triangle ABC$ 中，$\angle ABC=90°$，以 AB 为直径作半圆，交 AC 于 D，引 DE 和半圆相切，交 BC 于 E，求证：$BE=EC$。

提示：连接 BD，用基本图十六-2 和基本图八。

7. $\triangle ABC$ 的外接圆和内切圆是同心圆，求证：$\triangle ABC$ 是等边三角形。

提示：用切线性质定理，大圆中弦心距相等，则弦相等。

8. $\odot O$ 是$\triangle ABC$ 的外接圆，过 C 点的切线交 BA 的延长线于 P，求证：$\triangle PAC\backsim\triangle PCB$。

提示：用基本图十六-3。

9. AB 是$\odot O$ 的弦，BC 是$\odot O$ 的切线，AC 交$\odot O$ 于 D，且 $AB=AC$，$\angle C=2\angle A$，求证：$AD=BD=BC$。

提示：$\angle DBC=\angle A$，等腰三角形底角是顶角的两倍，可作计算。

10. AB 是⊙O 的直径，MN 切⊙O 于 E，引 $AC \perp MN$ 于 C，$BD \perp MN$ 于 P，若 $AC=1.6$ cm，$BD=0.6$ cm，求⊙O 半径的长。

提示：连接 OE，则 $OE \perp MN$，用梯形中位线计算，得 $OE=1.1$ cm。

11. PA、PB 切⊙O 于 A、B，作⊙O 的直径 BD，求证：$\triangle ABD \backsim \triangle APO$（注：读者试研究一下，看有几种方法）。

12. 在上题中，共有几个三角形相似（包括全等三角形）？为什么？

13. PA 切⊙O 于 A，PBC 交⊙O 于 B、C，求证：$\triangle PAB \backsim \triangle PCA$。

提示：这是切割线定理的证明，请读者在证明之后，记住三组对应边的比相等，再记住它们的乘积形式。

14. ⊙O 是$\triangle ABC$ 的内切圆，和 BC、AC、AB 三边的切点分别是 D、E、F，若 $\overset{\frown}{DE}:\overset{\frown}{DF}:\overset{\frown}{FE}=3:4:5$，求$\angle A$、$\angle B$、$\angle C$ 的度数。

答案：$30°$，$60°$，$90°$。

15. 分三种情况证明弦切角的度数等于两边所夹弧的度数的一半。

16. PA 切⊙O 于 A，$AC \perp PO$ 于 C，延长 AC 交⊙O 于 B，连接 PB，求证：PB 是⊙O 的切线。

提示：$\triangle OBA$ 是等腰三角形，两底角是相等的，用“角、角、边”可证$\triangle AOC \cong \triangle BOC$，得$\angle AOP=\angle BOP$。再用“边、角、边”证$\triangle AOP \cong BOP$，得$\angle OBP=90°$。这样变换条件，对基本图十六-2 就进一步熟悉了。

17. $\triangle ABC$ 中，$\angle ABC=90°$，以 AB 为直径作半圆，交 AC 于 D，若 $AD=DB$，求证：BD 平分$\angle ABC$。

提示：可证 BC 是半圆的切线，由基本图十六-3，$\angle CBD=\angle CAB$，或用后面基本图十八算出 $45°$角。

18. ⊙O 切直线 MN 于 D，在⊙O 上取一点 A，在 AD 的两侧各作一条射线，分别交 MN 于 B、C 两点，使$\angle BAD=\angle CAD$，AB 交⊙O 于 E，AC 交⊙O 于 F，求证：$EF /\!/ BC$。

提示：连接 DF，用基本图十六-3。

19. AB 是⊙O 的直径，$ABCD$ 是⊙O 的内接等腰梯形，切线 BE 交 AC 的延长线于 E，作 $EF \perp AD$ 的延长线于 F，求证：$AD=DF$。

提示：连接 DB，交 AC 于 G，则 $DB \perp AD$，$EF /\!/ BD$，因 $\overset{\frown}{AD}=\overset{\frown}{BC}$。所以$\angle ABD=\angle CAB$，通过互余关系，可证$\angle DBE=\angle AEB$，则 $AG=GE$，再用基本图四-1。

20. $\triangle ABC$ 中，$\angle ABC=90°$，以 AB 为直径作⊙O，交 AC 于 D，过 D 作⊙O 的切线交 BC 于 E，求证：$OE /\!/ AC$。

提示：由基本图十六-3和基本图八，得 $CE=EB$，再考虑用三角形中位线。

B组

1. 如图6-202，已知：PQ 是⊙O 的直径，DC 是⊙O 的切线，C 是切点，CQ 的延长线与过 P 的直线 PA 成 $27°$ 角，直线 PA 和⊙O 的另一个交点是 B，和 CD 的交点是 D，BC 交 PQ 于 E，$\angle D=35°$，求 $\angle PQC$ 的度数。

答案：$28°$。

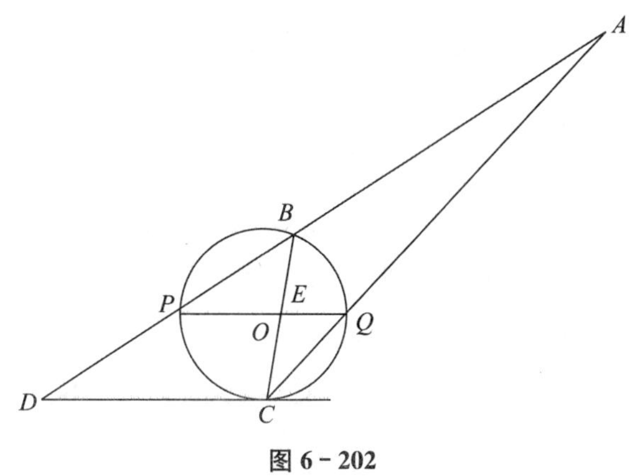

图6-202

2. CP 切⊙O 于 P，直线 CBA 过 O 点，交⊙O 于 B、A 两点，若 $\angle BCP$ 比 $\angle BPC$ 大 $15°$，求 $\angle BOP$ 的度数。

提示：设 $\angle BPC$ 为 $x°$，由基本图十六-3，$\angle A=x°$，$\angle OBP=90°-x°$，又有 $\angle OBP=x°+x°+15°$，$\therefore x=25$，$\angle POB=50°$。

3. D、E、F 分别是等边三角形 ABC 三边 BC、AC、AB 的中点，过 D、C、E 作⊙O，求证：FD 是⊙O 的切线。

提示：易证 $\triangle DCE$ 也是等边三角形，O 也是 $\triangle DCE$ 的内心，可证 $OD\perp FD$。

4. 线段 CD 与⊙O 相交于 A、B，且 $AC=BD$，引 CE 切⊙O 于 E，DE 切⊙O 于 F，求证：$\angle ECD=\angle FDC$。

提示：作 AB 弦的弦心距 OM，证 $\triangle COM\cong\triangle DOM$，$\triangle COE\cong\triangle DOF$。

5. 已知：如图6-203，在 $\triangle ABC$ 中，$AB=AC$，AE 是角平分线，BM 平分 $\angle ABC$ 交 AE 于点 M，经过 B、M 两点的⊙O 交 BC 于点 G，交 AB 于点 F，FB 恰为⊙O 的直径。

（1）求证：AE 与⊙O 相切；

（2）当 $BC=4$，$\cos C=\dfrac{1}{3}$ 时，求⊙O 的半径。

提示：（1）连接 OM，利用角的关系得到 $OM/\!/BC$，从而得出 $OM\perp AE$；

（2）利用$\triangle AOM \backsim \triangle ABE$，得到关于半径的方程$\frac{r}{2}=\frac{6-r}{6}$，得出$r=\frac{3}{2}$。

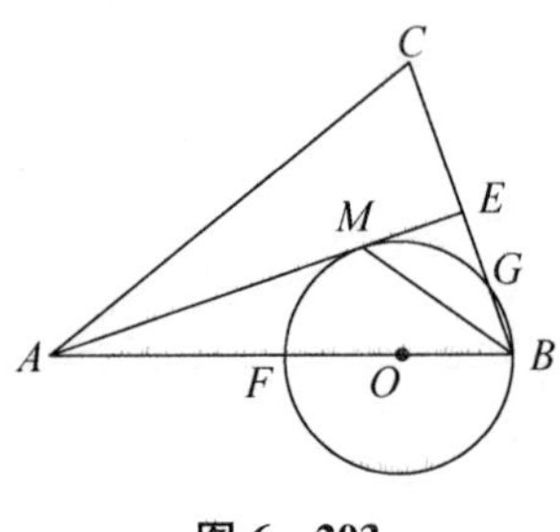

图 6－203

6. 已知：如图 6－204，AB 是$\odot O$ 的直径，C 是$\odot O$ 上一点，$OD \perp BC$ 于点D，过点C 作$\odot O$ 的切线，交OD 的延长线于点E，连接BE。

（1）求证：BE 与$\odot O$ 相切；

（2）连接AD 并延长交BE 于点F，若$OB=9$，$\sin\angle ABC=\frac{2}{3}$，求$BF$ 的长。

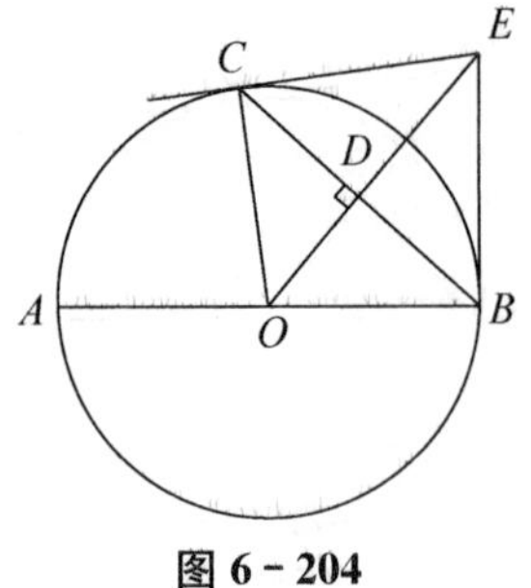

图 6－204

提示：（1）利用直线OE 是线段BC 的垂直平分线，证明$\angle EBO=90°$；（2）过点D 作$DM \perp AB$ 于点M，利用$\triangle AMD \backsim \triangle ABF$，得到$\frac{MD}{BF}=\frac{AM}{AB}$，解出$BF=\frac{MD \cdot AB}{AM}=\frac{36\sqrt{5}}{13}$。

7. 已知：如图 6－205，AB 是$\odot O$ 的直径，PA、PC 分别与$\odot O$ 相切于点A、C，PC 交AB 的延长线于点D，$DE \perp PO$ 交PO 的延长线于点E。

（1）求证：$\angle EPD=\angle EDO$；

（2）若$PC=6$，$\tan\angle PDA=\frac{3}{4}$，求$OE$ 的长。

答案：$\sqrt{5}$。

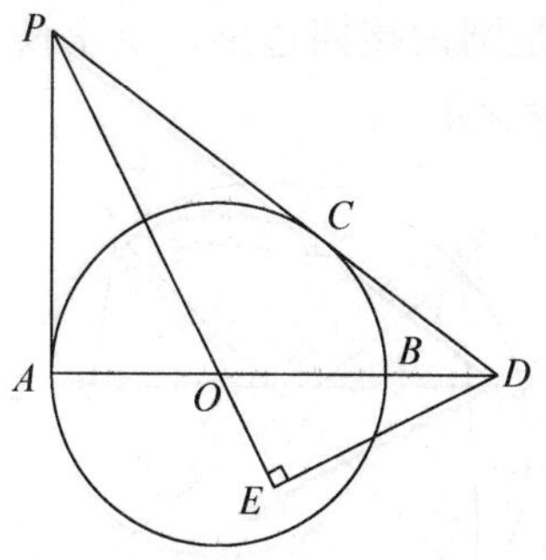

图 6－205

8. 已知：如图 6－206，AB 是⊙O 的一条弦，E 是 AB 的中点，过点 E 作 $EC\perp OA$ 于点 C，过点 B 作⊙O 的切线交 CE 的延长线于点 D。

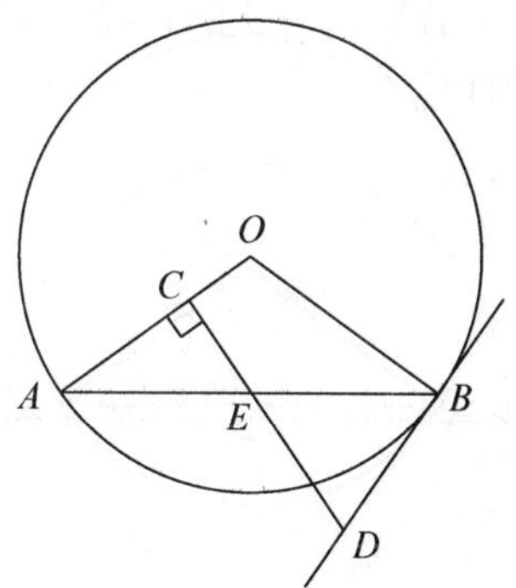

图 6－206

（1）求证：$DB=DE$；

（2）若 $AB=12$，$BD=5$，求⊙O 的半径。

提示：（1）由切线性质及等量代换，再利用等角对等边即可得出结论；（2）$OA=\frac{15}{2}$。

15. 和圆有关的角

和圆有关的角中应用最多的是四个推论，即：同弧上的圆周角相等；同弧上的圆周角和弦切角相等；直径上的圆周角是直角；圆内接四边形外角等于内对角。因为弦切角在基本图十六-3 说过了，所以本节只介绍其余的三个基本图。

图 6 - 207 基本图十七是圆内接四边形，要求读者能迅速意识到$\angle 1=\angle 2$，$\angle 3=\angle 4$，$\angle 5=\angle 6$，$\angle 7=\angle 8$。

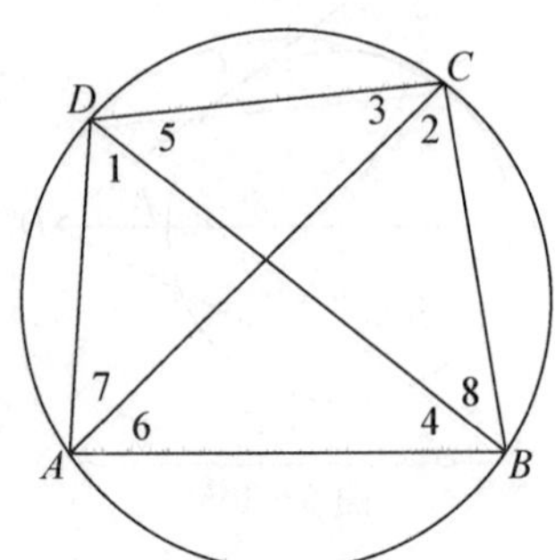

图 6 - 207　基本图十七

图 6 - 208 基本图十八中，AB 是$\odot O$ 的直径，要求读者能立即判断出$\angle C=90^\circ$，从而应用直角三角形的性质。

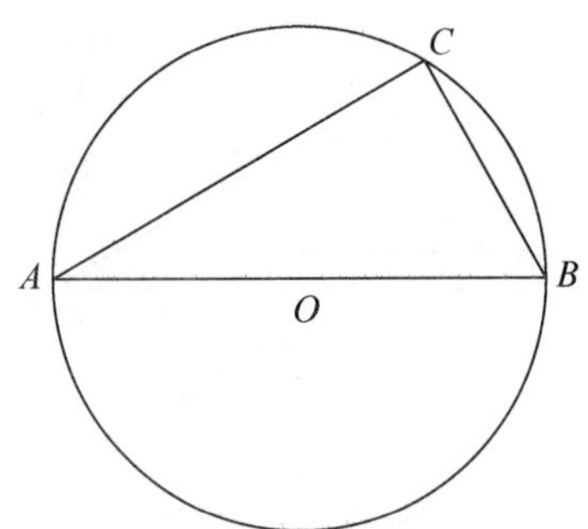

图 6 - 208　基本图十八

图 6 - 209 基本图十九，四边形 $ABCD$ 是$\odot O$ 的内接四边形，作$\angle B$ 的平分线交$\odot O$ 于E，这时圆上就有了五个点，也就不止一个圆内接四边形了。

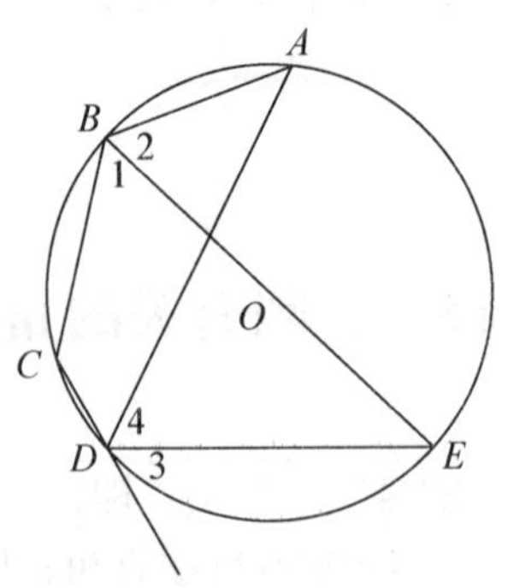

图 6 - 209　基本图十九

例如，四边形 $BCDE$ 就是圆内接四边形，$\angle 3$ 是外角等于$\angle 1$，而$\angle 4=\angle 2$，于是推出$\angle 3=\angle 4$。基本图十九主要是应用圆内接四边形外角等于内对角。

例 1 如图 6－210，已知：$\odot O$ 是$\triangle ABC$ 的外接圆，$AD\perp BC$ 于 D，$OF\perp BC$ 于 M，交$\odot O$ 于 F，AE 是$\odot O$ 的直径，连接 AF。求证：$\angle 1=\angle 2$。

分析： 连接 BE，制造基本图十八，得$\angle ABE=90°$。又$\angle ADC=90°$，由基本图十七，有$\angle E=\angle C$，所以$\angle 4=\angle 3$。由 $OF\perp BC$，可证 $\overset{\frown}{BF}=\overset{\frown}{FC}$。有 AF 平分$\angle BAC$，于是$\angle 1=\angle 2$。

例 2 如图 6－211，已知：$\odot O$ 中弦 $AB=AC$，BE 平分$\angle ABC$ 交$\odot O$ 于 E，CD 平分$\angle ACB$ 交$\odot O$ 于 D，BE、CD 交于 F。求证：四边形 $ADFE$ 是菱形。

分析： 有$\angle 1=\angle 2=\angle 3=\angle 4$，应能迅速找到$\angle 5=\angle 3=\angle 1$，从而 $AD/\!/BE$。又由 $6=\angle 2=\angle 4$，从而 $AE/\!/DC$。又 $\overset{\frown}{AD}=\overset{\frown}{AE}$，$AD=AE$，所以四边形 $ADFE$ 是菱形。

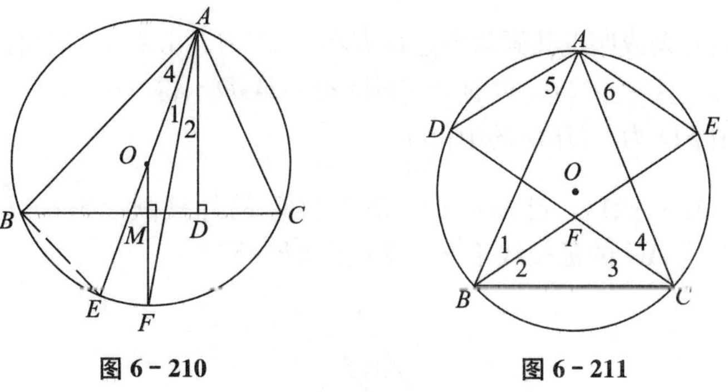

图 6－210　　图 6－211

例 3 如图 6－212，已知：PA 切$\odot O$ 于 A，AB 是$\odot O$ 的直径，$BC/\!/OP$ 与$\odot O$ 交于 C。求证：PC 是$\odot O$ 的切线。

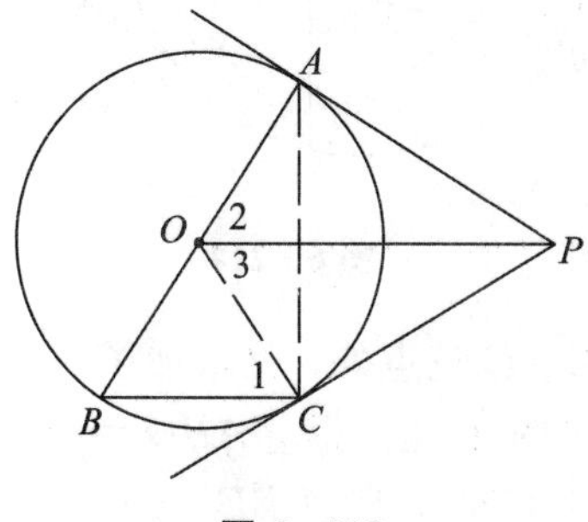

图 6－212

分析： 连接 OC、AC，由基本图十八和基本图八，得$\angle B=\angle 1$。又$\angle 3=$

$\angle 1$，$\angle 2=\angle B$，所以$\angle 2=\angle 3$。用“边、角、边”，可证$\triangle OAP\cong\triangle OCP$，则$\angle OCP=90°$。

例 4 如图 6－213，已知：$\odot O$ 是$\triangle ABC$ 的外接圆，H 是$\triangle ABC$ 的垂心，延长 AD 交$\odot O$ 于G，延长 CF 交$\odot O$ 于 P。求证：（1）$HD=DG$；（2）$FD /\!/ PG$。

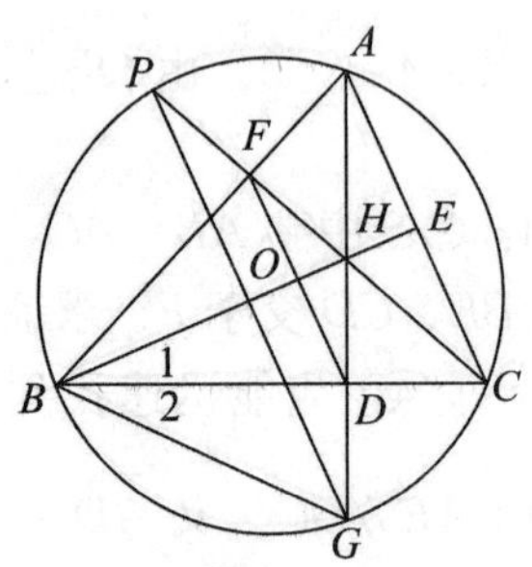

图 6－213

分析： 由互余或四点共圆易证$\angle BHD=\angle ACB$。由基本图十七，得$\angle ACB=\angle AGB$（或证$\angle 1=\angle 2$），可证$\triangle BHD\cong\triangle BGD$，得 $HD=DG$。同理可证：$HF=FP$，则 FD 为$\triangle HPG$ 的中位线。

例 5 如图 6－214，已知：$\odot O$ 是$\triangle ABC$ 的外接圆，$\overset{\frown}{BD}=\overset{\frown}{DC}$，引 $DE\perp AB$ 于E，$DF\perp AC$ 的延长线于F。求证：$BE=CF$。

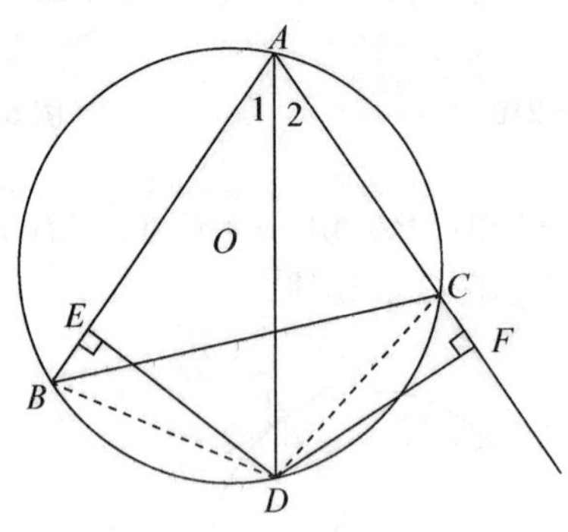

图 6－214

分析： $\odot O$ 上除 A、B、C 三点外，又增加了一点 D，于是应该考虑到圆内接四边形 $ABCD$。由基本图十九，得$\angle ABD=\angle DCF$，又$\angle 1=\angle 2$，所以 $DE=DF$，可证$\triangle BDE\cong\triangle CFD$，所以 $BE=CF$。

例 6 如图 6－215，已知：$\triangle ABC$ 中，高 AD、BE、CF 相交于 H，连接 DE、DF，求证：$\angle EDH=\angle FDH$。

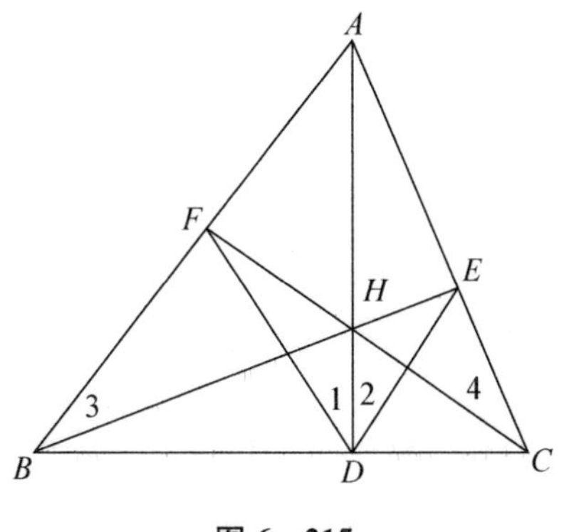

图 6-215

分析： 由 B、D、H、F 共圆，C、D、H、E 共圆。据基本图十七，有 $\angle 1=\angle 3$，$\angle 2=\angle 4$，而 $\angle 3$、$\angle 4$ 都是 $\angle BAC$ 的余角，所以 $\angle 3=\angle 4$，$\angle 1=\angle 2$。

例 7 如图 6-216，已知：等边$\triangle ABC$ 中，D 是 AB 延长线上一点，CD 交$\odot O$ 于 E。求证：$\angle D=\angle EAC$。

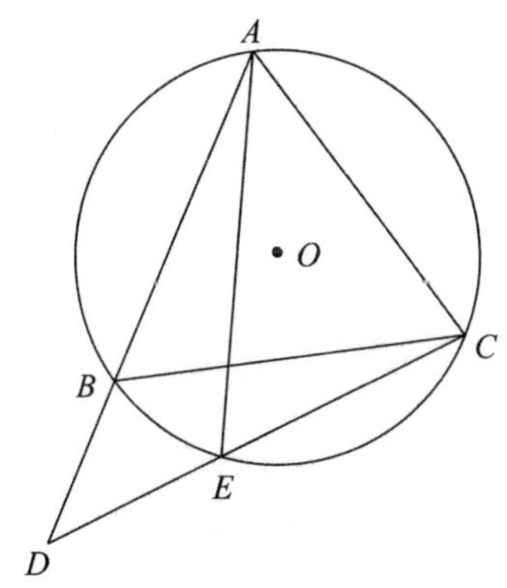

图 6-216

分析： 要注意研究弧，这是几何量中除线段和角外第三种重要的量。$\angle D$ 是圆外角，它的度数等于$\frac{1}{2}$（$\overset{\frown}{AC}-\overset{\frown}{BE}$）$=\frac{1}{2}$（$\overset{\frown}{BC}-\overset{\frown}{BE}$）$=\frac{1}{2}=\overset{\frown}{EC}\overset{m}{=}\angle EAC$。

例 8 如图 6-217，已知：$\triangle ADE$ 内接于圆，BC 为弦，A 是 BC 中点。求证：$\angle 1=\angle E$。

分析： $\angle 1$ 是圆内角，$\angle 1\overset{m}{=}\frac{1}{2}$（$\overset{\frown}{BD}+\overset{\frown}{AC}$）$=\frac{1}{2}$（$\overset{\frown}{BD}+\overset{\frown}{AB}$）$=\frac{1}{2}\overset{\frown}{AD}\overset{m}{=}\angle E$。

例 9 如图 6-218，已知：PA、PB 切$\odot O$ 于 A、B，直线 PCD 交$\odot O$ 于 C、D，E 是 DC 中点。连接 AE，求证：$\angle AEP=\angle BEP$。

分析：由基本图十五，得 $OE\perp CD$，于是 O、E、B、P 四点共圆，有 $\angle BEP=\angle BOP$。由 O、E、P、A 四点共圆，有 $\angle AEP=\angle AOP$，用基本图十六-2，可证 $\angle BOP=\angle AOP$。

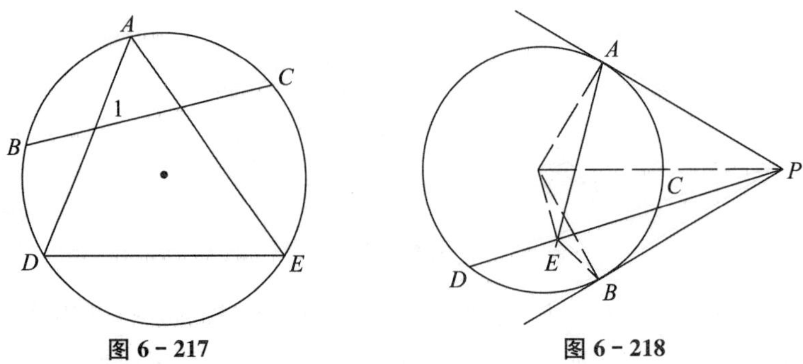

图 6-217　　　　图 6-218

例 10　如图 6-219，已知：$\triangle ABC$ 中，$\angle C=90°$，$\odot O$ 是 $\triangle ABC$ 的内切圆，和 AB、AC、BC 三边的切点分别是 D、G、E，DE 的延长线交 AC 的延长线于 F。求证：$CF=BD$。

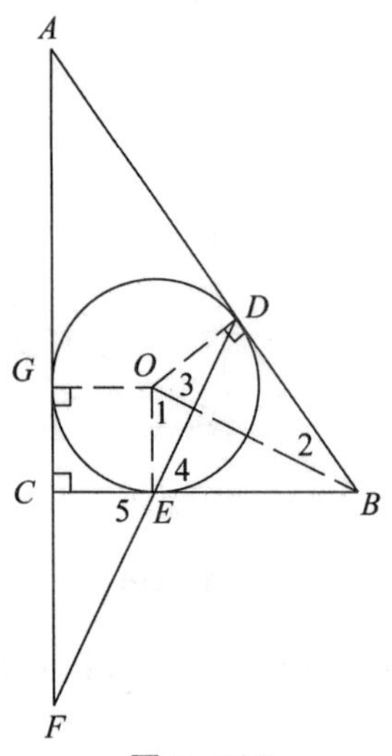

图 6-219

分析：希望证 $\triangle FCE\cong\triangle BDO$，首先，易证 $CE=OD$，由 $OEBD$ 四点共圆，有 $\angle 3=\angle 4=\angle 5$，再考虑其他已知条件即可。

例 11　如图 6-220，已知：AE 是 $\odot O$ 的直径，A、B、E、C 四点在 $\odot O$ 上，$\angle ABC=\alpha$，$\angle ACB=\beta$。求证：$\tan\alpha\cdot\tan\beta=\dfrac{AD}{DE}$。

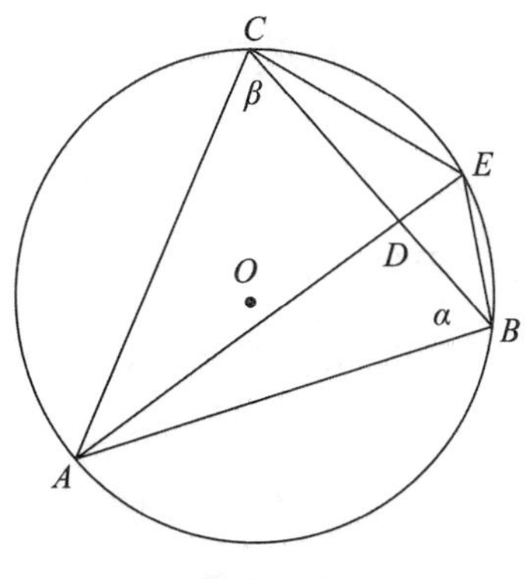

图 6-220

分析：由基本图十七得$\angle AEC=\alpha$，$\angle AEB=\beta$，于是：$\tan\alpha=\dfrac{AC}{CE}$，$\tan\beta=\dfrac{AB}{BE}$，

$\tan\alpha\cdot\tan\beta=\dfrac{AC}{CE}\cdot\dfrac{AB}{BE}=\dfrac{AC}{BE}\cdot\dfrac{AB}{CE}$，

由$\triangle ACD\backsim\triangle BED$，$\triangle ABD\backsim\triangle CED$，

得：$\dfrac{AC}{BE}=\dfrac{AD}{BD}$，$\dfrac{AB}{CE}=\dfrac{BD}{DE}$，

$\therefore\tan\alpha\cdot\tan\beta=\dfrac{AD}{BD}\cdot\dfrac{BD}{DE}=\dfrac{AD}{DE}$。

例 12　如图 6-221，已知：$\triangle ABC$ 中$\angle ACB>\angle ABC$，BE、CF 分别是$\angle ABC$ 和$\angle ACB$ 的平分线，求证：$CF<BE$。

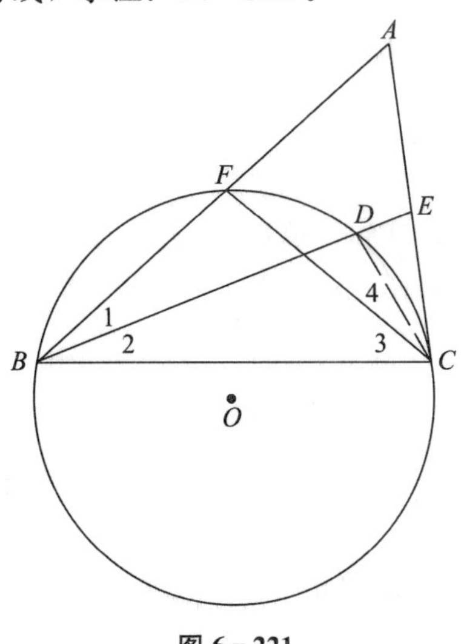

图 6-221

分析：若过 B、C、F 三点作⊙O，因$\angle 1=\angle 2=\frac{1}{2}\angle B$，$\angle 3=\angle ACF=\frac{1}{2}\angle C$，有$\frac{1}{2}\angle B<\frac{1}{2}\angle C$，所以$\angle BEC<\angle BFC$（据三角形外角可以推出），可证 E 点在⊙O 外。设 BE 交⊙O 于D，于是$\angle BCD=\angle 3+\angle 4$。用基本图十七，换成$\angle BCD=\frac{1}{2}\angle C+\frac{1}{2}\angle B<90°$，$\overset{\frown}{BD}$ 是劣弧，易证 $\overset{\frown}{BD}>\overset{\frown}{CF}$，则 $BD>CF$，$CF<BE$。

例 13　如图 6-222，已知：AB 是⊙O 的直径，DC 是弦，AB、DC 交于 E，$\overset{\frown}{AD}=n\cdot\overset{\frown}{BC}$（$n$ 为一实数），连接 OC。求证：$\angle C=\frac{(n-1)}{2}\angle EOC$。

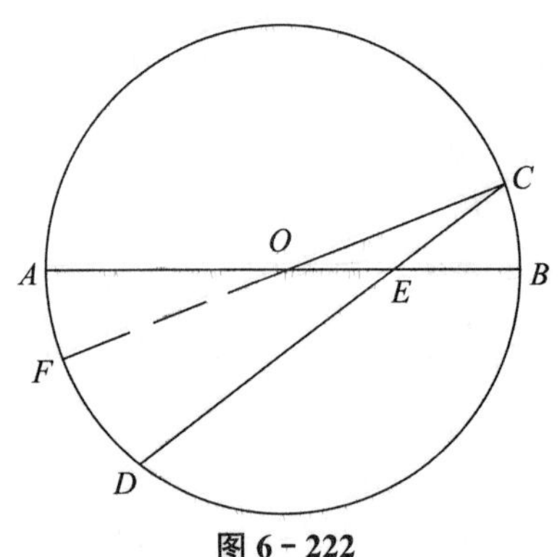

图 6-222

分析：延长 CO 与⊙O 交于 F，$\angle C\overset{m}{=}\frac{\overset{\frown}{DF}}{2}=\frac{\overset{\frown}{AD}-\overset{\frown}{AF}}{2}=\frac{\overset{\frown}{AD}-\overset{\frown}{BC}}{2}=\frac{n\overset{\frown}{BC}-\overset{\frown}{BC}}{2}=\frac{(n-1)}{2}\cdot\overset{\frown}{BC}\overset{m}{=}(\frac{n-1}{2})\angle EOC$。

例 14　如图 6-223，已知：等边$\triangle ABC$，以 AB 为直径作⊙O，交 AC、BC 于E、D，在 AB 上取M、N 两点，使 $AM=MN=NB$。求证：CN、CM 的延长线三等分半圆。

分析：作 $\overset{\frown}{BF}=\overset{\frown}{BD}$，$F$、$D$ 分在直径 AB 的两旁。连接 NF、OF，$\angle B=60°$，所以 $\overset{\frown}{AD}=120°$，所以 $\overset{\frown}{BD}=60°$，所以$\angle 1=60°$，所以$\angle 1=\angle B$。由$\frac{BC}{OF}=\frac{AB}{\frac{1}{2}AB}=\frac{2}{1}$，$\frac{BN}{ON}=\frac{2}{1}$，因一组角相等，夹边成比例，有$\triangle CNB\backsim\triangle FNO$，所以$\angle CNB=\angle FNO$，所以 G、N、F 三点共线，即 NF 是 CN 的延长线，再作

$\overset{\frown}{AH}=\overset{\frown}{AE}$。同理可证 MH 是 CM 的延长线，易得结论。

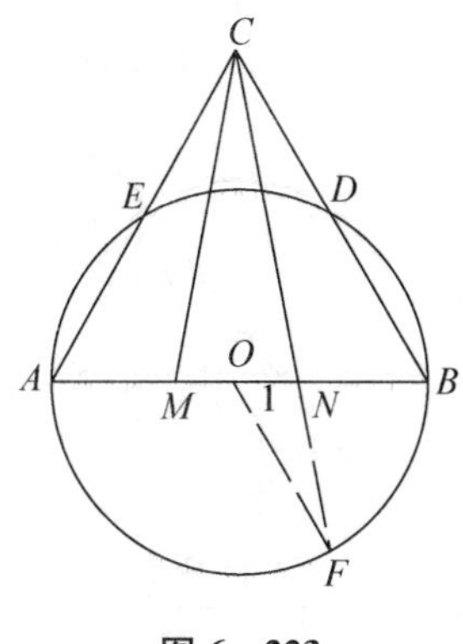

图 6－223

例 15 如图 6－224，已知：P 为▱$ABCD$ 内一点，且∠4＝∠7。求证：∠1＝∠2。

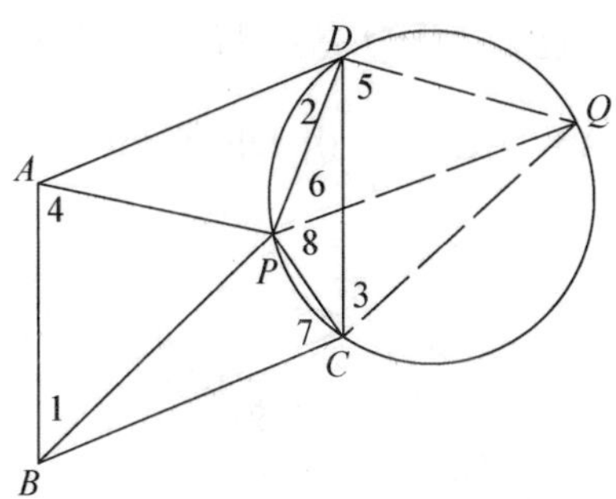

图 6－224

分析：由于已知的两个角和要证的两个角的分布情况，不易看出它们的联系，于是设法移动角的位置，作 $PQ \mathrel{\underline{\parallel}} AD$，则 $PQ \mathrel{\underline{\parallel}} BC$。连接 DQ、CQ，有四边形 $ADQP$ 和四边形 $PQCB$ 为平行四边形。所以 $\triangle ABP \cong \triangle DCQ$，∠1＝∠3，∠4＝∠5。又因∠2＝∠6，欲证∠1＝∠2，须证∠3＝∠6，则希望 P、C、Q、D 四点共圆。因∠7＝∠8，而∠4＝∠7，所以∠8＝∠5，所以 P、C、Q、D 四点共圆。

例 16 如图 6－225，已知：⊙O 是△ABC 的外接圆，半径为 R，$AD \perp BC$ 于 D，$DF \perp AC$ 于 F，$DE \perp AB$ 于 E，AG 是⊙O 的直径。求证：$S_{\triangle ABC} = EF \cdot R$。

分析：据正弦定理，$\dfrac{BC}{\sin A}=2R$，则 $\sin A=\dfrac{BC}{2R}$，由 A、E、D、F 四点共

圆，AD 是这圆的直径，则有：$\frac{EF}{\sin A}=AD$，$\sin A=\frac{EF}{AD}$，所以$\frac{BC}{2R}=\frac{EF}{AD}$，所以 $BC\cdot AD=EF\cdot 2R$，即：$\frac{1}{2}BC\cdot AD=EF\cdot R$。

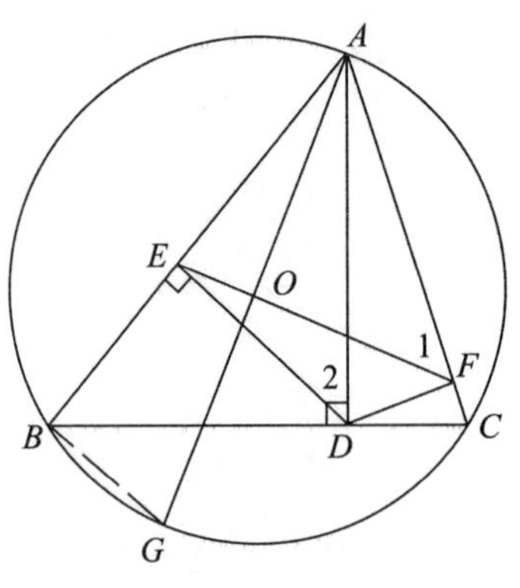

图 6 - 225

例 17 如图 6 - 226，已知：⊙O 是△ABC 的外接圆，F 是 AC 上一点，D 是 $\overset{\frown}{AC}$ 上一点，且∠DCA=∠CBF。引 DE 交 AC 于 E，使∠CDE=∠ACB。求证：$AE=CF$。

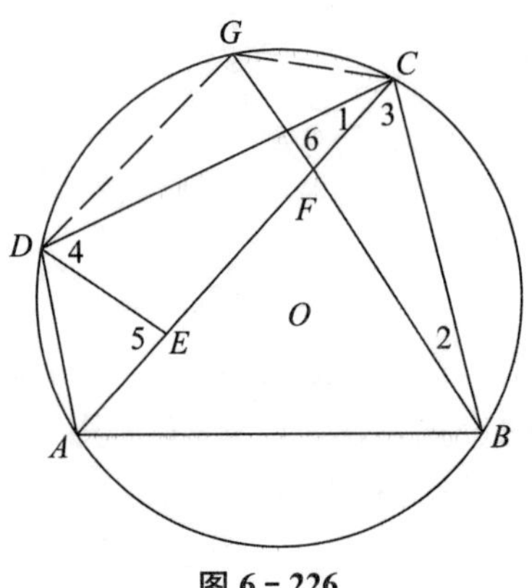

图 6 - 226

分析： 延长交 BF ⊙O 于 G，连接 DG、CG，则 $\overset{\frown}{AD}=\overset{\frown}{CG}$，$AD=CG$，∠$DAC$=∠$GCA$。又因∠5=∠1+∠4，∠6=∠2+∠3，所以∠5=∠6，所以△DAE≌△GCF，所以 $AE=CF$。

例 18 如图 6 - 227，已知：⊙O 是△ABC 的外接圆，P 是 $\overset{\frown}{BC}$ 上一点，作 $PD\perp BC$ 于 D，$PE\perp AC$ 于 E，$PF\perp AB$ 延长线于 F。求证：F、D、E 三点共线。

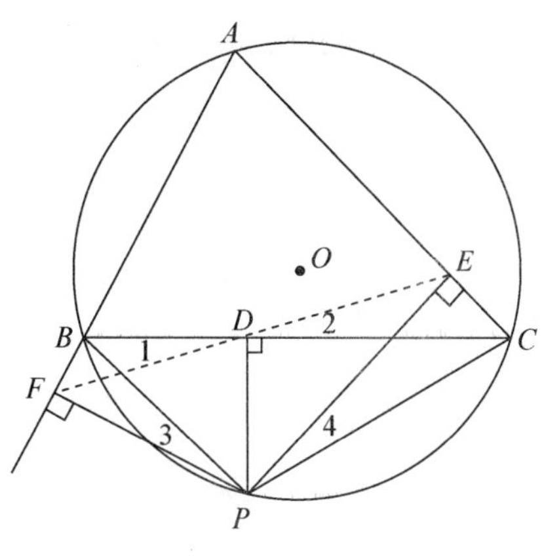

图 6-227

分析： 分别连接 FD、DE，希望证$\angle 1=\angle 2$。连接 PB、PC，由 P、F、B、D 四点共圆，P、C、E、D 四点共圆，易证$\angle 1=\angle 3$，$\angle 2=\angle 4$。这时圆上有四个点 A、B、P、C，考虑基本图十九，得$\angle FBP=\angle ACP$，于是：$\angle 3=\angle 4$，$\angle 1=\angle 2$。

例 19 如图 6-228，已知：$\odot O$ 是$\triangle ABC$ 的外接圆，$AB>AC$，M 为$\odot O$ 上一点，且 $\overset{\frown}{BM}=\overset{\frown}{MC}$。求证：$MB^2-MA^2=AB\cdot AC$。

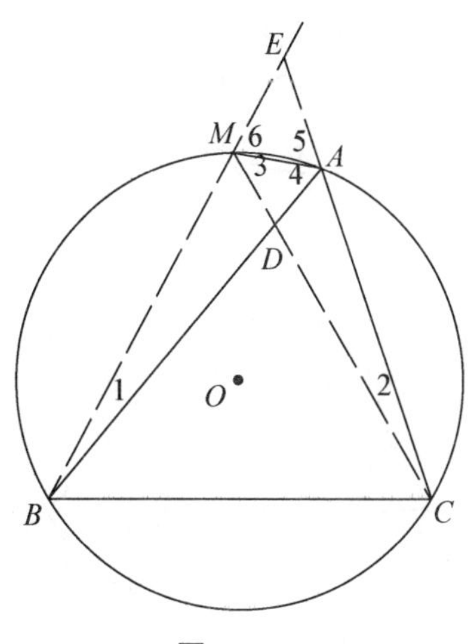

图 6-228

分析： 希望证出 $(MB+MA)(MB-MA)=AB\cdot AC$。在 MC 上截取 $MD=MA$，则 DC 即是 $MB-MA$。在 BM 的延长线上截取 $ME=MA$，则 BE 即是 $MB+MA$。于是希望 $BE\cdot DC=AB\cdot AC$，即希望$\dfrac{BE}{AB}=\dfrac{AC}{DC}$，希望

$\triangle BAE \backsim \triangle CDA$。有基本图十七，得$\angle 1=\angle 2$。希望$\angle BAE=\angle CDA$，考虑到$AM=MD$，则有：$\angle ADM=\dfrac{180^\circ-\angle 3}{2}$，所以$\angle ADC=180^\circ-\dfrac{180^\circ-\angle 3}{2}\overset{m}{=}90^\circ+\dfrac{1}{4}\overset{\frown}{AC}$

$$\begin{aligned}\angle BAE&=\angle MAB+\angle 5\overset{m}{=}\frac{1}{2}\overset{\frown}{BM}+\frac{180^\circ-\angle 6}{2}=\\&\frac{1}{2}\overset{\frown}{BM}+\frac{180^\circ-\angle BCA}{2}=\\&\frac{1}{2}\overset{\frown}{BM}+90^\circ-\frac{\angle BCA}{2}\overset{m}{=}\\&\frac{1}{2}\overset{\frown}{BM}+90^\circ-\frac{\overset{\frown}{AB}}{4}=\\&90^\circ+\frac{2}{4}\overset{\frown}{BM}-\frac{1}{4}\overset{\frown}{BM}-\frac{1}{4}\overset{\frown}{AM}=\\&90^\circ+\frac{1}{4}\overset{\frown}{BM}-\frac{1}{4}\overset{\frown}{AM}=\\&90^\circ+\frac{1}{4}\overset{\frown}{AC}。\end{aligned}$$

例 20 如图 6－229，已知：$\odot O$ 中弦 $AC\perp BD$ 于 E，过 A、B、C、D 分别作$\odot O$ 的切线两两相交形成四边形 $A'B'C'D'$。求证：A'、B'、C'、D'四点共圆。

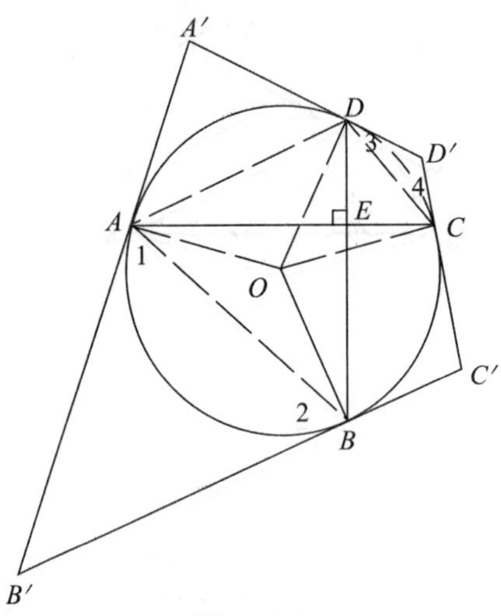

图 6－229

分析：由基本图十六-2 得：$\angle 1=\angle 2$，$\angle 3=\angle 4$。据三角形内角和，有

$\angle B'+\angle 1+\angle 2+\angle D'+\angle 3+\angle 4=360°$。而$\angle 1+\angle 2+\angle 3+\angle 4\overset{m}{=}\frac{1}{2}\overset{\frown}{AB}+\frac{1}{2}\overset{\frown}{AB}+\frac{1}{2}\overset{\frown}{CD}+\frac{1}{2}\overset{\frown}{CD}$，即$\overset{\frown}{AB}+\overset{\frown}{CD}\overset{m}{=}180°$，所以$\angle B'+\angle D'=180°$，所以$A'$、$B'$、$C'$、$D'$四点共圆。

练　习

A组

1. AB是$\odot O$的直径，C是$\overset{\frown}{AB}$中点，D是劣弧AC的中点，求$\angle CAB$、$\angle CBA$、$\angle ABD$、$\angle DBC$的度数。

答案：前两个都是45°，后两个都是22.5°。

2. AB是$\odot O$的直径，C是半圆上一点，$CD\perp AB$于D，写出相似三角形。

提示：用基本图九。

3. AB是$\odot O$的直径，D是半圆上一点，$\overset{\frown}{AD}:\overset{\frown}{DB}=1:2$，$\odot O$的半径为3.2 cm，求$AD$的长。

答案：3.2 cm。

4. $\odot O$中BA、CD都是弦，两弦相交于F，CA、BD的延长线相交于E，若$\angle E=40°$，$\overset{\frown}{BC}=2\overset{\frown}{AD}$，求$\angle BFC$。

答案：120°。

5. 圆内接梯形$ABCD$中，$AB/\!/CD$，$AD=DC$，且AB是圆的直径，求$\angle ABC$的度数。

提示：圆内接梯形一定是等腰梯形，即$AD=BC$，又$AD=DC$，可见$\overset{\frown}{AD}=\overset{\frown}{DC}=\overset{\frown}{BC}=60°$，$\angle B=60°$。

6. $\triangle ABC$中，$AB=AC$，$\angle A=40°$，以AB为直径作半圆交AC于D，交BC于E，求$\overset{\frown}{AD}$、$\overset{\frown}{BE}$的度数。

答案：100°，40°。

7. 圆内接四边形$ABCD$中，$\overset{\frown}{AB}:\overset{\frown}{BC}:\overset{\frown}{CD}=4:2:5$，$\angle ABC=120°$，求四边形各角的大小。

答案：$\angle A=70°$，$\angle B=120°$，$\angle C=110°$，$\angle D=60°$。

8. 大圆内有一个小圆，大圆的弦AC、AE分别切小圆于B、D，若小圆中劣弧BD含有130°，求大圆的劣弧CE。

答案：$100°$。

9. $\odot O$ 的内接四边形 $ABCD$ 外角 ADE 的平分线交 $\odot O$ 于 F，求证：BF 平分 $\angle ABC$。

提示：参考基本图十九的说明。

10. $\triangle ABC$ 中，$\angle ACB>90°$，AD 是 BC 边上的高，AE 是 $\triangle ABC$ 外接圆直径，求证：$AB\cdot AC=AE\cdot AD$。

提示：用基本图十八与基本图十九。

11. 圆内接四边形 $ABCD$ 中，AC 是直径，AC 长为 6 cm，$\angle ABD=\angle CAD$，求 AD 的长。

答案：$3\sqrt{2}$ cm。

12. $\triangle ABC$ 中，$\angle BAC=90°$，在 AC 上取一点 D，使以 AD 为直径的圆和 BC 相切于 E，DE 的延长线交 AB 的延长线于 F，求证：$AB=BF$。

提示：由基本图十六-3，先证 $\angle BAE=\angle BEA$。

13. $\odot O$ 中半径为 R，弦 $AC\perp BD$ 于 E，求证：$AB^2+CD^2=(2R)^2$。

提示：有直径，可以考虑正弦定理，注意研究圆周角，设 $\angle ACB=\alpha$，则 $\angle DBC=90°-\alpha$。$AB=2R\cdot\sin\alpha$，$CD=2R\cdot\sin(90°-\alpha)=2R\cdot\cos\alpha$。所以 $AB^2+CD^2=(2R)^2(\sin^2\alpha+\cos^2\alpha)=(2R)^2\cdot 1=4R^2$。

14. $\odot O$ 是 $\triangle ABC$ 的外接圆，O' 是 $\triangle ABC$ 的内心，AO' 交 $\odot O$ 于 D，求证：$BD=DO'=DC$。

提示：$\angle BO'D=\angle BAD+\angle ABO'$，$\angle OBD=\angle O'BC+\angle CBD$。

15. $\odot O$ 是等边 $\triangle ABC$ 的外接圆，D 是 $\overset{\frown}{BC}$ 上一点，作 $\angle ABE=\angle CBD$，BE 交 AD 于 E，求证：$\triangle BDE$ 也是等边三角形。

提示：先证 $\triangle ABE\cong\triangle CBD$，再证 $\angle BED=\angle EBD$。

B 组

1. $\odot O$ 的割线 PAB 过 O 点，交 $\odot O$ 于 A、B，切线 PC 切 $\odot O$ 于 C，作 $CD\perp AB$ 于 D，求证：$\dfrac{PA}{AD}=\dfrac{PB}{BD}$。

提示：由基本图十七、十八，得 $\angle ACB=90°$，易证 $\angle PCA=\angle ACD=\angle B$，$CA$ 是 $\triangle DCP$ 的内角平分线，同理可证，CB 是 $\triangle DCP$ 的外角平分线，得到：$\dfrac{PA}{AD}=\dfrac{PC}{CD}$，$\dfrac{PB}{BD}=\dfrac{PC}{CD}$，所以 $\dfrac{PA}{AD}=\dfrac{PB}{BD}$。

2. DC 切 $\odot O$ 于 C，直线 DBA 交 $\odot O$ 于 B、A，在 DA 上取 $DE=DC$，求证：$\angle ACE=\angle BCE$。

提示：易证 $\angle DCE=\angle DEC$，由基本图二十八，得 $\angle PCB=\angle A$，所以

$\angle ACE=\angle DEC-\angle A=\angle DCE-\angle DCB=\angle BCE$。

3. ⊙O 是 $\triangle ABC$ 的外接圆，且 $AB=AC$，作⊙O 的切线 CD 交 BA（或 AB）的延长线于 D，作 $DE\perp AC$ 于 E，求证：$BD=2CE$。

提示：$\angle A$ 为锐角时，⊙O 的切线 CD 交 AB 延长线于 D，而 $DE\perp AC$ 的延长线于 E，$\angle A$ 为钝角时，⊙O 的切线 CD 与 BA 的延长线相交于 D，$DE\perp AC$ 于 E，无论哪种情况都要作 $DF/\!/BC$ 与 AC 或 CA 的延长线相交于 F，可证 $BD=CF$。因 $\angle DFC=\angle BCA=\angle CBA=\angle DCF$，可证 E 是 CF 中点，所以 $BD=CF=2CE$。

4. 如图 6－230，已知：在⊙O 中，BC 是弦，A 点在⊙O 上，且 $\angle CBD=\angle CAB$。求证：BD 是⊙O 的切线。

提示：上题中用到这个结论，请读者证明一下。这实际上是弦切角等于所夹弧上的圆周角的逆命题，可作直径 BE，连接 EC，由基本图十七，易证 $\angle E=\angle A=\angle CBD$，又由基本图十八，得 $\angle BCE=90°$，所以 $\angle E+\angle 1=90°$，那么 $\angle CBD+\angle 1=90°$，所以 BD 是⊙O 的切线。

5. 如图 6－231，已知：⊙O 是 $\triangle ABC$ 的外接圆，AD、BE、CF 都是 $\triangle ABC$ 的高，它们的交点为 H，BG 是⊙O 的直径。求证：$CG=AH$。

提示：由基本图十八，得 $\angle BCG=90°$，$\angle BAG=90°$，于是 $AD/\!/GC$，$AG/\!/CF$，所以 $AHCG$ 为平行四边形，所以 $CG=AH$。

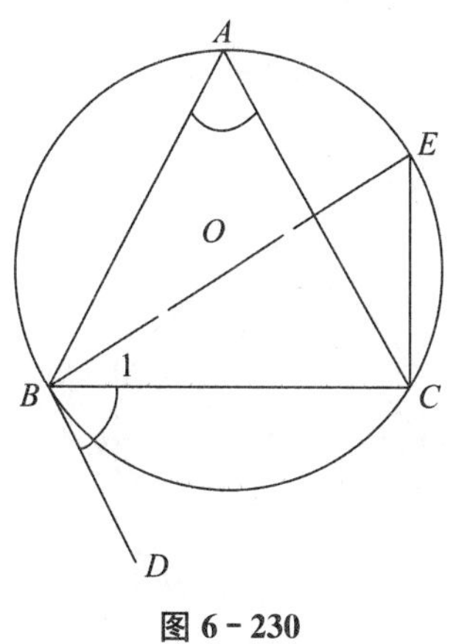

图 6－230

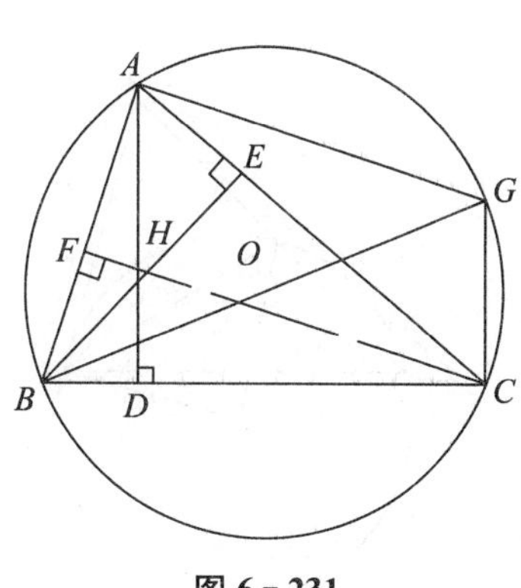

图 6－231

6. 如图 6－232，已知：⊙O 是 $\triangle ABC$ 的外接圆，H 是 $\triangle ABC$ 的垂心，$OM\perp BC$ 于 M，$ON\perp AC$ 于 N，P、Q 分别是 AH、BH 中点。求证：$\triangle OMN\cong\triangle HPQ$。

提示：据上题，可证 $OM=\frac{1}{2}AH=PH$，$ON=\frac{1}{2}BH=QH$。又 PQ 为

$\triangle AHB$ 的中位线，易证 MN 为 $\triangle ABC$ 的中位线，所以 $MN=PQ$。

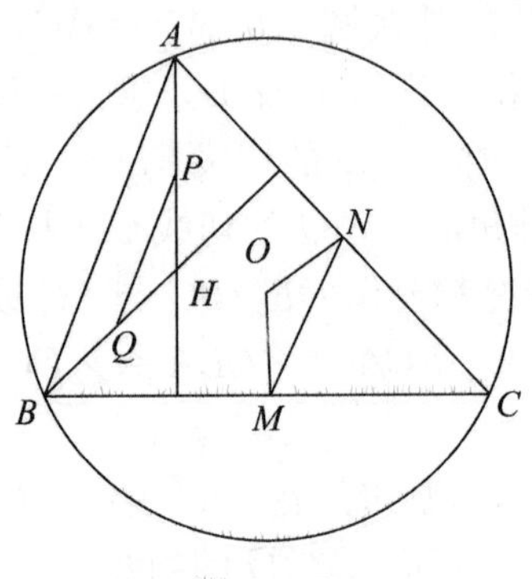

图 6－232

7. 已知：如图 6－233，在 $\triangle ABC$ 中，D 是 AB 边上一点，$\odot O$ 过 D、B、C 三点，$\angle DOC=2\angle ACD=90^\circ$。

（1）求证：直线 AC 是 $\odot O$ 的切线；

（2）如果 $\angle ACB=75^\circ$，$\odot O$ 的半径为 2，求 BD 的长。

提示：过 D 作 BC 的垂线，垂足为 E，利用锐角三角函数可得出 $BD=2$。

8. 已知：如图 6－234，AB 是 $\odot O$ 的直径，C 是 $\overset{\frown}{AB}$ 的中点，$\odot O$ 的切线 BD 交 AC 的延长线于点 D，E 是 OB 的中点，CE 的延长线交切线 BD 于点 F，AF 交 $\odot O$ 于点 H，连接 BH。

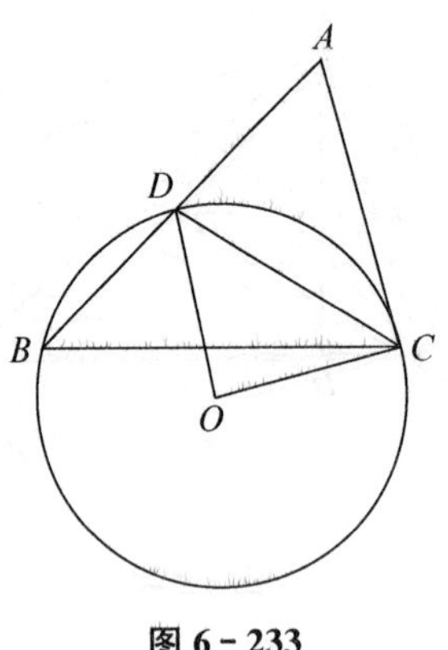

图 6－233

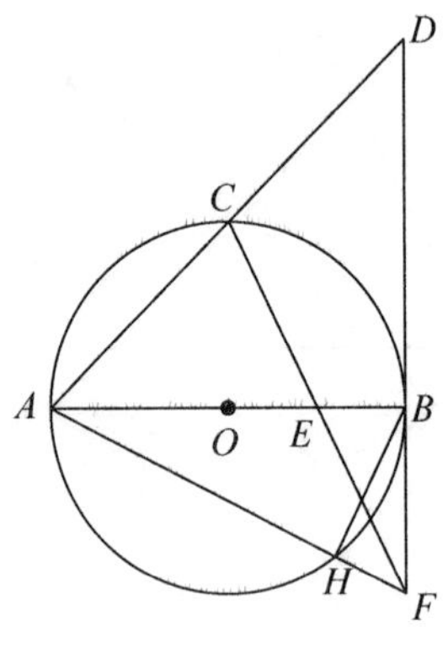

图 6－234

（1）求证：$AC=CD$；

（2）若 $OB=2$，求 BH 的长。

提示：（1）连接 OC；（2）$BH=\frac{4\sqrt{5}}{5}$。

9. 已知：如图 6－235，AB 是⊙O 的直径，过⊙O 外一点 P 作⊙O 的两条切线 PC，PD，切点分别为 C、D，连接 OP、CD。

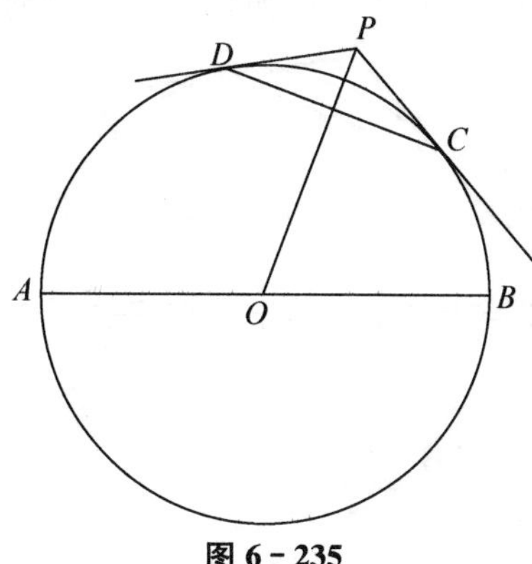

图 6－235

（1）求证：$OP \perp CD$；

（2）连接 AD、BC，若 $\angle DAB=50°$，$\angle CBA=70°$，$OA=2$，求 OP 的长。

答案：$\dfrac{4\sqrt{3}}{3}$。

10. 已知：如图 6－236，在 $\triangle ABC$ 中，$AB=AC$，以 AB 为直径的⊙O 分别交 AC、BC 于点 D、E，点 F 在 AC 的延长线上，且 $\angle CBF=\dfrac{1}{2}\angle CAB$。

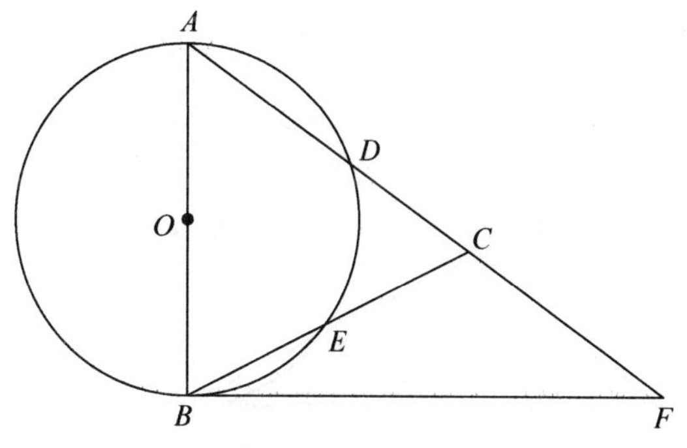

图 6－236

（1）求证：直线 BF 是⊙O 的切线；

（2）若 $AB=5$，$\sin\angle CBF=\dfrac{\sqrt{5}}{5}$，求 BC 和 BF 的长。

答案：（1）证明：如图 6－237 连接 AE，∵ AB 是⊙O 的直径，∴$\angle AEB=90°$，∴$\angle 1+\angle 2=90°$，∵$AB=AC$，∴ $\angle 1=\dfrac{1}{2}\angle CAB$，∵$\angle CBF=\dfrac{1}{2}\angle CAB$，

∴$\angle 1=\angle CBF$，∴ $\angle CBF+\angle 2=90°$，即$\angle ABF=90°$，∵ AB 是⊙O 的直径，∴ 直线 BF 是⊙O 的切线。(2) 过点 C 作$CG\perp AB$ 于点G，∵ $\sin\angle CBF=\frac{\sqrt{5}}{5}$，$\angle 1=\angle CBF$，∴ $\sin\angle 1=\frac{\sqrt{5}}{5}$，∵ $\angle AEB=90°$，$AB=5$，∴$BE=AB\cdot\sin\angle 1=\sqrt{5}$，∵ $AB=AC$，$\angle AEB=90°$，∴ $BC=2BE=2\sqrt{5}$，在 Rt$\triangle ABE$ 中，由勾股定理得 $AE=\sqrt{AB^2-BE^2}=2\sqrt{5}$，∴ $\sin\angle 2=\frac{2\sqrt{5}}{5}$，$\cos\angle 2=\frac{\sqrt{5}}{5}$，在Rt$\triangle CBG$ 中，可求得 $GC=4$，$GB=2$，∴ $AG=3$，∵ $GC/\!/BF$，∴ $\triangle AGC\backsim\triangle ABF$，∴$\frac{GC}{BF}=\frac{AG}{AB}$，∴ $BF=\frac{GC\cdot AB}{AG}=\frac{20}{3}$。

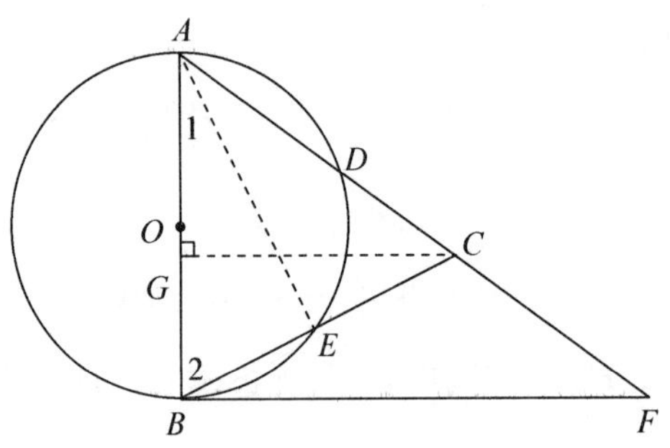

图 6－237

11. 在平面内，给定不在同一直线上的点 A、B、C，如图 6－238 所示，点 O 到点 A、B、C 的距离均等于 a（a 为常数），到点 O 的距离等于 a 的所有点组成图形 G，$\angle ABC$ 的平分线交图形 G 于点 D，连接 AD、CD。

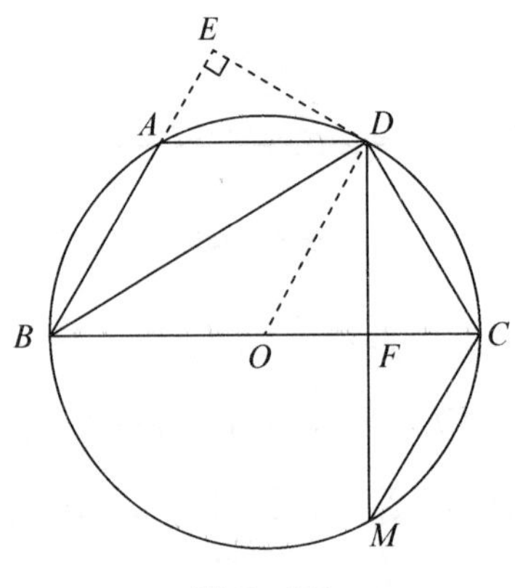

图 6－238

（1）求证：$AD=CD$；

（2）过点 D 作 $DE\perp BA$，垂足为 E，作 $DF\perp BC$，垂足为 F，延长 DF 交图形 G 于点 M，连接 CM。若 $AD=CM$，求直线 DE 与图形 G 的公共点个数。

答案：（1）见图 6－238∵BD 平分$\angle ABC$，∴$\angle ABD=\angle CBD$，$\overset{\frown}{AD}=\overset{\frown}{CD}$，∴ $AD=CD$；（2）直线 DE 与图形 G 的公共点个数为 1。

16. 两圆的公共弦与公切线

这部分包括两个基本图，如图 6－239，基本图二十的条件是两圆相交，此时常常添加公共弦将两圆的元素联系起来，且有 OO'垂直平分 AB。

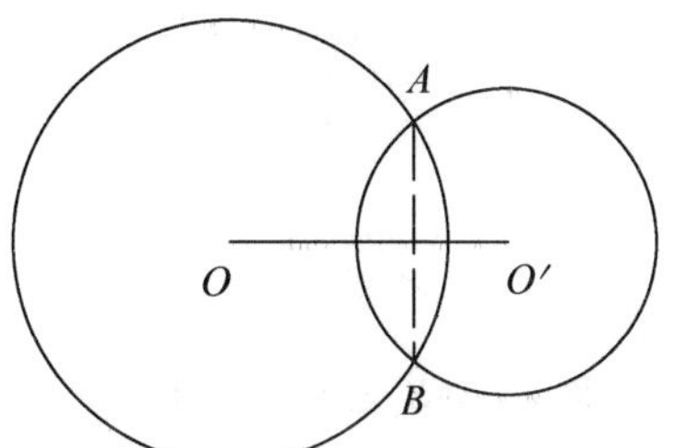

图 6－239　基本图二十

如图 6－240，基本图二十一-1 的条件是两圆外切，辅助线往往添内公切线，可以产生两圆公共的弦切角将两圆元素联系起来。

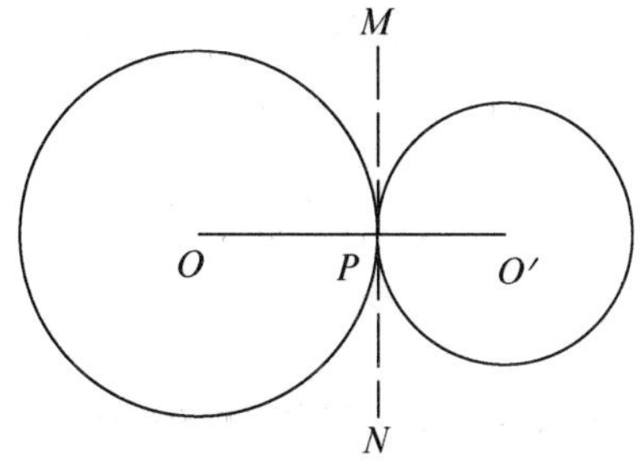

图 6－240　基本图二十一-1

如图 6－241，基本图二十一-2 的条件是两圆内切，辅助线往往添外公切线，也是由公共的弦切角将两圆元素联系起来。

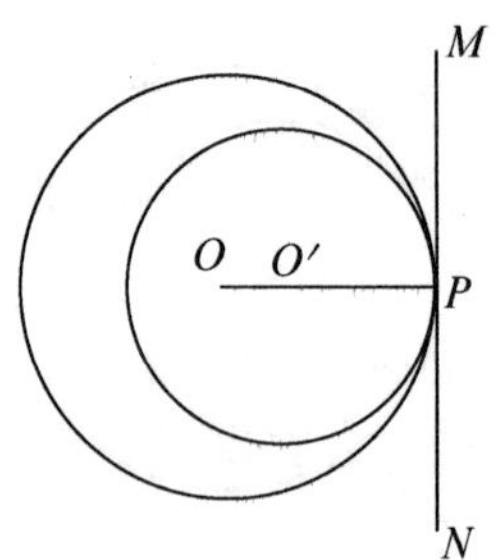

图 6 - 241　基本图二十一-2

如图 6 - 242，基本图二十一-3 的条件是两圆有外公切线，辅助线往往是自小圆圆心作公切线的平行线，出现直角三角形。

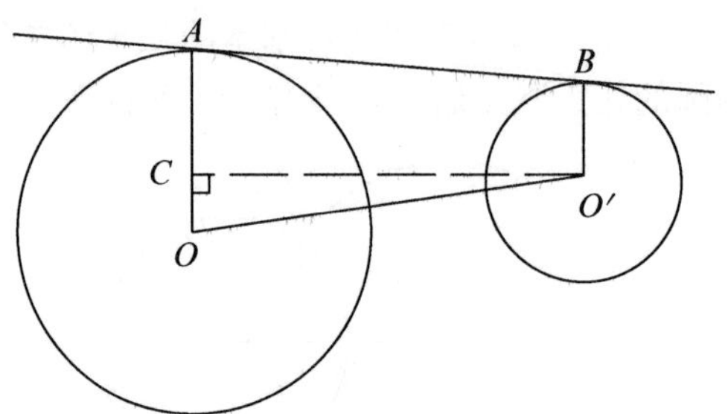

图 6 - 242　基本图二十一-3

如图 6 - 243，基本图二十一-4 的条件是两圆有内公切线，辅助线往往是自小圆圆心作内公切线的平行线，出现直角三角形。

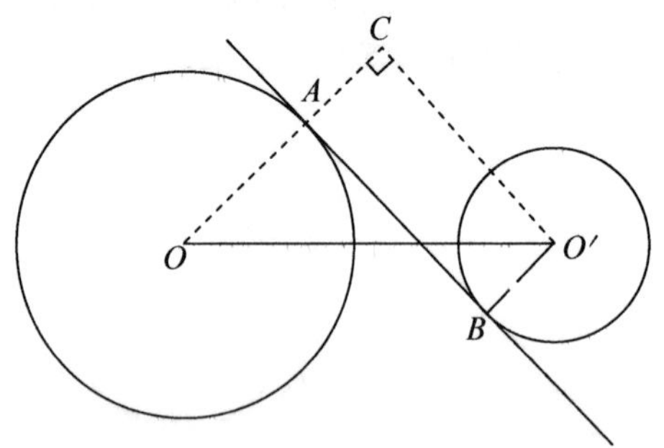

图 6 - 243　基本图二十一-4

关于两圆的问题，上述几种是常见的重要的基本图，遇到有关的问题，胸有成“图”，挑选、制造这样的图形是很有用的。但不要绝对化，有些两圆的问题，由于条件不同，就不一定用这几个基本图。所以，不要被这几个图限制死。在例题中，将两种情况都摆出来，供读者参考。

例 1 如图 6－244，已知：⊙O 和⊙O'内切于 P，直线 PB 交⊙O 于 B，交⊙O'于 A，过 A、B 分作两圆切线 AD、BC。求证：$AD/\!/BC$。

分析： 按照基本图二十一-2，作两圆外公切线 PM，由基本图十六-3，易证 $\angle 3=\angle 1=\angle 2$。

例 2 如图 6－245，已知：⊙O 和⊙O'相交于 A、B，直线 CAD 交⊙O 于 C，交⊙O'于 D，直线 BEF 交⊙O 于 E，交⊙O'于 F。求证：$CE/\!/DF$。

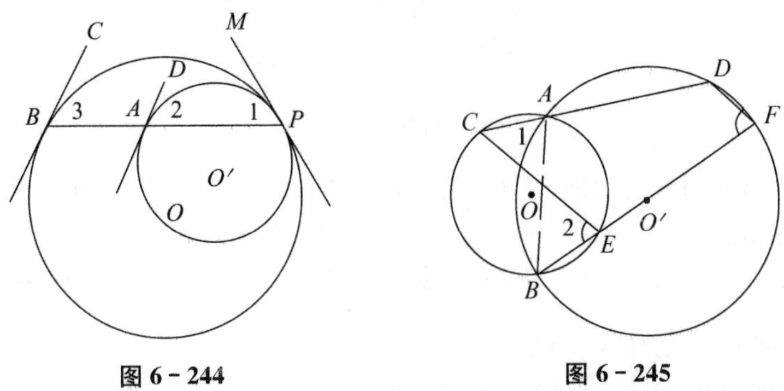

图 6－244　　图 6－245

分析： 欲证两直线平行，用基本图一找三线八角，例如$\angle 2$ 和$\angle F$，但$\angle 2$ 是⊙O 的圆周角，$\angle F$ 是⊙O'的圆周角，不是同圆，也不是等圆，无法联系。于是连接公共弦 AB，出现基本图二十，由基本图十七，有$\angle 2=\angle 1$。由基本图十九，有$\angle 1=\angle F$，所以$\angle 2=\angle F$，$CE/\!/DF$。

例 3 如图 6－246，已知：⊙O 和⊙O'外切，切点是 A，直线 BCD 交⊙O 于 BC，切⊙O'于 D。求证：$\angle BAD+\angle CAD=180°$。

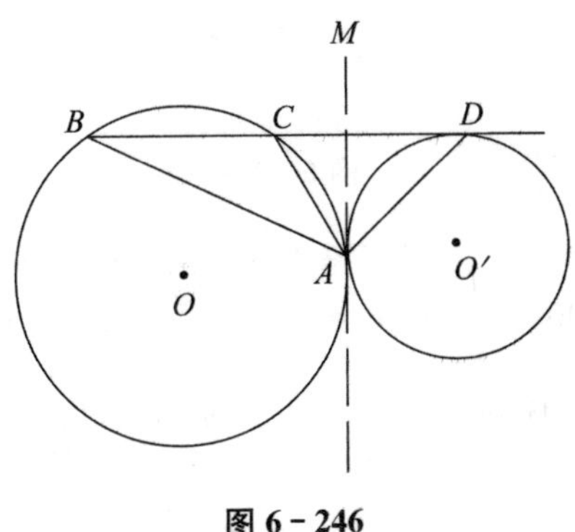

图 6－246

分析： 引两圆内公切线 AM，出现基本图二十一-1，得$\angle CAM=\angle B$，$\angle MAD=\angle ADC$。据三角形内角和为 180°，得$\angle BAD+\angle CAD=180°$。

例 4 如图 6－247，已知：⊙O 和⊙O'内切于 P，⊙O 的弦 AD 交⊙O'于

B、C。求证：$\angle APB=\angle CPD$。

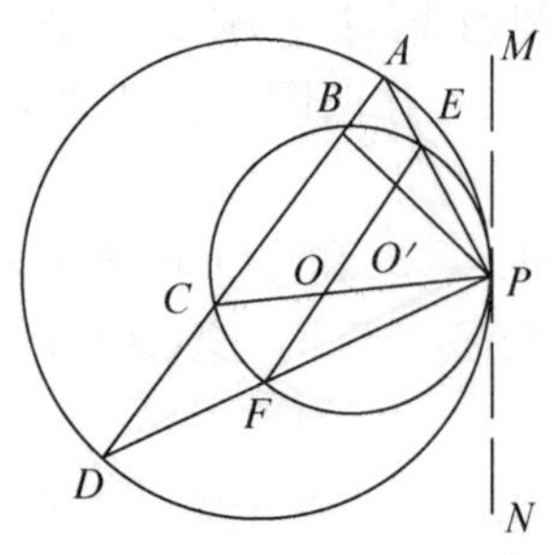

图 6-247

分析： 引两圆外公切线 MN，出现基本图二十一-2，则 $\angle DPN$ 既是 $\odot O$ 的弦切角，又是 $\odot O'$ 的弦切角。设 PA 交 $\odot O'$ 于 E，PD 交 $\odot O'$ 于 F，于是 $\angle DPN=\angle A$，$\angle DPN=\angle FEP$，所以 $\angle A=\angle FEP$，所以 $AD /\!/ EF$，所以 $\overset{\frown}{BE}=\overset{\frown}{CF}$，所以 $\angle APB=\angle CPD$。

例 5 如图 6-248，已知 $\odot O$ 和 $\odot O'$ 外切于 N，AB 是两圆公切线，切 $\odot O$ 于 A，切 $\odot O'$ 于 B，AB、OO' 的延长线相交于 P，若 $OO'=12$ cm，$\angle P=30°$，求 $\odot O$ 和 $\odot O'$ 的半径各是多长。

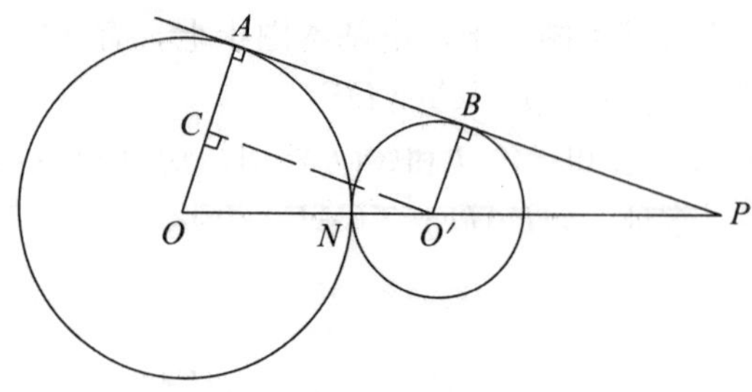

图 6-248

分析： 作 $O'C\perp OA$ 于 C，出现基本图二十一-3，易证 $ACO'B$ 为矩形，在 $\triangle OO'C$ 中，$\angle OO'C=90°$，$\angle OO'C=\angle P=30°$，$OC=OA-AC=OA-O'B=\frac{1}{2}OO'=6$ cm，设 $\odot O$ 半径为 R，$\odot O'$ 半径为 r，有 $\begin{cases}R+r=12\\R-r=6\end{cases}$，求得 $R=9$ cm，$r=3$ cm。

例 6 如图 6-249，已知：AB 是 $\odot O$ 和 $\odot O'$ 的内公切线，切 $\odot O$ 于 A，切 $\odot O'$ 于 B，若 $\odot O$ 的半径 $R=27$ mm，$\odot O'$ 的半径 $r=13$ mm，$OO'=50$ mm。求 AB 的长。

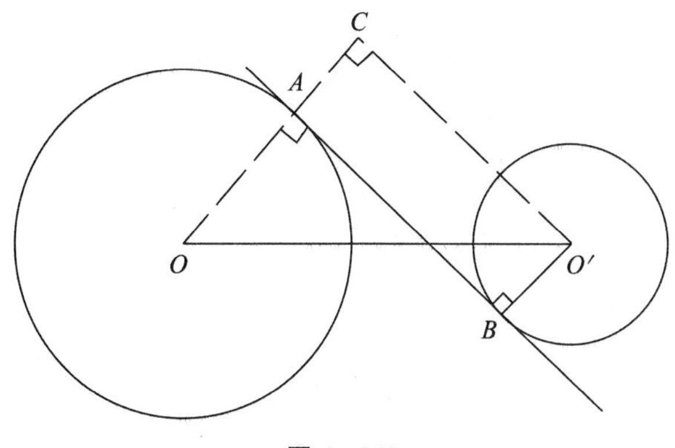

图 6-249

分析：作 $O'C \perp OA$ 的延长线于 C，仿基本图二十一-3，易证 $ABO'C$ 是矩形，$CA=O'B=r$，则 $OC=R+r=40$ mm。而 $OO'=50$ mm，据勾股定理，$O'C=30$ mm，所以 $AB=30$ mm。

例 7 如图 6-250，已知：⊙O 和⊙O'相交于 A、B，直线 CAD 与 EAF 各交两圆于 C、D、E、F，且$\angle BAD=\angle BAE$。求证：$CD=EF$。

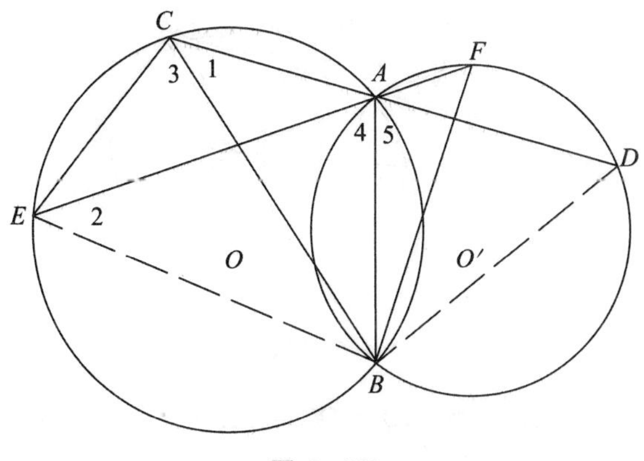

图 6-250

分析：从求证出发，连接 BE、BC、BF、BD，希望证出$\triangle EBF \cong \triangle CBD$，已有$\angle 1=\angle 2$，$\angle D=\angle F$，需要证一组边相等。在圆中，要证两线段相等，一般还要靠角相等，由基本图十七，得$\angle 3=\angle 4$，连接 CE，由基本图十九，得$\angle 5=\angle CEB$。而$\angle 4=\angle 5$，所以$\angle 3=\angle CEB$，所以 $BE=BC$。

例 8 如图 6-251，已知⊙O 的半径为 R，MN 是⊙O 的直径，分别以 OM、ON 为直径作⊙O_1 和⊙O_2，再作⊙P 与⊙O_1、⊙O_2 外切，与⊙O 内切，求⊙P 半径的长。

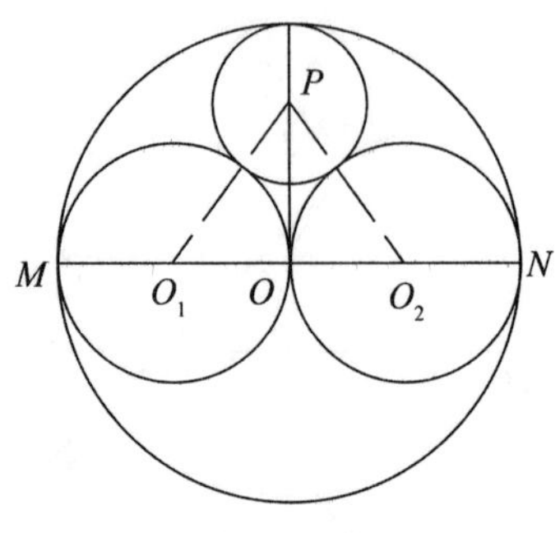

图 6－251

分析： 两圆相切切点在连心线上，设⊙P 的半径为 x，得 $(x+\frac{R}{2})^2-(\frac{R}{2})^2=(R-x)^2$，求得 $x=\frac{R}{3}$。

例 9 如图 6－252，已知⊙O 和⊙O'相交于 Q、S，直线 PR 交⊙O 于 P，交⊙O'于 R，且 $PQ=QR$，若⊙O 半径为 8 cm，⊙O'半径为 6 cm，OO'长 12 cm，求 PB 的长。

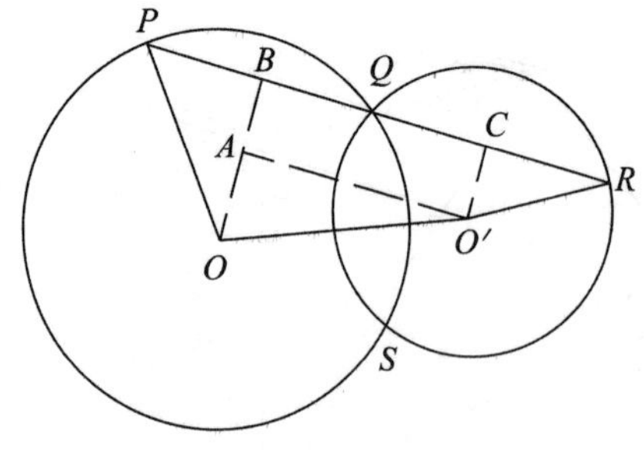

图 6－252

分析： 设 PB 为 x cm，则 $BQ=QC=CR=x$，$AO'=2x$，$AB=O'C=\sqrt{6^2-x^2}$，$OA=\sqrt{12^2-(2x)^2}$，而 $OP^2=PB^2+OB^2$，即 $8^2=x^2+[\sqrt{6^2-x^2}+\sqrt{12^2-(2x)^2}]^2$，求得 $4x^2=130$，$x=\frac{\sqrt{130}}{2}$。

例 10 如图 6－253，已知⊙O 是△ABC 的内切圆，切点分别是 D、E、F，⊙O'是△ABD 的内切圆，切 AD 于 M，⊙O''是△ADC 的内切圆，切 AD 于 N，求证：⊙O'与⊙O''外切。

分析： 希望证 $AM=AN$，在△ABC 中，据切线长定理，可证：$BD+BF=a+b+c-(AE+AF+CE+CD)$，即 $2BD=a+b+c-2b$，可得 $BD=\frac{1}{2}(a-b+c)$，

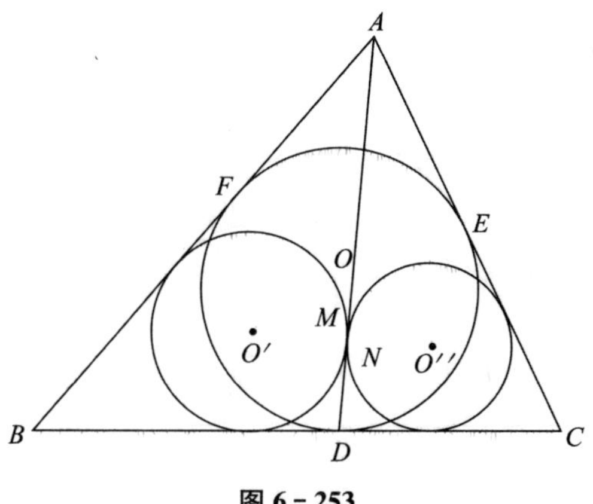

图 6-253

同理：$CD=\frac{1}{2}(a+b-c)$，

在△ABD 中可证：$AM=\frac{1}{2}(AB+AD-BD)$

$$=\frac{1}{2}\left[c+AD-\frac{1}{2}(a-b+c)\right]$$

$$=\frac{1}{4}(2c+2AD-a+b-c)$$

$$=\frac{1}{4}(2AD-a+b+c),$$

在△ADC 中可证：$AN=\frac{1}{2}(AC+AD-CD)$

$$=\frac{1}{2}\left[b+AD-\frac{1}{2}(a+b-c)\right]$$

$$=\frac{1}{4}(2b+2AD-a-b+c)$$

$$=\frac{1}{4}(2AD-a+b+c),$$

∴$AM=AN$。

练　习

A 组

1. ⊙O 和⊙O'外切于 P，直线 APB 交⊙O 于 A，交⊙O'于 B，直线 CPD 交⊙O 于 C，交⊙O'于 D，求证：$AC//BD$。

提示：用基本图二十一-1，作两圆内公切线，得弦切角，利用对顶角联系两圆。

2. $\odot O$ 和 $\odot O'$ 外切于 A，一直线 BAC 交 $\odot O$ 于 B，交 $\odot O'$ 于 C，求证：$OB // O'C$。

提示：先说明“两圆相切切点在连心线上”，然后用对顶角相等。

3. $\odot O$ 和 $\odot O'$ 外切于 A，作两圆外公切线 BC，和 $\odot O$ 切于 B，和 $\odot O'$ 切于 C，取 OO' 中点 M，作 $MD \perp BC$ 于 D，求证：$MD = \frac{1}{2}OO'$。

提示：易证四边形 $OO'CB$ 为梯形，可证 $MD = \frac{1}{2}(OB + O'C) = \frac{1}{2}(OA + O'A) = \frac{1}{2}OO'$。

4. $\odot O$ 和 $\odot O'$ 外切于 P，作两圆外公切线，切 $\odot O$ 于 A，切 $\odot O'$ 于 B，求证：$\angle APB = 90°$。

提示：作两圆内公切线，用基本图十六-3 和基本图二十一 1，用三角形内角和为 180°。

5. 两圆半径分别是 27 和 13，圆心距为 50，求外公切线的长。

提示：用基本图二十一-3，求得两圆外公切线的长为 48。

6. $\odot O$ 和 $\odot O'$ 相交于 M、N，作两圆外公切线 BC，切 $\odot O$ 于 B，切 $\odot O'$ 于 C，若 $\odot O$ 半径是 8 cm，$\odot O'$ 半径是 5 cm，BC、OO' 的延长线相交于 P，$\angle P = 30°$，求 BC 的长。

提示：制造基本图二十一-3，算出 $OO' = 6$ cm，则 $BC = 3\sqrt{3}$ cm。

7. $\odot O$ 和 $\odot O'$ 外切于 A，两圆内公切线与外公切线相交成 60°角，求两圆半径的比。

提示：设两圆内外公切线相交于 B，有基本图十六-2，出现 30°角，设 OA 为 y，$O'A$ 为 x，则 $O'B$ 为 $2x$，易证$\triangle OBO' = 90°$，由基本图九，得 $(2x)^2 = x(x+y)$，化简为 $y = 3x$，则$\frac{x}{y} = \frac{1}{3}$。

8. AB 是半圆 $\odot O$ 的直径，以 B 为圆心，BO 为半径作圆，交 $\odot O$ 于 C，再以 C 为圆心，CB 为半径作圆，交 $\odot B$ 于 D，连接 OD，交 $\odot O$ 于 E，求 $\angle CAE$ 的大小。

提示：$BC = \frac{1}{2}AB$，$\angle CAB = 30°$，DO 是 $\odot C$、$\odot B$ 的公共弦，则 $DO \perp BC$，易证：$\overset{\frown}{CE} = \overset{\frown}{EB}$，$\angle CAE = \angle EAB = 15°$。

9. 两圆外切于 P，作两圆的外公切线 AB 和 CD，分别切两圆于 A、B、C、D，两圆内公切线交 AB 于 E，交 CD 于 F，求证：$EF = AB = CD$。

提示：用基本图二十一-2，二十一-3。

10. $\odot O$和$\odot O'$内切于P，$\odot O$的弦AB切$\odot O'$于C，PC的延长线交$\odot O$于D，求证：$\overset{\frown}{AD}=\overset{\frown}{BD}$。

提示：制造基本图二十一-2，作两圆外公切线PM，连接PB交$\odot O'$于E，由基本图十六-3，得$\angle ACP=\angle PEC$，$\angle BAP=\angle MPB=\angle ECP$。由三角形内角和，得$\angle APC=\angle DPB$，所以$\overset{\frown}{AD}=\overset{\frown}{DB}$。

B组

1. $\odot O$和$\odot O'$内切于A，引$\odot O$的弦AP，交$\odot O'$于C，作PB切$\odot O'$于B，若$\dfrac{PB}{PA}=\dfrac{\sqrt{3}}{2}$，求$\odot O$半径$R$与$\odot O'$半径$r$之比。

提示：连接AO，则必过O'，连接$O'C$、OP，易证：$\dfrac{r}{R}=\dfrac{AC}{AP}$。由基本图二十八，得$PB^2=PA\cdot PC=PA\cdot(PA-AC)=PA^2-PA\cdot AC$。这个题目有的是$\dfrac{PB}{PA}$，求的是$\dfrac{AC}{PA}$，上面已将$PC$换掉，下面继续制造$\dfrac{PB}{PA}$。式子左右两边同时除以$PA^2$，得$\dfrac{PB^2}{PA^2}=\dfrac{PA^2}{PA^2}-\dfrac{PA\cdot AC}{PA^2}$，即$(\dfrac{PB}{PA})^2=1-\dfrac{AC}{PA}$，亦即：$(\dfrac{\sqrt{3}}{2})^2=1-\dfrac{AC}{PA}$，所以$\dfrac{r}{R}=\dfrac{AC}{PA}=\dfrac{1}{4}$。

2. 如图6－254，已知：AB是$\odot O$的直径，$PC\perp AB$于C，以P为圆心，PC为半径作$\odot P$，两圆相交于M、N，MN交PC于Q。求证：$PQ=QC$。

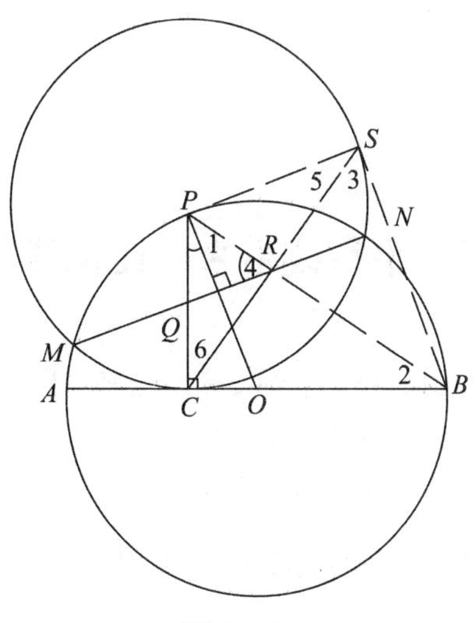

图6－254

提示：由基本图二十，OP 垂直平分 MN，垂足为 D；由 $OP=OB$，所以 $\angle 2=\angle 1$。连接 BP，交 MN 于 R，通过互余关系，可得 $\angle 4=\angle BPC$。于是 $QP=QR$。希望 $QR=QC$，连接 CR，延长 CR 交 $\odot P$ 于 S。希望 $\angle CRP=90°$，由基本图二十六，得 $CR\cdot RS=MR\cdot RN=PR\cdot RB$。连接 PS、SB，所以 P、C、B、S 四点共圆，所以 $\angle PSB=\angle PCB=90°$，所以 $\angle 3=\angle BPC$。而 $\angle 5=\angle 6$，因 $\angle 3+\angle 5=90°$，所以 $\angle BPC+\angle 6=90°$，所以 $\angle CRP=90°$。

3. 如图 6－255，已知：$\odot O$ 和 $\odot O'$ 外切于 P，两圆的外公切线 AB 切 $\odot O$ 于 A，切 $\odot O'$ 于 B，若 $OA=9$ cm，$O'B=3$ cm，$OO'=12$ cm。求：阴影部分面积。

提示：制造基本图二十一-3，求得：$OC=6$ cm，$O'C=6\sqrt{3}$ cm，$\angle OO'C=30°$，$\angle O=60°$。因 $S_{梯形OO'BA}=\frac{1}{2}(9+3)\cdot 6\sqrt{3}=36\sqrt{3}\ \text{cm}^2$，$S_{扇形AOP}=\frac{1}{6}\pi\cdot 9^2=\frac{27}{2}x\ \text{cm}^2$，$S_{扇形RO'B}=\frac{1}{3}\cdot\pi\cdot 3^2=3\pi\ \text{cm}^2$，所以 $S_{阴影}=36\sqrt{3}-16.5\pi\ \text{cm}^2$。

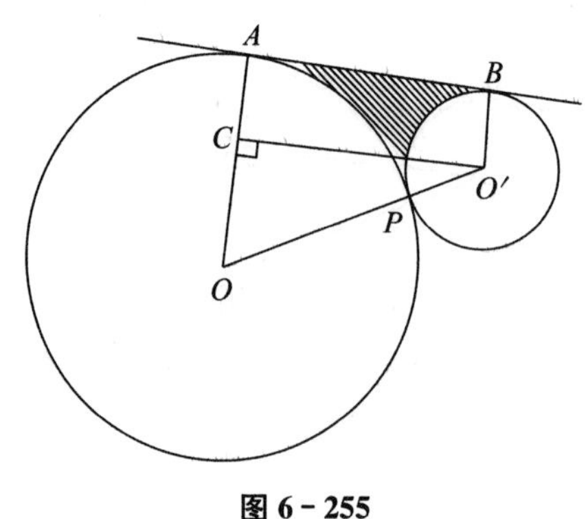

图 6－255

17. 平行线带来的比例线段

这部分包括两个基本图，即基本图二十二与基本图二十三，连同前面说过的基本图九，这三个基本图成为直线形中比例线段问题的重要内容。可以说，若掌握了这三个基本图，能灵活运用，直线形中比例线段的问题就基本解决了。

如图 6－256，基本图二十二的条件是：$DE/\!/BC$，可以得到 $\frac{AD}{DB}=\frac{AE}{EC}$，$\frac{AB}{DB}=\frac{AC}{EC}$，根据是平行截割定理。还可以得到 $\frac{AD}{AB}=\frac{AE}{AC}=\frac{DE}{BC}$，根据是相似三角形对

应边成比例。反之，若已知：$\frac{AD}{DB}=\frac{AE}{EC}$，就可以证 $DE/\!/BC$，根据是平行截割定理的逆定理。

如图 6－257，基本图二十三的条件是：$DE/\!/BC$，可以得到$\frac{AD}{AB}=\frac{AE}{AC}=\frac{DE}{BC}$，根据是相似三角形对应边成比例。反之，若已知$\frac{AD}{AB}=\frac{AE}{AC}$，就可以证 $DE/\!/BC$，根据是一组角相等，夹边成比例，则$\triangle ADE\backsim\triangle ABC$，得$\angle D=\angle B$，再证 $DE/\!/BC$。

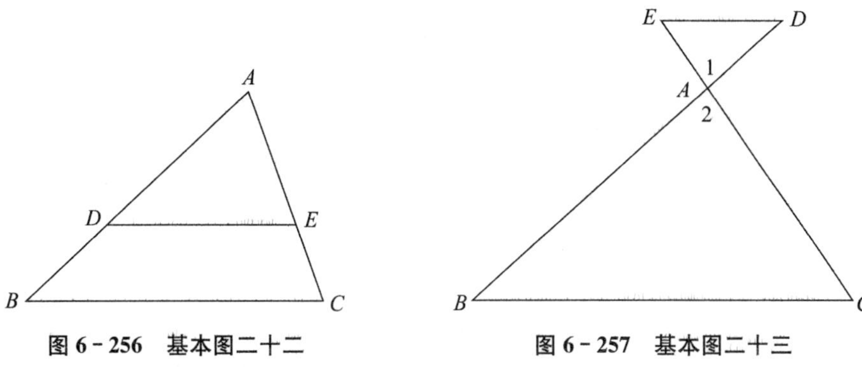

图 6－256　基本图二十二　　**图 6－257　基本图二十三**

要证四条线段成比例，常用的定理有三条：平行截割定理；角平分线定理；相似三角形对应边成比例。其中以相似三角形用得最多。

而要证两三角形相似，有五个判定定理，其中以“平行于三角形一边的直线和其他两边相交，截得的三角形与原三角形相似”和“两组角对应相等的两个三角形相似”两个定理用得最多。所以从知识上讲，上述两图形自然成为证四条线段成比例的基础。下面，我们进一步研究这两个基本图的结构。

图 6－256 基本图二十二中，$\triangle ADE\backsim\triangle ABC$，$\angle A$ 是公共角，即公共角对着两条平行线。图 6－257 基本图二十三中，$\triangle ADE\backsim\triangle ABC$，$\angle 1$ 和$\angle 2$ 是对顶角，即对顶角对着两条平行线。在较复杂的图形中，我们若能发现或制造上述基本图，就可以得到相似三角形，从而得到比例线段。有时候也用到由平行或割线定理而得到的比例线段或它的逆定理。从训练上说，寻找挑选出基本图二十二和基本图二十三，以便应用它的性质是第一个重要内容；添辅助线，制造出基本图二十二和基本图二十三，然后应用它的性质，是它的第二个重要内容。我们着重研究这两个内容。

第一，寻找、挑选基本图二十二和基本图二十三，这里，平行线是关键。

例 1　如图 6－258，已知$\triangle ABC$ 中，AD 是高，$DE/\!/AC$，交 AB 于 E，

$EF\perp BC$ 于 F，$\dfrac{BE}{EA}=\dfrac{3}{2}$，$BD=6$ cm，求 DC、FD 的长。

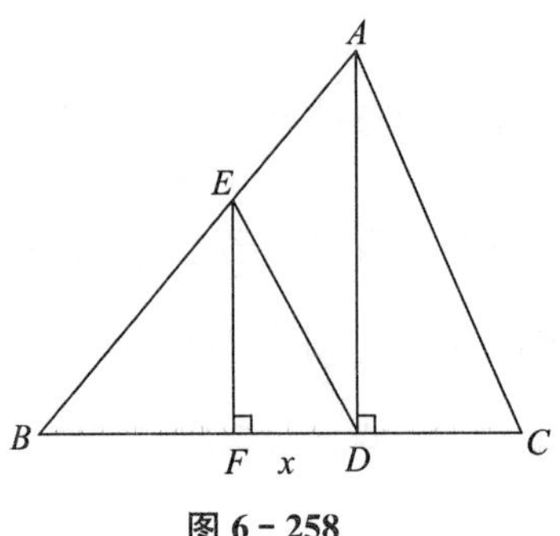

图 6-258

分析：由 $DE/\!/AC$，用基本图二十二，得$\dfrac{BE}{EA}=\dfrac{BD}{DC}$，代入后，求得 $DC=4$ cm，证得 $EF/\!/AD$ 后。由基本图二十二，得$\dfrac{BE}{EA}=\dfrac{BF}{FD}$。设 FD 为 x，得$\dfrac{3}{2}=\dfrac{6-x}{x}$，求得 $x=2\dfrac{2}{5}$ cm。

例 2　如图 6-259，已知：梯形 $ABCD$ 中，$AB/\!/CD$，$\angle ABC=90°$。AC、BD 交于 O，$CD=6$ cm，$BC=7$ cm，$AB=9$ cm。求：O 到 AB、BC、CD 的距离。

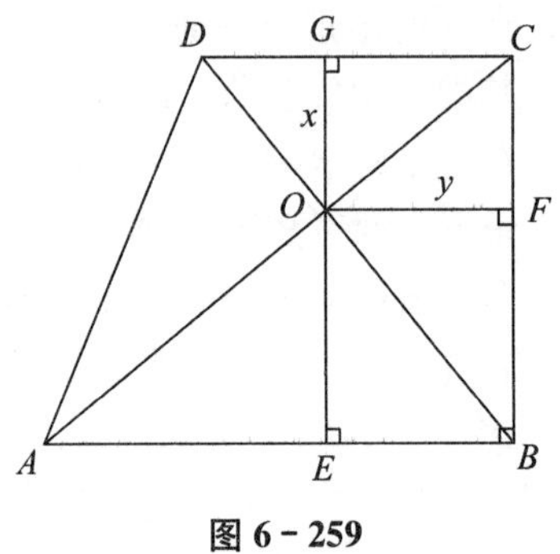

图 6-259

分析：作出 O 到三边的距离 OE、OF、OG 后，由 $AB/\!/CD$，用基本图二十三相似三角形对应高的比等于相似比，即$\dfrac{OG}{OE}=\dfrac{CD}{AB}$。设 OG 为 x cm，得$\dfrac{x}{7-x}=\dfrac{6}{9}$，求得 $x=\dfrac{14}{5}$，则 $OE=4\dfrac{1}{5}$ cm。由 $OF/\!/AB$，由基本图二十五，得$\dfrac{OF}{AB}=\dfrac{CO}{CA}$。设 $OF=y$，得$\dfrac{y}{9}=\dfrac{2}{2+3}$，求得 $y=3\dfrac{3}{5}$ cm。

例 3 已知：图 6－260，梯形 $BCED$ 的对角线 BE、CD 交于 O，BD、CE 的延长线相交于 A，射线 AO 交 DE 于 N，交 BC 于 M。求证：$BM=MC$。

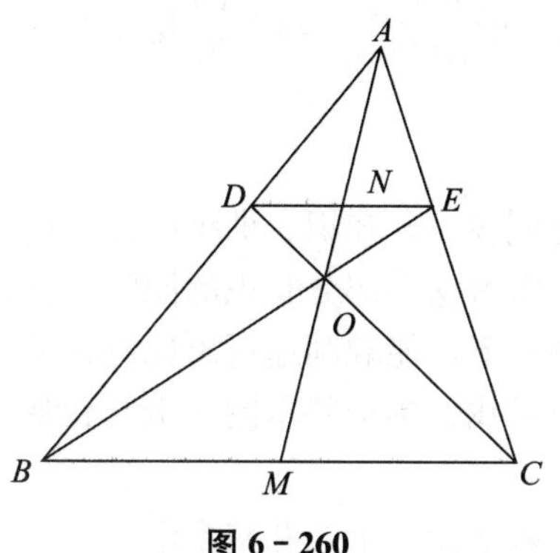

图 6－260

分析：由于 $DE/\!/BC$，用基本图二十二和基本图二十三，由 $\frac{DN}{BM}=\frac{AN}{AM}=\frac{NE}{MC}$，得 $\frac{MC}{BM}=\frac{NE}{DN}$。由 $\frac{DN}{CM}=\frac{ON}{OM}=\frac{NE}{BM}$，得 $\frac{BM}{CM}=\frac{NE}{DN}$。于是 $\frac{MC}{BM}=\frac{BM}{MC}$。即 $MC^2=BM^2$，$BM=MC$。

例 4 如图 6－261，已知：▱$ABCG$ 中，$BD=DC$，GD 交 AC 于 E，GD 的延长线交 AB 的延长线于 F。求证：(1) $EG^2=ED\cdot EF$；(2) $\frac{AE}{EC}=\frac{FA}{FB}$。

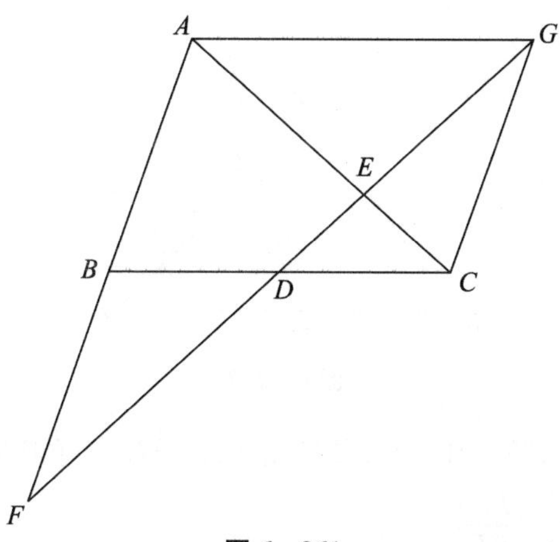

图 6－261

分析：根据基本图二十三，可证 $\triangle AEG\backsim\triangle CED$，得 $\frac{AE}{EC}=\frac{EG}{ED}=\frac{AG}{CD}$。$\triangle AFE\backsim\triangle CGE$，得 $\frac{AF}{CG}=\frac{AE}{EC}=\frac{FE}{GE}$。因为都有 $\frac{AE}{EC}$ 这个比，所以此六个比相等，

则可证 $EG^2=ED\cdot EF$。根据基本图二十二，$\triangle AFG\backsim\triangle BFD$，得 $\frac{AF}{BF}=\frac{AG}{BD}=\frac{FG}{FD}$。由于 $BD=DC$，这里的 $\frac{AG}{BD}$ 和前面的 $\frac{AG}{CD}$ 是相等的，于是这九个比相等；则可证 $\frac{AE}{EC}=\frac{FA}{FB}$。

关于平行线带来的比例线段，知识、训练已如上述，重要的是在理解知识的基础上，训练必须落实。学习这一部分知识的同学，首先要练习画图、看图，将各种位置的平行线都熟悉一下，能顺利地写出比例式来，然后做些简单的证明和计算，最后再在综合题中寻找、挑选基本图二十二和基本图二十三，应用它们的性质。

第二，添辅助线制造基本图二十二和基本图二十三。

如何添加辅助线呢？可以选定一个三角形，作其中一条边的平行线，使满足“公共角对着平行线”，以便应用基本图二十二。或选定一组对顶角，在一个角的对面作它对顶角所对边的平行线，使满足“对顶角对着平行线”，以便应用基本图二十三。

例 5 如图 6－262，已知直线 FD 和 $\triangle ABC$ 的边 BC 交于 D，AC 交于 E，与 BA 的延长线交于 F，且 $BD=DC$，求证：$\frac{AE}{EC}=\frac{FA}{FB}$。

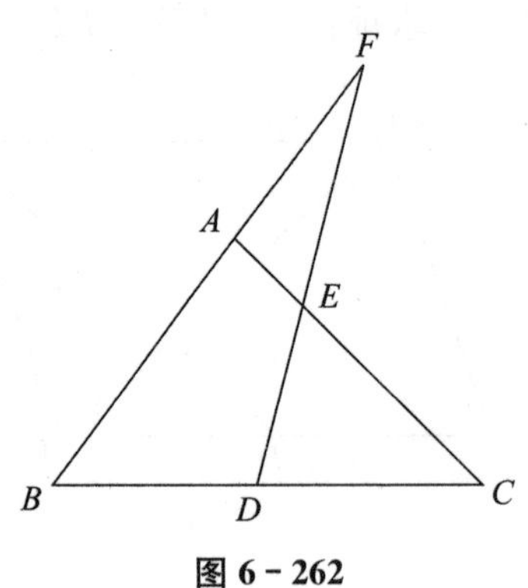

图 6－262

分析 1： 如图 6－263，作 $AG/\!/BC$ 交 FD 于 G，可得基本图二十三和二十二，有 $\frac{AE}{EC}=\frac{AG}{DC}=\frac{AG}{BD}=\frac{FA}{FB}$。

分析 2： 见图 6－264，作 $AG/\!/FD$ 交 BC 于 G，造基本图二十二，可得 $\frac{FA}{FB}=\frac{GD}{BD}=\frac{GD}{DC}=\frac{AE}{EC}$。

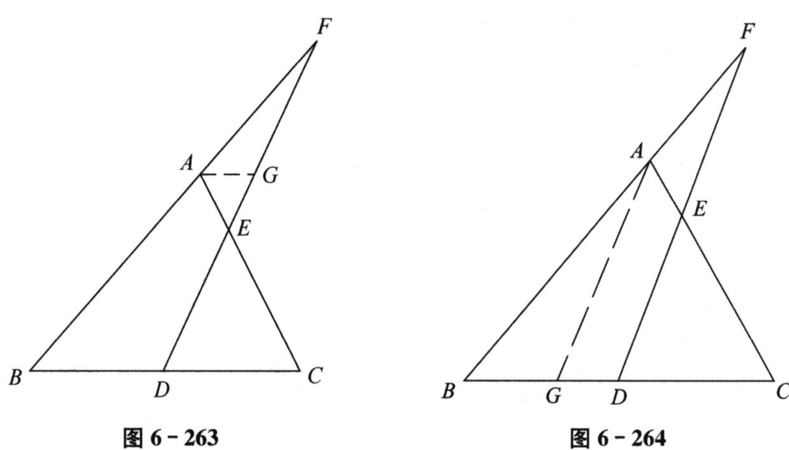

图 6-263　　　图 6-264

分析 3：见图 6-265，作 $BG/\!/AC$ 交 FD 的延长线于 G。造基本图二十二，可得$\frac{FA}{FB}=\frac{AE}{BG}=\frac{AE}{EC}$。

分析 4：见图 6-266，作 $BG/\!/FD$ 交 CA 的延长线于 G，由基本图二十二，可得 $GE=EC$。再由基本图二十三，得 $\frac{FA}{AB}=\frac{AE}{AG}$。用合比定理得：$\frac{FA}{FB}=\frac{AE}{EG}=\frac{AE}{EC}$。

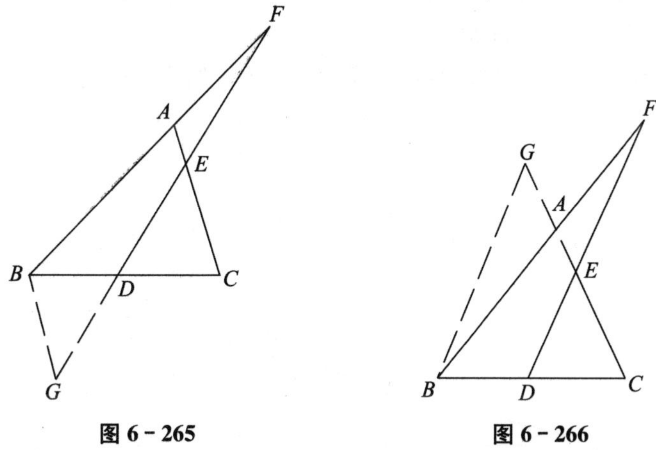

图 6-265　　　图 6-266

分析 5：见图 6-267，作 $CG/\!/AB$，交 FD 的延长线于 G，造基本图二十三，可得$\frac{AE}{EC}=\frac{FA}{CG}=\frac{FA}{FB}$。

分析 6：见图 6-268，作 $CG/\!/FD$ 交 BA 的延长线于 G，造基本图二十二，

可得 $BF=FG$，且$\frac{AE}{EC}=\frac{AF}{FG}=\frac{AF}{FB}$。

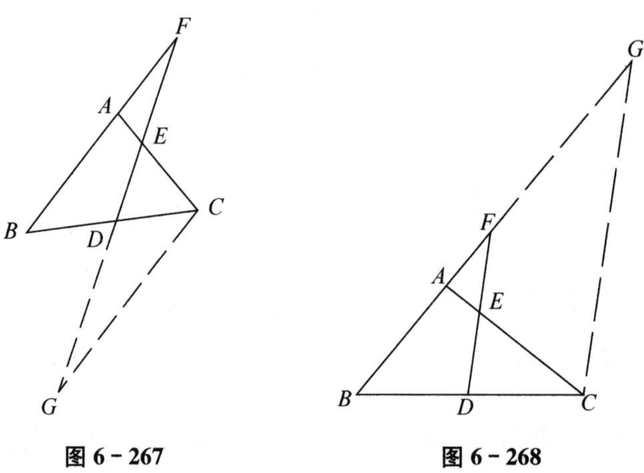

图 6 - 267　　图 6 - 268

下面再进一步分析一下这六条辅助线。开始是从△*ABC* 的一个顶点 *A* 作 *BC* 的平行线，那么不妨再想一想，这个图形一共有四条直线，即 *AB*、*AC*、*BC*、*FD*，从 *A* 点当然不能引 *AB*、*AC* 的平行线，引 *BC* 的平行线成功了，引 *FD* 的平行线怎么样呢？试一试，便是第二种，也成功了。照此想法从 *B* 点引平行线如何呢？从 *C* 点引平行线又如何呢？都成功了。于是就有了六种证法。这样练习好处很多，可以反复研究基本图，打开思路，丰富经验，从敢想到会想，日久天长就会思路畅通、运用自如了。

例 6　如图 6 - 269，已知直线 *DEF* 和△*ABC* 的边 *AB* 交于 *E*，*AC* 交于 *F*，与 *CB* 的延长线交于 *D*，且 $BE=FC$，求证：$\frac{DF}{DE}=\frac{AB}{AC}$。

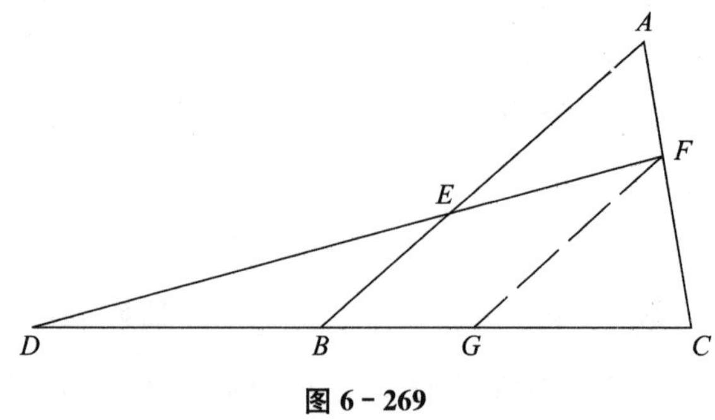

图 6 - 269

分析 1：作 $FG /\!/ AB$ 交 *BC* 于 *G*，造基本图二十二，可得$\frac{AB}{AC}=\frac{FG}{FC}=\frac{FG}{BE}=\frac{DF}{DE}$。

分析 2：见图 6－270，作 $EG /\!/ AC$ 交 BC 于 G，造基本图二十二，可得 $\frac{AB}{AC}=\frac{BE}{EG}=\frac{FC}{EG}=\frac{DF}{DE}$。

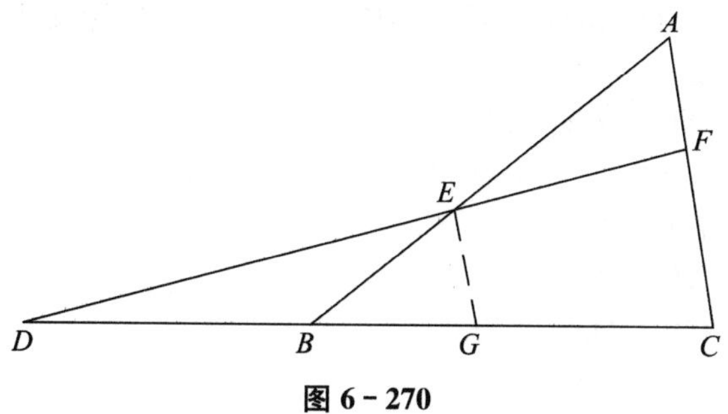

图 6－270

分析 3：见图 6－271，作 $FG /\!/ BC$ 交 AB 于 G，造基本图二十二和二十三，得 $\frac{AG}{AB}=\frac{AF}{FC}$，所以 $AG=\frac{AB \cdot AF}{AC}$。另外 $\frac{GE}{EB}=\frac{EF}{FD}$，经合比，得 $\frac{GB}{EB}=\frac{DF}{ED}$，换成 $\frac{AB-AG}{EB}=\frac{DF}{ED}$，再换成 $\frac{AB-\frac{AB \cdot AF}{AC}}{EB}=\frac{DF}{ED}$。

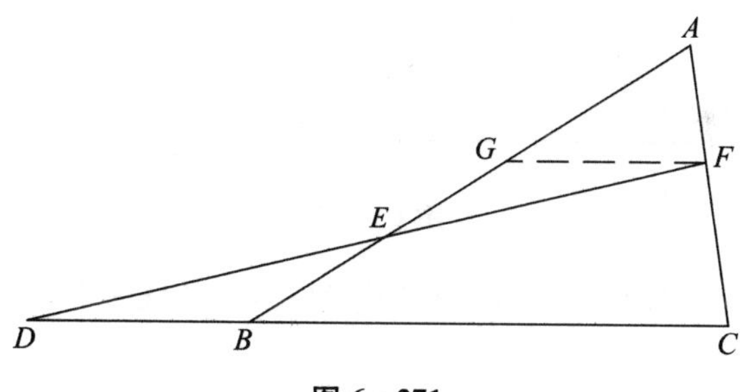

图 6－271

化简：

$$\frac{AB \cdot AC-AB \cdot AF}{AC \cdot EB}=\frac{DF}{ED}。$$

$$\frac{AB\ (AC-AF)}{AC \cdot EB}=\frac{DF}{ED}$$

$$\frac{AB \cdot FC}{AC \cdot EB}=\frac{DF}{ED}$$

约分：$\frac{AB}{AC}=\frac{DF}{DE}$。

从这个例题我们看到，按照同一想法取不同的位置，就可以作不同的辅助线，因而有不同的解法，但不一定每一种都是好方法。所以拿到一个题，要是能多想几种办法，这一种行不通还有那一种，这种太复杂则换另一种，效率就高多了。

附：用梅涅劳斯定理证有关比例线段的例题。

例 7 已知：一直线和△ABC 的 AB 边交于 Z，AC 边交于 Y，BC 边的延长线交于 X。求证：$\frac{BX}{XC}\cdot\frac{CY}{YA}\cdot\frac{AZ}{ZB}=1$。

分析 1：如图 6－272，作 $CD/\!/XZ$ 交 AB 于 D，

得 $$\frac{BX}{XC}=\frac{BZ}{ZD} \quad ①$$

$$\frac{CY}{YA}=\frac{DZ}{ZA} \quad ②$$

①×②，$\frac{BX}{XC}\cdot\frac{CY}{YA}\cdot\frac{AZ}{ZD}=1$

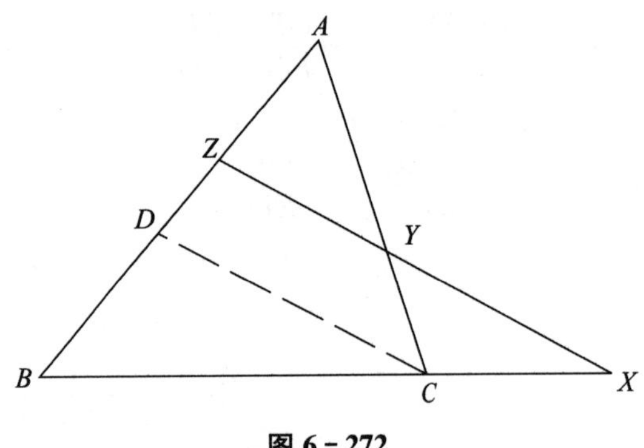

图 6－272

分析 2：如图 6－273，作 $BD/\!/XZ$ 交 AC 的延长线于 D，

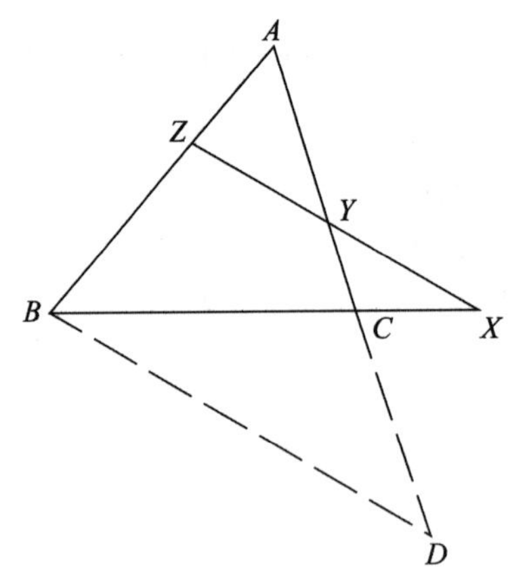

图 6－273

得 $$\frac{AZ}{ZB}=\frac{AY}{YD} \quad ①$$

$$\frac{BX}{XC}=\frac{YD}{CY} \quad ②$$

①×②，$\frac{BX}{XC}\cdot\frac{CY}{YA}\cdot\frac{AZ}{ZB}=1$。

分析 3： 如图 6－274，作 $AD/\!/ZX$ 交 BC 的延长线于 D，得：

$$\frac{AZ}{ZB}=\frac{DX}{XB} \quad ①$$

$$\frac{CY}{YA}=\frac{CX}{XD} \quad ②$$

①×②，$\frac{BX}{XC}\cdot\frac{CY}{YA}\cdot\frac{AZ}{ZB}=1$。

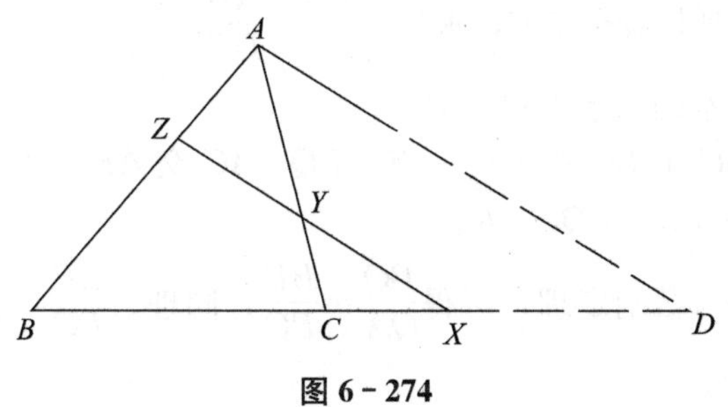

图 6－274

说明： (1) 这三个比的顺序是从三角形的一个顶点（例如 A 点）说起，先从顶点到分点，再从这个分点到另一个顶点（例如 AZ、ZB），写出第一个比 $\frac{AZ}{ZB}$，这就到了第二个顶点（B 点）。从 B 说起写出第二个比 $\frac{BX}{XC}$，再照这样写出第三个比 $\frac{CY}{YA}$。

(2) 这条直线如果和三角形三条边的关系都是延长后相交，结论也是一样的。

(3) 这个定理的证明用基本图二十二和基本图二十三很方便。这个定理是证这类比例线段问题的又一种方法。

练 习

A 组

1. E 是 $\triangle ABC$ 的 AB 边上一点，$AE=6.4$ cm，$EF/\!/BC$ 交 AC 于 F，$FD/\!/AB$ 交 BC 于 D，$FD=7.2$ cm，$DC=9$ cm，求四边形 $BDFE$ 的周长。

答案：30.4 cm。

2. $\triangle ABC$ 中，BD 是 $\angle B$ 的平分线，$DE /\!/ BC$ 交 AB 于 E，若 $AB=21$ cm，$AD=7$ cm，$DC=5$ cm，求 BC、ED 的长。

答案：15 cm 和 $8\frac{3}{4}$ cm。

3. D、E、F 分别是$\triangle ABC$ 中 AB、BC、AC 边上的点，已知 $ADEF$ 是菱形，若 $AB=14$ cm，$BC=12$ cm，$AC=10$ cm，求 BE、EC 的长。

答案：7 cm 和 5 cm。

4. $\triangle ABC$ 中，G、E 是 AB 边上的两点，$AG:GE:EB=1:2:3$，$GH /\!/ EF /\!/ BC$，和 AC 的交点是 H、F，若 $BC=24$ cm，求 GH、EF 的长。

答案：4 cm 和 12 cm。

5. 直线 FG 和$\square ABCD$ 的边 CD 平行，和 AD、BC 的交点分别是 F、G，射线 BF 和 CD 的延长线交于 E，求证：$\frac{BG}{GC}=\frac{AB}{DE}$。

提示：寻找基本图二十二和二十三。

6. P 是$\triangle ABC$ 上 BC 边上的一点，$PQ /\!/ AC$ 交 AB 于 Q，$PR /\!/ AB$ 交 AC 于 R，求证：$PQ \cdot PR=BQ \cdot CR$。

提示：根据平行截割定理，可得$\frac{BQ}{QA}=\frac{BP}{PC}$，同理，$\frac{BP}{PC}=\frac{AR}{RC}$，而 AR、AQ 可以换成 PQ、PR。

7. 梯形 $ABCD$ 中，$AB /\!/ CD$，对角线 AC、BD 交于 F，E 是 AB 的中点，EF 的延长线交 CD 于 G，求证：$DG=GC$。

提示：由基本图二十三，得$\frac{DG}{EB}=\frac{GF}{FE}=\frac{GC}{AE}$。

8. 过$\square ABCD$ 的顶点 D 引一条射线，交 AB 于 E，交 CB 的延长线于 F，求证：$\frac{AE}{AD}=\frac{AB}{CF}$。

提示：由基本图二十三，得$\triangle AED \backsim \triangle BEF$。要习惯用两种方法写对应边成比例，一般的写法是$\frac{AE}{EB}=\frac{AD}{BF}$，经过更比改写成$\frac{AE}{AD}=\frac{EB}{BF}$；也要熟悉先说一个三角形的两边再说另一个三角形对应的两边，这样分析问题可以快些，推理也连贯，如$\frac{AE}{AD}=\frac{BE}{BF}=\frac{CD}{CF}=\frac{AB}{CF}$。

9. E、F 是$\triangle ABC$ 上 AB、AC 边上的点。已知$\frac{AE}{EB}=\frac{AF}{FC}=\frac{1}{2}$，$BF$、$CE$ 交于 D，求 $FD:DB$。

提示：先证 $EF/\!/BC$，得$\frac{FD}{DB}=\frac{1}{3}$。

10. 已知$\triangle ABC$中，$\angle ACB=90°$，$CD\perp AB$于D，$DE\perp AC$于E，$\frac{BC}{AC}=\frac{5}{4}$，求$\frac{AE}{EC}$。

提示：$\frac{AE}{EC}=\frac{AD}{DB}$，据射影定理推出$\frac{AD}{DB}=\frac{AC^2}{BC^2}=\frac{16}{25}$。

11. 如图 6－275，已知梯形$ABCD$中，$AB/\!/CD$，$CD=a$，$AB=b$，$(a<b)$，$EF/\!/AB$，$DG/\!/BC$，EF、DG交于H，$DE:EA=m:n$，求EF的长。

提示：由基本图二十二，得$\frac{EH}{AG}=\frac{DE}{AD}=\frac{m}{m+n}$，则$EH=\frac{m(b-a)}{m+n}$，$EF=a+\frac{m(b-a)}{m+n}$。

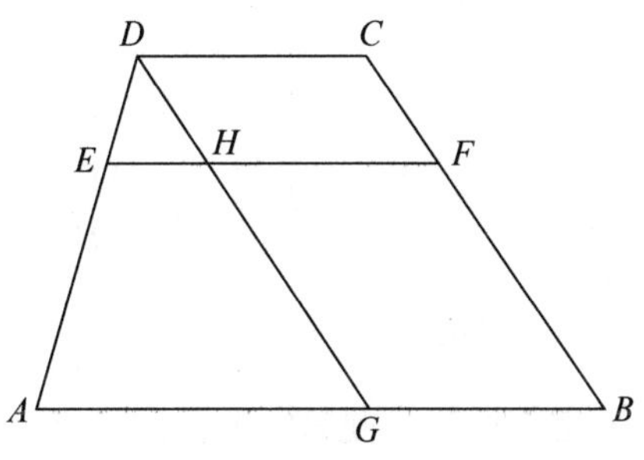

图 6－275

12. 如图 6－276，已知C是线段AB上一点，$\triangle ACD$和$\triangle CBE$都是等边三角形，AE交DC于M，BD交CE于N，求证：$CM=CN$。

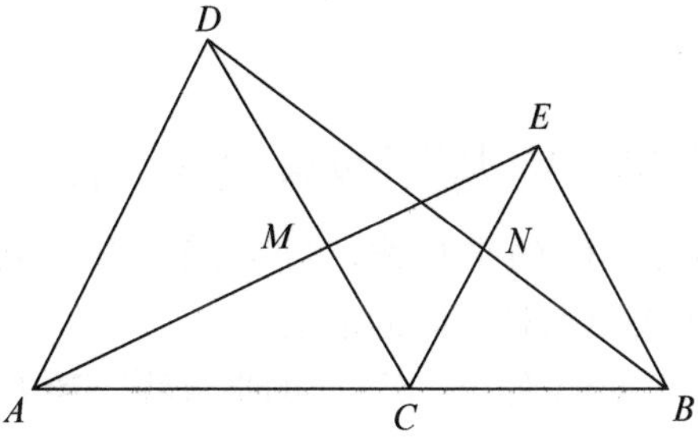

图 6－276

提示：由基本图二十二得$\frac{CM}{EB}=\frac{AC}{AB}$，$\frac{CN}{CB}=\frac{AD}{AB}$。

13. 如图 6－277，已知$\triangle ABC$中，$\angle BAC=90^{\circ}$，四边形$ABGF$、$ACDE$都是正方形，CG交AB于P，BD交AC于Q，求证：$AP=AQ$。

提示：$\frac{AP}{FG}=\frac{AC}{FC}$，则$AP=\frac{AC\cdot FG}{FC}$，$\frac{AQ}{ED}=\frac{BA}{BE}$，则$AQ=\frac{AB\cdot ED}{BE}$。

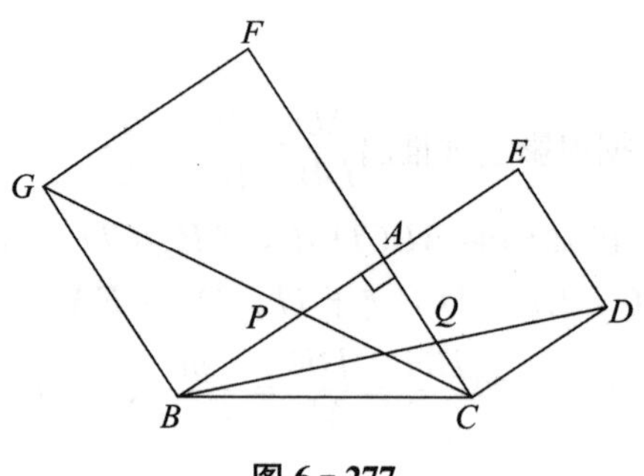

图 6－277

14. $\triangle ABC$中，CD是角平分线，$DE/\!/BC$交AC于E，已知$BC=a$，$AC=b$，求证：$DE=\frac{ab}{a+b}$。

提示：由基本图二十二，得$\frac{AD}{AB}=\frac{DE}{BC}$，而$\frac{AD}{DB}=\frac{AC}{BC}=\frac{b}{a}$，经合比，得$\frac{AD}{AB}=\frac{b}{a+b}$，所以$\frac{DE}{a}=\frac{b}{a+b}$，$DE=\frac{ab}{a+b}$。

15. $\triangle ABC$中，AD是中线，F是AC上任意一点，$DG/\!/AC$，交BF于G，AD交BF于E，求证：$\frac{AE}{ED}=\frac{2AF}{FC}$。

提示：由基本图二十三，得$\frac{AE}{ED}=\frac{AF}{GD}$。有基本图二十二，得$\frac{DG}{FC}=\frac{BD}{BC}=\frac{1}{2}$，即$DG=\frac{FC}{2}$，代入即可。

16. 已知：$\triangle ABC$中，AD是角平分线。求证：$\frac{BD}{DC}=\frac{AB}{AC}$。

提示：过B作AD、AC的平行线，过D作AB、AC的平行线，过C作AB、AD的平行线，可得出六种不同的证法。

17. 已知：AD是$\triangle ABC$外角$\angle CAE$的平分线，和BC的延长线交点为D。求证：$\frac{BD}{DC}=\frac{AB}{AC}$。

提示：也作六种辅助线试试。

18. 已知：直线FED和$\triangle ABC$的边AB交于F，AC交于E，与BC的延

长线交于D，且$AE=AF$。求证：$\frac{BD}{DC}=\frac{BF}{CE}$。

提示：作$CG/\!/AB$交FD于G。

19. 已知：直线EFD和$\triangle ABC$的边AB交于F，AC交于D，与CB的延长线交于E，且$AD=BE$。求证：$\frac{EF}{FD}=\frac{AC}{BC}$。

提示：作$DG/\!/BC$交AB于G；作$DG/\!/AB$交BC于G；作$EG/\!/AC$交AB的延长线于G；作$EG/\!/AB$交CA的延长线于G。

20. 已知：AD是$\triangle ABC$的角平分线，$CK\perp AD$于K，$BH\perp AD$的延长线于H。求证：$\frac{AH}{DH}=\frac{AK}{DK}$。

提示：延长AC交BH的延长线于E，出现基本图二十二和基本图二十三，得$\frac{AH}{AK}=\frac{HE}{KC}=\frac{BH}{KC}=\frac{DH}{DK}$。

21. 已知：$\triangle ABC$中，CD是中线，E是AC上任一点，BE、CD交于F。求证：$\frac{CF}{FD}=\frac{2CE}{AE}$。

提示：作$DG/\!/BE$交AC于G；作$DG/\!/AC$交BE于G；作$AG/\!/CD$交BC的延长线于G，再延长BE，交AG于H；作$AG/\!/BE$交CB的延长线于G，再延长CD交AG于H；作$BG/\!/AC$交CD延长线于G，用分比定理调整，直到符合要求；作$BG/\!/DC$交AC的延长线于G，也是用分比定理调整。

22. 已知：$\triangle ABC$中，AM是中线，在AB、AC边上取$AP=AQ$，PQ交AM于N。求证：$\frac{AC}{AB}=\frac{PN}{NQ}$。

提示：作$PR/\!/BC$交AM于E，交AC于R，再作$RD/\!/PQ$交AM于D，则$\frac{AC}{AB}=\frac{AR}{AP}=\frac{AR}{AQ}=\frac{DR}{NQ}=\frac{PN}{NQ}$。

23. 已知：$\square ABCD$中，$AB=a$，$AD=b$，延长AB到F。若$BF=c$，AC、BD交于O，OF交BC于E。求证：$BE=\frac{bc}{2c+a}$。

提示：作$OG/\!/BC$交AB于G；作$OM/\!/AB$交BC于M；延长FO交AD于H；延长FO交CD的延长线于N；作$DP/\!/OF$交AB的延长线于P。

24. 已知：AD是$\angle A$的平分线，GF是AD的垂直平分线，GF交AB于G，交AC于H，交BC的延长线于F。求证：$FD^2=FB\cdot FC$。

提示：连接 DG、DH，可证四边形 $AGDH$ 是平行四边形，于是：$\frac{FC}{FD}=\frac{FH}{FG}$，$\frac{FD}{FB}=\frac{FH}{FG}$。

25. 如图 6－278，已知△ABE 中，$AB=AE$，$\angle 1=\angle 2=\angle 3=45^\circ$，求证：$\frac{CD}{DB}=\frac{BD}{BE}$。

提示：作 $DF /\!/ AE$ 交 AB 于 F，通过三角形全等，先证 $AC=AD$，再证 $AD=DF$，得$\frac{CD}{BD}=\frac{AC}{AB}=\frac{AD}{AB}=\frac{FD}{AE}=\frac{BD}{BE}$。

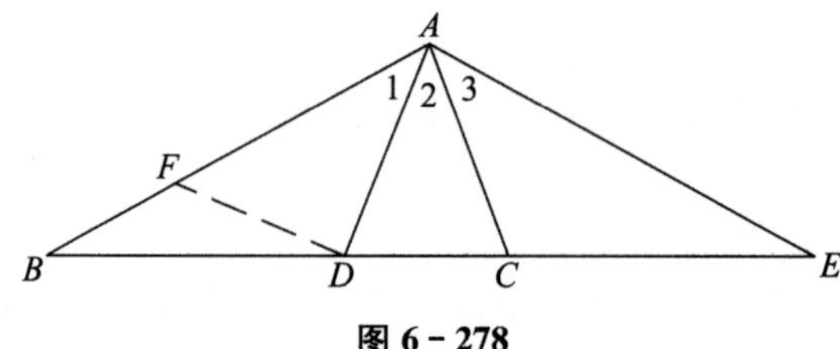

图 6－278

B 组

1. △ABC 中，$BC=a$，$AC=b$，$AB=c$，AC 的平行线交 AB、BC 于 D、E，已知 $AD=BE$，求 DE 的长。

提示：设 $AD=BE=x$，根据平行截割定理，求出 $x=\frac{ac}{a+c}$，再求 $DE=\frac{bc}{a+c}$。

2. 已知△ABC 中，$\angle ACB=90^\circ$，CD 平分$\angle C$，交 AB 于 D，$DE\perp AC$ 于 E，求证：$\frac{1}{AC}+\frac{1}{BC}=\frac{1}{ED}$。

提示：$\frac{AE}{AC}=\frac{ED}{BC}$，即$\frac{AC-EC}{AC}=\frac{AC-ED}{AC}=\frac{ED}{BC}$，$1-\frac{ED}{AC}=\frac{ED}{BC}$，同除以 ED，得$\frac{1}{ED}-\frac{1}{AC}=\frac{1}{BC}$，移项即可。

3. △OPQ 中，OA 平分$\angle O$，交 PQ 于 A，$AC /\!/ OQ$，交 OP 于 C，求证：$\frac{OC}{OP}+\frac{OC}{OQ}=1$。

提示：$\frac{OC}{OP}+\frac{OC}{OQ}=\frac{OC}{OP}+\frac{AC}{OQ}=\frac{OC}{OP}+\frac{CP}{OP}=\frac{OP}{OP}=1$。

4. 如图 6－279，已知 F 是线段 AB 上一点，$AF=m$，$FB=n$，AC、FE、

BD 都和 AB 垂直，且 AED、BEC 都是直线，$AC=p$，$BD=q$，$FE=r$，求证：$\frac{1}{p}+\frac{1}{q}=\frac{1}{r}$。

提示：$\frac{r}{p}=\frac{n}{m+n}$，$\frac{r}{q}=\frac{m}{m+n}$，则$\frac{r}{p}+\frac{r}{q}=1$。

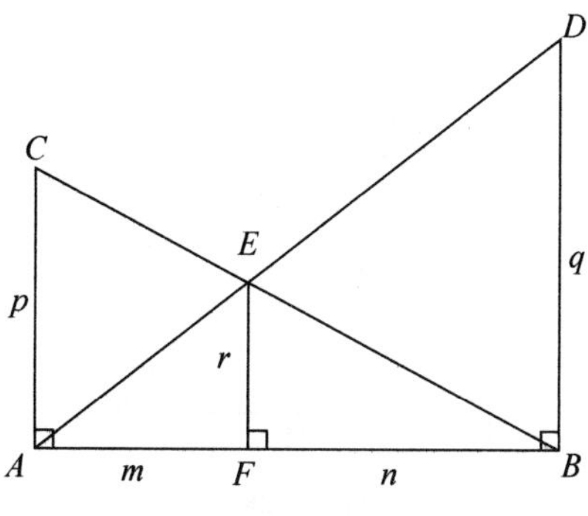

图 6－279

5. 如图 6－280，已知：$OQ-OS=SQ$，P 是 SO 延长线上一点，$OR /\!/ SQ$ 交 PQ 于 R，求证：$\frac{1}{OP}+\frac{1}{OQ}=\frac{1}{OR}$。

提示：先证$\frac{SQ}{OR}=\frac{SP}{OP}$，再证$\frac{1}{OP}+\frac{1}{OQ}=\frac{OQ+OP}{OP\cdot OQ}=\frac{OS+OP}{OP\cdot OQ}=\frac{SP}{OP}\cdot\frac{1}{OQ}=\frac{SQ}{OR}\cdot\frac{1}{SQ}=\frac{1}{OR}$。

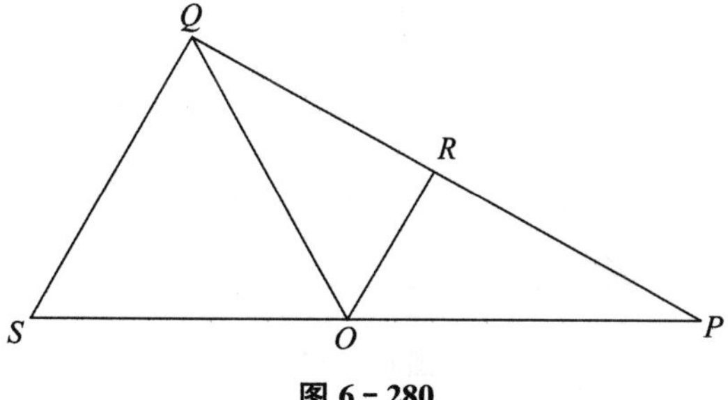

图 6－280

6. 如图 6－281，已知：$\triangle ABC$ 中，$AB=BC$，$BD\perp AC$ 于 D，O 是 BD 中点，AO、CO 的延长线分别交 BC、AB 于 F、E，EF 交 BD 于 M，若 $AC=a$，求 EF 的长。

提示：由等腰$\triangle ABC$ 的性质，证 $AD=DC$，得 $OA=OC$，证出$\triangle AOE\cong\triangle COF$，得 $AE=CF$，从而 $EF /\!/ AC$，于是$\frac{EF}{AC}=\frac{BM}{BD}$。另外，$\frac{EF}{AC}=\frac{OM}{OD}$。所以

$\frac{BM}{BD}=\frac{OM}{OD}=\frac{OM}{\frac{BD}{2}}$，即$\frac{BM}{OM}=2$，$\frac{OB}{OM}=3$，$\frac{EF}{AC}=\frac{OD}{OM}=\frac{OB}{OM}=3$，$EF=\frac{a}{3}$。

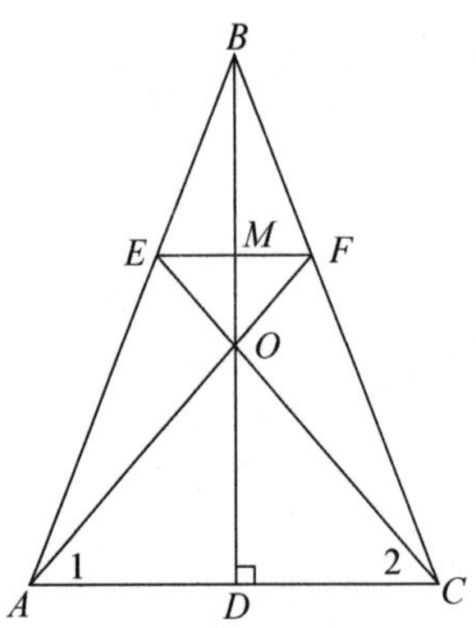

图 6－281

7. 如图 6－282，已知：$AD/\!/BC$，延长 BA、CD 交于 E，过 E 而平行于 AD 的直线交 CA 的延长线于 F，交 BD 的延长线于 G，若 $AD=a$，$BC=b$，求 FG。

提示：$\frac{AD}{EG}=\frac{AB}{BE}$，而$\frac{BE}{AE}=\frac{b}{a}$，经分比得$\frac{AB}{BE}=\frac{b-a}{b}$，所以$\frac{AD}{EG}=\frac{b-a}{b}$，$EG=\frac{ab}{b-a}$。另外，$\frac{AD}{FE}=\frac{CD}{CE}=\frac{AB}{BE}=\frac{b-a}{b}$，所以 $FE=\frac{ab}{b-a}$，$FG=\frac{2ab}{b-a}$。

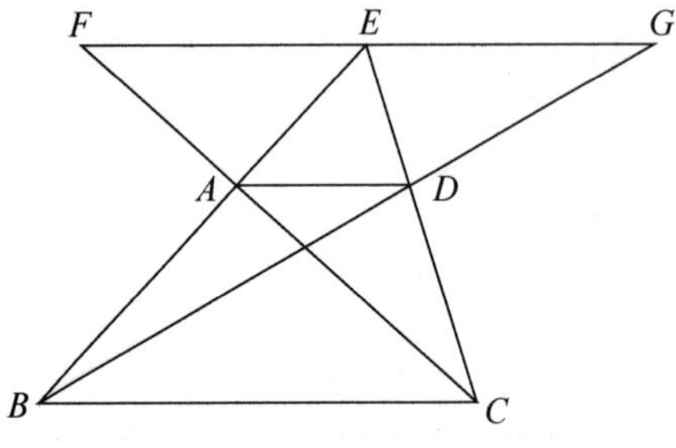

图 6－282

8. 已知：$\triangle ABC$ 中，$\angle ACB=90°$，CD 是$\angle ACB$ 的平分线，$BC=a$，$AC=b$，$CD=t$，且 $b-a=t$，求：$\frac{b}{a}$。

提示：作 $DE/\!/BC$ 交 AC 于 E。求得 $DE=EC=\frac{t}{\sqrt{2}}$。由$\frac{AE}{AC}=\frac{ED}{BC}$，得$\frac{b-\frac{t}{\sqrt{2}}}{b}=$

$\frac{\frac{t}{\sqrt{2}}}{a}$，$t=\frac{\sqrt{2}ab}{a+b}$，即 $b-a=\frac{\sqrt{2}ab}{a+b}$，$b^2-\sqrt{2}ab-a^2=0$，$\frac{b^2}{a^2}=\frac{\sqrt{2}ab}{a^2}-1=0$。解方程得：$\frac{b}{a}=\frac{\sqrt{2}+\sqrt{b}}{2}$（舍去负值）。

9．如图6－283，已知O是$\triangle ABC$内任意一点，过O引AD、BE、CF分别和BC、AC、AB交于D、E、F，求证：$\frac{OD}{AD}+\frac{OE}{BE}+\frac{OF}{CF}=1$。

提示：作$OM/\!/BC$交AC于M，作$ON/\!/AB$交AC于N，由$\frac{OD}{AD}=\frac{MC}{AC}$，$\frac{OE}{BE}=\frac{EM}{EC}$。同时$\frac{OE}{BE}=\frac{NE}{AE}$，则$\frac{EM}{EC}=\frac{NE}{AE}$。经等比定理得：$\frac{EM+EN}{EC+AE}=\frac{MN}{AC}=\frac{OE}{BE}$。另外，$\frac{OF}{CF}=\frac{AN}{AC}$，所以$\frac{OD}{AD}+\frac{OE}{BE}+\frac{OF}{CF}=\frac{MC+MN+AN}{AC}=\frac{AC}{AC}=1$。

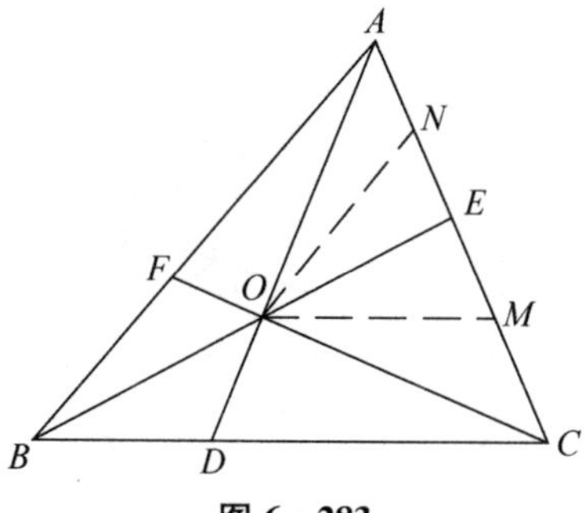

图6－283

10．如图6－284，已知：D是$\triangle ABC$中BC边上的点，E是AC边上的点，且$\frac{CD}{DB}=m$，$\frac{AE}{EC}=n$。求：$\frac{AP}{PD}$。

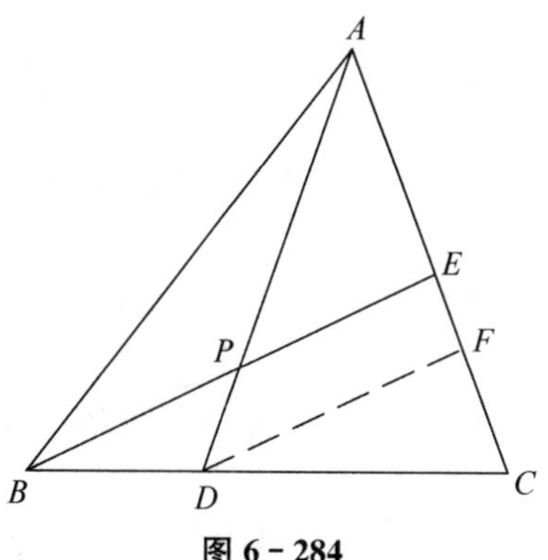

图6－284

提示：作 $DF\parallel BE$ 交 AC 于 F，设 $AC=b$，由 $\frac{AE}{EC}=n$，经合比，$\frac{AC}{AE}=\frac{n+1}{n}$，$\frac{AC}{CE}=n+1$，得 $AE=\frac{nb}{n+1}$；$CE=\frac{b}{n+1}$。另：$\frac{FC}{EF}=\frac{CD}{DB}=m$，经合比，$\frac{CE}{EF}=m+1$，得 $EF=\frac{CE}{m+1}=\frac{1}{m+1}\cdot\frac{b}{n+1}$，所以 $\frac{AP}{PD}=\frac{AE}{EF}=\frac{\frac{nb}{n+1}}{\frac{1}{m+1}\cdot\frac{b}{n+1}}=n(m+1)$。

11. 如图 6－285，已知 AB 是⊙O 的直径，AC、BD 都是⊙O 的切线，CD 切⊙O 于 P，AD、BC 交于 Q，求证：$PQ\parallel DB$。

提示：证出 $AC\parallel DB$ 之后，$\triangle AQC\backsim\triangle DQB$，是基本图二十三，然后根据比例线段和切线长定理，证出 $\frac{CP}{PD}=\frac{CQ}{QB}$，得 $PQ\parallel DB$。

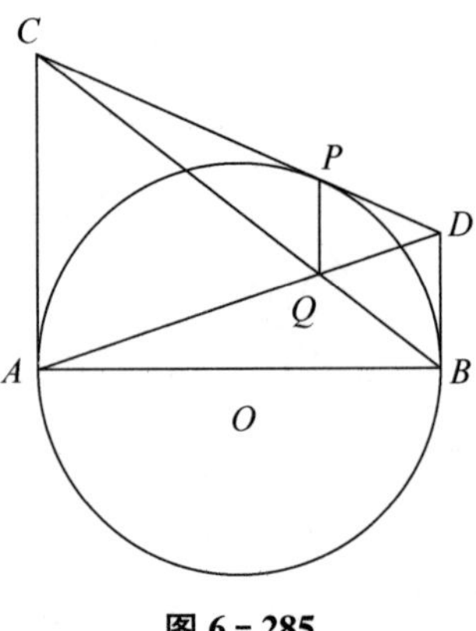

图 6－285

12. 已知：矩形 $ABCD$ 内接于⊙O，且弦 $AP=AB$，直线 AP 和 CB 的延长线交于 E，和 CD 的延长线交于 F。求证：$\frac{PF}{PA}=\frac{AF}{AE}$。

提示：见图 6－286，连接 PD、AC，可证 $PD\parallel AC$，得 $\frac{PF}{PA}=\frac{FD}{DC}$。又：$AD\parallel BC$，得 $\frac{FD}{DC}=\frac{FA}{AE}$，都是基本图二十二。见图 6－287，$AP$ 和 CD 交于 F，连接 PD、AC、PC，由 $PA=DC$，可证 $\overset{\frown}{AD}=\overset{\frown}{PC}$，$DP\parallel AC$，得 $\frac{PF}{PA}=\frac{DF}{DC}$。而 $\frac{DF}{DC}=\frac{FA}{AE}$，两次都是基本图二十三，再用合比定理。

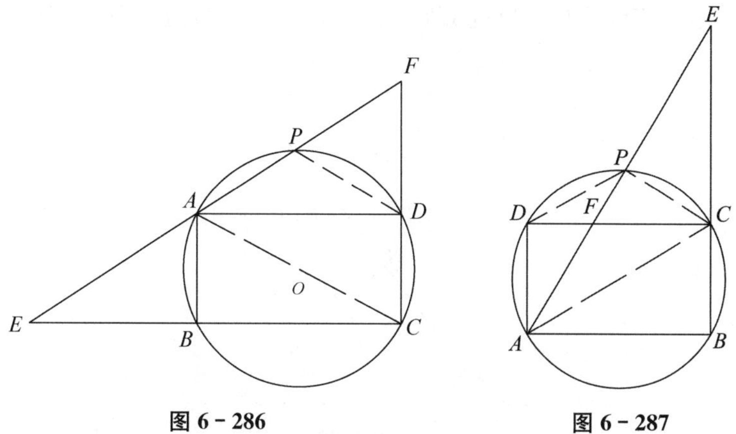

图 6－286　　　　图 6－287

13. 如图 6－288，已知⊙O 是△ABC 的内切圆，和 BC、AC、AB 边的切点分别是 D、N、M，引直径 DH，AH 的延长线交 BC 于 E，求证：$BE=DC$。

分析：结合基本图二十二再认真研究一下比例线段的问题，过 H 作 $GF\parallel BC$，交 AB 于 G，交 AC 于 F，得 $\frac{GH}{BE}=\frac{HF}{EC}$。进一步研究 GH、HF，看到 GH 是 Rt△OGH 的直角边，若是基本图十很熟的话，从∠1＋∠2＝90°，可证∠1＝∠3，从而△OGH∽△OBD，得 $\frac{GH}{OH}=\frac{OD}{BD}$，即 $GH=\frac{OD^2}{BD}$。同理可证 $HF=\frac{OD^2}{CD}$。代入前式，得 $\frac{\frac{OD^2}{BD}}{BE}=\frac{\frac{OD^2}{CD}}{EC}$，即 $\frac{BE}{EC}=\frac{CD}{BD}$。用合比得 $\frac{BE}{BC}=\frac{CD}{BC}$，则 $BE=CD$。

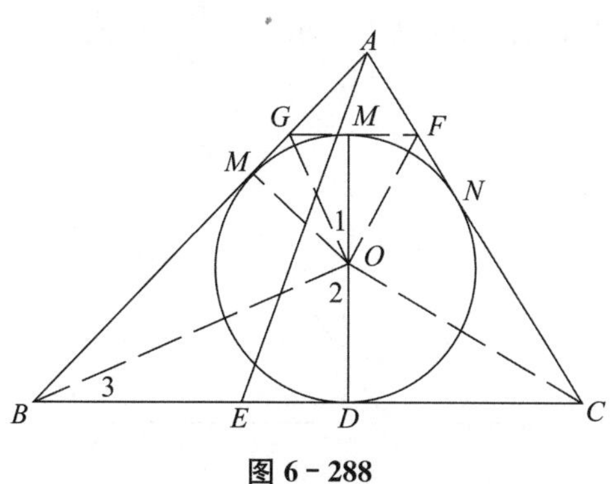

图 6－288

14. 如图 6－289，已知条件同前例 5，且 $BD=DC$，求证：$\frac{AE}{EC}=\frac{FA}{FB}$。

提示：看作直线 FED 和$\triangle ABC$ 的三边（或边的延长线）相交，约掉 BD、DC 得$\frac{CE}{EA}\cdot\frac{AF}{FB}=1$。

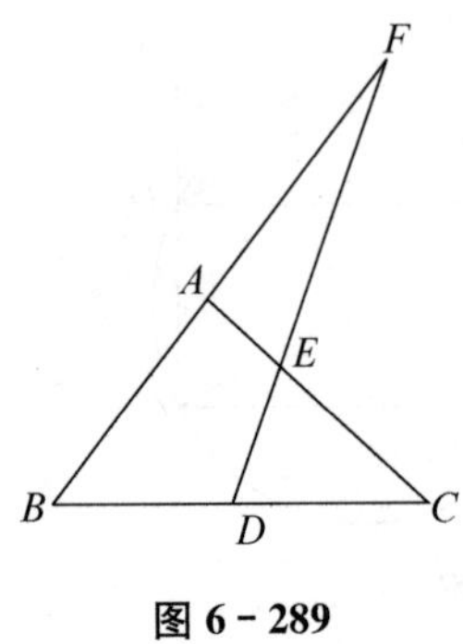

图 6－289

15. 如图 6－290，已知条件同前例 6，有 $BE=CF$，求证：$\frac{DF}{DE}=\frac{AB}{AC}$。

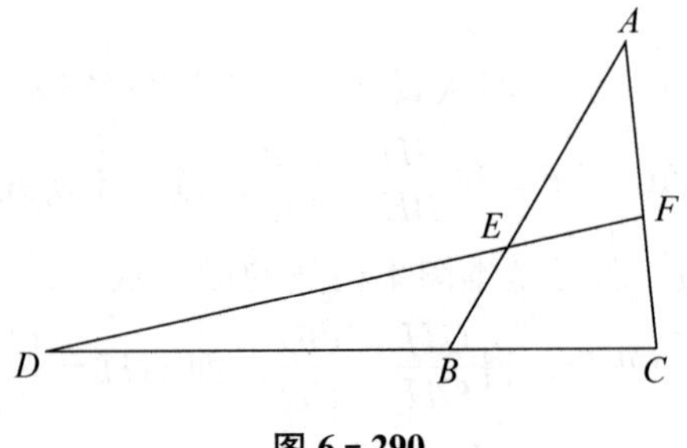

图 6－290

提示：看作直线 DBC 和$\triangle AEF$ 三边的延长线相交。

16. 如图 6－291，已知：直线 DF 和$\triangle ABC$ 的边 AB 交于 E，AC 交于 F，与 BC 的延长线交于 D，有 $AF=DB$。求证：$\frac{DE}{EF}=\frac{AC}{BC}$。

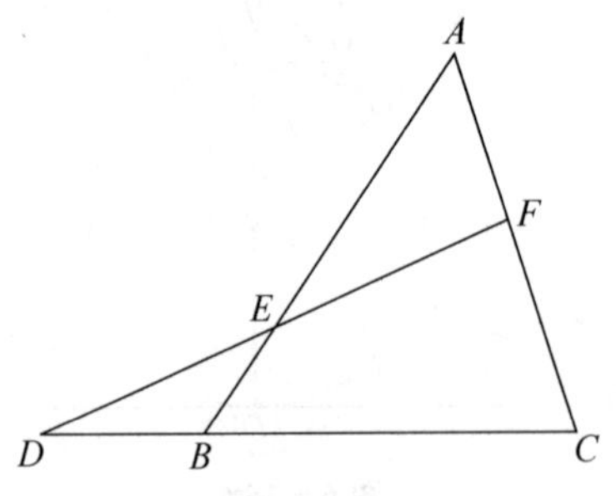

图 6－291

提示：看作直线 AEB 和$\triangle FDC$ 的三边（或边的延长线）相交。

17. 如图 6－292，已知 $BD=DC$，直线 FE 过 D，交 AB 的延长线于 F，交 AC 于 E，求证：$\frac{AE}{EC}=\frac{FA}{FB}$。

提示：看作直线 FDE 和 $\triangle ABC$ 的三边（或边的延长线）相交。

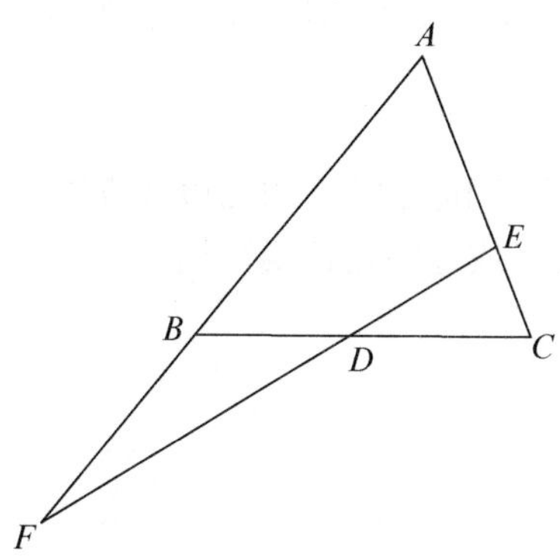

图 6－292

18. 如图 6－293，已知 $\triangle ABC$ 中，AD 是中线，E 是 AC 上任一点，AD、CE 交于 F，有 $BD=DC$，求证：$\frac{2AE}{EB}=\frac{AF}{FD}$。

提示：看作直线 EFC 和 $\triangle ABD$ 的三边（或边的延长线）相交。

19. 如图 6－294，已知 $BD=DC$，$AE=ED$，BE 的延长线交 AC 于 F，求$\frac{AF}{FC}$。

提示：看作直线 BEF 和 $\triangle ADC$ 的三边（或边的延长线）相交。

答案：1∶2。

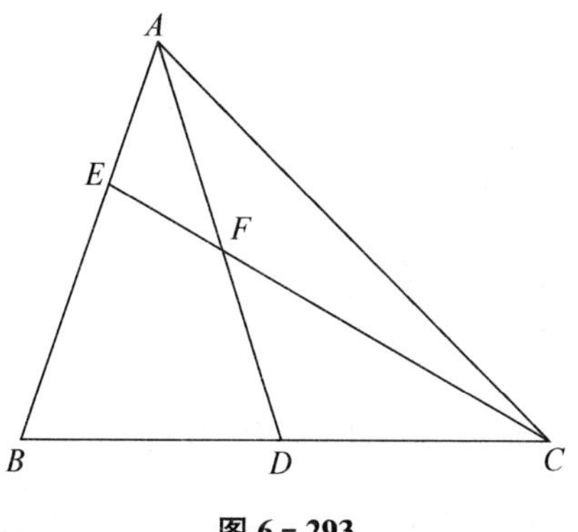

图 6－293

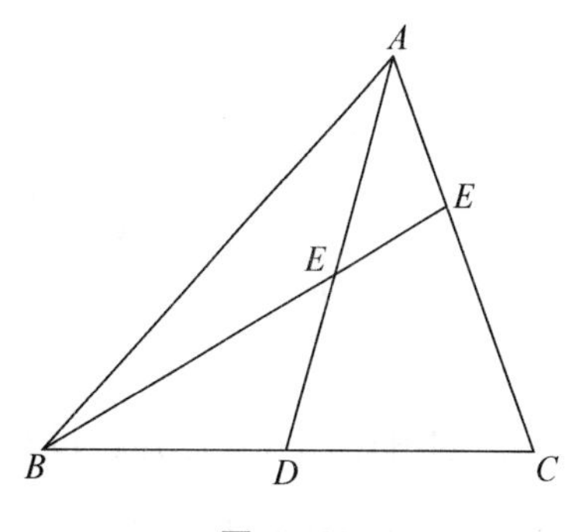

图 6－294

20. 如上题，求：$\frac{BE}{EF}$。

提示：看作直线 AED 和$\triangle BCF$ 的三边（或边的延长线）相交。

答案：3∶1。

21. 如图 6－295，已知 $AF=FB$，$AE=2EC$，BE、CF 交于 D，求证：$DE=\frac{BE}{4}$，$DF=FC$。

提示：先看作直线 BDE 和$\triangle AFC$ 的三边（或边的延长线）相交、再看作直线 FDC 和$\triangle ABE$ 的三边（或边的延长线）相交。

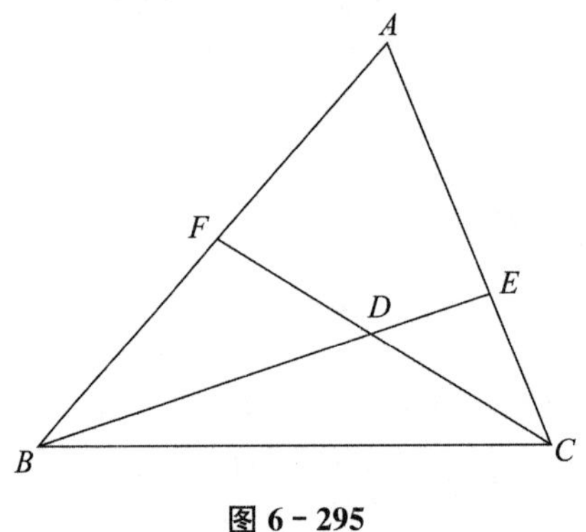

图 6－295

22. 如图 6－296，已知 $AB=AC$，$BD=CE$，DE 交 BC 于 F，求证：$DF=FC$。

提示：看作直线 BFC 和$\triangle ADE$ 的三边（或边的延长线）相交。

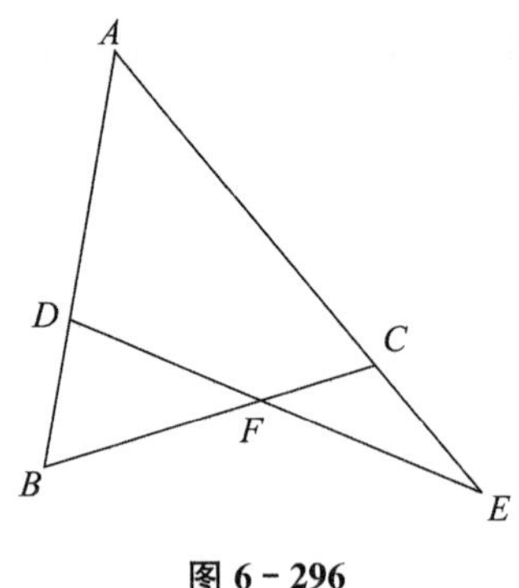

图 6－296

23. 如图 6－297，已知：过$\triangle ABC$ 三个顶点 A、B、C 作 AD、BE、CF 三线，交于 O 点，D、E、F 分别在 BC、AC、AB 边上，求证：$\frac{BD}{DC}\cdot\frac{CE}{EA}\cdot$

$\frac{AF}{FB}=1$。

提示：看作直线 CF 和$\triangle ABD$ 的三边（或边的延长线）相交，得：$\frac{AF}{FB}\cdot\frac{BC}{CD}\cdot\frac{DO}{OA}=1$。再看作直线 BE 和$\triangle ADC$ 的三边（或边的延长线）相交，得$\frac{AO}{OD}\cdot\frac{DB}{BC}\cdot\frac{CE}{EA}=1$。所以$\frac{AF}{FB}\cdot\frac{BC}{CD}\cdot\frac{DO}{OA}\cdot\frac{AO}{OD}\cdot\frac{DB}{BC}\cdot\frac{CE}{AE}=1$。所以$\frac{BD}{DC}\cdot\frac{CE}{EA}\cdot\frac{AF}{FB}=1$。

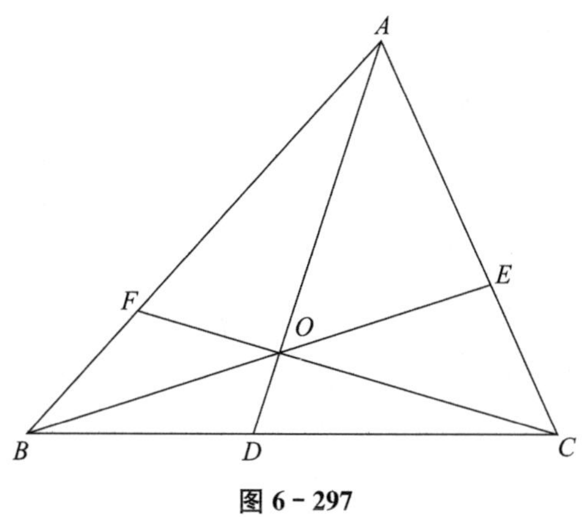

图 6－297

18. 图中的比例线段

和圆有关的比例线段包括五个基本图。即：基本图二十四，一个三角形重在另一个三角形上；基本图二十五，用两组角相等证两三角形相似；基本图二十六，相交弦定理；基本图二十七，两割线定理；基本图二十八，切割线定理。后三个在下面圆幂定理中再谈。

平面几何题目中以证线段和角相等及证四条线段成比例为大宗。而有关比例线段的问题，若是分别研究了基本图九，直角三角形中的比例线段；基本图二十二和二十三，平行线带来的比例线段；基本图二十四～二十八，共八个基本图，就可以说掌握了主要的内容，一般的题目就可以解决了。

如图 6－298 基本图二十四的已知条件是，$\triangle ABC$ 有外接圆$\odot O$，且 $AB=AC$，可证$\angle B=\angle C=\angle E$，由于$\angle BAD=\angle EAB$，是公共角，于是$\triangle ABD\backsim$

$\triangle AEB$，得到$\dfrac{AD}{AB}=\dfrac{AB}{AE}$，即 $AB^2=AD\cdot AE$。从结构上看，相似的两个三角形一个重在另一个上面，成为它的一部分，可以这样看：

图 6－299 中，$DE/\!/BC$，得到$\triangle ADE\backsim\triangle ABC$。若是将$\triangle ADE$ 翻转 180°，仍将$\angle A$ 重在一起，则 D 点落在 D' 处，E 点落在 E' 处，就成为图图 6－300 的样子，形状、大小没变，仍有$\triangle AD'E'\backsim\triangle ABC$。若是从 C 点作 $D'E'$ 的平行线 CE''，成为图图 6－301 的样子，仍有$\triangle ACE''\backsim\triangle ABC$。这就是说，基本图二十四是由基本图二十二这样演变而来的。具体到证题时，只要已知$\angle AD'E'=\angle B$（图 6－299），或$\angle ACE''=\angle B$（如图 6－301），就可以得到相似三角形了。

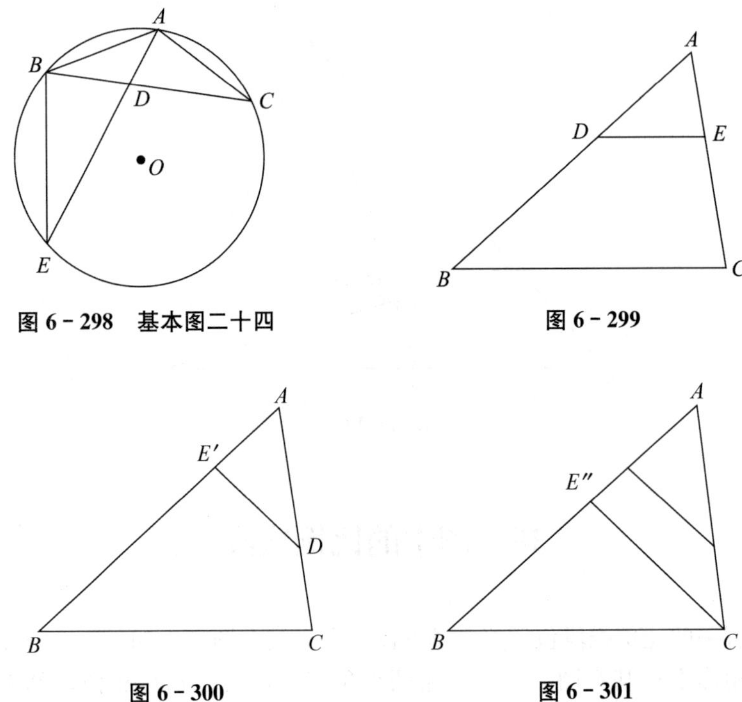

图 6－298　基本图二十四

图 6－299

图 6－300

图 6－301

如图 6－302，基本图二十五的已知条件是，$\triangle ABC$ 有外接圆$\odot O$，延长$\angle BAC$ 的平分线 AD 交$\odot O$ 于 E，连接 BE，可证$\triangle ABE\backsim\triangle ADC$，得到$\dfrac{AB}{AD}=\dfrac{AE}{AC}$，即 $AB\cdot AC=AD\cdot AE$。这个图并不典型，只是想用它代表“两组角对应相等的两个三角形相似”。结合“和圆有关的角”，用两组角对应相等证两个三角形相似，从而得到比例线段的题目很多，但图形并不完全一样。以下从两方面来谈这两个基本图。

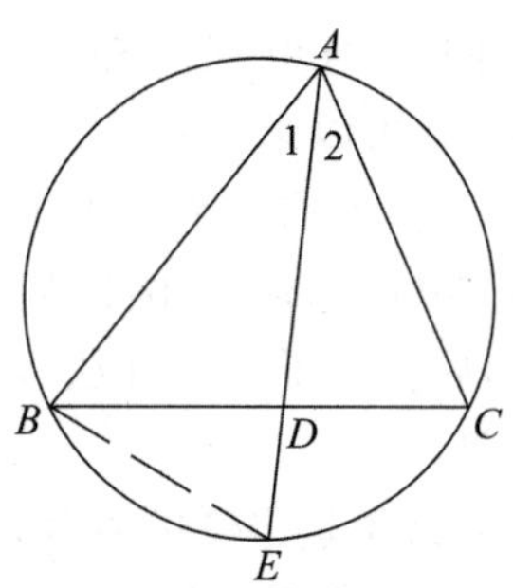

图 6－302　基本图二十五

（1）找相似三角形的方法。

例 1　在图 6－302 基本图二十五中，已知$\angle 1=\angle 2$，求证 $AB\cdot AC=AD\cdot AE$。

分析：将求证的乘积形式化成比例形式。将一个乘积 $AB\cdot AC$ 作外项（或内项），另一个乘积 $AD\cdot AE$ 作内项（或外项），希望证出$\frac{AB}{AD}=\frac{AE}{AC}$。想证比例式，主要靠相似三角形。那么证哪两个三角形相似呢？观察这个比例式，等号左边字母有 A、B、D，右边字母有 A、E、C，那么就证$\triangle ABD\backsim\triangle AEC$。于是 AB、AD、AE、AC 就成为相似三角形的对应边了。因为拿 AB、AD 当作两条边的三角形，只能是$\triangle ABD$。同理，另一个三角形也只能是$\triangle AEC$，照这样就可以找到要证的相似三角形了。

例 2　如图 6－303，已知过圆内接四边形 $ABCD$ 的顶点 D，作 $DP/\!/AC$，交 BA 的延长线于 P，求证：$PA\cdot BC=CD\cdot AD$。

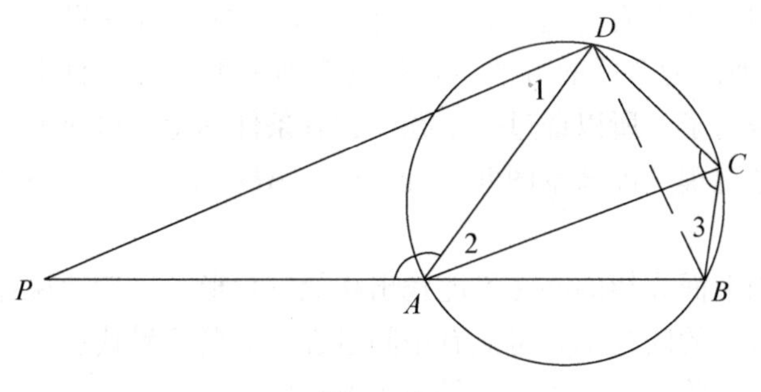

图 6－303

分析：按照例 1 所说的方法希望证$\frac{PA}{CD}=\frac{AD}{BC}$，但等号左、右两边四个字母不相重复，无法确定要证的三角形。这时横着看两个前项字母有 P、A、D，再横着看两个后项字母有 C、D、B，那么就证$\triangle PAD\backsim\triangle DCB$。由于四边形

$ABCD$ 是圆内接四边形，我们立刻想到“外角等于内对角”，即 $\angle PAD=\angle DCB$，再证 $\angle 1=\angle 2=\angle 3$，就可以了。

每一个题都可以这样横着、竖着看一看，有时候一种办法行，一种办法不行，就用那个行的。有时候两种办法都行（例如基本图二十五，已知 $\angle 1=\angle 2$，求证 $AB\cdot AC=AD\cdot AE$，前后就说了两种证法），那么用哪种都可以。有时候一种繁、一种简，就选简单的证法。

例 3 如图 6－304，已知：AB 是⊙O 的直径，BF 是⊙O 的切线，弦 AC、AE 的延长线分别交 BF 于 D、F。求证：$AC\cdot AD=AE\cdot AF$。

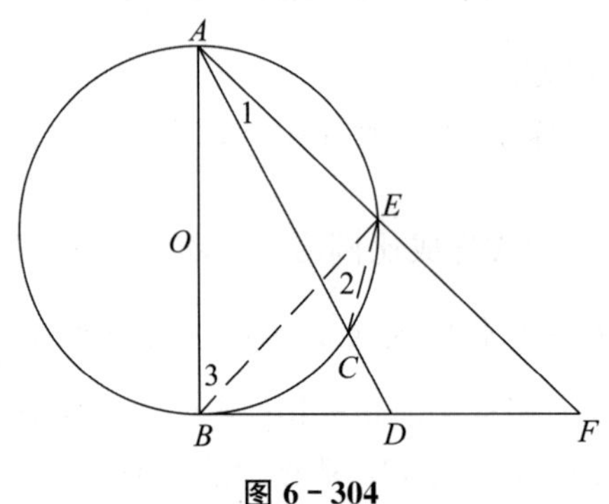

图 6－304

分析： 希望证 $\dfrac{AC}{AE}=\dfrac{AF}{AD}$，就希望证 $\triangle ACE\backsim\triangle AFD$，或希望证 $\triangle ACF\backsim\triangle AED$。这时，由于 $\angle 1$ 是公共角，$\angle 2=\angle 3=\angle F$，证 $\triangle ACE\backsim\triangle AFD$ 是比较容易的，若是证 $\triangle ACF\backsim\triangle AED$，恐怕是经过上述过程还得继续证。应养成这样的分析习惯，竖着看一看（指每一个比），再横着看一看（指两个前项，两个后项），选一种认为合适的方法。若是只看到一种证法，而这种证法正好是繁难的，就费时费力了。所以证过一个题，趁着条件熟悉，再研究一下，就像这个例题，若用射影定理（即基本图九），证 $AC\cdot AD=AB^2$，$AF\cdot AE=AB^2$ 是不是更简单些。

有的题目用上面介绍的办法不能找出相似三角形，一般地说那就不是一套相似三角形所能解决的问题了，可能有中间过程，需要等量代换。所谓“等量”可以是相等的积，相等的比，也可以是相等的线段。

例 4 如图 6－305，已知：AB 是⊙O 的直径，AC 为弦，$GD\perp AB$ 于 D，交 AC 于 E，交⊙O 于 F，GB 交⊙O 于 C。求证：$DF^2=DE\cdot DG$。

分析： 希望 $\dfrac{DE}{DF}=\dfrac{DF}{DG}$，这时 D、E、F、G 四个点在一条直线上，不能组成三角形。如果将 DF^2 这个积换成 $AD\cdot DB$，可用上述办法，写成比例式。证

$\triangle ADE \backsim \triangle GDB$，比较简便；若证$\triangle ADG \backsim \triangle DEB$ 就得用到三角形重心的知识，麻烦一些。

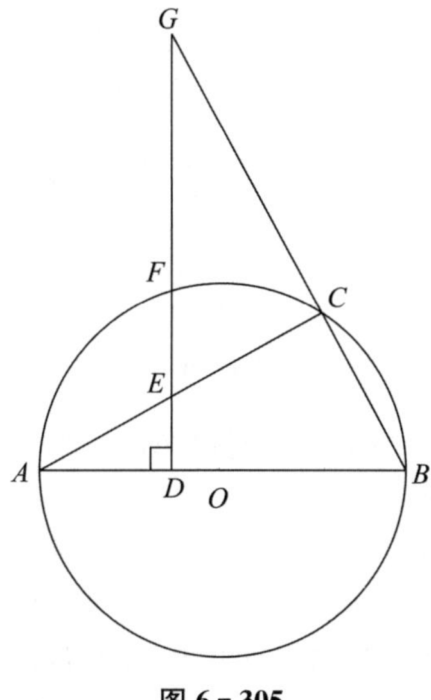

图 6 - 305

例 5　如图 6 - 306，已知 EF 切$\odot O$ 于A，BC 为弦，$AD \perp BC$ 于D，$BE \perp EF$ 于E，$CF \perp EF$ 于F，求证：$AD^2 = BE \cdot CF$。

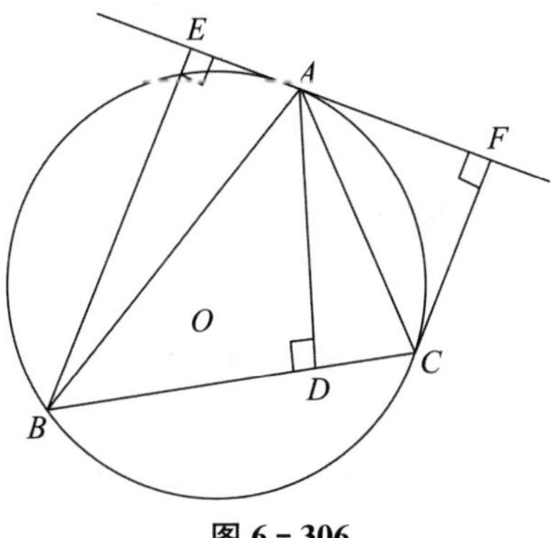

图 6 - 306

分析：若希望$\dfrac{BE}{AD}=\dfrac{AD}{CF}$，不能用上述方法直接找出相似三角形。但经过一个中间的比$\dfrac{BE}{AD}=\dfrac{AB}{AC}=\dfrac{AD}{CF}$就行了。根据仍是两组角对应相等证两个三角形相似，属于基本图二十五那一类。

例 6　如图 6 - 307，已知，A 为$\odot O$ 上任意一点，以 A 为圆心作$\odot A$，两圆相交于 B、C，D 为$\odot A$ 上一点，直线 DA 与 BC 的交点为 F，与$\odot O$ 的另一交

点为E，求证：$AD^2=AE\cdot AF$。

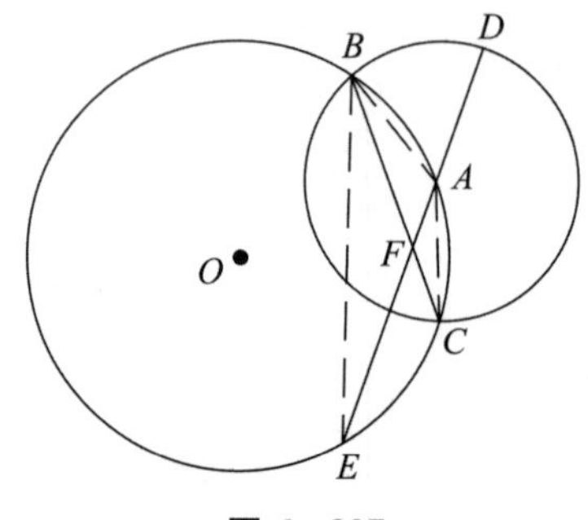

图 6-307

分析：由于AD是⊙A的半径，所以$AD=AB=AC$，可以代换。若是证$AB^2=AE\cdot AF$，用基本图二十四就行了。

（2）选出和制造基本图二十四、二十五主要靠和圆有关的角的四个推论，无论在简单题或复杂题中，哪里有基本图的部分，我们就从哪里下手研究。

例 7 如图 6-308，已知圆内接四边形$ABCD$，AC是⊙O的直径，$OE\perp BC$于E，EO的延长线交AD于F，求证：$AO\cdot CD=BD\cdot OF$。

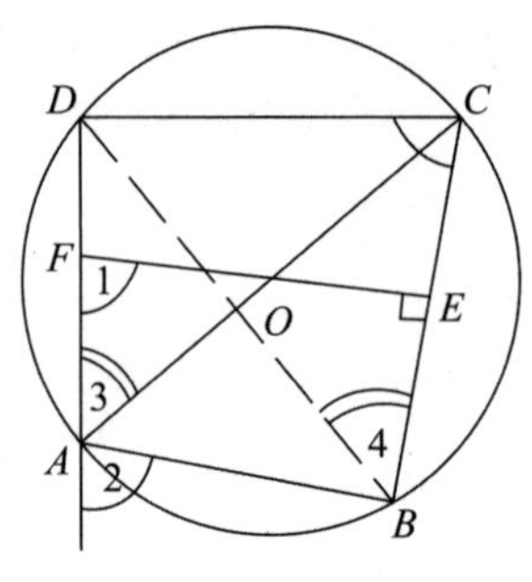

图 6-308

分析：要证$AO\cdot CD=BD\cdot OF$，希望$\frac{AO}{BD}=\frac{OF}{CD}$。横着看两个比的前项，得$\triangle AOF$。看两个比的后项，得$\triangle BDC$。于是希望$\triangle AOF\backsim\triangle BDC$。想到和圆有关的角的四个推论：①同弧上的圆周角相等；②同弧上的圆周角和弦切角相等；③直径上的圆周角是直角；④圆内接四边形的外角等于内对角。$\angle ABC=\angle OEC=90°$，从而$FE/\!/AB$，延长$DA$出现$\angle 2$，得$\angle 1=\angle 2=\angle BCD$，$\angle 3=\angle 4$，问题解决了。

例 8 如图 6-309，已知⊙O是$\triangle ABC$的外接圆，过A作⊙O的切线，PA交CB的延长线于P，$\angle APC$的平分线交AB于D，交AC于E，求证：$\frac{DB}{AB}+$

$\frac{EC}{AC}=1$。

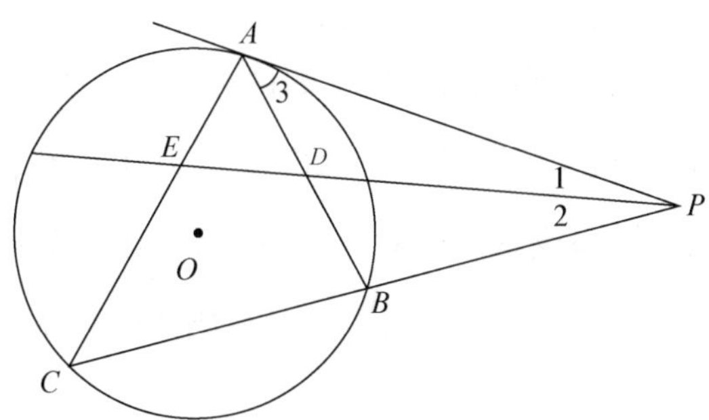

图 6－309

分析： 初看此题，容易由$\angle 1=\angle 2$而想到角平分线得到的比例线段，但往下却不易得出结果。换条思路分析，由$\angle 3=\angle C$，$\angle APC$公用，可以证出$\triangle PAB\backsim\triangle PCA$，得到$\frac{AB}{AC}=\frac{PA}{PC}$（这是基本图二十四）。又由$\angle 1=\angle 2$，够两组角相等的条件，可以证出$\triangle PAD\backsim\triangle PCE$，得到$\frac{AD}{CE}=\frac{PA}{PC}$，即$AD\cdot AC=CE\cdot AB$。因为要的是$AB$，不是$AD$，所以改写成$(AB-BD)\cdot AC=CE\cdot AB$，再写成比例式：$\frac{CE}{AC}=\frac{AB-BD}{AB}$，即$\frac{CE}{AC}=1-\frac{BD}{AB}$，移项即可。

例 9 如图 6－310，已知圆内接四边形$ABCD$对角线交于P，求证：$AD\cdot BC+AB\cdot CD=AC\cdot BD$。

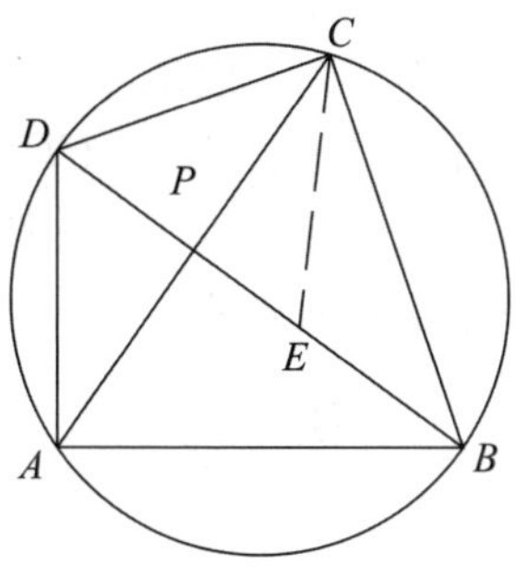

图 6－310

分析： 这个题初看好像用$\triangle APD\backsim\triangle BPC$，实则不然，因为那样得到的是$\frac{AD}{BC}$，而不是$AD\cdot BC$，$AD$与$BC$是不能作为相似三角形的对应边的，所以需要另外的相似三角形，但是没有现成的可用。

在较长的线段上截取较短的线段是大家常用的方法，在较大的角内作一个较小的角（相当于上述的截取）则不是人人都能想到的。这就是本题（托勒密定理）的特点，下面简单说一下：在$\angle BCA$的内部，作$\angle BCE=\angle DCA$，CE交DB于E，仿基本图二十五，可以证明$\triangle ADC\backsim\triangle BEC$，有$\frac{AD}{BE}=\frac{AC}{BC}$（尽量选“求证”需要的线段），改写成$AD\cdot BC=AC\cdot BE$，有了$AD\cdot BC$，还差$AB\cdot CD$，再证$\triangle ABC\backsim\triangle DEC$，有$\frac{AB}{DE}=\frac{AC}{DC}$，改写成$AB\cdot CD=AC\cdot DE$，加起来整理一下即可。

例 10 如图 6－311，已知$BC=CD$，求证$AC^2=AB\cdot AD+BC^2$。

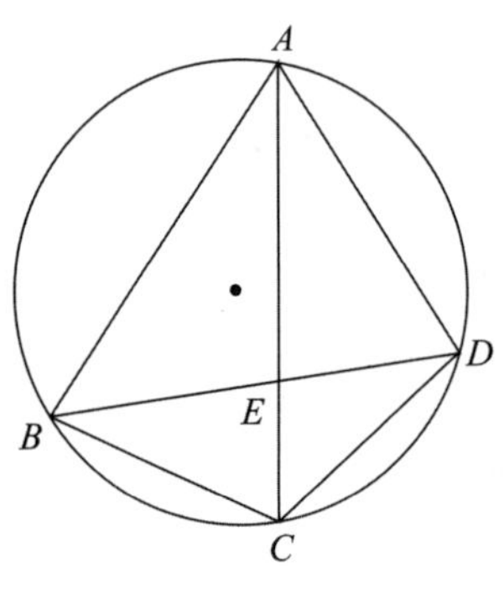

图 6－311

分析：若从$BC=CD$入手，则用基本图二十四，得$BC^2=CE\cdot CA$，看“求证”，知AC要保留，EC得换掉。于是$BC^2=CE\cdot CA=(AC-AE)\cdot AC=AC^2-AE\cdot AC=AC^2-AB\cdot AD$。最后一步是用了基本图二十五的结论。这里有个问题，就是考试时这样证行不行。一般说考试允许用的根据应该是课本上的定理。像基本图二十四、二十五的结论：$BC^2=CE\cdot CA$，$AB\cdot AD=AE\cdot AC$课本上没有，但是若熟悉基本图，先将基本图二十四、二十五的结论证一下，然后引用，上述结果仍不失为一条很好的思路。

练 习

A 组

1. $\odot O$的直径$AB=18$ cm，弦$AC=12$ cm，CD是$\odot O$的切线，$AD\perp CD$于D，求AD的长。

答案：8 cm。

2. $\odot O$和$\odot O'$相交于A、B，AE、AF分别是$\odot O$和$\odot O'$的直径，过B的

割线交⊙O于C，交⊙O'于D，求证：$AE \cdot AD = AC \cdot AF$。

提示：用基本图十八和圆有关的角证两直角三角形相似。

3. ⊙O的弦AB、CD交于E，作$EF /\!/ AC$交DB的延长线于F，求证：$EF^2 = FB \cdot FD$。

提示：用基本图二十四。

4. ⊙O是$\triangle ABC$的外接圆，MN是过A点的切线，$CE /\!/ MN$，交AB于E，求证：$AC^2 = AB \cdot AE$。

提示：用基本图二十四。

5. PC切⊙O于C，PAB交⊙O于A、B，$CD /\!/ PB$交⊙O于D，求证：$AC \cdot BC = PC \cdot CD$。

提示：用两组角证两三角形相似。

6. ⊙O是等边$\triangle DEF$的外接圆，C是$\overset{\frown}{EF}$上一点，DE、FC的延长线相交于A，DF、EC的延长线相交于B，求证：$EF^2 = AE \cdot BF$。

提示：通过弧的代换，用圆外角证角相等，然后证两三角形相似。

7. AE是$\triangle ABC$外接圆的直径，$AD \perp BC$于D，求证：$AB \cdot AC = AD \cdot AE$。

提示：改写成比例式后，用前面所说的找相似三角形的方法试一试，两种方法都证证看。

8. ⊙O的半径$OB \perp$直径AC，弦AE交OB于F，求证：$AB^2 = AF \cdot AE$。

提示：用基本图九与基本图二十四。

9. ⊙O和⊙O'相交于A、B，⊙O的弦AD和⊙O'相切，⊙O'的弦AC和⊙O相切，求证：$AB^2 = BD \cdot BC$。

提示：用两组角相等证两三角形相似。

10. AB是半圆直径，弦AC、BD交于E，且$\overset{\frown}{AD} = \overset{\frown}{CD}$，求证：$AB$是$BD$和$\triangle ABE$外接圆直径的比例中项。

提示：引圆ABE的直径AF，用圆内角和圆周角证两直角三角形相似。

11. ⊙O的直径AB经CD弦的中点M，在$\overset{\frown}{AD}$上取一点F，AF的延长线交CD的延长线于E，求证：$\dfrac{AC}{CF} = \dfrac{DE}{EF}$。

提示：用基本图十五垂径分弦的逆定理，再用两组角相等证两三角形相似。

12. 过▱$ABCD$的顶点ACD作一个圆，和AB交于E，和BC交于F，求证：$\dfrac{FB}{EF} = \dfrac{FA}{FD}$。

提示：可用圆内接四边形对角互补或外角等于内对角，仿基本图二十五，用两组角相等证两三角形相似。

13. 在$\odot O$中，直径$AB\perp$直径CD，在OA上取E点，在OD上取F点，使$OE=OF$，BF的延长线交DE于G，求证：$\frac{OE}{DE}=\frac{EG}{BE}$。

提示：先证$\triangle OED\cong\triangle OFB$，得$\angle D=\angle B$之后，再加上$\angle E$是公共角，证两三角形相似。

14. 如图 6-312，已知$\angle 1=\angle 2$，求证：$BD\cdot EC=EB\cdot BC$。

提示：如果只从基本图二十五着眼，容易想到$\triangle ACD\backsim\triangle ECB$，对应边的比相等共有三组：$\frac{AC}{EC}=\frac{CD}{BC}=\frac{AD}{EB}$，和“求证”比较，尚缺$DB$。有$\frac{EC}{BC}=\frac{AC}{CD}$，要$\frac{EB}{BC}=\frac{BE}{DB}$，就希望$\frac{AC}{CD}=\frac{BE}{DB}$，可证$\triangle ACD\backsim\triangle EBD$。若是对基本图很熟，$\triangle ACD\backsim\triangle EBD$就是证相交弦定理的图，经过传递用两套相似三角形解决了。如果多想想，$\triangle EBD\backsim\triangle ECB$不正是基本图二十四吗？开始分析时要证乘积形式，希望证出比例形式，本来就有证$\frac{EB}{DB}=\frac{EC}{BC}$这样一条路，直接证$\triangle EBD\backsim\triangle ECB$就简单多了。

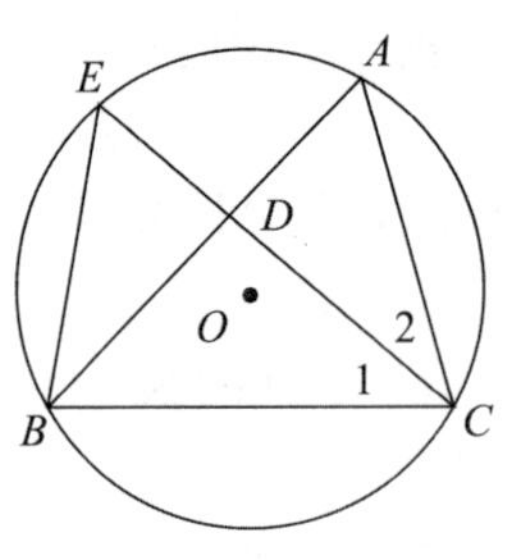

图 6-312

15. 已知：$\triangle ABC$中，$\angle C=90°$，在AB上取一点O，以O为圆心OA为半径作$\odot O$，和BC相切于F，和AB的另一个交点是D，和AC的另一个交点是E。求证：$BF\cdot CE=CF\cdot BD$。

提示：希望$\frac{BF}{CF}=\frac{BD}{CE}$，连接$AF$、$DF$，不难证$\angle BAF=\angle CAF$，则$\frac{BF}{CF}=\frac{AB}{AC}$。再希望$\frac{AB}{AC}=\frac{BD}{CE}$，则是基本图二十二，用平行截割定理。

16. 如图 6-313，已知AD是$\odot O$的直径，$AB\perp MN$于B，$DC\perp MN$于C，求证：$BM\cdot MC=AB\cdot CD$。

提示：容易找到$\triangle ABM$和$\triangle MCD$，希望这两个三角形相似，考虑直径上的圆周角，即基本图十八，通过互余证角相等就容易了。

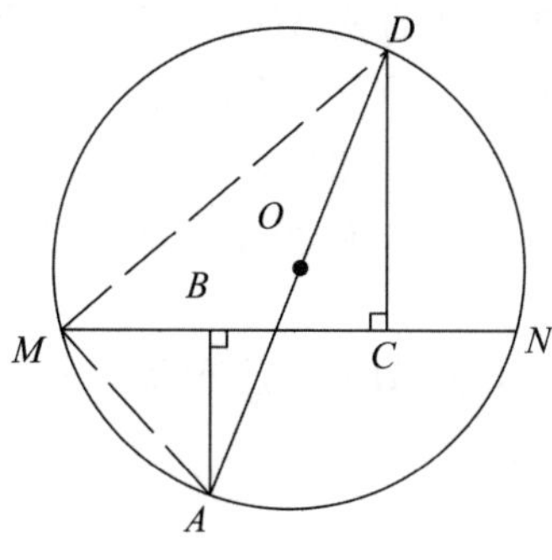

图 6-313

17. 如图 6-314，已知⊙O 是△ABC 的外接圆，∠1=∠2，$BC=a$，$AC=b$，$AB=c$，求证：$AD\cdot DE=\frac{a^2bc}{(b+c)^2}$。

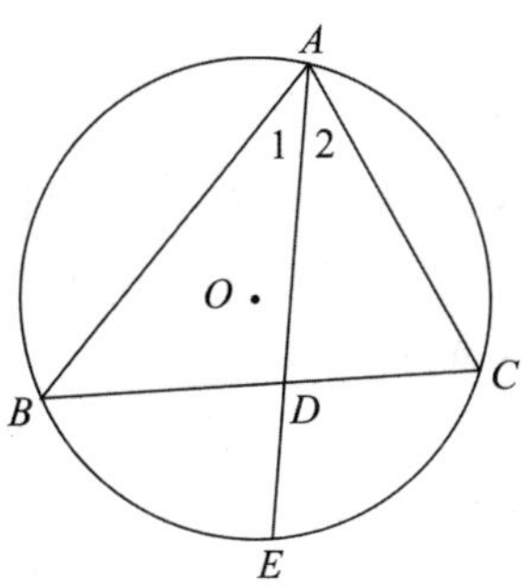

图 6-314

提示：由 $AD\cdot DE=BD\cdot DC$，可用角平分线定理，即$\frac{BD}{DC}=\frac{AB}{AC}$，这时要 BD，则去 DC。用合比定理，得$\frac{BD}{a}=\frac{c}{b+c}$，即 $BD=\frac{ac}{b+c}$。同理，要 DC，则去 BD，用合比定理，得：$\frac{a}{DC}=\frac{b+c}{b}$，相乘即可。

18. 如图 6-315，已知 AB 切⊙O 于 A，$AC=CB$，求证：$GF/\!/AB$。

提示：这个图先画切线 AB，取中点 C，任作割线 CDE，连接 BE 得 F，射线 BD 交⊙O 于 G，由 $AC^2=CD\cdot CE$，得 $BC^2=CD\cdot CE$，△CDB∽△CBE，是基本图二十四。不过，此

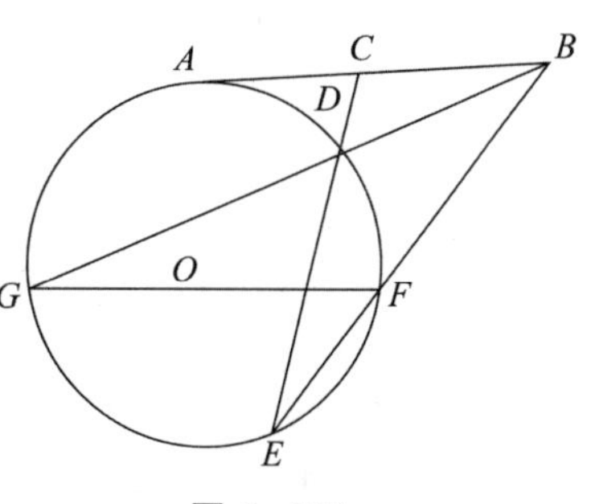

图 6-315

题是用一组角相等夹边成比例证相似的。

19. 如图 6-316，已知⊙O 的弦 AB、DC 交于 E，$EF/\!/BD$ 交 AC 的延长线于 F，FG 切⊙O 于 G，求证：$FG=FE$。

提示：$\triangle FCE\backsim\triangle FEA$ 是基本图二十四。

20. 如图 6-317，已知 AB、AC 分别切⊙O 于 B、C，求证：$DC\cdot BE=DB\cdot CE$。

提示：$\triangle ADB\backsim\triangle ABE$，$\triangle ADC\backsim\triangle ACE$，都是基本图二十四。

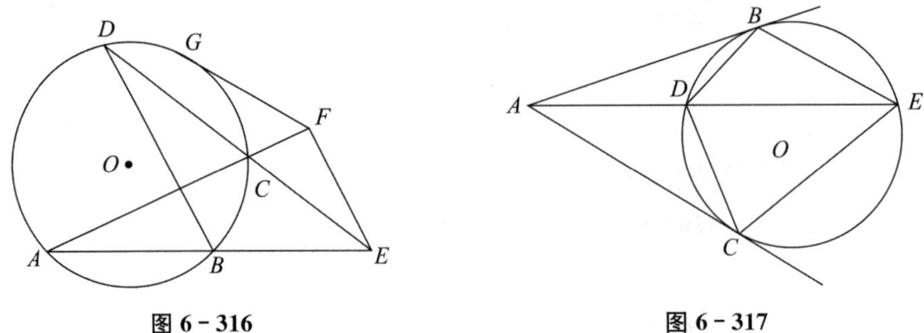

图 6-316　　图 6-317

21. 如图 6-319，已知⊙O 是$\triangle ABC$ 的外接圆，AD 是$\triangle ABC$ 的高，AD 的延长线交⊙O 于 H，以 AD 为直径的⊙O'分别交 AB、AC 于 E、F，EF 交 AD 于 G，求证：$AD^2=AG\cdot AH$。

提示：连接 DF，得到基本图九。用射影定理 $AD^2=AF\cdot AC$，希望证 $AF\cdot AC=AG\cdot AH$，就希望证$\triangle AFG\backsim\triangle AHC$。这个图形类似基本图二十四，易证$\angle H=\angle B$，$\angle 1=\angle 2$，等角的余角是相等的，所以$\angle 3=\angle H$。

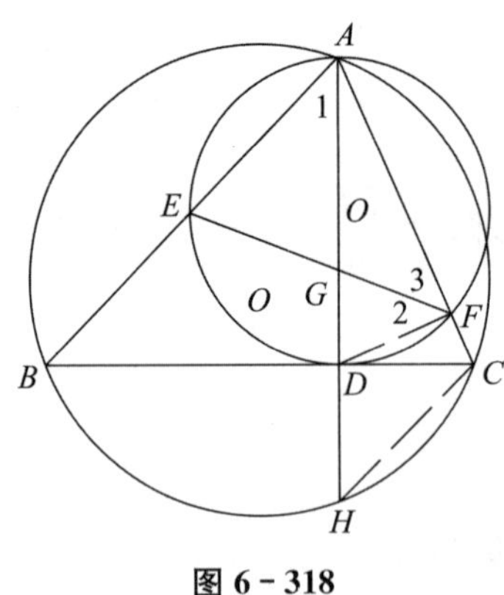

图 6-318

22. 如图 6-319，已知 AC 是⊙O 的直径，$PA\perp AC$，PB 切⊙O 于 B，$BE\perp AC$ 于 E，求证：$BD=DE$。

提示：连接 BC、BF，可证$\triangle CBD\backsim\triangle CFB$，是基本图二十四，得$\dfrac{BD}{DC}=\dfrac{BF}{BC}$；还可证$\triangle PBF\backsim\triangle PCB$，仍是基本图二十四，得$\dfrac{BF}{BC}=\dfrac{PB}{PC}=\dfrac{PA}{PC}=\dfrac{DE}{DC}$，用到基本图二十二，所以 $BD=DE$。

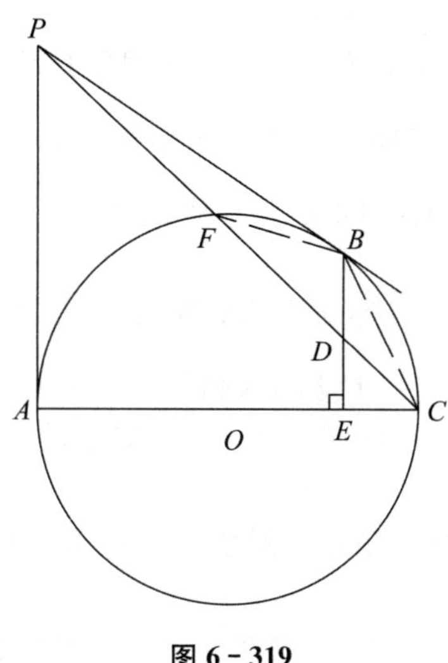

图 6－319

B 组

1. 如图 6－320，已知⊙O 是$\triangle ABC$ 的外接圆，$AB+BD=m$，$AC-CD=n$，求 AD 的长。

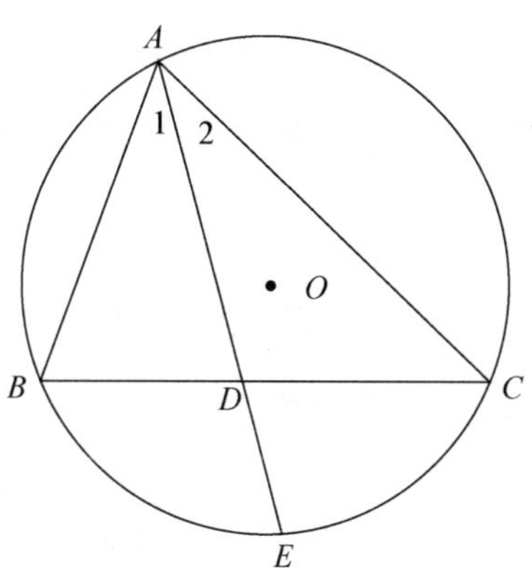

图 6－320

提示：由基本图二十五，得 $AB\cdot AC=AD\cdot AE$。又 $BD\cdot DC=AD\cdot$

DE，由前式减去后式，$AB \cdot AC - BD \cdot DC = AD^2$。由角平分线定理，得 $\frac{BD}{DC}=\frac{AB}{AC}$，即 $AC \cdot BD = AB \cdot CD$。从已知有 $(AB+BD)(AC-CD)=m \cdot n$，展开，$AB \cdot AC - BD \cdot DC + AC \cdot BD - AB \cdot CD = mn$。所以 $AD^2 = AB \cdot AC - BD \cdot DC = mn$，$AD=\sqrt{mn}$。

2. 圆内接四边形 $ABCD$ 对角线 AC、BD 相交于 E，求证：$\frac{AB \cdot AD}{BC \cdot CD}=\frac{AE}{EC}$。

提示：由基本图十七，同弧上的圆周角相等能证两套相似三角形，把对应边的比都写出来。相等的角所对的边才是对应边，不要写错，于是 $\frac{AB}{CD}=\frac{AE}{ED}=\frac{BE}{EC}$；$\frac{AD}{BC}=\frac{AE}{BE}=\frac{ED}{EC}$，选出与求证有关的线段，两式相乘，约简即得。

3. PQ 是$\odot O$ 的直径，在 PQ 的两侧各作一条射线 PB 和 PD，PB 交$\odot O$ 于 A，交过 Q 的切线于 B；PD 交$\odot O$ 于 C，交过 Q 的切线于 D，求证：$PA \cdot PB = PC \cdot PD$。

提示：按前述的方法找三角形，例如$\triangle PAC$ 和$\triangle PDB$，再用两组角相等证这两三角形相似。

4. P 为$\triangle ABC$ 内心，$\angle B$、$\angle C$ 外角平分线相交于 M，求证：$AP \cdot AM = AB \cdot AC$。

提示：先定 A、P、M 三点共线，再定 B、M、C、P 四点共圆，可证$\triangle ABP \backsim \triangle AMC$。

5. 如图 6－321，已知$\odot O$ 是等边$\triangle ABC$ 的外接圆，M、N 分别是 BC、AC 的中点，MN 直线交$\odot O$ 于 K、K'，AK'的延长线和 BC 的延长线交于 P'，AK 交 BC 于 P，求证：P、P'内、外分 BC 为中外比（即：$\frac{BC}{CP}=\frac{CP}{PB}$；$\frac{BC}{CP'}=\frac{CP'}{P'B}$）。

提示：连接 BK、CK、BK'、CK'，由于 $MN /\!/ AB$，且同弧上的圆周角相等，能证出许多 60° 角和许多相等的角。由$\triangle ACP \backsim \triangle BMK$，得 $\frac{BC}{CP}=\frac{CA}{CP}=\frac{MB}{MK}=\frac{CM}{MK}$……①；又 KA 平分$\angle BKC$，所以 $\frac{CP}{PB}=\frac{CK}{KB}$……②；又$\triangle CMK' \backsim \triangle KMB$，且 $CK=CK'$，所以 $\frac{CM}{MK}=\frac{CK'}{KB}=\frac{CK}{KB}$……③；综合①②③可证 $\frac{BC}{CP}=\frac{CP}{PB}$。再证第二问，证出$\triangle ACP' \backsim \triangle BMK' \backsim \triangle KMC$，得 $\frac{BC}{CP'}=\frac{AC}{CP'}=\frac{BM}{MK'}=$

$\frac{CM}{MK'}=\frac{CK}{K'B}=\frac{CK'}{K'B}$，易证 $K'P'$ 为 $\angle CK'D$ 的平分线，所以 $\frac{CP'}{P'B}=\frac{CK'}{K'B}$，所以 $\frac{BC}{CP'}=\frac{CP'}{P'B}$。

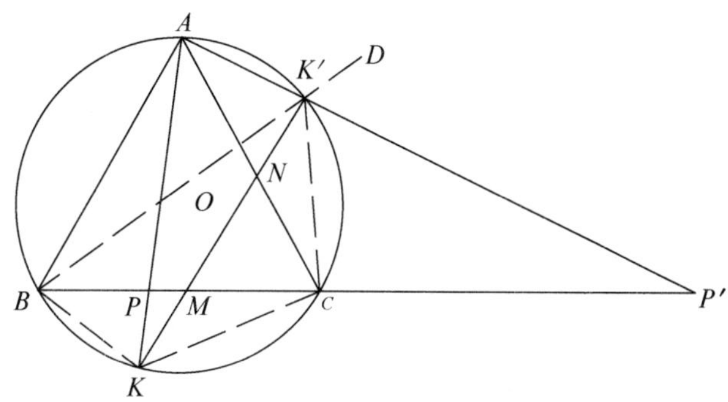

图 6-321

19. 圆幂定理

习惯上把相交弦定理、两割线定理和切割线定理总称圆幂定理。如图 6-322，基本图二十六的已知条件是，⊙O 的弦 AB、CD 交于 P（即相交弦定理的图）；如图 6-323，基本图二十七的已知条件是，⊙O 的两条割线 PAB、PCD 交⊙O 于 A、B 和 C、D（即两割线定理的图）；如图 6-324，基本图二十八的已知条件是，PC 切⊙O 于 C，PAB 交⊙O 于 A、B（即切割线定理的图），有的书上把这三个图总起来叫作圆幂定理。

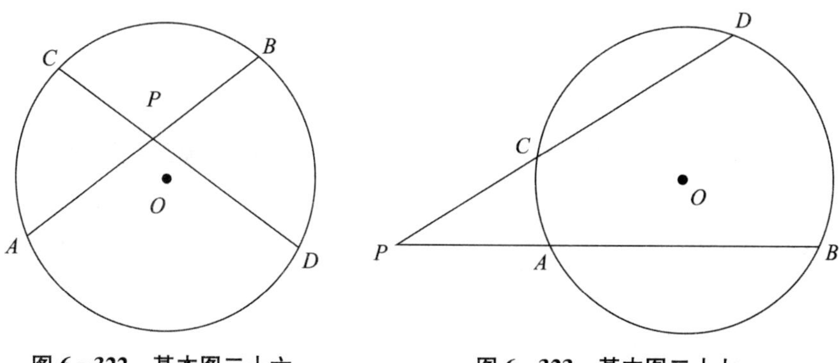

图 6-322　基本图二十六　　图 6-323　基本图二十七

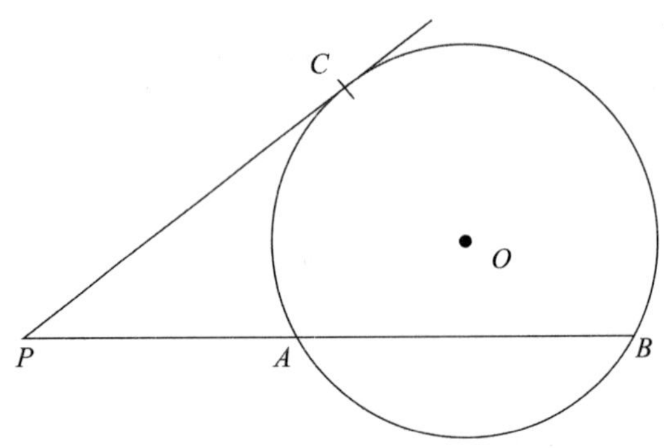

图 6－324　基本图二十八

见到这三个图形应立即想到有关的性质，前两个图的结论都是 $PA \cdot PB = PC \cdot PD$；后一个图的结论是 $PC^2 = PA \cdot PB$。三个结论都是乘积形式，并且每个等式中的线段都是以交点为端点（是 $PA \cdot PB$，不是 $PA \cdot AB$）。这三个定理都是由相似三角形对应边成比例推导而来的。研究基本图二十六，可以连 AC、BD，由同弧上的圆周角相等，容易证出$\triangle APC \backsim \triangle DPB$。值得注意的是，不要写错了对应边，两个相似三角形中，相等的角所对的边才是对应边，注意与基本图二十三的不同之处。

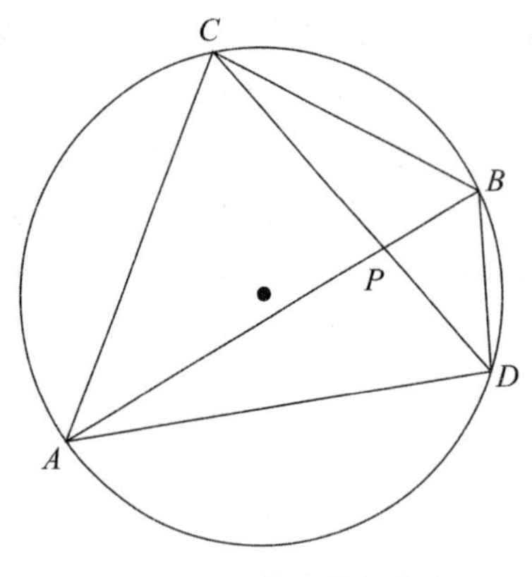

图 6－325　基本图二十六

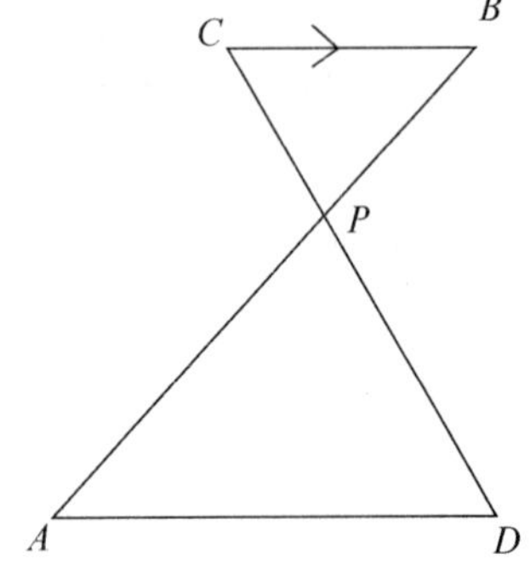

图 6－326　基本图二十三

基本图二十六的比例式是$\dfrac{AD}{CB}=\dfrac{AP}{PC}=\dfrac{PD}{BP}$，基本图二十三的比例式是$\dfrac{AD}{CB}=\dfrac{AP}{PB}=\dfrac{DP}{PC}$。

基本图二十七和基本图二十八，通过和圆有关的角，都可以证出两个相似三角形，从而得出比例线段。比的关系是除的关系，由内项积等于外项积可变为乘的关系。具体到题目中，有时要把乘积关系化为比例关系证明，圆中的比例线段多数是乘积形式。而有的题目直接应用圆幂定理的结论，用一组乘积代换另一组乘积。也就是说等比、等积、等线段都可以代换。

例 1 如图 6－327，已知 DA 切⊙O 于 A，DCB 是⊙O 的割线，求证：$\frac{CD}{BD}=\frac{AC^2}{AB^2}$。

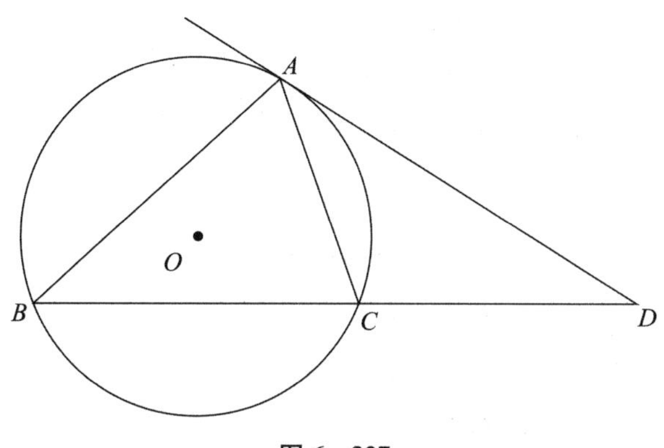

图 6－327

分析 1：如果只从切割线定理的结论去考虑，有 $DA^2=DC\cdot DB$，是 DC、DB 的积，而不是 DC、DB 的比。所以对于基本图二十八的研究要充分，想问题要根据题目的要求。基本图二十八的结论来自相似三角形对应边成比例，有 $\frac{AC}{AB}=\frac{CD}{AD}=\frac{AD}{BD}$，求证要求中有 $\frac{AC}{AB}$，若将等号左右的两个比都平方，得 $\frac{AC^2}{AB^2}=\frac{CD^2}{AD^2}$，而 $AD^2=BD\cdot CD$，约简后得 $\frac{AC^2}{AB^2}=\frac{CD}{BD}$。

分析 2：将 $\frac{AC^2}{AB^2}$ 看作 $\frac{AC}{AB}\cdot\frac{AC}{AB}$，根据 $\frac{AC}{AB}=\frac{CD}{AD}=\frac{AD}{BD}$，将第一个 $\frac{AC}{AB}$ 换成 $\frac{CD}{AD}$，第二个 $\frac{AC}{AB}$ 换成 $\frac{AD}{DB}$，约简后得 $\frac{AC^2}{AB^2}=\frac{CD}{BD}$。

分析 3：考虑用代入的方法，即用一个式子来表示一条线段。既然有 $\frac{AC}{AB}=\frac{CD}{AD}$，则 $AD=\frac{AB\cdot CD}{AC}$，将这个结果代入另一比例式，$\frac{AC}{AB}=\frac{AD}{BD}$，得 $\frac{AC}{AB}=\frac{\frac{AB\cdot CD}{AC}}{BD}$，即 $\frac{AC}{AB}=\frac{AB\cdot CD}{AC\cdot BD}$，得 $\frac{AC^2}{AB^2}=\frac{CD}{BD}$。

例 2 如图 6－328，已知 QC、QD 切⊙O 于 C、D，CD 交 OQ 于 P，过 Q、

P 两点的$\odot O'$交$\odot O$ 于A、B，求证：过 A 点的两圆的切线互相垂直。

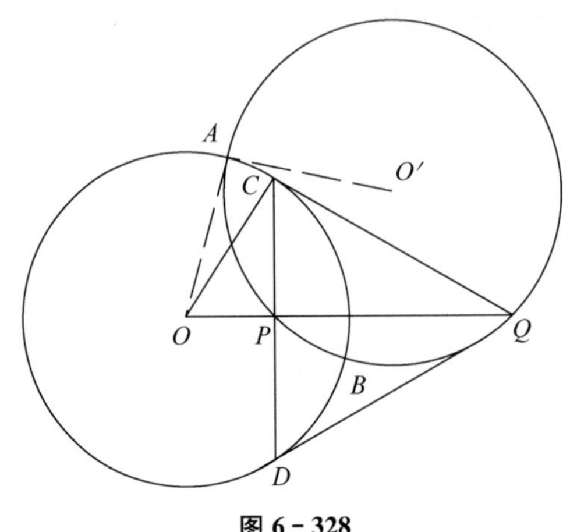

图 6-328

分析：用基本图十六，从$\odot O$ 外一点 Q 向$\odot O$ 引两条切线 QC、QD，这里 Rt$\triangle OQC$ 有斜高 CP，出现基本图九，得 $OC^2=OP\cdot OQ$。而 OC、OA 都是$\odot O$ 的半径，所以 $OA=OC$。代入上式，得 $OA^2=OP\cdot OQ$，这里切割线定理的逆命题（这个命题是正确的）。于是可以证明 OA 是$\odot O'$的切线。OA 既是$\odot O'$的切线，就和$\odot O'$的半径 $O'A$ 垂直。同时 $O'A$ 既和$\odot O$ 的半径 OA 垂直，$O'A$ 也就是$\odot O$ 的切线。所以过 A 点的两圆的切线互相垂直。

练　习

A 组

1. AB 切$\odot O$ 于 B，ADC 经过 O 点交$\odot O$ 于 D、C，若 $AB=2$ cm，$AC=5$ cm，求$\odot O$ 半径的长。

提示：根据基本图二十八，可以求得 $AD=\frac{4}{5}$ cm，算出 $CD=4\frac{1}{5}$ cm，则$\odot O$ 的半径为 $2\frac{1}{10}$ cm。

2. $\odot O$ 的半径为 7 cm，$\odot O$ 外有一点 P，已知 $OP=9$ cm，直线 PBC 交$\odot O$ 于 B、C，且 $PB=BC$，求 PC。

提示：延长 PO 交$\odot O$ 于 D、A，得 $PA\cdot PD=PB\cdot PC$，得 PC 的长为 8 cm。

3. AB 切$\odot O$ 于 B，ACD 交$\odot O$ 于 C、D。

①若 $AB=4$，$CD=6$，求 AC；

②若 AC 比 AB 短 5 cm，CD 比 AB 长 5 cm，求 AB；

③若 $AB=CD$，$AC=a$，求 AB。

答案：①2；②10 cm；③$\left(\frac{1+\sqrt{5}}{2}a\right)$

4. PC 切⊙O 于 C，直线 PAB 交⊙O 于 A、B，$PB=7$ cm，$AB>PA$，且 $AB-PA=PC$，求 PC。

答案：$3\frac{1}{2}$ cm。

5. AB 切⊙O 于 B，直线 ACD 交⊙O 于 C、D，若 $AB=a$，$AC:CD=m:n$，求 AD。

提示：设 $AC=mx$，则 $CD=nx$，得 $mx\cdot(m+n)x=a^2$，$x=\frac{a}{\sqrt{m(m+n)}}$，所以 $AD=(m+n)\cdot\frac{a}{\sqrt{m(m+n)}}=a\sqrt{\frac{m+n}{m}}$。

6. 直线 EBA 和直线 EDC 交⊙O 于 B、A 和 D、C，若 $AB=a$，$CD=b$，$BE:DE=m:n$，求 BE、DE。

答案：$BE=\frac{m(bn-am)}{m^2-n^2}$、$DE=\frac{n(bn-am)}{m^2-n^2}$。

7. 如图 6-329，已知⊙O、⊙O'相交于 A、B，P 是 AB 上一点，CD、EF 都过 P 点，求证：$CP\cdot PD=EP\cdot PF$。

提示：分别研究⊙O、⊙O'，用基本图二十六相交弦定理。

8. 如图 6-330，已知⊙O、⊙O'相交于 A、B，P 是 BA 延长线上一点，求证：$PC\cdot PD=PE\cdot PF$。

提示：用基本图二十七两割线定理。

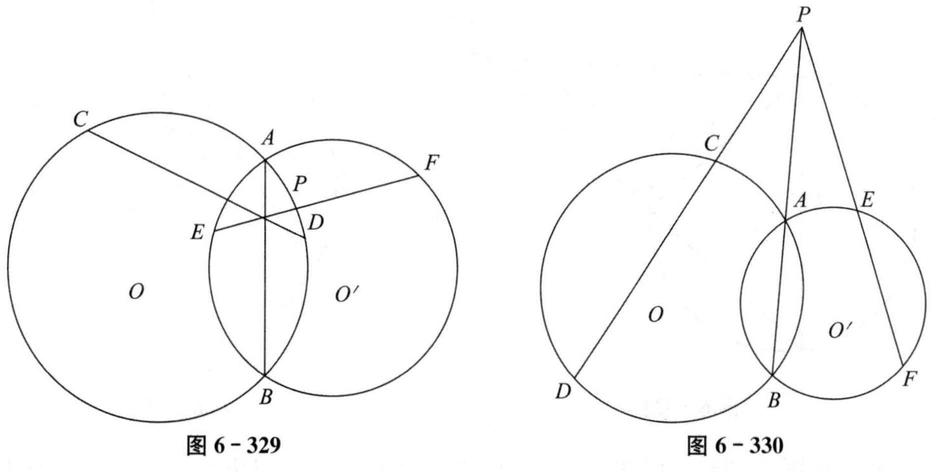

图 6-329　　图 6-330

9. 如图 6-331，已知⊙O、⊙O'相交于 A、B；两圆割线 CG 交⊙O 于 C、

F，交$\odot O'$于D、G，交AB于E，求证：$\dfrac{CD}{DE}=\dfrac{GF}{FE}$。

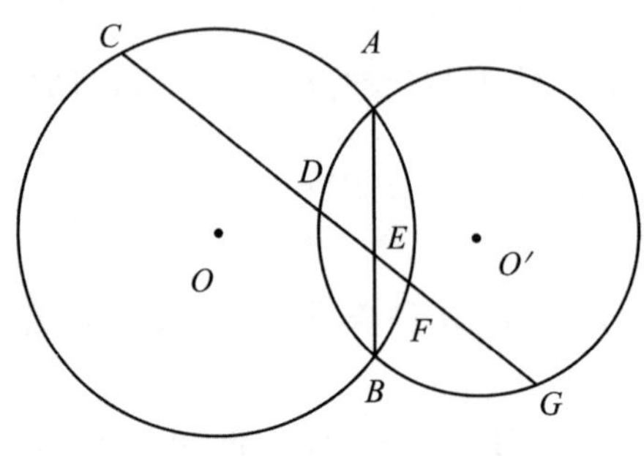

图 6－331

提示：研究$\odot O$，有基本图二十六相交弦定理可用，得$CE\cdot EF=AE\cdot EB$，同理，在$\odot O'$中有$GE\cdot ED=AE\cdot EB$，代换后得$CE\cdot EF=GE\cdot ED$，改写成比例形式：$\dfrac{CE}{ED}=\dfrac{GE}{EF}$，用分比即可。

10. 如图 6－332，已知：PA切$\odot O$于A，$\angle 1=\angle 2$，求证：$\dfrac{AR}{RC}=\dfrac{BQ}{QA}$。

提示：用角平分线定理得出比例式，再用切割线定理的结论。

11. 如图 6－333，已知：CE是$\odot O$的直径，$OP /\!/ DE$，求证：$PC^2=AP\cdot PB$。

提示：由“直径”“平行”的关系证出$OP\perp CD$，得$PC=PD$，再用基本图二十六。

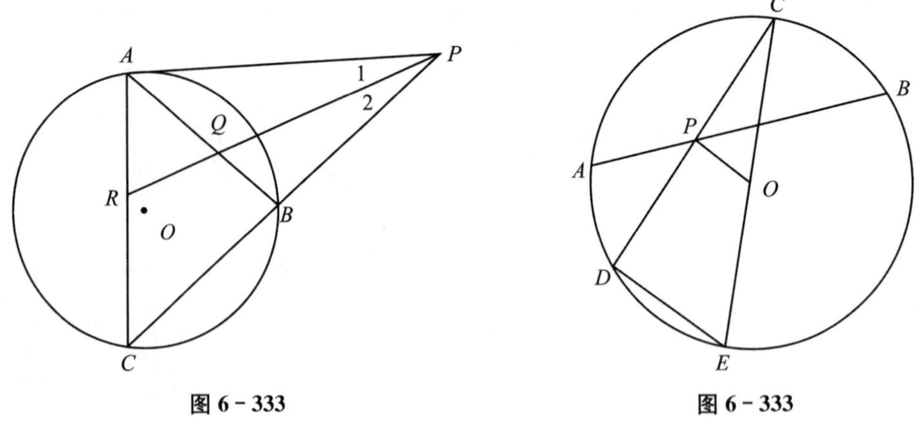

图 6－333　　**图 6－333**

12. 如图 6－334，已知$AC=BD$，CE切$\odot O$于E，DF切$\odot O$于F，求证：$CE=DF$。

提示：用基本图二十八，两次用切割线定理，列出式子再比较。

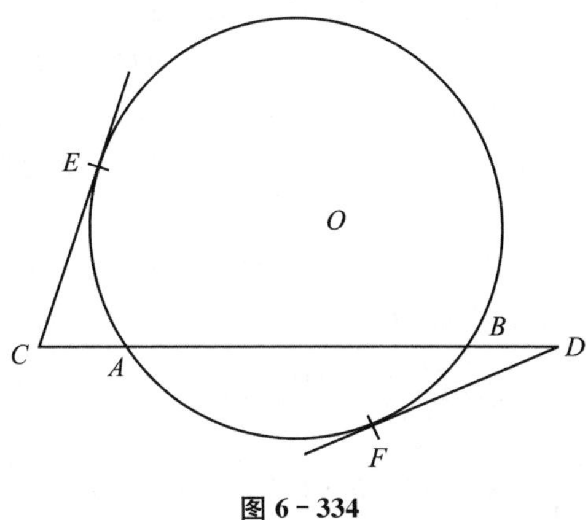

图 6－334

13. 如图 6－335，已知 M 是⊙O、⊙O'的割线 CAD 的中点，BM 交⊙O'于 F，BM 的延长线交⊙O 于 E，求证：$ME=MF$。

提示：看⊙O，是基本图二十六，得 $ME\cdot MB=MC\cdot MA$，所以 $ME=\dfrac{MA\cdot MC}{MB}$。看⊙$O'$，是基本图二十七，得 $MA\cdot MD=MF\cdot MB$，有 $MF=\dfrac{MA\cdot MD}{MB}$，而 $MC=MD$，所以 $ME=MF$。

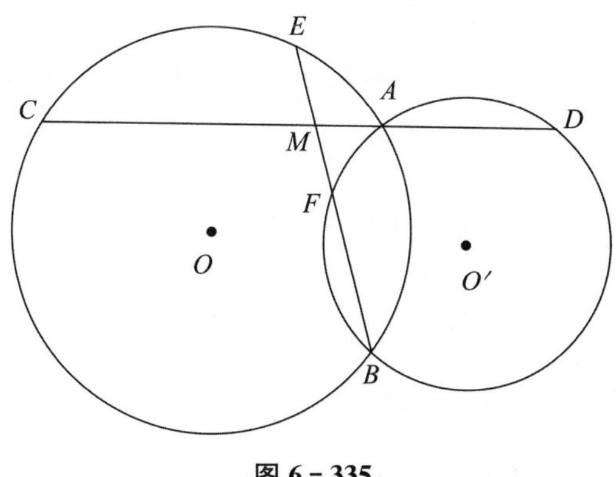

图 6－335

14. ⊙O 和⊙O'内切于 P，⊙O'的直径 PB 和⊙O 的另一个交点是 A，作 AB 的垂直平分线，垂足为 C，交⊙O'于 E、F，再作 CD 切⊙O 于 D，求证 $CD=CE$。

提示：在⊙O 中有基本图二十八，得 $CD^2=CA\cdot CP$，在⊙O'中有基本图二十六，得 $CE^2=BC\cdot CP$，所以 $CD=CE$。

15. 在$\angle M$的一边上取一点A，另一边上取两点B和C，如果$MA^2=MB\cdot MC$，求证：过A、B、C三点的圆切MA于A。

提示：过A、B、C三点作一个圆，然后作$AD\perp MD$，和圆的另一个交点为D，连接BD，可证：$\angle BDA=\angle BCA=\angle MAB$。由于$\angle MAB+\angle BAD=90°$，所以$\angle BDA+\angle BAD=90°$，则$\angle DBA=90°$，$AD$是圆的直径，$MA$切圆于$A$。

16. AD是$\triangle ABC$的角平分线，M是BC的中点，过A、D、M三点的圆交AB于E，交AC于F，求证$BE=FC$。

提示：由角平分线性质得$\frac{BD}{DC}=\frac{AB}{AC}$，由基本图二十七，可得$BE\cdot BA=BM\cdot BD$，由$\frac{BE}{BM}=\frac{BD}{AB}$，还可得$CF\cdot CA=CD\cdot CM$，即$\frac{CF}{MC}=\frac{CD}{AC}$，结合前面的比例式，可以证出$BE=FC$。

B组

1. $\odot O$和$\odot O'$相交于E、F，在FE的延长线上取一点P，作$\odot O$的割线PAB交$\odot O$于A、B，再作$\odot O'$的割线PDC，交$\odot O'$于D、C，求证：$\frac{PA}{PB}=\frac{AC\cdot AD}{BC\cdot BD}$。

提示：由基本图二十七，可得$PA\cdot PB=PD\cdot PC$，证出$\triangle PAD\backsim\triangle PCB$。有$\frac{PA}{PC}=\frac{AD}{BC}$，即$PA=\frac{PC\cdot AD}{BC}$。同理可证$\triangle PAC\backsim\triangle PDB$，有$\frac{PC}{PB}=\frac{AC}{BD}$，即

$$PB=\frac{PC\cdot BD}{AC}，所以\frac{PA}{PB}=\frac{\frac{PC\cdot AD}{BC}}{\frac{PC\cdot BD}{AC}}=\frac{AC\cdot AD}{BC\cdot BD}。$$

2. 如图 6－336，已知$\odot O$和$\odot O'$内切于A，$\odot O$的弦AP交$\odot O'$于B，PC切$\odot O'$于C，且$\frac{PC}{PA}=\frac{\sqrt{3}}{2}$，求两圆半径之比。

提示：按照所求，一般地要画出圆半径来研究，同时注意求的是两圆半径之比，而不是两圆半径的长度。证出$O'B\parallel OP$之后，根据基本图二十二，得$\frac{O'B}{OP}=\frac{AB}{AP}$。另外，由基本图二十八得$PC^2=PB\cdot PA$。证到这里，自己要明确，本题有的是$\frac{PC}{PA}$的值，要的是$\frac{AB}{AP}$的值。线段$PA$、$PC$、$AB$是有用的，$PB$是不能保留的，于是改写成$PC^2=PB\cdot PA=(PA-AB)\cdot PA=PA^2-PA\cdot$

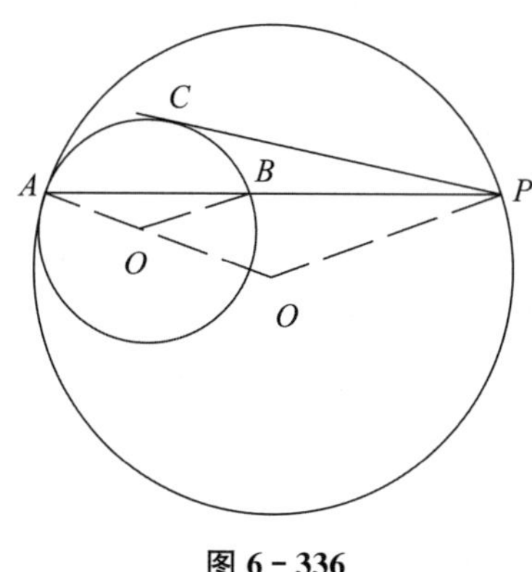

图 6－336

AB。既然要$\frac{PC}{PA}$的值，就用出现这个比，将等式两边同时除以 PA^2，得$\frac{PC^2}{PA^2}=1-\frac{AB}{PA}$，即$\frac{AB}{PA}=1-\left(\frac{PC}{PA}\right)^2$，将$\frac{\sqrt{3}}{2}$代入，答案是$\frac{1}{4}$。这样看来，$O'$应为$AO$的中点，不过这个结果开始并不知道，所以原图也就不必改了。通过这个题目明确一个“有什么”“要什么”的思想，这是非常重要的。

3. 如图 6－337，已知⊙O 是$\triangle ABC$ 的外接圆，$\triangle ABC$ 的外角平分线 AD 反向延长，交⊙O 于E，和 BC 的延长线交于D，DF 切⊙O 于F，求证：$AB\cdot AC=(DF+DA)(DF-DA)$。

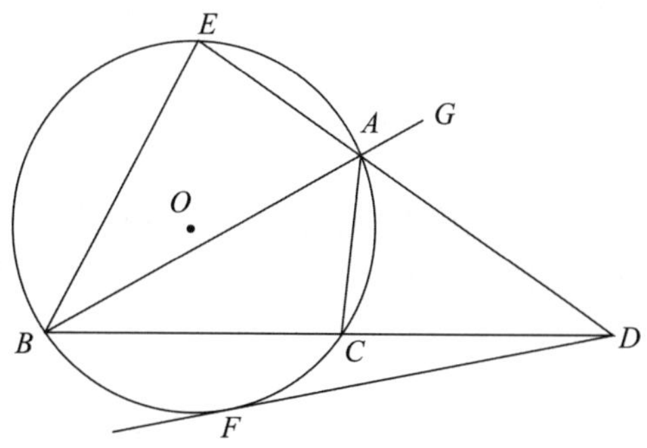

图 6－337

提示：本来⊙O 上有三个点 A、B、C，又出现一个交点 E，这时思路要跟上。顺次连接就出现圆内接四边形了。找两组相等的对应角，证出$\triangle AEB\backsim\triangle ACD$，得$\frac{AB}{AD}=\frac{AE}{AC}$，写成 $AB\cdot AC=AE\cdot AD=(DE-AD)\cdot AD=AD\cdot DE-AD^2=DF^2-AD^2=(DF+AD)(DF-AD)$。这里，恒等变形的思路

（也就是取舍的依据）仍是从上述“有什么”出发，向“要什么”变化的原则。例如，有 $AE \cdot AD$，最后不要 AE，所以保留 AD，将 AE 变成 $(DE-AD)$。从求证的右边着眼，符合乘法公式，必然要 DF^2 与 AD^2，再看到基本图二十八，就不难解决了。

4. 如图 6－338，圆内接四边形的两边 BC、AD 延长交于 F，AB、DC 延长交于 E，EP 切⊙O 于 P，FQ 切⊙O 于 Q，求证：$EP^2+FQ^2=EF^2$。

提示：综合学过的知识，有关线段平方的主要是勾股定理、射影定理、余弦定理、圆幂定理。由于图中有圆的切线，所以考虑圆幂定理。由基本图二十七、二十八得 $EP^2=EB \cdot EA=EC \cdot ED$，$FQ^2=FD \cdot FA=FC \cdot FB$，因为想往 EF 线段上推导，所以过 CED 作个圆，交 EF 于 M（或者作$\angle CMF=\angle 1$，证四点共圆也可以，如果不好作，就先作一个大、小合适的角，再平移）得 $EC \cdot ED=EM \cdot EF$。接着证出（请注意，证出而不要再作辅助圆）B、E、M、C 四点共圆。得 $FC \cdot FB=FM \cdot FE$，两式相加即可。

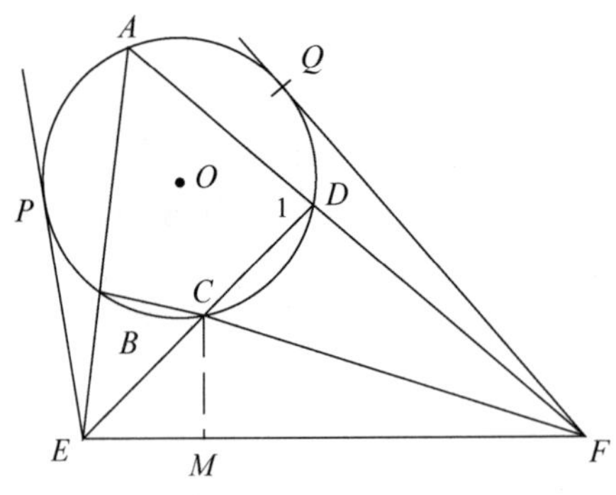

图 6－338

5. 如图 6－339，已知：AB 是⊙O 的直径，⊙C 与⊙O 内切于 F，⊙C 又和 AB 相切于 D，DC 的延长线交⊙O 于 E。求证：$ED^2=CD \cdot AB$。

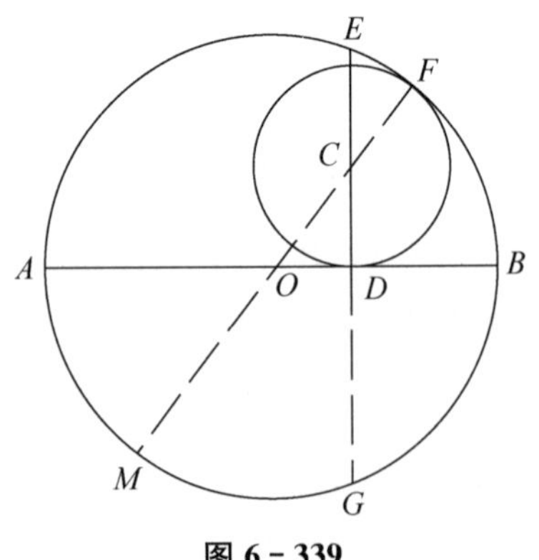

图 6－339

提示：CD 是$\odot C$ 的半径，设它为 r，AB 是$\odot O$ 的直径，设它为 $2R$，则凡是同圆的半径、直径都可以代换，这样就灵活多了。由于 F、C、O 共线，先画出直径 FM，于是有 $FC\cdot CM=EC\cdot CG=(ED-r)(ED+r)=ED^2-r^2$，所以 $ED^2=r^2+r\cdot CM=r(r+CM)=r\cdot 2R$。此外，如果先从 $\text{Rt}\triangle ODC$ 下手，用勾股定理结合射影定理也是可以的。

6. 如图 6-340，已知 $BM=EG=CH$，$DM=AG=FH$，求证：$\triangle GHM$ 是等边三角形。

提示：由基本图二十六得 $BM\cdot MA=DM\cdot MC$，条件中没有 MA、MC，将它们拆开，代入上式，乘开得 $BM\cdot MG+BM\cdot GA=DM\cdot MH+DM\cdot HC$。将 $BM\cdot GA$ 和 $DM\cdot HC$ 消去，剩下的乘积式 $BM\cdot MG=DM\cdot MH$ 改成比例式，就是$\frac{BM}{DM}=\frac{MH}{MG}$。同理可证，$EG\cdot GH=AG\cdot GM$；$CH\cdot HM=FH\cdot HG$，改写成比例形式就是：$\frac{EG}{AG}=\frac{GM}{GH}$；$\frac{CH}{FH}=\frac{HG}{HM}$，这三个比例式的左边是相等的，当然右边$\frac{MH}{MG}=\frac{MG}{GH}=\frac{GH}{MH}$。用等比定理，有：$\frac{MH+MG+GH}{MG+GH+MH}=\frac{MH}{MG}=\frac{MG}{GH}=1$，所以 $MH=MG=GH$。

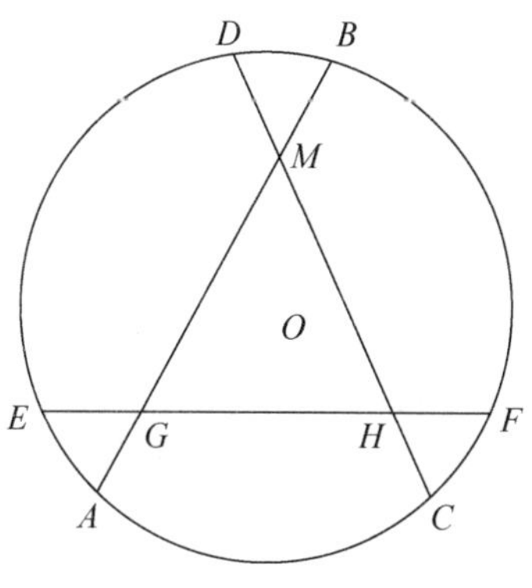

图 6-340

7. 如图 6-341，已知：$PA\cdot PB$ 切$\odot O$ 于 A、B，PDC 为任意一条割线。求证：$\frac{1}{PC}+\frac{1}{PD}=\frac{2}{PR}$。

提示：据基本图八，有 $OP\perp AB$，因而有直角三角形。此外，有基本图二十六、二十八可用。见到图形想到性质，先把有关的性质摆出来：

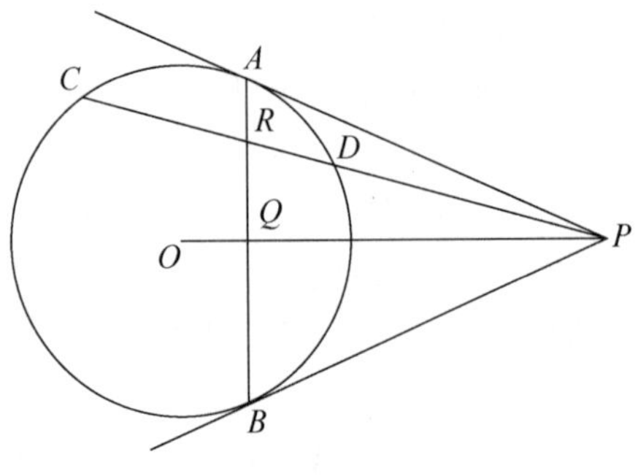

图 6－341

$$AR \cdot RB = CR \cdot RD \quad ①$$

$$PA^2 = PC \cdot PD \quad ②$$

$$QR^2 = RP^2 - QP^2 \quad ③$$

$$AQ^2 = PA^2 - QP^2$$

$$即\left(\frac{AB}{2}\right)^2 = PA^2 - QP^2 \quad ④$$

这时，心中要明确最后只要 $PC \cdot PD \cdot PR$，其余一律换掉，因而按照这个目的代换。

由①：$(\frac{AB}{2}-RQ)(\frac{AB}{2}+RQ)=(PC-PR)(PR-PD)$，

即：$(\frac{AB}{2})^2-RQ^2=PC \cdot PR+PR \cdot PD-PR^2-PC \cdot PD$，

将③、④代入：$PA^2-QP^2-RP^2+QP^2=PR(PC+PD)-PR^2-PC \cdot PD$，

整理后得：$PA^2=PR(PC+PD)-PC \cdot PD$，

将②代入并移项：$2PC \cdot PD=PR(PC+PD)$，

安排成比例式：$\frac{PC+PD}{PC \cdot PD}=\frac{2}{PR}$，即：$\frac{1}{PC}+\frac{1}{PD}=\frac{2}{PR}$。

8. 如图 6－342，已知：锐角$\triangle ABC$，以 BC 为直径作$\odot O$，AD 切$\odot O$ 于 D，在 AB 上截取 $AE=AD$，作 $EF \perp AB$。求证：$\frac{AE}{AB}=\frac{AC}{AF}$；$S_{\triangle ABC}=S_{\triangle AEF}$。

提示：连接 CG，可证 $CG /\!/ FE$。据基本图二十二，得$\frac{AC}{AF}=\frac{AG}{AE}$。另据基本图二十八，$AD^2=AG \cdot AB$，也就是 $AE^2=AG \cdot AB$，即$\frac{AE}{AB}=\frac{AG}{AE}$，代换之后得$\frac{AE}{AB}=\frac{AC}{AF}$。连接 EC、BF，由上面结论可证 $EC /\!/ BF$。同底等高，得 $S_{\triangle BCE}=$

$S_{\triangle FCE}$，或用基本图二十二，证$\triangle AEC \backsim \triangle ABF$，用 $S=\frac{1}{2}a \cdot h_a$ 去证。

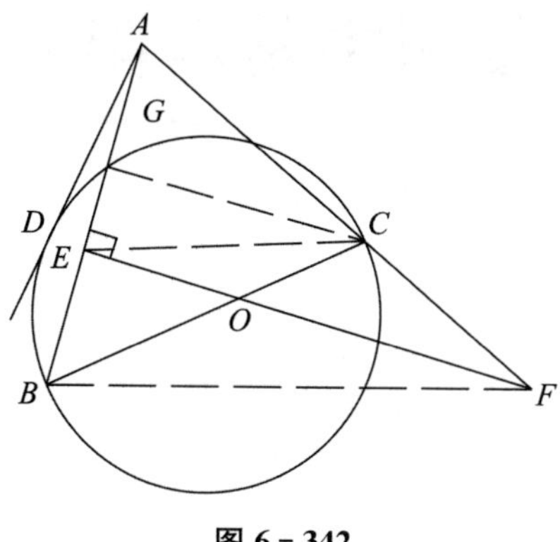

图 6－342

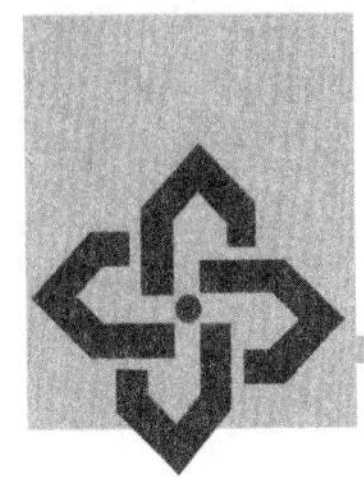

七、复习中基本图的作用

一个学生总要不断地参加不同阶段、不同要求的考试，就要进行不同内容、不同方法的复习。无论哪一种复习，有三件事必须牢记，也必须做到。

1. 熟能生巧

由于学生学习的科目多，内容多，堂堂上新课，所以不少学生在学习中总是处于被动的状态，常常是知识明白了，训练跟不上，做题有困难，因此必须强调“熟”字。同是一个内容，由于熟练程度不够，到了考场上也就发挥不出来。

所以复习中要抓住要点，反复练习，这里包括：(1) 重要的概念：比如“点到直线的距离”，题目上说“求证三角形一边的两个端点到这边上中线的距离相等”，若概念不清，题意就弄不懂。(2) 图形的性质：比如提到正方形，“对边平行，四边相等，四个角都是直角，对角线互相垂直、平分，对角相等，每一条对角线平分一组对角，出现45°，有大大小小的等腰直角三角形”等一系列性质。(3) 训练的要求：比如要证四条线段成比例，一般说有三类定理可用，即平行截割定理、角平分线定理和相似三角形，这当中以相似三角形为最常用，要证两三角形相似，有五个判定定理，这当中以预备定理和两组角相等两三角形相似为最常用。这样一概括，就抓住了基本图二十二和基本图二十三。在直线形中选相似形、造相似形主要靠平行线，还有射影定理，在圆中主要靠和圆有关的角，凑足两组角相等就可以证明相似形。总之知识越熟越好，训练水平越高越好，打开了思路，就灵活畅通。

下面举几个例子来说明：

例 1 如图 7-1，已知：在⊙O 中 OB 是半径，$ADO \perp OB$ 交⊙O 于D，AB 交⊙O 于C，若$\angle A=27^\circ$。求：$\overset{\frown}{DC}$、$\overset{\frown}{BC}$ 的度数。

分析 1： 延长 AO 交⊙O 于 E，因圆外角$\angle A=27^\circ$，所以 $27^\circ=\frac{1}{2}(90^\circ-\overset{\frown}{CD})$，求得 $\overset{\frown}{CD}=36^\circ$，$\overset{\frown}{BC}=54^\circ$。

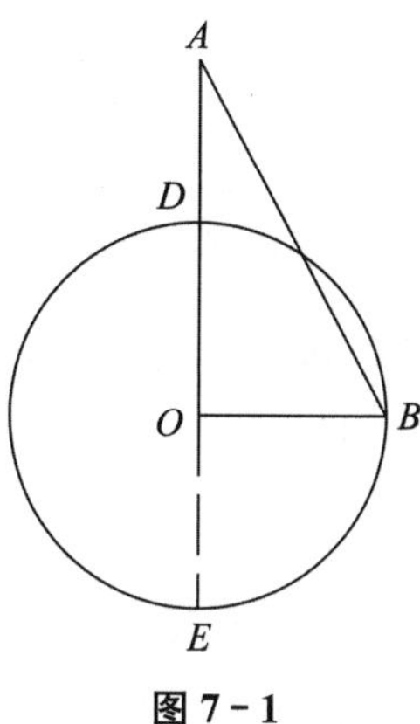

图 7-1

分析 2： 见图 7-2，延长 AO 交⊙O 于E，延长 BO 交⊙O 于F，连接 CF，交 AO 于 G。因 $\angle A=27^\circ$，所以 $\angle 1=63^\circ$。因 $\angle 1$ 是圆内角，所以 $63^\circ=\frac{1}{2}(90^\circ+\overset{\frown}{CD})$，所以 $\overset{\frown}{CD}=36^\circ$，$\overset{\frown}{BC}=54^\circ$。

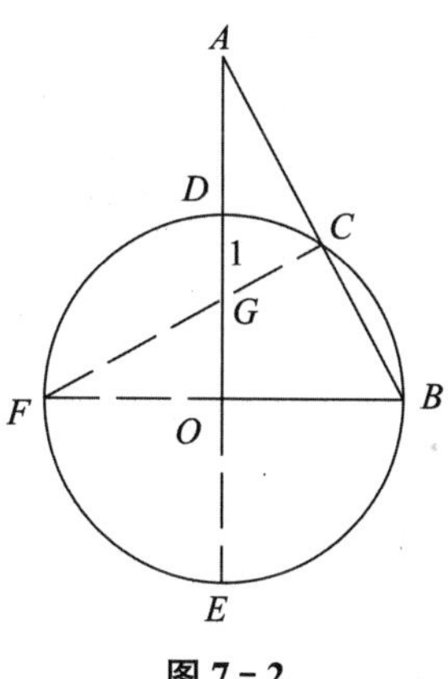

图 7-2

分析 3： 见图 7-3，连接 OC，因$\angle A=27^\circ$，所以$\angle B=63^\circ$。用三角形内角和；$\angle 1=63^\circ$，$\angle 2=54^\circ$，$\overset{\frown}{BC}=54^\circ$，$\overset{\frown}{CD}=36^\circ$。

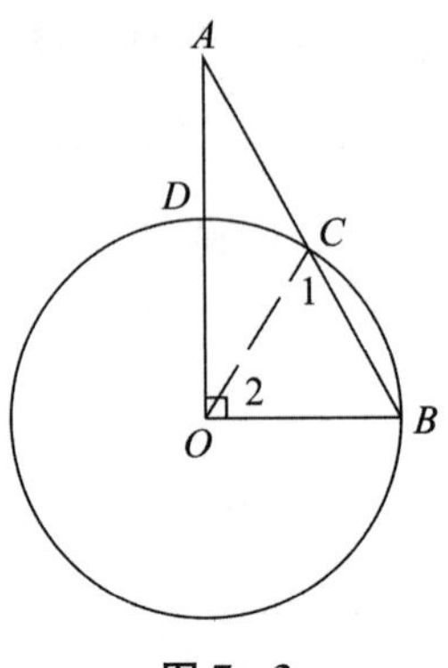

图 7－3

分析 4：图 7－4，连接 BD，因$\angle 1=45°$，$\angle A=27°$，用三角形外角定理，所以$\angle 2=18°$，$\overset{\frown}{CD}=36°$，$\overset{\frown}{BC}=54°$。

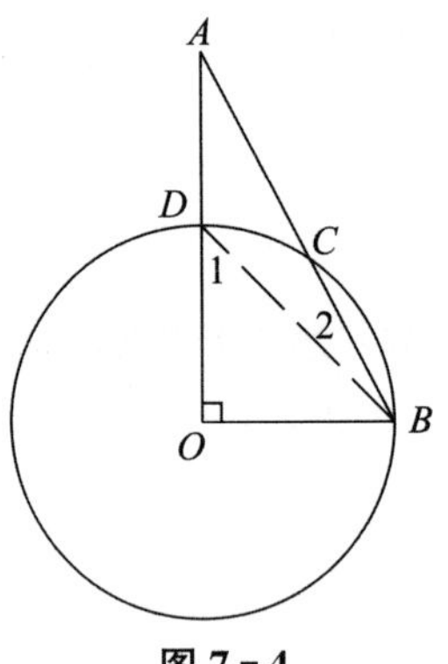

图 7－4

分析 5：见图 7－5，连接 OC，因$\angle A=27°$，所以$\angle B=63°$，$\angle 1=63°$。用三角形外角定理，得$\angle 2=36°$，$\overset{\frown}{DC}=36°$，$\overset{\frown}{BC}=54°$。

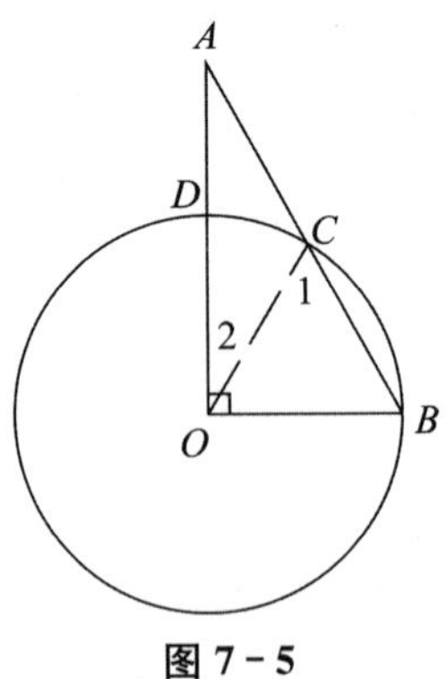

图 7－5

分析 6：见图 7－6，延长 BO 交$\odot O$ 于 E，因$\angle A=27°$，所以$\angle B=63°$。因

$\angle B$ 是圆周角，所以 $\overset{\frown}{EC}=126°$，$\overset{\frown}{DC}=36°$，$\overset{\frown}{BC}=54°$。

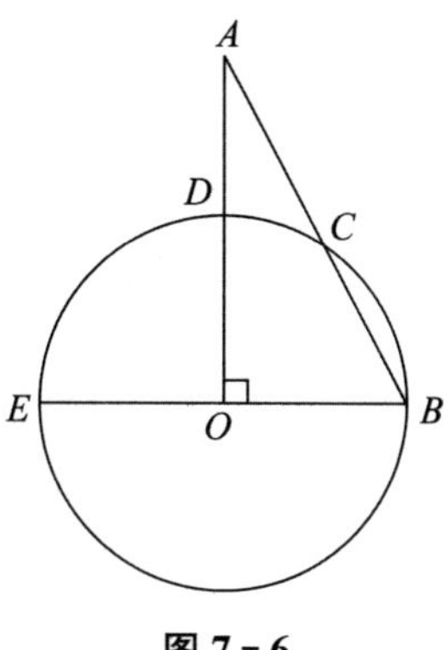

图 7 - 6

分析 7：见图 7 - 7，延长 BO 交⊙O 于 E，连接 CE。因 $\angle A=27°$，通过互余关系证出 $\angle E=27°$，所以 $\overset{\frown}{BC}=54°$，$\overset{\frown}{DC}=36°$。

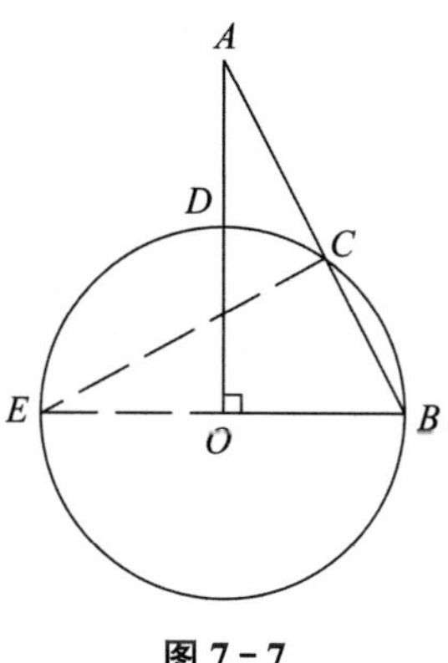

图 7 - 7

分析 8：见图 7 - 8，作 $CE\perp OB$ 于 F，交⊙O 于 E（或作 $CE/\!/AO$，交⊙O 于 E），得 $\angle 1=\angle A=27°$。用基本图十五，得 $\overset{\frown}{BC}=\overset{\frown}{BE}=54°$，$\overset{\frown}{DC}=36°$。

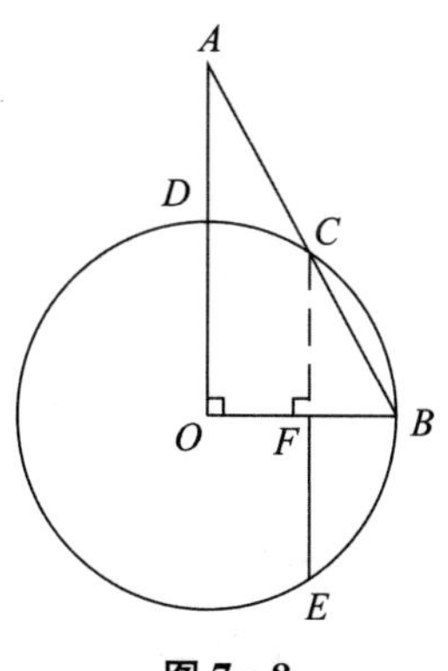

图 7 - 8

分析 9：见图 7-9，作 $BM /\!/ AO$（或作 $BM \perp OB$），得$\angle 1=\angle A=27°$，易证 BM 为$\odot O$ 切线，$\angle 1$ 为弦切角，所以$\overset{\frown}{BC}=54°$，$\overset{\frown}{DC}=36°$。

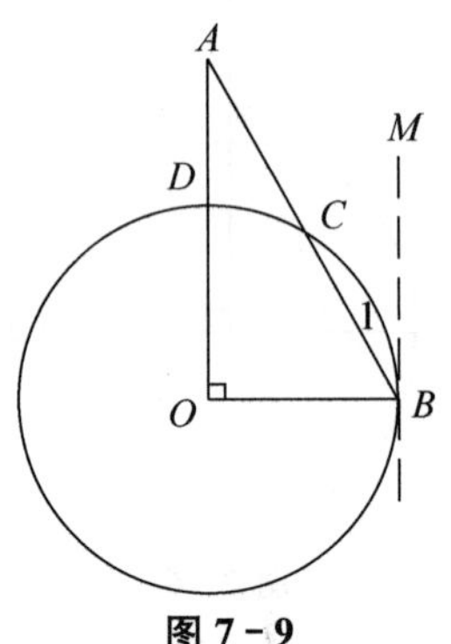

图 7-9

分析 10：见图 7-10，过 B 作$\odot O$ 的切线BN，则$\angle 1$ 为弦切角，易证 $BN /\!/ AO$，所以$\angle 1=\angle A=27°$，$\overset{\frown}{BC}=54°$，$\overset{\frown}{DC}=36°$。

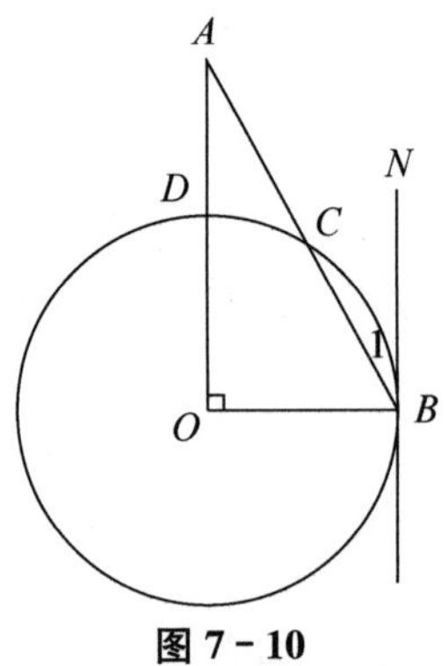

图 7-10

分析 11：见图 7-11，作 $DE /\!/ AB$ 交$\odot O$ 于 E，延长 AD 交$\odot O$ 于 F，得$\angle 1=\angle A=27°$，$\overset{\frown}{FE}=54°$，$\overset{\frown}{BE}=36°$，因平行弦截等弧，所以$\overset{\frown}{CD}=\overset{\frown}{BE}=36°$，$\overset{\frown}{BC}=54°$。

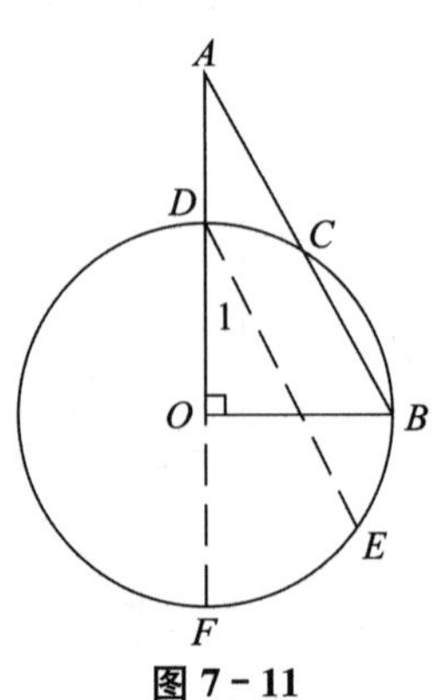

图 7-11

分析 12： 见图 7－12，过 O 作 $EF /\!/ AB$，交⊙O 于 E、F，得 $\angle 1=\angle A=27°$，所以 $\overset{\frown}{ED}=27°$。据基本图五-3，$\angle 2=90°-\angle 1=63°$，所以 $\overset{\frown}{EC}=\overset{\frown}{BF}=63°$，所以 $\overset{\frown}{DC}=36°$，$\overset{\frown}{BC}=54°$。

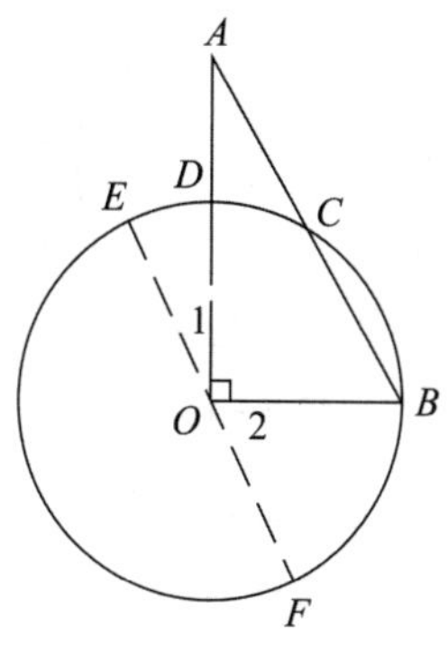

图 7－12

分析 13： 见图 7－13，延长 AO 交⊙O 于 E，连接 CE，因 $\angle 1 \overset{m}{=} \frac{1}{2}\overset{\frown}{BE}=45°$，$\angle A=27°$，所以 $\angle E=18°$，$\overset{\frown}{DC}=36°$，$\overset{\frown}{BC}=54°$。

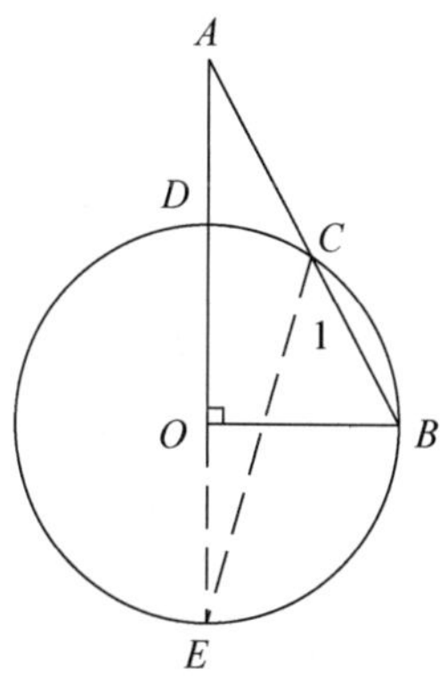

图 7－13

分析 14： 见图 7－14，连接 DB，$\triangle DOB$ 为等腰直角三角形，所以 $\angle OBD=45°$，而 $\angle A=27°$，$\angle OBA=63°$，所以 $\angle 1=18°$，$\overset{\frown}{CD}=36°$，$\overset{\frown}{BC}=54°$。

分析 15： 见图 7－15，延长 BO 交⊙O 于 F，连接 CF 交 AO 于 E，易证 $\triangle FOE \backsim \triangle ACE$，得 $\angle F=\angle A=27°$，$\overset{\frown}{BC}=54°$，$\overset{\frown}{DC}=36°$。

分析 16： 见图 7－16，连接 CO，延长 CO 交⊙O 于 E，因 $\angle A=27°$，所以 $\angle B=\angle 1=63°$，$\angle 2=126°$，$\overset{\frown}{BE}=126°$，$\overset{\frown}{BC}=54°$，$\overset{\frown}{DC}=36°$。

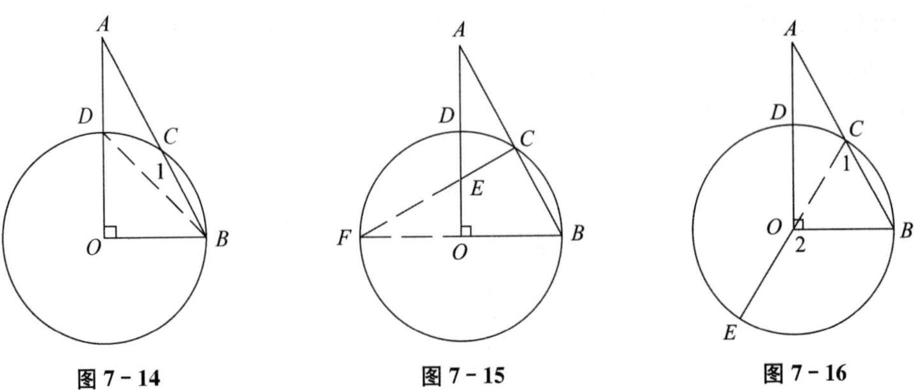

图 7-14　　图 7-15　　图 7-16

分析 17： 见图 7-17，延长 BO 交⊙O 于 F，连接 CF 交 OA 于 E，易证 O、B、C、E 四点共圆，所以 $\angle 1=\angle B=90°-\angle A=63°$。而 $\angle ODF=45°$，所以 $\angle 2=63°-45°=18°$，所以 $\overset{\frown}{DC}=36°$，$\overset{\frown}{BC}=54°$。

分析 18： 见图 7-18，延长 CO 交⊙O 于 E，连接 BE，则 $\angle EBC=90°$，因 $\angle 1=\angle 2$，所以 $\angle E=\angle A=27°$，所以 $\overset{\frown}{BC}=54°$，$\overset{\frown}{DC}=36°$。

分析 19： 见图 7-19，连接 OC，作 $CE\perp OC$，则 CE 是⊙O 的切线，由 $\angle A=27°$，得 $\angle 1=\angle B=63°$，$\angle 2=27°$，所以 $\overset{\frown}{BC}=54°$，$DC°=36°$。

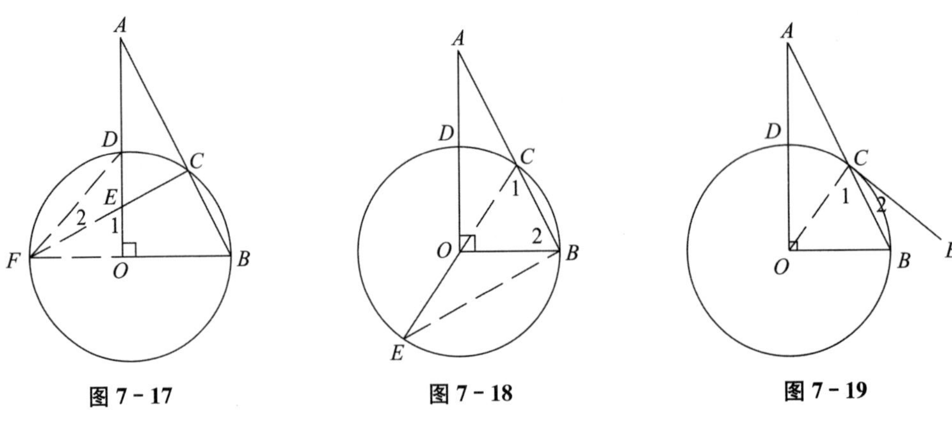

图 7-17　　图 7-18　　图 7-19

分析 20： 见图 7-20，取 $\overset{\frown}{BC}$ 中点 E，连接 OE，得 $OE\perp BC$，易证 $\angle 1=\angle A-27°$，则 $\overset{\frown}{BE}=27°$，$\overset{\frown}{BC}=54°$，$\overset{\frown}{DC}=36°$。

分析 21： 见图 7-21，作 $\angle ABE=\angle BAO=27°$，$BE$ 交⊙O 于 E，延长 AO 交⊙O 于 F，因 $\angle 3=\angle 1+\angle 2=54°$，所以 $\overset{\frown}{DE}=108°-90°=18°$，$\overset{\frown}{EC}=54°$，所以 $\overset{\frown}{DC}=36°$，$\overset{\frown}{BC}=54°$。

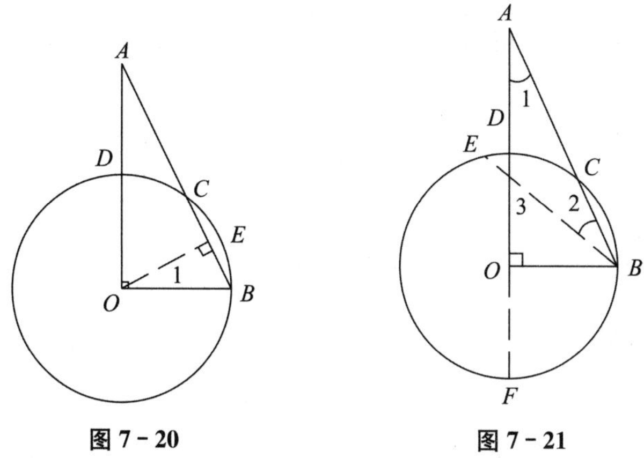

图 7-20　　图 7-21

分析 22：见图 7-22，延长 BO 交⊙O 于 E，在 $\overset{\frown}{DE}$ 上任取一点 F，连接 EF、CF，得到圆内接四边形，由 $\angle A=27°$，$\angle B=63°$，得 $\angle F=117°$，$\overset{\frown}{EBC}=234°$，$\overset{\frown}{BE}=180°$，所以 $\overset{\frown}{BC}=54°$，$\overset{\frown}{DC}=36°$。

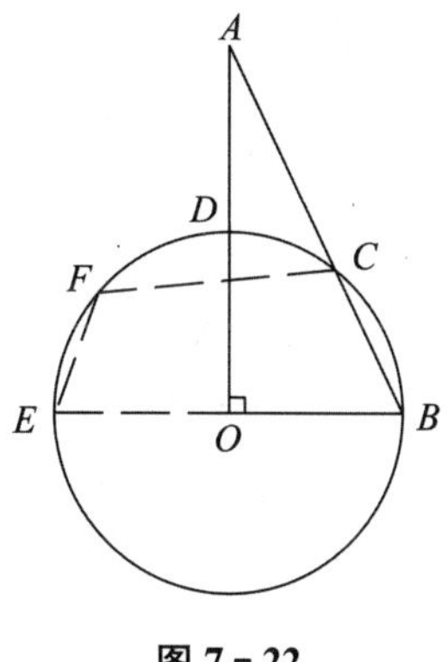

图 7-22

分析 23：见图 7-23，延长 AO，交⊙O 于 E，连接 BE、CD，因 $\angle A=27°$，所以 $\angle 1=63°$，又 $\angle 2=45°$，所以 $\angle EBC=108°$，四边形 $DEBC$ 是圆内接四边形，所以 $\angle 3=72°$，$\overset{\frown}{BE}=144°$，$\overset{\frown}{BC}=54°$，$\overset{\frown}{CD}=36°$。

分析 24：见图 7-24，作 $CE\perp AO$ 于 E，$\because \angle AOB=90°$，$\therefore EC /\!/ OB$，因 $\angle A=27°$，所以 $\angle 1=\angle B=\angle 2=63°$，$\angle 4=\angle COB=54°$，$\angle 3=36°$，$\overset{\frown}{DC}=36°$，$\overset{\frown}{BC}=54°$。

分析 25：见图 7-25，延长 BO 交⊙O 于 E，连接 AE 交⊙O 于 F，易证 $\triangle AEO\cong\triangle ABO$，得 $\angle EAB=54°$，根据圆外角，有：$2\times 54°=180°-\overset{\frown}{CF}$，所以

$\overset{\frown}{CF}=72°$，由 $\overset{\frown}{EC}=\overset{\frown}{FB}$，得 $\overset{\frown}{EF}=\overset{\frown}{BC}$，$\overset{\frown}{CD}=\overset{\frown}{FD}=\frac{1}{2}\overset{\frown}{FC}=36°$，$\overset{\frown}{BC}=54°$。

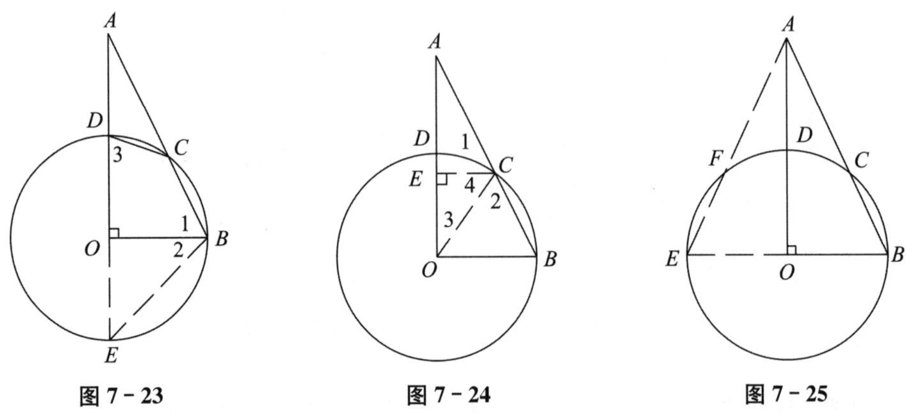

图 7－23　　图 7－24　　图 7－25

分析 26：　见图 7－26，延长 BO 交⊙O 于 E，作 $CF/\!/BE$ 交⊙O 于 F，易证 $\overset{\frown}{FE}=\overset{\frown}{BC}$，$\overset{\frown}{FD}=\overset{\frown}{DC}$。设 $\overset{\frown}{EF}=\overset{\frown}{BC}=n$，$\overset{\frown}{FD}=\overset{\frown}{DC}=m$，因$\angle B=63°$，有

$$\begin{cases}2m+2n=180°\\2m+n=126°\end{cases}$$

求得 $n=54°$，$m=36°$。

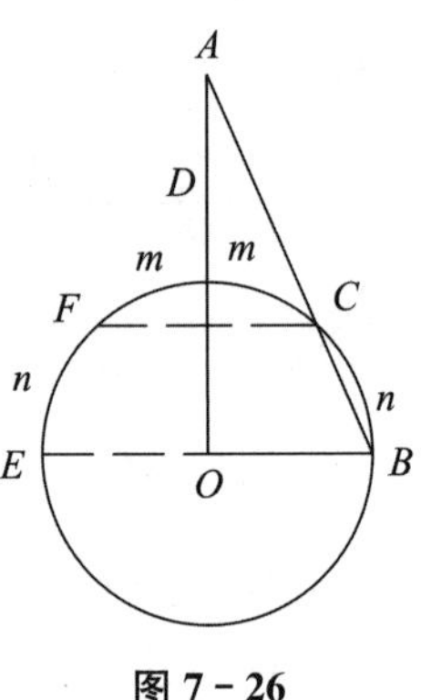

图 7－26

上述 26 种证法是多年来在教学中积累同学的不同解法而得的。一个题目不一定要研究这么多种解法，这个题目也许不止这些解法。以这些解法而论，有的比较好，有的则不一定好。这里想说明的是，只要把图形性质记熟，有一定的训练水平，同学们是可以想出许多种证法的，能打开思路，灵活畅通，答题时不但有信心，而且有办法，关键是知识熟，有训练。

例 2　如图 7－27，已知△ABC 中，$\angle ACB=90°$，CE 平分$\angle ACB$，交 AB

于E，$EF\perp AC$于F，求证：$\frac{1}{AC}+\frac{1}{BC}=\frac{1}{EF}$。

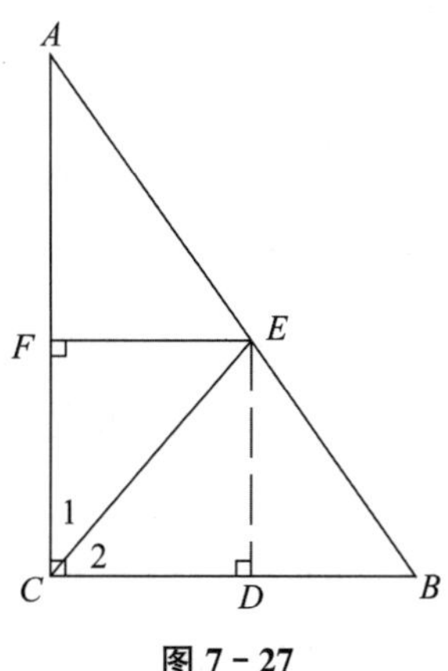

图 7－27

分析 1：由$\triangle AFE\backsim\triangle ACB$，得$\frac{AF}{AC}=\frac{EF}{BC}$，即$\frac{AC-FC}{AC}=\frac{EF}{BC}$，求证中只要$AC$、$BC$、$EF$换成：$\frac{AC-EF}{AC}=\frac{EF}{BC}$，即$\frac{AC}{AC}-\frac{EF}{AC}=\frac{EF}{BC}$。再将$\frac{AC}{AC}$换成1，同乘以$\frac{1}{EF}$，得$\frac{1}{EF}=\frac{1}{AC}+\frac{1}{BC}$。

分析 2：前几步同上，到了$\frac{AC-EF}{AC}=\frac{EF}{BC}$之后，直接乘$\frac{1}{EF}$，得$\frac{AC}{AC\cdot EF}-\frac{EF}{AC\cdot EF}=\frac{EF}{BC\cdot EF}$，即$\frac{1}{EF}=\frac{1}{BC}+\frac{1}{AC}$。

分析 3：前几步同上，到了$\frac{AC-EF}{AC}=\frac{EF}{BC}$之后，换成乘积形式，得$EF\cdot AC=AC\cdot BC-EF\cdot BC$，即$EF$（$AC+BC$）$=AC\cdot BC$，所以有，$\frac{1}{EF}=\frac{AC+BC}{AC\cdot BC}$，得$\frac{1}{EF}=\frac{1}{BC}+\frac{1}{AC}$。

分析 4：$\frac{AC}{BC}=\frac{AF}{EF}=\frac{AC-EF}{EF}$，用合比定理，得$\frac{AC+BC}{BC}=\frac{AC}{EF}$，所以$\frac{1}{EF}=\frac{AC+BC}{AC\cdot BC}$。

分析 5：作$ED\perp BC$于D，$\frac{BC}{AC}=\frac{BD}{ED}$，用合比定理，得$\frac{BC+AC}{AC}=\frac{BD+ED}{ED}$，即$\frac{BC+AC}{AC}=\frac{BC}{EF}$，所以$\frac{1}{EF}=\frac{BC+AC}{BC\cdot AC}$。

分析 6：$\frac{BC}{EF}=\frac{AB}{AE}=\frac{AE+EB}{AE}=1+\frac{EB}{AE}$。因$\angle 1=\angle 2$，所以上式$=1+\frac{BC}{AC}$，同乘以$\frac{1}{BC}$，得$\frac{1}{EF}=\frac{1}{BC}+\frac{1}{AC}$。

分析 7：先求得 $BC=\frac{AC\cdot CF}{AF}$，代入求证左边，得$\frac{1}{AC}-\frac{1}{BC}=\frac{1}{AC}+\frac{AF}{AC\cdot CF}=\frac{CF+AF}{AC\cdot CF}=\frac{1}{EF}$。

分析 8：先求得 $EF=\frac{AF\cdot BC}{AC}$，代入求证右边，得：$\frac{1}{EF}=\frac{AC}{AF\cdot BC}=\frac{AF+FC}{AF\cdot BC}=\frac{1}{BC}+\frac{EF}{AF\cdot BC}=\frac{1}{BC}+\frac{1}{AC}$。

分析 9：由$\angle 1=\angle 2$，得$\frac{BC}{AC}=\frac{BE}{AE}$，用合比定理得：$\frac{BC+AC}{AC}=\frac{BE+AE}{AE}=\frac{AB}{AE}=\frac{BC}{EF}$，即$\frac{BC+AC}{AC}=\frac{BC}{EF}$，同乘$\frac{1}{BC}$得$\frac{1}{EF}=\frac{AC+BC}{AC\cdot BC}$。

分析 10：由$\angle 1=\angle 2$，得：$\frac{BC}{AC}=\frac{BE}{AE}$，速转为：$\frac{BE}{AE}=\frac{FC}{AF}$，即：$BC=\frac{AC\cdot FC}{AF}$，得：$\frac{1}{AC}+\frac{1}{BC}=\frac{1}{AC}+\frac{AF}{AC\cdot FC}=\frac{1}{AC}\left(1+\frac{AF}{FC}\right)=\frac{1}{AC}\cdot\frac{FC+AF}{FC}=\frac{1}{EF}$。

分析 11：通分，$\frac{1}{AC}+\frac{1}{BC}=\frac{BC+AC}{AC\cdot BC}=\frac{\frac{BC}{BC}+\frac{AC}{BC}}{AC}=\frac{1+\frac{AF}{EF}}{AC}=\frac{\frac{EF+AF}{EF}}{AC}=\frac{\frac{FC+AF}{EF}}{AC}=\frac{1}{EF}$。

分析 12：将要证的结论的等式两边同乘 EF，希望证出$\frac{EF}{AC}+\frac{EF}{BC}=1$。可得$1=\frac{AC}{AC}=\frac{AF+FC}{AC}=\frac{AF}{AC}+\frac{FC}{AC}=\frac{EF}{BC}+\frac{EF}{AC}$。

分析 13：用面积可得 $S_{\triangle ACE}+S_{\triangle BCE}=S_{\triangle ABC}$，即$\frac{1}{2}AC\cdot EF+\frac{1}{2}BC\cdot EF=\frac{1}{2}AC\cdot BC$，$EF(AC+BC)=AC\cdot BC$，所以有$\frac{1}{EF}=\frac{AC+BC}{AC\cdot BC}$。

分析 14：$2S_{\triangle AEF}+2S_{CDEF}+2S_{\triangle EDB}=AC\cdot BC$，

即 $AF\cdot EF+2EF^2+EF(BC-EF)=AC\cdot BC$，

$(AC-EF)EF+2EF^2+EF\cdot BC-EF^2=AC\cdot BC$

$$AC \cdot EF - EF^2 + 2EF^2 + EF \cdot BC - EF^2 = AC \cdot BC$$

$$AC \cdot EF + EF \cdot BC = AC \cdot BC$$

$$EF\ (AC + BC) = AC \cdot BC$$

$$\frac{1}{EF} = \frac{AC + BC}{AC \cdot BC}$$

分析 15：$\because AC = AF + FC = AF + EF$，而 $EF = AF \cdot \tan A$，$\therefore AC = AF + AF \cdot \tan A = AF\ (1 + \tan A)$，改写成$\frac{1+\tan A}{AC} = \frac{1}{AF}$，同乘以$\frac{1}{\tan A}$，得$\frac{1+\tan A}{AC \cdot \tan A} = \frac{1}{AF \cdot \tan A}$，即$\frac{1}{AC \cdot \tan A} + \frac{\tan A}{AC \cdot \tan A} = \frac{1}{EF}$，所以$\frac{1}{BC} + \frac{1}{AC} = \frac{1}{EF}$。

这个题较例 1 复杂些，如果知识熟，有训练，根据图形性质将比例式按照需要变形，仍是四通八达，得心应手的。

从以上两个例题来看，解题的思路往往体现在一个设想上，即出现某个基本图，然后按照这个图的性质推理论证，或是垂弦分弦的图，或是直径上圆周角的图，或是平行带来的比例线段的图，或是角平分线的图。这些都在本书论述的二十八种基本图之内，有的就需用直角三角形、等腰三角形、圆内角、圆外角的性质，这些可以说是更基本的基本图，思路是一致的。

例 3　研究下面两组题，分别加以证明。

第一组：求证：①等腰三角形两腰上的高相等；②等腰三角形两腰上的中线相等；③等腰三角形两底角的平分线相等。

第二组：求证：①两边上的高相等的三角形是等腰三角形；②两边上的中线相等的三角形是等腰三角形；③两个角的平分线相等的三角形是等腰三角形。

分析：第一组很容易证：①用角、角、边证两个三角形全等；②用边、角、边证两个三角形全等；③用角、边、角证两个三角形全等。

第二组：①用斜边、直角边定理证两三角形全等；②平移一条中线或用三角形重心；③用反证法或用边、边、角（还要证钝角）。

这些问题，如果平日留心，认真研究过并记住了，也就熟了，用的时候才能迅速做出判断，进行证明。

例 4　如图 7－28，已知等边$\triangle ABC$，边长为 $2a$，$AD \perp BC$ 于 D，$BE \perp AC$ 于 E，AD、BE 相交于 O，求：BD、AD、OE、OB 的长。

分析：易证 $BD = a$，$AD = \sqrt{3}a$，$OE = \frac{\sqrt{3}}{3}a$，$OB = \frac{2\sqrt{3}}{3}a$，若边长改为 a，则：$BD = \frac{a}{2}$，$AD = \frac{\sqrt{3}a}{2}$，$OE = \frac{\sqrt{3}}{6}a$，$OB = \frac{\sqrt{3}}{3}a$。

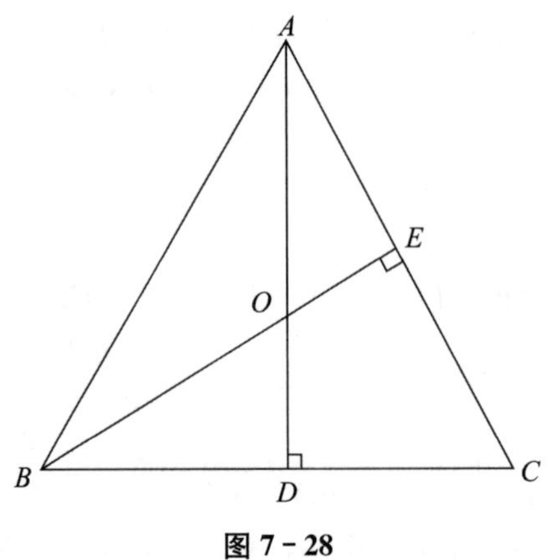

图 7-28

这个证明和计算都是比较简单的，但是对 30°直角三角形（还有 45°直角三角形）三边的比要求十分熟练才行。想“会的就要对”，得有措施，熟记三边比，一面用勾股定理计算，一面用三边比核对结论。比如在 30°的直角三角形中勾为 5，弦一定为 10，股一定为 $5\sqrt{3}$。不但在平面几何中这种熟是重要的，在立体几何中这个内容也是经常要用的。

例 5　如图 7-29，已知$\triangle ABC$ 中 $AB>AC$，$BE\perp AC$ 于 E，$CF\perp AB$ 于 F，求证：$CF<BE$。

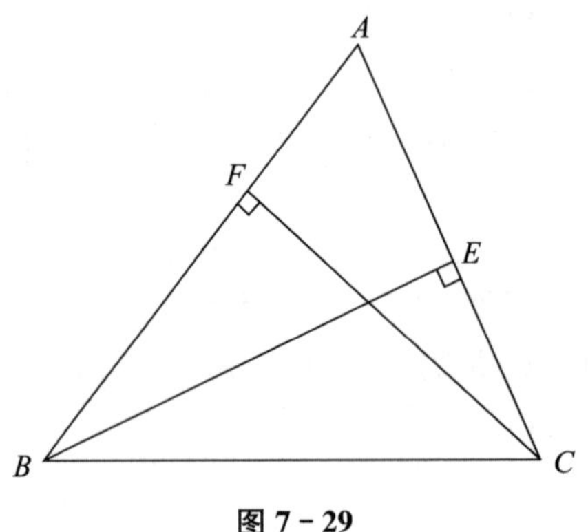

图 7-29

分析：这个题不止一种证法，但是你要想到三角形面积公式就简单了，即 $S_{\triangle ABC}=\frac{1}{2}AB\cdot CF=\frac{1}{2}AC\cdot BE$，因为 $AB>AC$，所以 $CF<BE$，这一点也体现了熟能生巧。

例 6　如图 7-30，已知圆外接等腰梯形 $ABCD$，上底 $CD=a$，下底 $AB=b$ $(b>a)$，求：AD、BC 和$\odot O$ 的直径。

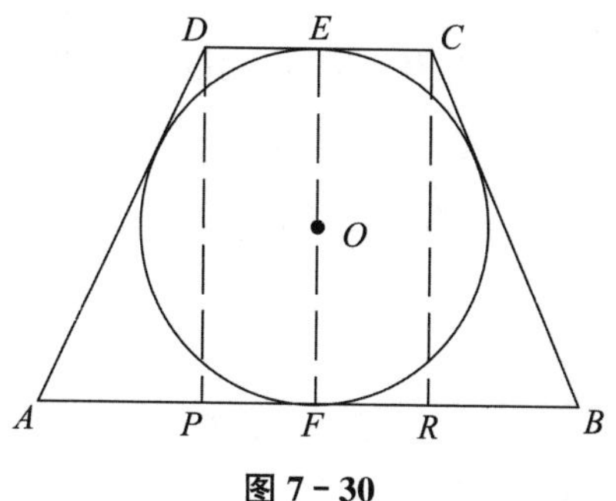

图 7-30

分析： 易证 $AD+BC=a+b$，所以 $AD=BC=\dfrac{a+b}{2}$。作 $CR\perp AB$ 于 R，$DP\perp AB$ 于 P，可求 $AP=RB=\dfrac{1}{2}(b-a)$，$CR^2=(\dfrac{b+a}{2})^2-(\dfrac{b-a}{2})^2=ab$，所以 $CR=\sqrt{ab}$。有经验的同学不采用“连接 OE 则 $OE\perp CD$ 于 E，连接 OF 则 $OF\perp AB$ 于 F”的办法，而是连接 OF 得 $OF\perp AB$ 于 F 后，延长 FO 交 CD 于 E（这时不管 E 点是不是切点）。由于 $AB/\!/CD$，则 $\angle CEF=90°$，那么有“过圆心而垂直于切线的直线必过切点”，所以 EF 是⊙O 的直径，$EF=CR=\sqrt{ab}$。这就是熟的好处。

例 7 如图 7-31，已知 $\triangle ABC$ 中，$CD\perp AB$ 于 D，$AE=EB$，且 $\angle 1=\angle 2=\angle 3$，求证：$\angle A=60°$。

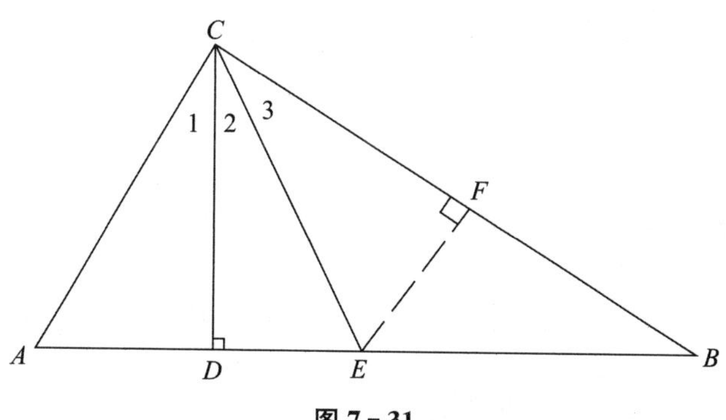

图 7-31

分析： 首先弄清条件，没说 $\angle ACB=90°$，但实际上是求证 $\angle ACB=90°$，如果对于 $\angle 1=\angle 2=\angle 3$，就是 $\angle 1=\angle 2$，$\angle 2=\angle 3$，两条角的平分线很熟（这一点不能说是不言而喻，不能看作理所当然。不少同学会证二等分已知角的题，而不会证三等分已知角的题，改写就是灵活，换一个写法就好办了），若是制造基本图，造全等三角形，先得到 $\triangle ACD\cong\triangle ECD$，再作 $EF\perp BC$ 于 F，得 $\triangle ECD\cong$

$\triangle ECF$，有 $EF=DE=\frac{1}{2}EB$，$\angle B=30^\circ$，问题就解决了。

例 8 如图 7－32，AB 是$\odot O$ 的直径 AC、BG 都是$\odot O$ 的切线，直线 CG 切$\odot O$ 于 D，交 AC、BG 于 C、G，作 $DE\perp AB$ 于 E，DE、BC 相交于 F，求证：$DF=FE$。

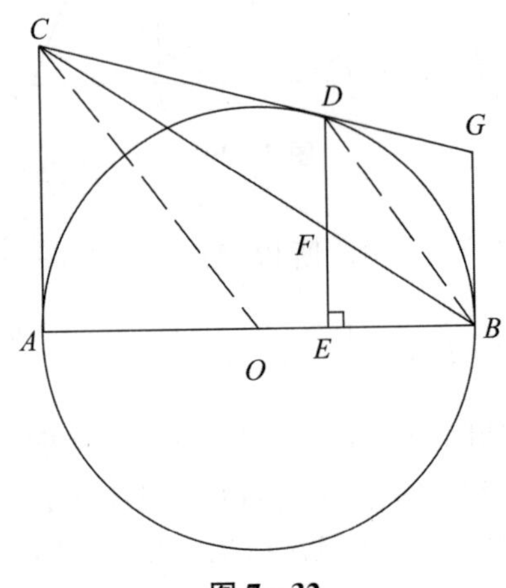

图 7－32

分析：这个题证法很多，可以复习很多知识，若用平行截割定理，从 FE 说起应该是：$\frac{FE}{AC}=\frac{EB}{AB}=\frac{DG}{CG}=\frac{BG}{CG}=\frac{DF}{CD}$，所以 $FE=DF$。若从 DF 说起是：$\frac{DF}{CD}=\frac{BG}{CG}=\frac{DG}{CG}=\frac{EB}{AB}=\frac{FE}{AC}$。实际上是循上面思路逆回去。如果写成$\frac{DF}{GB}=\frac{CD}{CG}=\frac{AE}{AB}$就费事了。

假如思路灵活些，将求证改写为$\frac{EF}{DE}=\frac{1}{2}$，连接 DB 研究$\triangle FEB\backsim\triangle CAB$，有$\frac{FE}{AC}=\frac{EB}{AB}$；连接 CO，研究$\triangle DEB\backsim\triangle CAO$，有$\frac{DE}{AC}=\frac{EB}{AO}$，于是得 $FE=\frac{AC\cdot EB}{2R}$，$DE=\frac{AC\cdot EB}{R}$，所以$\frac{FE}{DE}=\frac{1}{2}$。

举这些例无非是说明，知识越熟越好，熟才能生巧。

2. 见多识广

这里首先是“见”，就是多做题，但是见题就做，若多半不会，信心就不足了。见题就做，做过就完了，收获也不大，因为会了这个题，另外的题也不见得会做。那么怎么办好呢？最好是“研究一个题，学会一类题”，也就是常说的举一反三，摸点规律性的东西。例如，角平分线问题中选全等三角形和造全等三角形，平行线带来的比例线段中选相似三角形和造相似三角形。

其次，“见”过了要记住，所谓博闻强记，再遇到相同的、类似的，有的可以仿效，有的也能得到启发，天长日久，经验多了，办法也就多一些了。下面也举几个例题说明。

例 1 如图 7－33，已知△ABC 中，AD 是∠A 的平分线，交 BC 于 D，求证：$AD^2=AB\cdot AC-BD\cdot DC$。

分析： 读者如果证过并且还记得图 7－34（已知∠1＝∠2，求证与本题完全相同），证明思路用基本图二十四与二十五就会果断地给△ABC 加一个外接圆，如果对上述内容毫无印象，凭空想出加个外接圆是不太容易的。

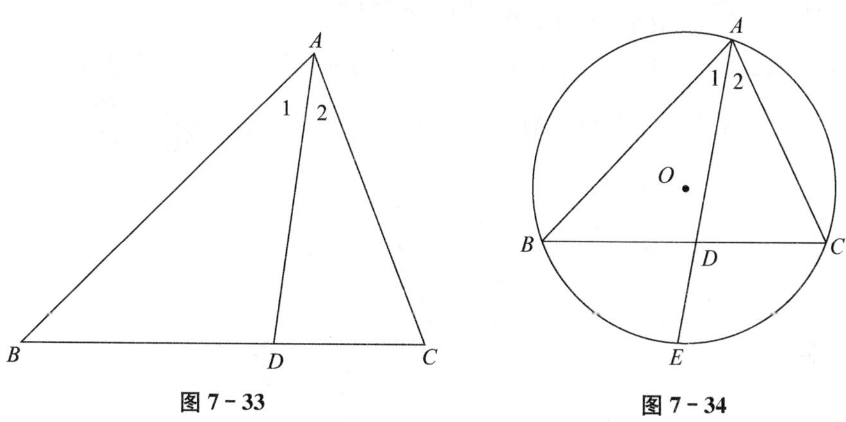

图 7－33　　图 7－34

例 2 如图 7－35，已知⊙O 中，$\overset{\frown}{AB}=\overset{\frown}{BC}=\overset{\frown}{CD}$，求证：$AC^2=AB^2+AB\cdot AD$。

分析： 根据托勒密定理的证明方法，既然可以在较长的线段上截取较短的线段，同样也可以在较大的角的内部作一个较小的角。因为△ACB 是等腰三角形，那么在∠ABC 的内部作∠ABP＝∠1，交 AC 于 P。求证的式子要的是 AC^2，因 $AC=AP+PC$；所以 $AC^2=AC(AP+PC)$。

希望　　$AC(AP+PC)=AB^2+AB\cdot AD$

即希望　　$AC\cdot AP+AC\cdot PC=AB^2+AB\cdot AD$

分开，希望 $\begin{cases}AC\cdot AP=AB^2\\AC\cdot PC=AB\cdot AD\end{cases}$，希望 $\begin{cases}\dfrac{AC}{AB}=\dfrac{AB}{AP}\\\dfrac{AC}{BC}=\dfrac{AD}{PC}\end{cases}$，

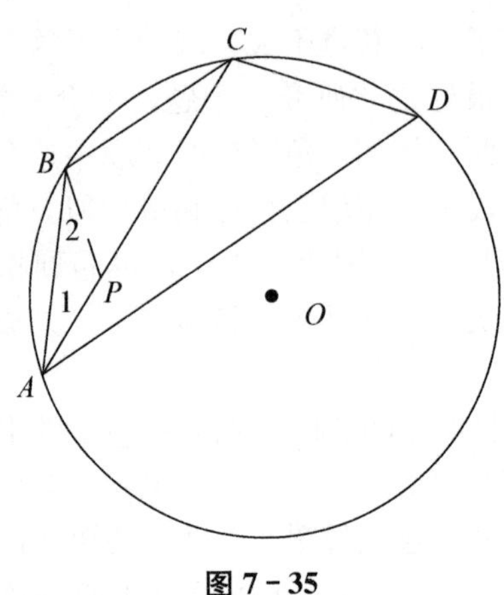

图 7－35

也就是希望$\begin{cases}\triangle ABC\backsim\triangle APB\\ \triangle ACD\backsim\triangle CBP\end{cases}$，问题就解决了。

例 3　如图 7－36，已知$\odot O$是$\triangle ABC$的外接圆，BS、CT都是$\odot O$的切线，引$AD/\!/SB$交BC于D，$AE/\!/TC$交BC于E，求证：$\dfrac{AB^2}{AC^2}=\dfrac{BD}{CE}$。

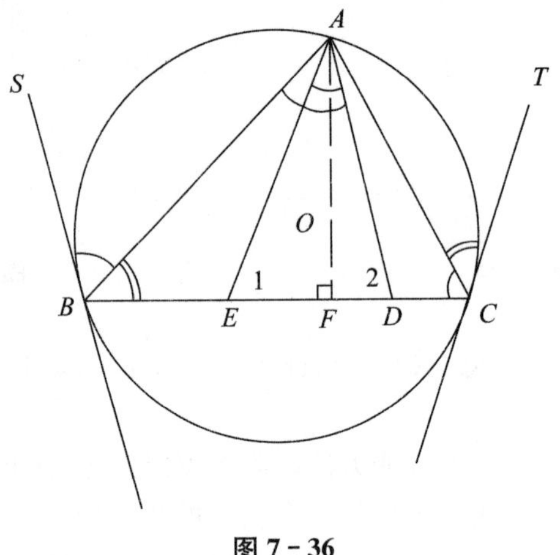

图 7－36

分析：这个题的特点在于$\dfrac{AB^2}{AC^2}$怎样出现，要求见多识广，就在这个地方起作用。初步估计，有两个$\dfrac{AB}{AC}$相乘，或相似三角形面积比等于对应边平方比，射影定理也有两射影比等于两直角边平方比，但这里并没有直角三角形斜高，圆幂定理、余弦定理都比较远。分别求出AB^2与AC^2，然后相除，经过选择，以前两者较接近，可试一试。

∵ $\angle BAD=\angle SBA=\angle ACB$，$\angle EAC=\angle ACT=\angle ABD$，

∴ $\triangle BAD\backsim\triangle ACE$，得$\dfrac{S_{\triangle BAD}}{S_{\triangle ACE}}=\dfrac{AB^2}{AC^2}$。

作$AF\perp BC$于F，得$\dfrac{S_{\triangle BAD}}{S_{\triangle ACE}}=\dfrac{\frac{1}{2}BD\cdot AF}{\frac{1}{2}EC\cdot AF}=\dfrac{BD}{EC}$，∴ $\dfrac{AB^2}{AC^2}=\dfrac{BD}{EC}$。

或$\triangle ABC\backsim\triangle EAC$得$\dfrac{AB}{AC}=\dfrac{AE}{EC}$，$\triangle ABC\backsim\triangle DBA$得$\dfrac{AB}{AC}=\dfrac{DB}{DA}$，两式相乘得$\dfrac{AB^2}{AC^2}=\dfrac{AE\cdot DB}{EC\cdot DA}$，在$\triangle ACE$中$\angle 1=180^\circ-\angle EAC-\angle ECA$，在$\triangle BAD$中$\angle 2=180^\circ-\angle ABD-\angle BAD$，

∴ $\angle 1=\angle 2$，$AE=AD$，∴ $\dfrac{AB^2}{AC^2}=\dfrac{BD}{EC}$。

例4 如图7-37，已知圆内接四边形$ABCD$中，$AB=a$，$BC=b$，$CD=c$，$AD=d$，$AC=e$，$BD=f$，求证：$\dfrac{ad+bc}{ab+cd}=\dfrac{e}{f}$。

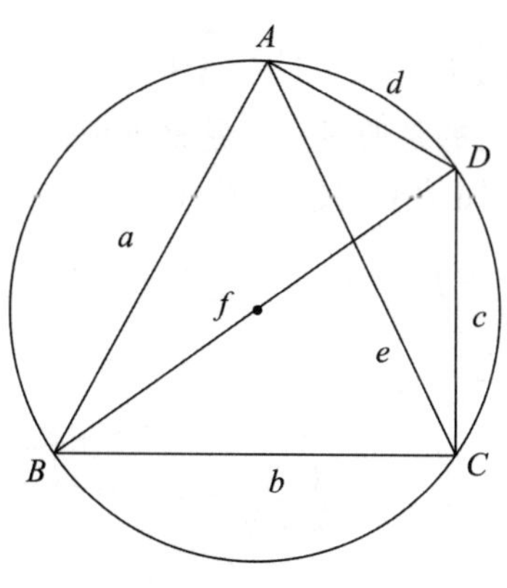

图7-37

分析：一般说，能把a、b、c、d、e、f列成关系式，然后再调整，是这类题的思路。$S_{\triangle ABC}=\dfrac{1}{2}ae\cdot\sin\angle BAC$，而$\dfrac{b}{\sin\angle BAC}=2R$，即$\sin\angle BAC=\dfrac{b}{2R}$，

∴ $S_{\triangle ABC}=\dfrac{a\cdot b\cdot e}{4R}$。同理 $S_{\triangle ADC}=\dfrac{c\cdot d\cdot e}{4R}$，∴ $S_{ABCD}=\dfrac{e(ab+cd)}{4R}=\dfrac{f(ad+bc)}{4R}$，∴ $\dfrac{ad+bc}{ab+cd}=\dfrac{e}{f}$。

在这个条件下能想起$S=a\cdot b\sin C$是一种经验，记住这个题，相同情况照

此办理也是一种经验。

例 5 如图 7－38，已知$\triangle ABC$中，$\angle ACB=90^\circ$，$CD\perp AB$于D，求证：$\dfrac{1}{AC^2}+\dfrac{1}{BC^2}=\dfrac{1}{CD^2}$。

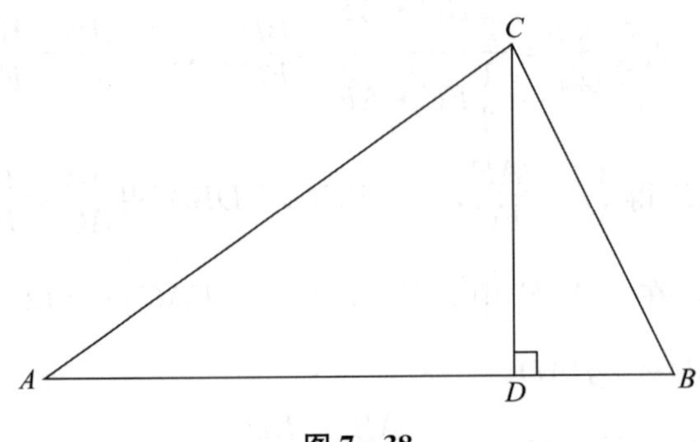

图 7－38

分析： 这类题目有什么经验呢？①通分，用射影定理，勾股定理；②将$AC^2=AD\cdot AB$，$BC^2=BD\cdot AB$代入；③同乘CD^2，希望$\dfrac{CD^2}{AC^2}+\dfrac{CD^2}{BC^2}=1$，代入化简；④由$\dfrac{1}{CD^2}=\dfrac{1}{AD\cdot BD}$，将$AD=\dfrac{AC^2}{AB}$，$BD=\dfrac{BC^2}{AB}$代入。

还可以有其他证法，目的是通过一个题整理记住这类题的经验。

例 6 如图 7－39，已知PA切$\odot O$于A，直线PBC交$\odot O$于B、C，直线PDE交AC于D，交AB于E，且$\angle 1=\angle 2$，求证：$\dfrac{DB}{AB}+\dfrac{EC}{AC}=1$。

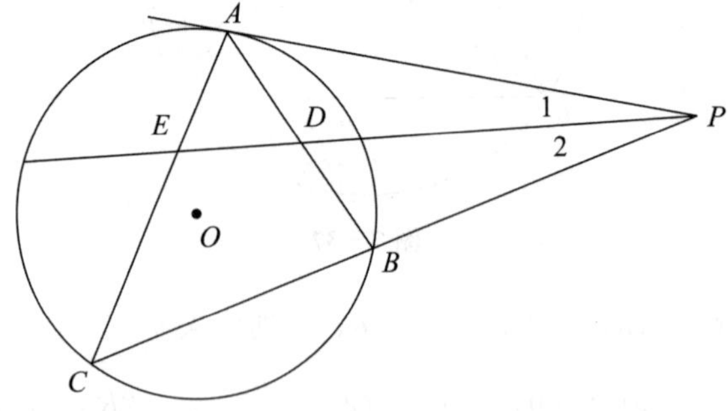

图 7－39

分析： 经验告诉我们，切割线定理只是相似三角形对应边成比例的一部分，除此之外还有比例线段，比如，$\triangle PAD\backsim\triangle PCE$，$\triangle PAB\backsim\triangle PCA$，$\triangle PBD\backsim\triangle PAE$。有$\dfrac{AD}{EC}=\dfrac{PA}{PC}=\dfrac{PB}{PA}=\dfrac{DB}{AE}$，而$\dfrac{PB}{PA}=\dfrac{AB}{AC}$ $\therefore\dfrac{AB}{AC}=\dfrac{DB}{AE}$，即

$AB \cdot AE = AC \cdot DB$，$AB$（$AC - CE$）$= AC \cdot DB$，$AB \cdot AC = AB \cdot CE + AC \cdot DB$。同除以 AB、AC，得：$1 = \frac{CE}{AC} + \frac{DB}{AB}$。

例 7　如图 7-40，已知线段 AB 交⊙O 于 C、D，且 $AC = BD$，作 AF 切⊙O 于 F，BE 切⊙O 于 E，连接 EF 交 AB 于 N，求证：$CN = ND$。

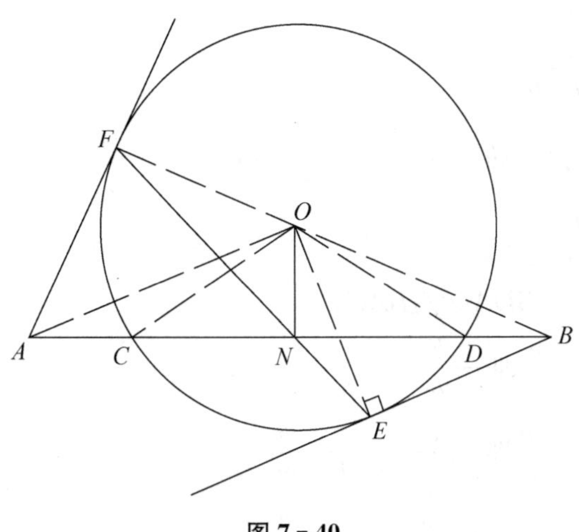

图 7-40

分析：若是对"垂径分弦"一节中的例 6 印象深，除本题只有 $AC = BD$，而例 6 是 $AC = CD = BD$ 外，证法、思路完全相同，所以光是"博闻"还不够，还要"强记"，记不住也没有用，记住了，达到了见多识广；再见到题（例如考试）时，哪怕只有一部分熟悉也是好的。

例 8　如图 7-41，已知△ABC 中，$BC = a$，$AC = b$，$AB = c$，$\angle BAC = 90°$，$AD \perp BC$ 于 D，△ADC、△BDA、△BAC 的内切圆圆心分别是 O_2、O_1、O，半径分别是 r_2、r_1、R，$AD = h$，$BD = m$，$DC = n$，求证：$h = r_2 + r_1 + R$。

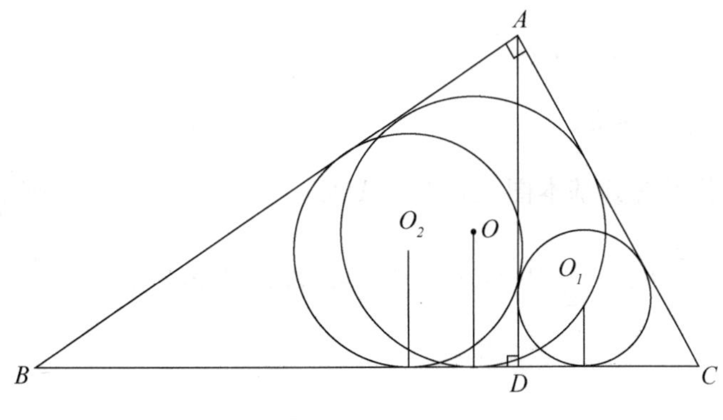

图 7-41

分析 1：$S_{\triangle ABC}=\frac{1}{2}R(a+b+c)=\frac{1}{2}h(m+n)$，

$\therefore\ R=\frac{h(m+n)}{a+b+c}$，

$S_{\triangle ADC}=\frac{1}{2}r_2(h+n+b)=\frac{1}{2}hn$，

$\therefore\ r_2=\frac{hn}{h+n+b}$，

$S_{\triangle ABD}=\frac{1}{2}r_1(h+m+c)=\frac{1}{2}hm$，

$\therefore\ r_1=\frac{hm}{h+m+c}$，

$\because\ \triangle ADC\backsim\triangle BDA\backsim\triangle BAC$，

$\therefore\ \frac{h+n+b}{a+b+c}=\frac{n}{b}$即$\frac{b}{a+b+c}=\frac{n}{h+n+b}$，

$\frac{h+m+c}{a+b+c}=\frac{m}{c}$即$\frac{c}{a+b+c}=\frac{m}{h+m+c}$，

$$\begin{aligned}\therefore\ R+r_2+r_1&=h\left(\frac{a}{a+b+c}+\frac{n}{h+n+b}+\frac{m}{h+m+c}\right)\\&=h\left(\frac{a}{a+b+c}+\frac{b}{a+b+c}+\frac{c}{a+b+c}\right)\\&=h。\end{aligned}$$

分析 2：若考虑到直角三角形中 $2R+a=b+c$

$\therefore\ R=\frac{b+c-a}{2}$，$r_2=\frac{n+h-b}{2}$，$r_1=\frac{m+h-c}{2}$

$$\begin{aligned}\therefore\ R+r_2+r_1&=\frac{1}{2}(b+c-a+n+h-b+m+h-c)\\&=\frac{1}{2}\cdot 2h\\&=h。\end{aligned}$$

分析 3：若考虑到基本图九，有$\triangle ADC\backsim\triangle BDA\backsim BAC$，则$\frac{r_2}{b}=\frac{r_1}{c}=\frac{R}{a}=\frac{r_2+r_1+R}{a+b+c}$，而$\frac{1}{2}ha=\frac{1}{2}R(a+b+c)$，$\therefore r_2+r_1+R=\frac{R\cdot(a+b+c)}{a}=\frac{ha}{a}=h$。

例 9 如图 7－43，$\odot O_2$ 经过$\odot O_1$ 的圆心，$\odot O_2$ 与$\odot O_1$ 的一交点为 B，

$\odot O_2$ 的直径 BC 的延长线与$\odot O_1$ 的另一个交点为 D，求证：$BC \cdot BD$ 为定值。

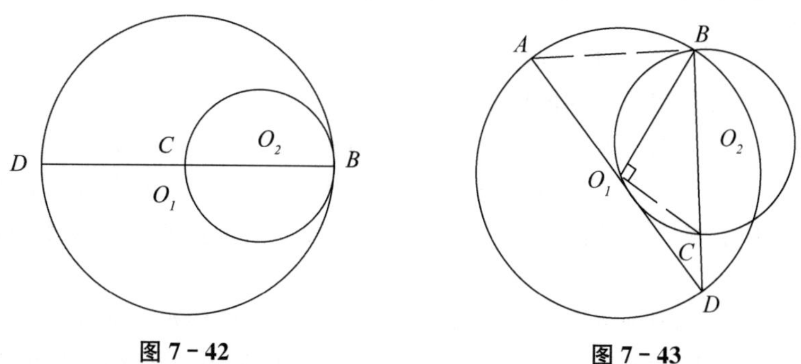

图 7－42　　　　图 7－43

分析：我们曾经证过定值问题，这里可以先取特例，如图 7－42，得 $BD \cdot BC=\frac{1}{2}BD^2$。预测定值之后，按着这个线索去研究，作$\odot O_1$ 的直径 DA，连接 O_1B、O_1C、AB，有 $\triangle BO_1C \backsim \triangle DBA$，得 $\frac{BO_1}{BC}=\frac{BD}{AD}$。所以 $BD \cdot BC = BO_1 \cdot AD=\frac{1}{2}AD^2$。

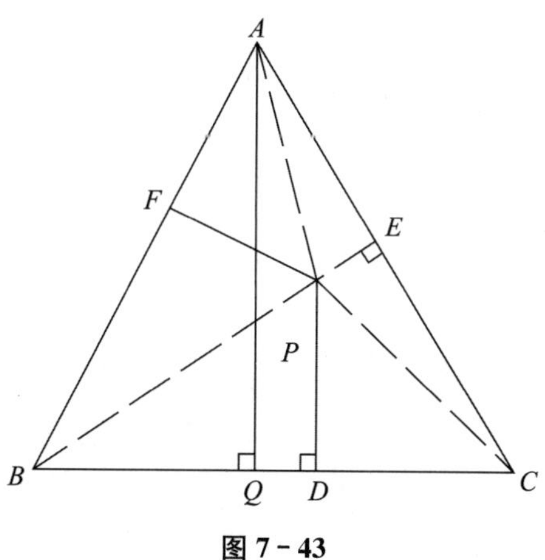

图 7－43

例 10　如图 7－23，已知等边$\triangle ABC$ 内任意一点 P。引 $PD \perp BC$ 于 D，$PE \perp AC$ 于E，$PF \perp AB$ 于F，另 $AQ \perp BC$ 于Q，求证：$PD+PE+PF=AQ$。

分析：连接 PA、PB、PC 之后得：$S_{\triangle BPC}=\frac{1}{2}BC \cdot PD$，$S_{\triangle CPA}=\frac{1}{2}AC \cdot PE$，$S_{\triangle APB}=\frac{1}{2}AB \cdot PF$，加起来，得 $S_{\triangle ABC}=\frac{1}{2}BC$（$PD+PE+PF$）。而

$S_{\triangle ABC}=\frac{1}{2}BC\cdot AQ$，$\therefore PD+PE+PF=AQ$。

有了这个经验，不但可以解平面几何题，在立体几何中，正四面体内任意一点到四个面距离之和等于四面体的高，也用这个办法。

以上举了几个例子说明见多识广，博闻强记好处多，经验也不止这些，这些也未必都是好经验，只是提醒读者留意，要不断积累，熟悉基本图，制造基本图，进行类比、参考，从已有的经验中得到启发，更重要的是要善于积累总结自己的经验。

但是，无论知识训练多么熟，经验如何多，也不能说没有眼生的题，参加考试，更难免有没见过的题，不能“一看就会”，所以复习中还要锻炼第三种本领。

3. 见到不会的先想会的

如上所述，这就是第三种本领，生题因人而异，在我为生，在你可能不生，反之亦然。但总有自己眼生的题，如果遇到这类问题，冷静思考，和自己学的哪一类题接近，这类知识自己会什么，从会的想起。

例 1 如图 7-44，已知正方形 $ABCD$，直线 EG、FH 互相垂直，与正方形各边相交于 E、G、F、H，求证：$EG=FH$。

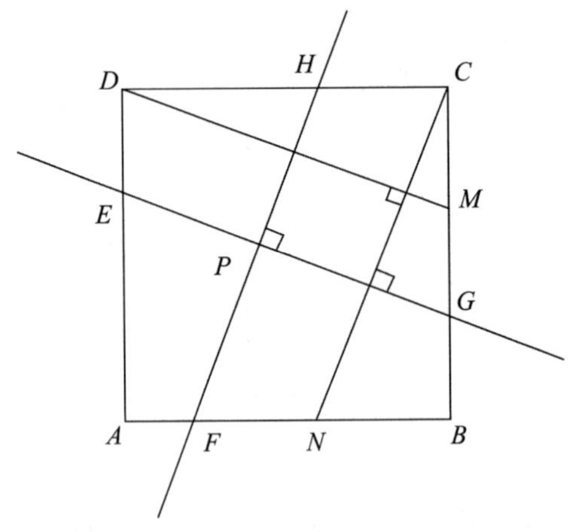

图 7-44

分析：这题生在 EG、FH 两直线的位置，与正方形边、角、对角线联系不起来，那么靠靠边我们就会做了。

作 $DM/\!/EG$ 交 BC 于 M，$CN/\!/FH$ 交 AB 于 N，证$\triangle DMC\cong\triangle CNB$ 就不

困难了。

例 2 如图 7－45，已知正方形对角线相交于 O，正方形 $OEFG$ 与 $ABCD$ 边长相等，求证：两正方形重合部分面积为$\frac{1}{4}S_{ABCD}$。

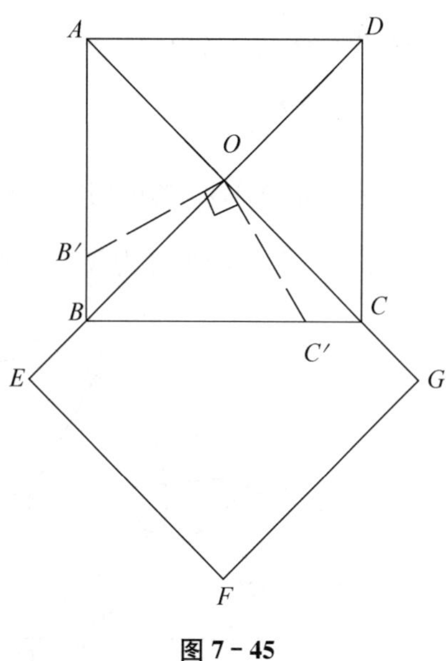

图 7－45

分析： 当正方形 $OEFG$ 在特殊位置时，$S_{\triangle OBC}=\frac{1}{4}S_{ABCD}$，如果换了位置又怎么样呢？易证$\triangle OB'B\cong\triangle OC'C$，结果还是一样的。这就是先从自己会的想，再变化推导，看什么变了，什么不变，从已知推出未知。

例 3 如图 7－46，已知$\odot O_1$ 与$\odot O_2$ 外切于 P，$\odot O_1$ 半径为 r_1，$\odot O_2$ 半径为 r_2，直线 APC 交$\odot O_1$ 于 A_1，交$\odot O_2$ 于 C，作 AB 切$\odot O_2$ 于 B，求证：$\frac{AC^2}{AB_2}=\frac{r_1+r_2}{r_1}$。

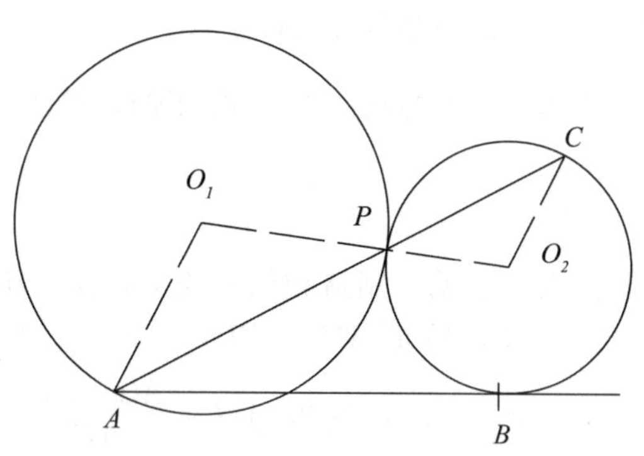

图 7－46

分析：这个求证是比较眼生的，我们会什么写什么，会多少写多少，不要轻易放弃，能证出来更好，即使只能证一部分，会多少证多少也是实事求是的态度。

有：$\frac{AC^2}{AB^2}=\frac{AC^2}{AP\cdot AC}=\frac{AC}{AP}=\frac{AP+PC}{AP}=1+\frac{PC}{AP}$，

易证：$\triangle AO_1P\backsim\triangle CO_2P$　$\therefore\frac{PC}{AP}=\frac{r_2}{r_1}$，

$\therefore\frac{AC^2}{AB^2}=1+\frac{PC}{AP}=1+\frac{r_2}{r_1}=\frac{r_1+r_2}{r_1}$。

例 4　如图 7－27，已知⊙O'是$\triangle ABC$的内切圆，⊙O是$\triangle ABC$的旁切圆，和AB、AC的延长线切于Q、P，⊙O的半径为R，求证：$R=\frac{S_{\triangle ABC}}{AP-BC}$。

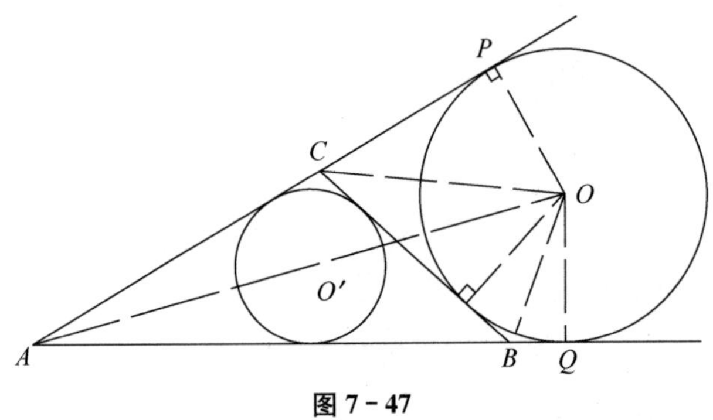

图 7－47

分析：如果对全局心中无数，就从会的做起。比如连接OA，得$S_{\triangle AOP}=\frac{1}{2}AP\cdot R$。将$AP$与$R$列入式中，即：$2S_{\triangle AOP}=AP\cdot R$，亦即$S_{AQOP}=AP\cdot R$。连接$OC$、$OB$，得$S_{\triangle OCB}=\frac{1}{2}BC\cdot R$。有基本图十六-2，可证：$S_{OPCBQ}=BC\cdot R$。所以$S_{AQOP}-S_{OPCOBQ}=AP\cdot R-BC\cdot R=R\cdot(AP-BC)$。所以$S_{\triangle ABC}=R(AP-BC)$。

例 5　如图 7－48，已知$\triangle ABC$，以AB、AC为一边向外作矩形$ACDE$和$ABFG$，作$AN\perp GE$于N，NA的延长线交BC于M，求证：$BM:MC=\frac{AB}{AG}:\frac{AC}{AE}$。

分析：求证的形式也不多见，制造相似三角形，作$CH\perp GE$的延长线于P，交BA的延长线于H，易证$MN/\!/CP$，$\angle1=\angle2=\angle3$，$\triangle AHC\backsim\triangle AGE$，得$AH:AG=AC:AE$，所以$AH=\frac{AG\cdot AC}{AE}$。由平行截割定理

得：$BM:MC=BA:AH$，代入得 $BM:MC=AB:\frac{AG\cdot AC}{AE}$，即 $BM:MC=\frac{AB}{AG}:\frac{AC}{AE}$。

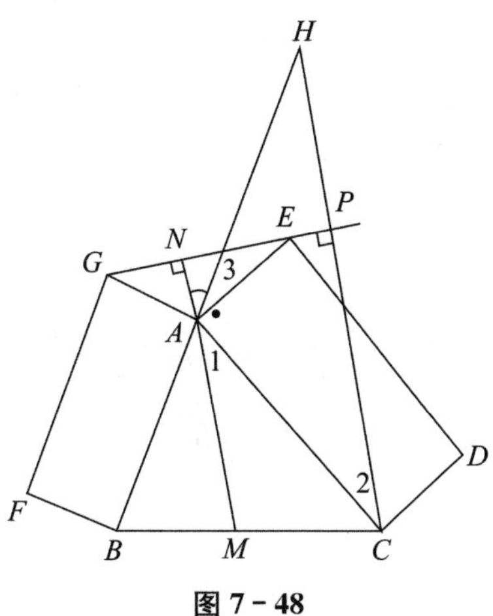

图 7－48

例 6 如图 7－49，已知$\triangle ABC$，D 是 BC 上一点，作 $DE/\!/AC$ 交 AB 于 E，$DF/\!/AB$ 交 AC 于 F，求证：${S_{\triangle AFE}}^2=S_{\triangle BDE}\cdot S_{\triangle DCF}$。

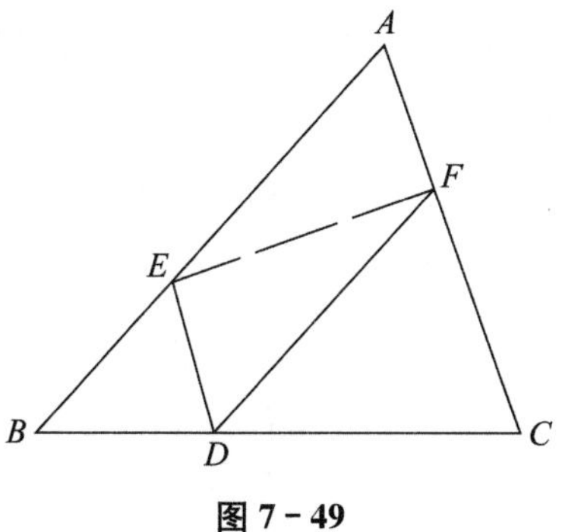

图 7－49

分析：有平行线就有相似三角形，面积比等于对应边平方比。这是熟悉的，就从这里做起。设 $BD=m$，$DC=n$，设$\frac{S_{\triangle BDE}}{m^2}=\frac{S_{\triangle DCF}}{n^2}=\frac{S_{\triangle ABC}}{(m+n)^2}=k$

则 $S_{\triangle BDE}=m^2k$，

$S_{\triangle DCF}=n^2k$，

$S_{\triangle ABC}=(m+n)^2k$，

$2S_{\triangle AFE}=S_{\triangle ABC}-S_{\triangle BDE}-S_{\triangle DCF}$

$= (m+n)^2k-m^2k-n^2k$

$=m^2k+2mnk+n^2k-m^2k-n^2k$，

$S_{\triangle AFE}=mnk$，

$S_{\triangle AFE}{}^2=m^2n^2k^2=m^2k\cdot n^2k=S_{\triangle BDE}\cdot S_{\triangle DCF}$。

例 7 如图 7－50，已知⊙O 中 CF 是弦，以 CF 为一边作正方形 $CDEF$，CD 的延长线交⊙O 于 G，直线 DE 交⊙O 于 A、B，作 $OM\perp OF$ 于 M，交 AB 于 P，$ON\perp CG$ 于 N，若 $OP=5$，⊙O 的半径 $R=10$，求：正方形边长。

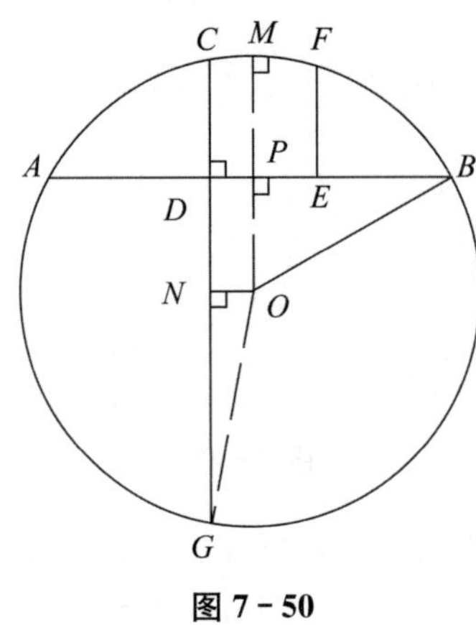

图 7－50

分析： 易证 $OM\perp AB$ 于 P，求得 $BP=5\sqrt{3}$，设正方形边长为 $2x$，则 $DP=CM=x$。有基本图二十六，得：$AD\cdot DB=CD\cdot DG$。即：$(5\sqrt{3}-x)(5\sqrt{3}+x)=2x\cdot DG$。连接 OG，所以 $DG=2NG-CD=2\sqrt{OG^2-ON^2}-2x=2(\sqrt{100-x^2}-x)$，代入上式得：

$$75-x^2=2x\cdot 2(\sqrt{100-x^2}-x)$$

$$75-x^2+4x^2=4x\cdot\sqrt{100-x^2}$$

$$[3(x^2+25)]^2=(100-x^2)16x^2$$

$$25x^4-1150x^2+5625=0$$

$$x^4-46x^2+225=0$$

$$(x^4-30x^2+225)-16x^2=0$$

$$(x^2+4x-15)(x^2-4x-15)=0$$

因 $0<x<5$，取 $x=\sqrt{19}-2$，得正方形边长为 $2\sqrt{19}-4$。

从会做的勾股定理下手，顺着会做的相交弦定理代入已知量进行计算，结合代数知识会什么做什么，逐步解决了。

例 8 如图 7－51，已知任意四边形 $ABCD$ 中，$AE=EF=FB$，$DH=$

$HG=GC$，求证：$S_{EFGH}=\frac{1}{3}S_{ABCD}$。

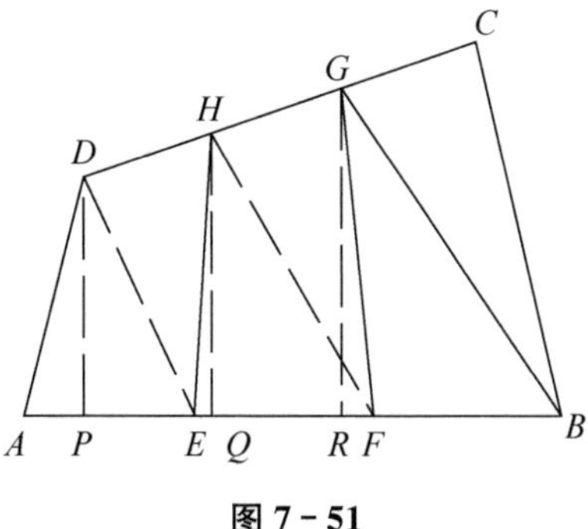

图 7－51

分析： 如果无从下手，那么就连接 DE、HF、GB。这样就出现六个三角形。会三角形面积公式，那么就研究三角形面积，这就是见着不会的先想会的、会什么做什么的原则。设 $AE=EF=FB=a$，作 $DP\perp AE$ 于 P，$HQ\perp EF$ 于 Q，$GR\perp BF$ 延长线于 R，有：$S_{\triangle AED}=\frac{1}{2}AE\cdot DP$，$S_{\triangle EFH}=\frac{1}{2}EF\cdot HQ$，$S_{\triangle FBG}=\frac{1}{2}FB\cdot GR$，那么 $S_{\triangle AED}+S_{\triangle FBG}=\frac{1}{2}a(DP+GR)$，$S_{\triangle EFH}=\frac{1}{2}a\cdot HQ$。而四边形 $DPRG$ 中，$DP/\!/HQ/\!/GR$，又 $DH=HG$，$\therefore HQ$ 是梯形 $DPRG$ 的中位线，$HQ=\frac{1}{2}(DP+GR)$，$\therefore S_{\triangle EFH}=\frac{1}{2}(S_{\triangle AED}+S_{\triangle FBG})$。同理：$S_{\triangle HFG}=\frac{1}{2}(S_{\triangle DEH}+S_{\triangle GBC})$。加起来得到：$S_{EFGH}=\frac{1}{2}(S_{AEHD}+S_{FBCG})$，$\therefore S_{EFGH}=\frac{1}{3}S_{ABCD}$。